国家级一流本科专业建设教材·铁道工程

行业数字化转型（智能建造）创新系列教材

铁道工程智能施工与概预算

主　编　田亚护

副主编　施烨辉　吕　刚　钟阳龙

王　涛　刘建友

北京交通大学出版社

·北京·

内容简介

铁道工程智能施工与概预算是 BIM 技术、人工智能技术、云计算技术、物联网技术、5G 技术、GIS 技术、大数据技术、智能装备技术与铁道工程融合产生的新的工作业态与产业运行模式创新。本书通过对京张高铁和京雄高铁等铁路工程施工过程中相关智能建造技术进行调研和总结，首次对目前我国铁路建设中铁路大临工程、路基工程、桥梁工程、隧道工程、轨道工程和智慧工地中采用的智能建造技术、施工工艺流程和方法进行较全面的介绍，在此基础上，对铁路工程施工组织原理及概预算编制方法进行了介绍，使读者对整个铁路智能建造的项目管理有系统和全面的了解。

本书可作为高等学校土木（道路与铁道）工程专业的教学用书，也可供相关工程技术人员参考。

图书在版编目（CIP）数据

铁道工程智能施工与概预算 / 田亚护主编；施烨辉，吕刚副主编. —北京：北京交通大学出版社，2024.1

ISBN 978-7-5121-5179-6

Ⅰ. ① 铁… Ⅱ. ① 田… ② 施… ③ 吕… Ⅲ. ① 智能技术–应用–铁路工程–工程施工–高等学校–教材 ② 铁路工程–概算编制–高等学校–教材 ③ 铁路工程–预算编制–高等学校–教材 Ⅳ. ① U215

中国国家版本馆 CIP 数据核字（2024）第 019040 号

铁道工程智能施工与概预算

TIEDAO GONGCHENG ZHINENG SHIGONG YU GAI-YUSUAN

策划编辑：刘　辉　　责任编辑：刘　辉

出版发行：北京交通大学出版社　　电话：010-51686414　　http://www.bjtup.com.cn

地　　址：北京市海淀区高梁桥斜街 44 号　　邮编：100044

印 刷 者：北京时代华都印刷有限公司

经　　销：全国新华书店

开　　本：185 mm×260 mm　　印张：20.25　　字数：517 千字

版 印 次：2024 年 1 月第 1 版　　2024 年 1 月第 1 次印刷

定　　价：69.80 元

本书如有质量问题，请向北京交通大学出版社质监组反映。对您的意见和批评，我们表示欢迎和感谢。

投诉电话：010-51686043，51686008；传真：010-62225406；E-mail：press@bjtu.edu.cn。

前　言

2017 年国家提出建设“交通强国”及“智能高铁”的战略目标；2020 年铁路管理部门发布了《新时代交通强国铁路先行规划纲要》，相关单位在智能高铁发展战略指导下开展智能建造、智能装备和智能运营等技术攻关，为我国社会经济发展和交通强国等战略的实施提供了有力的技术支撑。北京至张家口高速铁路的建成运营，标志着中国铁路开始进入智能建造时代。铁路智能建造技术是将新一代信息技术与铁路工程建造融合所形成的工程建造创新模式，是实现铁路工程高质量发展的重要环节。

2022 年 10 月，党的二十大胜利召开，二十大报告指出，“当前，世界百年未有之大变局加速演进，新一轮科技革命和产业变革深入发展”，“实施产业基础再造工程和重大技术装备攻关工程，支持专精特新企业发展，推动制造业高端化、智能化、绿色化发展”。通过 BIM 技术、人工智能技术、云计算技术、物联网技术、5G 技术、GIS 技术、大数据技术、智能装备技术促进铁道工程领域的产业升级与技术迭代，是确保我国铁路技术特别是高速铁路技术保持世界领先地位的重要举措，铁道工程智能施工与概预算是新技术、新业态在铁道工程领域的重要突破。为贯彻党的二十大精神，响应国家铁路发展战略规划，作为向铁路工程建设输送专业人才的高等院校，北京交通大学针对铁道工程专业本科生开设了“铁道工程智能施工与概预算”的专业课程，旨在服务铁道工程领域新技术、新业态的推广应用，为国家培养更多具有实践创新能力和专业知识的铁道工程建设人才。

本书在编写过程中通过对京张高铁和京雄高铁等铁路工程施工过程中相关智能建造技术进行调研和总结，首次对目前我国铁路建设中铁路大临工程、路基工程、桥梁工程、隧道工程、轨道工程和智慧工地中采用的智能建造技术、施工工艺流程和方法进行较全面的介绍。在此基础上，对铁路工程施工组织原理及概预算编制方法进行了介绍，使读者对整个铁路智能建造的项目管理有系统和全面的了解。本书可作为高等学校土木（道路与铁道）工程专业的教学用书，也可供相关工程技术人员参考。

本书第 1 章由田亚护、施烨辉编写，第 2 章由施烨辉编写，第 3 章、第 4 章和第 8 章由田亚护编写，第 5 章和第 6 章由王涛、吕刚、刘建友编写，第 7 章、第 9 章、第 10 章、第

11 章和 12 章由钟阳龙、吕刚、刘建友、田亚护编写。在本书的编写过程中，我们得到了中铁工程设计咨询集团有限公司于晨昀和岳岭，以及中铁十二局集团有限公司李五红等同志提供的宝贵资料和指导帮助，在此表示由衷的感谢。

本书参考了大量京张高铁和京雄高铁等铁路工程的相关资料，受编者水平所限、加之时间仓促及智能建造技术处于快速发展过程中，书中难免存在不足之处，敬请广大读者批评指正。探讨交流、批评指正可致信作者：yhtian@bjtu.edu.cn。

作　者

2024 年 1 月

目　录

1 绪　论

铁路是我国战略性、先导性、关键性基础设施，是国民经济大动脉和重大民生工程，是综合交通运输体系骨干，在我国经济社会发展中的地位和作用至关重要。利用数字化、智能化建造技术建立先进、科学的建设管理体系，高水平、高质量、高效率推进铁路建设，形成布局合理、覆盖广泛、高效便捷、安全经济的铁路网，对完善国家综合交通运输体系、支撑引领我国经济社会发展，具有十分重要的意义。

1.1 铁路智能建造的产生

土木工程智能建造，是将新一代信息技术与土木工程建造融合而形成的工程建造创新模式。其本质是利用以“三化”（数字化、网络化和智能化）和“三算”（算据、算力、算法）为特征的新一代信息技术，在实现工程建造要素资源数字化的基础上，通过规范化建模、网络化交互、可视化认知、高性能计算，以及智能化决策支持，实现数字链驱动下的工程立项策划、规划设计、施（加）工生产、运维服务一体化集成与高效率协同，不断拓展工程建造价值链、改造产业结构形态，向用户交付以人为本、绿色可持续的智能化工程产品与服务。

在过去的二十年，中国经历了史无前例的大规模基础设施建设，为我国土木工程的科技创新提供了前所未有的机遇，土木工程建造取得了巨大成就。

在工程建造技术领域，我国重大工程建造科技总体上已经达到国际先进水平。在超高层建筑、大跨度空间结构、跨江跨海超长桥隧等领域，我国工程设计建造和集成技术应用已居于世界领先水平，创造了多项世界第一，高铁建设更是我国一张亮丽的名片。我国自主研发了以钢-混凝土组合结构、大跨空间结构、预应力结构等为代表的系列结构新技术，其综合指标居于世界先进水平；在节约资源、提高安全水平、改善居住品质、减少劳动用工等方面优势显著。我国在大型复杂结构和超高层建筑结构设计、分析和施工关键技术方面取得了一系列具有自主知识产权、国际先进的核心技术成果，在材料、设计、施工、运维等方面解决了一系列关键的技术难题，实现了技术极限与传统认知的不断突破，有力地保障了国家重大标志性工程的建设水平。

近年来，随着我国土木工程建设规模空前扩大，资源消耗大、环境污染严重、使用寿命短、安全可靠性低、抗灾能力弱等问题已成为土木工程领域面临的重大挑战，严重制约着我国经济社会的可持续发展。碎片化、粗放式的建造方式带来一系列问题，如产品性能欠佳、资源浪费较大、安全问题突出、环境污染严重和生产效率较低等。老龄化问题日益突出、劳动力持续减少、人力资本显著提高，这些趋势将对土木工程产业形态产生极其深远的影响。传统的土木工程产业模式将愈发无所适从，破解难题的核心在于提升土木工程产业的劳动生产率。随着劳动力价格的不断攀升，劳动力缺口将逼迫土木工程产业持续转型升级，向工业化和智能化方向发展。

土木工程技术是一项古老的传统工程技术，其大规模、粗放式、以消耗大量人力资源为特征的运作模式将越来越与世界经济社会的发展模式和需求格格不入，未来土木工程产业结构必将发生翻天覆地的变化，并将以崭新的面貌展现在世人面前。随着社会发展和科技的进步，土木工程技术将表现出显著的精细化与智能化特征，多学科的交叉融合将为古老的土木工程技术注入新的活力。

2017 年 10 月，党的十九大报告明确提出要建设“交通强国”。随后，我国铁路管理部门颁布《铁路信息化总体规划》，正式提出“智能高铁”的战略目标和建设的示范性工程，这标志着中国铁路信息化已经从自动化、数字化、网络化阶段走向智能化阶段。2019 年 9 月，我国政府发布了《交通强国建设纲要》，指出构建安全、便捷、高效、绿色、经济的现代化综合交通体系，并提出到 2035 年实现基础设施规模质量、技术装备、科技创新能力、智能化与绿色化水平位居世界前列，交通安全水平、治理能力、文明程度、国际竞争力及影响力达到国际先进水平。

中国国家铁路集团有限公司（以下简称“国铁集团”）提出了“不忘初心、牢记使命，交通强国、铁路先行”的任务目标，为建立新体制，展示新作为，实现新时代铁路企业高质量发展指明了方向。作为铁路人，要深刻领会铁路在党和国家大局中的重要作用和责任担当，要立足岗位，在“交通强国、铁路先行”中展示新作为。“十三五”期间，全国铁路营业里程由 12.1 万 km 增加到 14.63 万 km，高铁由 1.98 万 km 增加到 3.79 万 km，“四纵四横”高铁网提前建成，“八纵八横”高铁网加密成形；国家铁路完成货物发送量 157.8 亿 t、旅客发送量 149 亿人，其中动车组发送旅客 90 亿人；铁路总体技术水平迈入世界先进行列，高速、高原、高寒、重载铁路技术达到世界领先水平，推进智能高铁技术全面实现自主化，复兴号高速列车迈出从追赶到领跑的关键一步。

2020 年 7 月，国铁集团正式发布了《新时代交通强国铁路先行规划纲要》，向我们展示了未来铁路发展的新蓝图，并开启新时代交通强国铁路新征程。《新时代交通强国铁路先行规划纲要》提出：到 2035 年，率先建成服务安全优质、保障坚强有力、实力国际领先的现代化铁路强国；到 2050 年，全面建成更高水平的现代化铁路强国，全面服务和保障社会主义现代化强国建设。

为了更好地服务 2022 年北京冬季奥运会，京张高速铁路工程建设掀起了中国高铁智能化帷幕，也带来我国高速铁路设计和建造理念的革新。

2022 年党的二十大胜利召开，习近平总书记在会上提出，“加快发展数字经济，促进数字经济和实体经济深度融合”，“坚持把发展经济的着力点放在实体经济上，推进新型工业化，加快建设制造强国、质量强国、航天强国、交通强国、网络强国、数字中国”，“实施产业基础再造工程和重大技术装备攻关工程，支持专精特新企业发展，推动制造业高端化、智能化、绿色化发展”。

中国铁路瞄准智能高铁这一前沿发展方向，在党的二十大精神的指引下，持续开展智能建造、智能装备、智能运营等领域的技术攻关，为国家提出的“交通强国”“走出去”等战略的实施提供有力的技术支撑。未来中国高铁在技术方面会朝着更安全、更高速、更智能，以及更环保的方向发展，这不仅为百姓提供了更加便利的交通工具，也为“交通强国”战略提供了新样板，为中国的科技发展做出了新贡献。

高速铁路智能建造技术是新一代信息技术与铁路工程建造融合形成的工程建造创新模式，是实现铁路工程高质量发展的重要环节。智能建造不仅是铁路工程建造技术的变革创新，更将从产品形态、建造方式、经营理念、市场形态及行业管理等方面重塑建筑业。

1.2 智能建造的特点及形式

铁路工程的智能建造是新一代通信技术与先进设计施工技术深度融合，并贯彻于铁路勘察、设计、施工及运维等工程活动各个环节，具有自感知、自学习、自决策和自适应等功能的新型铁路工程建造方式。

1.2.1 智能建造的特点

从范围上来讲，智能建造贯穿了建设项目建造的全生命周期，既有勘察、规划、设计，也有施工与运营管理等。从内容上来讲，通过互联网和物联网来传递数据，这些信息与数据往往蕴含着大量的知识，借助云平台的大数据挖掘和处理能力，建设项目参建方可以实时清晰地了解项目运行的方方面面，对项目的组织协调、计划管理将会有更好的把控作用。从技术上来讲，智能建造中“智能”的根源在于以 BIM、物联网和云计算等为基础和手段的信息技术的应用，智能建造涉及的各个阶段、各个专业领域不再相互独立存在，信息技术将其串联成一个整体，如图 1-1 所示。

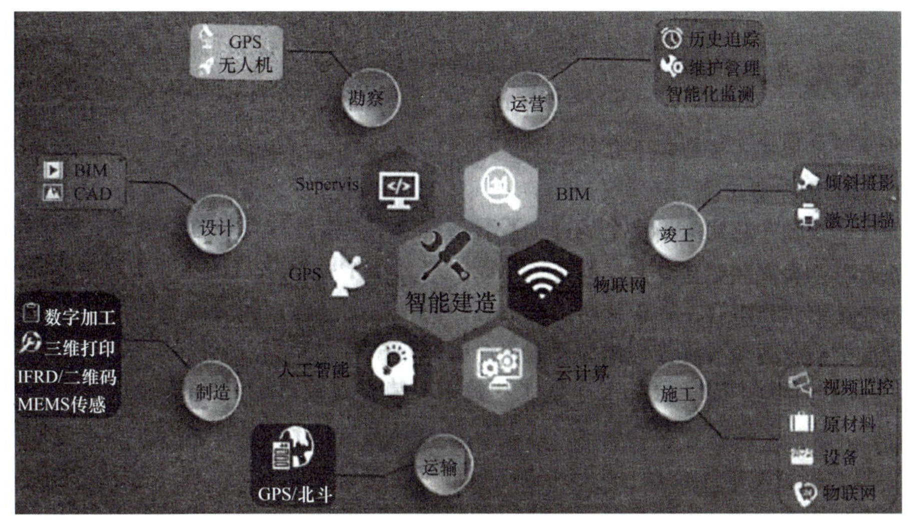

图 1-1　智能建造与各相关要素之间的关系

智能建造充分利用上述先进技术手段使工程项目全生命周期的各个环节高度集成，对不同主体的个性化需求作出智能反应，为不同阶段的使用者提供便利，借助各项技术发展起来的智能建造技术作为提高建筑项目生产率的新技术，特色鲜明。智能建造的特征见表 1-1。

表 1-1 智能建造的特征

特征	含义
智慧性	主要体现在信息和服务这两个方面，智慧性以信息作为支撑，每个工程项目都包含巨量的信息，需要有感知和获取各类信息的能力、储存各类信息的数据库、高速分析数据能力、智慧处理数据能力等，而当具备信息条件后，通过技术手段及时为用户提供高度匹配、高质量的智慧服务
便利性	智能建造以满足用户需求为主要目标，在工程项目建设过程中，需要为各专业参与者提供信息共享及各类智慧服务，为各专业参与者提供便利、舒适的工作资源和环境，使得工程项目能够顺利完成，也为业主方提供满意的建筑功能需求
集成性	集成性主要指将各类信息化技术手段互补的技术集成及将建设项目各个主体功能集成这两个方面。智能建造的技术支持涵盖了各类信息技术手段，而每种信息技术手段都有独特的功能，需要将每种技术手段联合在一起，实现高度集成化
协同性	通过运用物联网技术，将原本没有联系的个体与个体之间相互关联起来，彼此交错，构建了智慧平台的神经网络，从而能够为不同的参与用户提供共享信息，增进不同用户间的联系，能有效避免信息孤岛情况，达到协同工作的效果
可持续性	智能建造完全契合可持续性发展的理念，将可持续性融入工程项目整个生命周期的每一个环节中。采用信息技术手段，能够有效进行能耗控制、绿色生产、资源回收再利用等方面的作业。可持续性不仅满足节能环保方面的要求，还满足了社会发展、城市建设等要求

1.2.2 智能建造的形式

智能建造的形式主要有以下几种。

1. 离散型智能建造

离散建造的产品往往经过一系列不连续的工作过程最终装备而成。生产此类产品的企业即称为离散建造企业。其特征是在生产过程中物料的材质基本上没有发生变化，只是改变其形状和组合，即最终产品是由各种物料装配而成。此类建造形式一般将功能类似的设备按照空间和行政管理组成一些生产组织，在每个部门，构件从一个工作中心到另一个工作中心进行不同类型的工序加工。其中，装配式建筑的建造过程是典型的离散型建造。

2. 流程型智能建造

流程型智能建造注重建造过程的在线优化和精细化管理，是智能建造重点发展方向之一。流程型建造形式构建智能化联动系统，实现管理、生产、操作协同；建立施工环节生产管控中心，实现连续性生产智能化；搭建内外协同联动系统，实现数据连续性精准传输；构建协同统一化管控模式，实现各流程环节高效管理。

3. 网络协同建造

网络协同建造充分利用网络技术、信息技术，实现业内及跨行业的产品设计、施工、管理等的合作，最终通过改变业务经营模式与方式达到资源最充分利用的目的。这种建造形式以快速响应市场为实施的主要目标之一，通过网络化建造提高竞争力；强调企业间的协作与社会范围内的资源共享，提高企业产品创新能力和建造能力，缩短产品开发时间。

4. 大规模个性化建造

大规模个性化建造是一种集企业、客户、员工和环境于一体，在系统思想指导下，用整体优化的观点，充分利用企业已有的各种资源，在标准技术、现代设计方法、信息技术和先进建造技术的支持下，根据客户的个性化需求，低成本、高质量和高效率地提供产品和服务的建造形式。

1.3 智能建造技术在我国铁路领域的应用

“十二五”以来，随着国民经济快速发展，我国铁路建设规模呈现大规模增长态势。从2014年开始，铁路固定资产投资连续6年保持在8 000亿元以上，铁路运营里程快速增加，这一时期是我国铁路史上投资完成和投产新线里程最多的时期之一。其间高速铁路建设成绩显著，继京沪、京港、京哈、杭福深、沪汉蓉、徐兰、沪昆、青太客运专线“四纵四横”高速骨干网络提前建成之后，“八纵八横”高速铁路网也在加密成形，相继建成了以西成、京张、商合杭等项目为标志的高速铁路，以及兰渝、敦格、拉日、瓦日、浩吉等一批高质量的干线铁路和重载铁路，完善了中西部铁路网。截至2023年年底，中国铁路营业里程达到15.9万km，其中高速铁路4.5万km，高铁运营里程约占全球的70%，基本建成了世界上最现代化的铁路网和最发达的高铁网，中国成为世界上高速铁路运营里程最长、运营速度最高、运营场景最为丰富的国家。同时，城际、市域铁路和地铁同步快速发展，以中老铁路、雅万高铁、匈塞铁路等为代表的境外铁路项目建设也取得重大进展。按照《新时代交通强国铁路先行规划纲要》，到2035年，我国铁路网规模将达到20万km，其中高铁网7万km；20万人口以上城市实现铁路覆盖、50万人口以上城市实现高铁通达，将基本实现铁路现代化建设目标。

基于大规模铁路建造工程的实践，通过对铁路工程技术、管理创新的成果进行总结凝练，我国铁路工程建造技术标准体系得到持续优化和完善，逐渐形成了世界领先的铁路工程建造技术专利标准体系，作为工程建设规划、勘察、设计、施工、验收、运行、维管等环节的依据和准则，对保证工程项目安全、质量、环境等公众利益，对促进社会效益、经济效益、环境效益和最佳效率的发挥起到了重要作用。

在智能铁路方面，我国构建了由通用基础与管理标准、智能高速铁路应用标准、平台及支撑技术标准等组成的智能高铁标准体系，制定了工程施工、建设管理、智能动车组、列车运行控制、智能调度通信、智能牵引变电、智能客运、智能客票、智能运维、自然灾害监测、基础设施检测、大数据等12大类108项铁路行业标准；构建了中国铁路BIM标准体系，推进了铁路BIM国家标准的编制，提出了IFC Alignmentl.1、IFC Rail等国际BIM标准，发布了《铁路工程信息模型分类和编码标准》等15项BIM标准，有效支撑了智能铁路建设。2019年京张高速铁路建成并开通运营，标志着中国铁路开始进入智能时代。

目前，我国铁路工程建造技术和标准体系逐渐成为世界领先的体系。土建工程、牵引供电、列车运行控制等系统实现了主要技术参数的相互协调，技术指标达到世界领先；地震、风、雨、雪、异物侵袭等防灾安全监控系统的设置标准进一步细化完善，安全控制指标达到世界领先；设计参数及设计措施进行全面系统优化，充分运用高速铁路联调联试、运营维修等领域的大数据技术，以及国内外标准对比分析研究成果，经济适用指标达到世界领先水平；建设标准专业、齐全，包含不同速度等级和不同运输性质的高速铁路、城际铁路、客货共线铁路、重载铁路，涉及高原、高寒、热带、风沙，湿陷性黄土、软土、膨胀土、冻土等特殊地区的铁路设计技术要求，适用范围和指标达到世界领先水平；开创了智能铁路标准体系，智能高铁建造水平达到世界领先水平。

1.3.1 铁路设计

京张高速铁路的设计革新拓展了铁路设计的领域和范围，使我国铁路设计进入了划时代的新领域。铁路工程设计，是向铁路工程项目的建设提供有技术依据的设计文件和图纸的整个活动过程，是建设项目生命期中的重要环节，是建设项目进行整体规划、体现具体实施意图的重要过程。

首先，京张高速铁路设计革新了原有设计方法，引入 BIM 等国际先进设计手段，成功引导施工方法改进，保证质量和进度。通过 BIM 模型优化施工组织设计，实现了项目标准化的管理，三维可视化、构件化的设计，三维数字化模拟施工，为勘察—设计—施工—运营—管理提供了可视化、智能化的统一管理平台。通过可视化施工关键技术，搭建了基于 BIM、地理信息系统（geographic information system，GIS）和互联网技术的隧道施工可视化管理平台，采用盾构施工全过程智能化、可视化动态监控与管理，实现对邻近建（构）筑物危险性的实时预测预报；采用常规经验和人工智能等方法，多角度综合实时预测地表及施工影响范围内的建（构）筑物的沉降及水平变形，推出不同地层条件和隧道几何参数对应的最优盾构施工参数指导施工。相关设计成果在八达岭长城站、清华园隧道等重点工程中运用，在施工组织的质量管理、进度管理、安全管理等方面发挥了重要作用。

其次，京张高速铁路设计革新了设计手段，并应用于有关设计阶段，助力中国铁路信息化从自动化、数字化、网络化发展到智能化阶段。智能高铁包括智能建造、智能装备、智能运营三个部分。通过智能设计，实现了引领智能建造、衔接智能装备、支撑智能运营的目标。

1.3.2 铁路施工

随着铁路工程建设信息化管理平台的建立和不断完善，结合大数据和 BIM 技术的深度运用，我国创新性地构建了中国铁路智能建造技术体系框架，不断研究开发、推广应用新的建造技术，有力促进了工程建设高质量发展。

在路基工程方面，结合 BIM、北斗、图像自动识别等技术，基于高速铁路站场路基智能压实指挥系统应用平台，实现了路基填筑上料、摊铺、初平智能化，碾压无人化，填筑全过程可视化和实时自动检测；研发应用管桩静压法施工信息化管理技术，对管桩静压法施工过程的压桩力、沉桩深度、桩身垂直度进行自动化监测；开发路基边坡与水沟智能开槽和混凝土滑模施工技术，一次施作成型，沟型规则密实，无超欠挖，沟身整体性好、质量更可靠；广泛应用绿色生态防护技术，骨架护坡与路基相结合，采取生态防护，实现了工程建设与环境保护的协调统一。

在桥梁工程方面，采用智能化梁场预制箱梁成套技术，以 BIM+互联网开展技术创新，实现了施工组织、资源配置和过程智能控制新模式，全面提升了铁路箱梁制造工厂化、智能化水平；研发了 40 m 简支箱梁设计、制造、运输、架设等新技术，实现了节约用地、节能减排、降低造价和绿色施工；研发了桥梁墩身预制及安装、预埋连接件定位、后注浆连接等技术；开展桥梁桩基大直径管桩、桥面系装配式技术现场应用，实现了全过程工厂化预制、机械化拼装、流水化作业，提高了施工效率，减少了环境污染；在传统支座上增加测力单元，对超静定结构的沉降、变形和使用状态变化进行监测，为类似桥梁设计建造提供数据支持，为运营维护提供依据。

在隧道工程方面，运用全断面硬岩 TBM（tunnel boring machine，隧道掘进机）综合施工技术，突破了变截面开挖、自动混喷、超前预报等关键技术，成功研制了国产最大直径TBM，具备软弱围岩隧道收敛、岩爆、高地热等不良地质综合防控技术；在复杂环境盾构施工综合技术方面，研发了大直径泥水盾构常压换刀、掘进与轨下结构同步施工等新技术；大断面暗挖施工技术形成了“顶超前、分层挖、核心留、重点锁”为核心的“品”字形工法和“柔性支护”体系，解决了京张高速铁路八达岭深埋地下车站施工技术难题；钻爆法隧道由一条机械化施工线、一条通风管和加工作业线进行配套，进度指标、安全质量管控水平显著提高；建立了具有自主知识产权的铁路隧道防排水标准技术体系，新型隧道防排水系统突破了性能适应与功能保持关键技术。

在轨道工程方面，研发了流水机组法预制生产CRTSⅢ型轨道板，使轨道板平整度、预应力筋自动成组张拉、浮浆控制等质量指标有了显著提升；双块式轨枕采用环形机组流水法施工，形成了自动化生产技术；研制了轨道底座自动布料整平机、新型嵌套式轨排机、自动分枕机、自动轨排精调机、承轨台检测机器人等工装设备，实现了无砟轨道智能化铺设及精调；采用无缝线路应力放散及锁定信息化施工技术，现场可自动测量气温、轨温，自动计算拉伸量，实时测定实际拉伸量，再上传至无缝线路应力放散及锁定施工信息管理系统平台，无缝线路应力放散及锁定作业温度控制更加准确、过程数据实现可追溯，为开通运营后的养护维修提供依据；研发铺轨区工程车调度指挥信息化系统，采用标准工业物联网架构设计，通过端—云—端的方式实现现场设备的综合监控和上线施工作业的信息化组织，实时掌控设备运转、施工计划、施工实际，以及安全风险防范治理情况等，保证了工程线运输安全。

在电力和牵引供电工程方面，接触网、电力变电工程开展工厂化预配，电缆配线现场统一测量、工厂一次成型，接触网腕臂、吊弦实现了自动化、智能化预配，研发了接触网腕臂、吊弦、H型支柱自动标定、组立成套技术，实现了模块化、自动化、智能化施工；研究应用牵引供电系统成套智能技术，具备全息感知、多维融合、重构自愈、智慧运维能力；创新简统化接触网系统及装备技术，零部件种类和数量减少30%，结构更加简洁合理，性能更加稳定可靠。

在电务（通信、信号）区信息工程方面，基于BIM技术实现对站场、机房等处的缆线布局进行细部设计、细部施工、智能运维；采用图形化仿真技术，提升了高铁联锁系统安全接口仿真水平；应用铁锂蓄电池技术，解决了现场机房狭小空间无法布置传统电池组的难题；推行智能客站建设，形成了覆盖旅客服务、生产组织、安全应急、绿色节能的智能化旅客服务和生产管理体系。

此外，对桥梁、隧道、路基等附属工程使用的小型构配件预埋件，引入自动化生产线进行工厂化生产，根据规模设置生产线运行节拍间隔时间，适应多种规格铁路混凝土小型预制构件的生产，依托预埋连接件的精确定位与可靠连接实现现场装配化施工，减少现浇混凝土工作量，大幅提升了工程建造质量。

在智慧工地方面，其发展可划分为初级、中级和高级三个阶段。初级为“信息感知”阶段，主要特征为信息感知、人工决策，聚焦人员管控、设备监测、材料管理、环境监测、进度管控、风险识别与处置、安全及质量管理等方面，实现工地数字化、信息化管理。中级“智能分析”阶段，主要特征为在数字化、信息化管理的基础上，基于大数据挖掘分析、辅以人工决策，实现关键工序、线路的智能建造。高级“智慧决策”阶段，主要特征为少人化参与下的系统自主决策，构建智慧大脑，聚焦智慧指挥调度、装备自主施工、智慧管控等方面，形成全工序智慧建造的数字孪生工地。

1.3.3 铁路建设管理

目前我国铁路建设项目基本采用标准化管理模式。该模式以确保工程质量为核心，以管理制度标准化、人员配备标准化、现场管理标准化、过程控制标准化为基本内涵，以技术标准、管理标准、作业标准为主要依据，以“机械化、专业化、工厂化、信息化”为支撑手段，以建设单位为主导、其他参建单位为主体，各负其责、协同推进。标准化管理模式采用了矩阵式管理，横向以质量、安全、工期、环保、投资、稳定“六位一体”为目标，对建设要素的管理工作进行规范，并覆盖队伍管理等其他有关方面；纵向以开工标准、过程管理、验收质量和红线卡控等为手段，对项目实施和竣工验收等全过程进行程序式管理。该管理模式实现了对建设项目全要素、全方位、全过程的标准化管理，有效保证了工程质量和进度，提升了管理效率和效益。

在已经形成的标准化管理体系基础上，不断创新建设管理模式，推进标准化管理向纵深发展。相继建立或完善了以信息化平台为基础、BIM 技术和信息化手段综合运用的智能化管理体系；在设计管理方面，建立了深化主体工程设计，注重临时工程设计，强化接口管理系统提升的站前、站后、站房施工图设计一体化审核的设计管理机制；在创新方面，鼓励参建各方发挥参建企业创新主体作用，大力开展建造技术和现场管理创新，有效保障了高质量建设。

通过铁路工程管理信息平台，支撑对铁路工程建设项目实行路网型协同管理、区域化专业管理、项目级精细管控；建立了进度、质量、安全、投资、环保等指标数据画像管控；基于实体工程工序工艺和临时工程工装流水，广泛研发信息化系统和工装，强化了单元管控能力。工地拌和站、试验室、梁场、板场、轨枕场实现了全流程信息化管控。在隧道超前地质预报、初支断面监测、围岩变形量测、衬砌质量检测、隐蔽工程管控、工地和作业人员安全监控方面，在桥梁桩基施工、连续梁线形监控、简支梁制架运一体化、沉降观测、支座测力方面，在轨道铺轨作业、工程线运输调度、无缝线路应力放散及锁定等方面，都形成了一整套工序级信息化管控体系；站房、“四电”专业也初步建立了全生命周期信息化管理体系。

新一轮科技革命和产业变革正在飞速演进，为铁路建设带来了前所未有的机遇与挑战。我国通过在京张、京雄等高速铁路建设上的实践与探索，逐步建立了绿色化设计、装配式建造、智能化施工的全时空柔性建造的参数基准；基于数字连接和人工智能技术，促进工程实体与信息世界双向映射、协调重构，为提升铁路智能建造积累了宝贵的经验。

1.3.4 智能高铁建设的意义

构建智能高铁，就是瞄准世界最先进技术，依托人工智能，着力打造数字化、智能化铁路。发展智能高铁是深入实施创新驱动发展战略，实现中国铁路现代化，提高运输生产效率、服务水平和管理水平，保障运输安全的内在要求；也是我国高铁充分发挥创新主体作用，坚定不移走自主创新之路，形成“自主创新+智能创造”铁路技术创新体系（智能高速铁路技术体系框架见图 1–2），让我国高铁继续领跑世界的必由之路。

当前，大数据、物联网、人工智能等技术快速发展，形成许多新的发展机遇和创新成果，只有抓住这一机遇，加大科技创新力度，不断完善铁路技术创新体系，向智能化铁路迈进，才能实现铁路技术创新的新跨越和新突破，有力支撑、保障国家重大战略实施，加快资源要素流动，提高资源配置效率，促进区域协调发展，依托高铁催生通道经济和枢纽经济，成为

图 1-2 智能高速铁路技术体系框架

区域经济发展的新引擎和推动高质量发展的新动能。

随着自动驾驶、刷脸进站、5G网络等“黑科技”的普及应用，中国高铁已逐步实现智能化服务，基本形成了覆盖智能建造、智能装备、智能运营三大领域的智能高铁技术体系、数据体系和标准体系框架，并在基础理论和前瞻技术研究方面取得新进展。在未来通过云计算、物联网、大数据、人工智能等新技术的加持，中国将不断推动世界智能高铁的发展进程，引领世界铁路发展。

思考题

1. 什么是土木工程智能建造？
2. 土木工程智能建造的特点是什么？
3. 目前土木工程智能建造有哪些表现形式？
4. 目前智能建造在我国铁路设计中有哪些应用？
5. 目前智能建造在我国铁路施工中有哪些应用？

2 智能建造的现代化技术

智能建造在土木工程的产品形态、生产方式、运作理念等方面驱动着土木工程产业变革的同时，离不开新兴信息技术的支撑。随着BIM、计算机视觉、人工智能、物联网、大数据、GIS、云计算、数字孪生、区块链等新兴技术的涌现并应用至土木工程实践，不同技术之间相互独立又相互联系，且关键应用往往不依赖于单一技术手段，智能建造与各新兴技术的融合更加紧密，不断推动着土木工程智能建造的发展。

2.1 BIM技术

BIM（building information model）为建筑信息模型，被视为一种突破性创新技术，在国内外建筑业都得到了广泛关注、推广和应用。我国在2011年将BIM纳入第十二个五年计划；中国建筑科学研究院联合有关单位发起成立BIM发展联盟，积极发展、建置我国BIM技术与标准、软件开发创新平台。2017年3月，相关部门发布的《建筑信息模型设计交付标准》（GB/T 51301—2018），面向BIM信息的交付准备、交付过程、交付成果做出规定，提出了建筑信息模型设计过程涉及的四级模型单元。BIM是指在建设工程及设施全生命周期内，对其物理和功能特性进行数字化表达，并依此进行设计、施工及运营的过程和结果的总称。BIM通过在建筑全生命周期内进行的信息共享，实现了对建筑详细的物理和功能特点的数字化呈现，同时作为信息可视化的载体，为智能建造过程与管理平台搭建桥梁，对智能建造起到了支撑作用。

2.1.1 BIM的特点及应用

1. 可视化

可视化就是“所见即所得”，模型三维立体可视，项目设计、建造、运维等整个过程可视。传统CAD使用二维方式表达设计意图，使用平、立、剖等三视图的方式表达工作成果，容易出现信息表达不充分、不完整和信息割裂的问题，在最终决策上需要专业人员凭借空间想象力和专业经验，合成三维实体，在项目复杂、造型复杂的情况下，三维实体想象难度大，且容易出错。BIM提供的可视化不仅能将以往线条式的构件形成三维实体图形展示（BIM三维模型与实景对比见图2-1），而且是基于构件颗粒级的互动性和反馈性的可视化，不仅可以用于展示效果图及生成报表，而且可以在全生命周期内模拟建造过程，项目设计、建造、运营过程中的沟通、讨论、决策都可以在可视化的状态下进行，以不断优化建造行为，提高建造品质。

(a) 三维模型　　　　(b) 实景照片

图 2-1　BIM 三维模型与实景对比

BIM 可视化有以下三方面的作用。

（1）碰撞检查，减少返工。BIM 最直观的特点是三维可视化，利用 BIM 的三维技术在前期进行碰撞检查，优化工程设计，减少在建筑施工阶段可能存在的错误损失和返工的可能性，优化净空和管线排布方案。施工人员可以利用碰撞优化后的三维管线方案，进行施工交底；对复杂构造节点可视化，科学排布钢筋，提高施工质量，提升与业主的沟通效果。

（2）虚拟施工，有效协同。三维可视化功能加上时间维度，可以进行虚拟施工，实现施工组织的可视化。业主、设计方、施工方、监理方在可视化的环境下，模拟施工方案，随时将施工计划与实际进度进行对比，不断优化施工方案，调整进度安排，有效协同管理，极大地减少了建筑质量问题和安全问题，减少了返工和整改。

（3）三维渲染，宣传展示。三维渲染动画，给人以真实感和直接的视觉冲击，BIM 三维渲染图如图 2-2 所示。建好的 BIM 模型可二次渲染，制作动漫游戏，进行 VR 展示，提高了三维渲染效果的精度与效率，给业主更为直观的视觉感受，提高了中标率。

图 2-2　BIM 三维渲染图

2. 协调性

在建设工程全生命周期内，建设工程各参与方基于 BIM 互相操作，通过统一的建筑信息模型，将建设工程不同专业、不同工种、不同阶段的工程信息有机地结合在一起，并协调数据之间的冲突，生成协调数据或协调数据库，实现信息建立、修改、传递和共享的一致性，通过 BIM 的协同性，极大地提高了工作效率，减少了工作的错误，提升了项目的品质。

（1）设计阶段协调。设计是多专业合成的技术成果，不同专业的技术人员根据本专业需求从事各自的设计活动，基于传统 CAD 平台设计，CAD 文件通常仅是图形描述，无法加载附件信息，导致专业间数据不具关联性，专业综合图纸叠放，可能出现专业之间的碰撞冲突。利用 BIM 三维模型，可快速在统一模型下建立、添附、变更不同专业内容，不同专业在统一模型平台上协同工作。通过 BIM 三维可视化控件或专门软件，对建筑内部的构件、设备、机电管线、上下水管线、采暖管线，进行各专业间的碰撞检查。通过 BIM 三维可视化进行综合协调，如楼层净高、构件尺寸、洞口预留的调整，电梯井、防火分区、设备布置和其他设计布置的协调等。因此，BIM 有效地解决了传统设计可能遇到的设计缺陷，提高了设计质量，提升了设计品质，铁路车站的 BIM 设计如图 2-3 所示。

图 2-3 铁路车站的 BIM 设计

（2）施工阶段协调。在施工阶段，施工人员可以通过 BIM 的协调性清楚地了解本专业的施工重点及相关的施工注意事项。通过统一的 BIM 模型了解自身在施工中对其他专业是否造成影响，提高施工质量。另外，通过协同平台进行的施工模拟及演示，可以将施工人员统一协调起来，对项目施工作业的工序、工法等做出统一安排，制订流水线式的工作方法，提高施工质量，缩短施工工期。

（3）运维阶段协调。在传统建筑设施维护管理系统中，大多还是以文字的形式列表展现各类信息，但是文字报表有其局限性，尤其是无法展现设备之间的空间关系。当 BIM 导入运维阶段后，模型中基于 BIM 各个设施的空间关系及建筑物内设备的尺寸、型号、口径等具体数据，可实施“可计算的运维管理”，主要表现在：① 进行空间规划、装饰装修、设施调整的功能布局管理；② 根据管线、照明、消防和设备的空间定位和空间走向，快速查找损坏的设备及出现问题的管道，及时维修、维护，保证系统的正常运转；③ 进行节能减排、资产管控等综合管理。

3. 模拟性

模拟是利用模型复现建设工程全生命周期可能发生的各种工况，利用 BIM 模型来模拟建设工程系统的运行，本质是数字实验，包括设计阶段模拟、施工阶段模拟、运维阶段模拟等。

（1）设计阶段模拟。BIM 中包含了大量几何信息、材料性能信息、构件属性信息等，根据建筑物理功能需求建立数学模型，基于数学模型的仿真分析软件可完成建筑能耗分析、日照分析、声场分析、绿色分析、力学分析等建筑性能、功能的模拟。

（2）施工阶段模拟。在施工过程模型中融入功能仿真技术、数字模拟施工方案、工期安排计划、材料需求规划等，并以此快速、低费用地评估并优化施工过程，具体内容如下。

① 投标评估。借助 4D 模型，可以很快了解投标单位对投标项目主要施工的控制方法、施工安排是否均衡，总体计划是否合理等，从而对投标单位的施工经验和实力做出有效评估。

② 施工进度。将 BIM 与施工进度的各种计划任务（WBS）相链接，即把空间信息与时间信息整合在一个可视的 4D 模型中，动态地模拟施工变化过程，可直观、精确地反映施工过程，实施进度控制，进而可缩短工期、降低成本、提高质量。

③ 施工方案。通过 BIM 对项目重点及难点部分进行可行性模拟，按月、日、时进行施工方案的分析优化，验证复杂建筑体系的可建造性，了解整个施工安装环节的时间节点、安装工序及疑难点，提高施工方案的可行性、优化性和安全性。

④ 虚拟建造。BIM 结合数字化技术，在模型已有的几何信息、空间关系、设计指标、材料设备、工程量等信息基础上，附加成本、进度、质量、安全、工艺工法等建造相关信息。根据建造条件，以建造目标为基准，采用数字模型，基于智能算法和大数据，通过虚拟建造优化、改进建造方案，形成场地布置方案、施工组织方案、专项技术方案、安全生产方案、预制构件生产方案等，使得施工方案的可行性、科学性、经济性得到极大的优化和提高。

（3）运维阶段模拟。利用 BIM 提供的几何、物理、功能、过程、设备信息，构造运维环境，模拟运维场景。线路运营中的信号灯和道岔模拟如图 2–4 所示。

图 2–4　线路运营中的信号灯和道岔模拟

运维阶段模拟的主要内容如下。

① 互动场景模拟。BIM 建好之后，将项目中的空间信息、场景信息等纳入模型中，再通过 VR/AR 等新技术的配合，让业主、客户或租户通过 BIM 从不同的位置进入模型中相应的空间，进行虚拟实体感受。

② 使用体验模拟。基于 BIM 的模型，让用户在项目竣工之前通过 BIM 了解项目的各项指标，如空间大小、朝向、光照、样式、用电负荷等，并可根据用户的实际需求，调整优化项目使用方案。

③ 紧急情况处理模拟。通过 BIM 系统，可以帮助第三方运维基于 BIM 的演示功能对紧急事件进行预演，模拟各种应急演练，制订应急处理预案。同时，还可以培训管理人员如何正确、高效地处理紧急情况，尤其是一些没有办法实际进行的模拟培训，如火灾模拟、人员疏散模拟、停电模拟等。

4. 优化性

在项目规划、设计、施工和运维过程中，BIM 提供了几何信息、物理信息、功能信息、设备信息和资源信息等，利用这些信息，可对项目全生命周期的运行进行优化，包括项目方案优化、设计优化、施工方案优化、运维优化，以及重要环节、重要部位的优化。基于 BIM 的铁路桥梁优化设计如图 2–5 所示。

图 2–5　基于 BIM 的铁路桥梁优化设计

5. 可出图性

BIM 出图是指软件对建筑模型进行可视化展示、协调、模拟、优化以后，导出方案图、初步设计图、施工图的过程。BIM 的可出图性能够解决模型与表达不一致的问题，可以出具的图纸有建筑设计图、经过碰撞检查和设计修改后的施工图、综合管线图、综合结构留洞图、碰撞检测错误报告和建议改进方案等施工图纸、资料。

6. 一体化

基于 BIM 技术可进行从设计到施工、再到运维，贯穿工程项目全生命周期的一体化管理。BIM 技术的核心是一个由计算机三维模型所形成的数据库，不仅包含了建筑的设计信息，而且可以容纳从设计到建成使用，甚至是使用周期终结的全过程信息。如在设计阶段采用 BIM 技术，各个设计专业可以协同设计，减少缺漏、碰撞等设计缺陷；在施工阶段，各个管理人员、各个工序工种的协同工作，可以提高管理工作效率。BIM 工程是系统工程，不是一个人、一个专业或一个单位能够完成的，而是需要参与建设的各责任方和各个专业，共同参与、共同协作。

7. 参数化

参数化是指通过参数而不是数字建立和分析模型，通过简单地改变模型中的参数值就能建立和分析新的模型；BIM 中的图元是以构件的形式出现的，这些构件之间的关系不是通过参数（参数保存了图元作为数字化建筑构件的所有信息）的调整反映出来的。参数化设计可以极大地提高模型生成和修改的速度，在产品的系列设计、相似设计及专用 CAD 系统开发方面都具有较大的应用价值。参数化设计中的参数化建模方法主要有变量几何法和基于结构生成历程的方法，前者主要用于平面模型的建立，后者则更适合于三维实体或曲面模型的建立。

8. 信息完备性

信息完备性体现在 BIM 技术可对工程对象进行三维几何信息、拓扑关系、工程信息、工程逻辑关系的完备描述，如对象名称、结构类型、建筑材料、工程性能等设计信息，施工工序、进度、成本、质量、人力、机械、材料资源等施工信息，工程安全性能、材料耐久性能等维护信息，对象之间的工程逻辑关系等。

2.1.2 BIM 技术发展趋势及影响因素

1. 发展趋势

1）集成化

现阶段，许多项目都将重点放在本地化应用程序上，用单独的 BIM 软件解决单一简单的业务问题。根据业务需求通过软件接口或数据标准进行模型整合，这是综合应用模式，如 BIM+3D 打印、激光扫描等。

基于 BIM 的集成，不同业务在不同专业模型中集合应用，对于新业务或者新的技术，BIM 技术也支持集成，越来越多的业务之间可以更好地集成应用。例如，随着 BIM 的快速发展，许多大型的建筑组件需要在工厂制造。若应用 BIM，在设计阶段，BIM 就可以直接将数据传送到工厂，而接下来数控机床可以将部件数字化。对于较为复杂的建筑构件，可以加快其生产效率。

2）多角度

随着 BIM 技术的发展，BIM 目前开始应用于项目管理的各个环节，其中包括施工进度管理，工程质量管理和工程成本管理。相比以前，BIM 技术可以更加快速、准确地提供业务数据，拥有有效的整合数据手段，通过 BIM 技术协同，保证所有参与方之间都能够及时、准确地共享、协调数据。BIM 很大程度上在不同方面加快了项目的进度。

3）普及性

近两年，BIM 技术不再局限于大型项目的应用，而是开始应用于一些中小型项目，越来越多的基础设施也开始使用 BIM 技术。一方面，我国 BIM 技术的发展离不开政府政策的出台，地方政府大力推广，支持 BIM 技术应用。另一方面，对于基建项目而言，传统管理方式已经不能满足项目的需求，传统管理已不能很好地解决建设内容多，施工环境复杂，施工安全风险高等问题，而 BIM 技术可以通过施工模拟功能一体化解决这些问题，使施工准确性和效率大大提高。

4）协同性

如今移动应用和物联网等各种新的客户端应用正在快速发展。在大数据、云计算等技术的依托下，可实现各种数据信息同步采集、快速分析、及时获得、及时发布，形成“云+端”模式。而 BIM 技术在一方面提供了可以协作的一个媒介，各方在统一模型工作的基础上降低了进行交流和合作的成本。而另一方面，基于 BIM 现场数据信息采集，“云+端”模式可以更好地支持，也可以高效地分析与储存，快速完成信息的交流传递。因此，一个新的发展趋势诞生，BIM 将从独立应用程序向“云+端”协作应用程序进行转变。云计算提供高效且经济的信息基础架构，两者结合在工程施工阶段将带来行业革命性的变化。

2. 影响因素

虽然 BIM 技术在我国已经快速发展，但仍然存在许多阻碍，主要表现在以下几个方面。

（1）目前的建筑行业手工制图已经淘汰，但是机械制图还停留在二维设计阶段，三维设计技术还不成熟，专业化、标准化、规范化的 BIM 软件应用较少。

（2）建立一个精准度高的 BIM 模型离不开族文件的建立，当前族库文件不够完善、族文件的精细度不够等问题突出。Revit（Autodesk 公司为 BIM 构建的一套系列软件）中的族是制约 BIM 发展的一大瓶颈。

（3）各设计部门的技术水平参差不齐，没有统一的 BIM 标准，使得 BIM 推广受到影响。BIM 行业系列标准制订滞后的问题已经成为 BIM 发展的制约因素，这也是当前比较棘手的问题。

2.2 人工智能技术

人工智能（artificial intelligence，AI）亦称智械、机器智能，指由人制造出来的机器所表现出来的智能。通常人工智能是指通过普通计算机程序来呈现人类智能的技术。人工智能技术主要是运用计算机手段模拟、仿真人的思维模式、反射等相关智能系统，未来生产的智能系统将承载着人类的智慧，人工智能架构如图 2-6 所示。

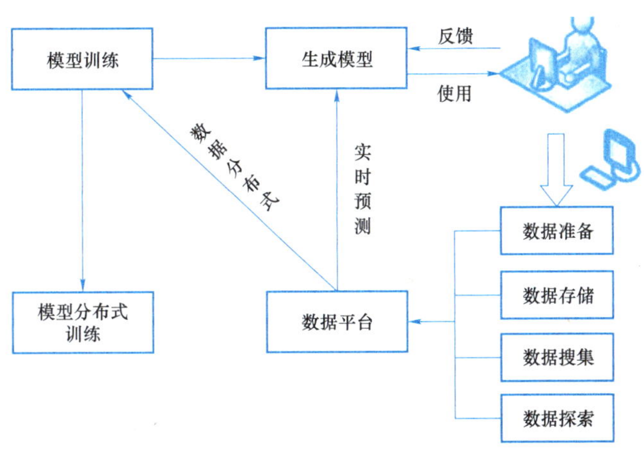

图 2-6 人工智能架构

人工智能领域的研究包括机器人、语言识别、图像识别、自然语言处理和专家系统等。人工神经网络、决策支持系统、专家系统、机器深化学习等技术都可应用于智能建造。建筑工地管理系统，综合运筹学、数理逻辑学及人工智能等技术手段，涵盖了工地管理的方方面面。模糊神经网络技术可用于结构振动控制与健康诊断中，能精确地预测结构在任意动力荷载作用下的动力响应，同时还可随时加入其他辨识方法总结出的规则，具有很强的可扩展性与实用性。采用改进的 BP 神经网络建立建筑电气节能评估模型，利用人工神经网络进行训练，网络泛化性能好，评估正确率高，为节能改造的实施提供了科学依据。人工智能技术在智能建造领域已经取得了一定的进展，特别是在工程造价估算、施工现场管理、施工现场风险识别和结构损伤识别等方面已经取得了较好的实际应用效果。

人工智能技术对智能建造的提升作用主要表现如下。

（1）重大建筑结构故障诊断方法普遍存在受结构复杂、信号微弱等因素影响导致其精度与准确性不高的问题。

（2）新一代人工智能技术在特征挖掘、知识学习等智能程度上表现出显著优势，为智能诊断运维提供了新途径。

（3）新一代人工智能运维技术是提高设备安全性、可用性和可靠性的重要技术手段，有利于制造项目智能化升级并提高企业效益，得到国际学术界与商业组织的重点投入与密切关注。

2.3 云计算技术

云计算（cloud computing）是分布式计算的一种，指的是通过“云”将巨大的数据计算处理程序分解成无数个小程序，通过多台服务器组成的系统进行处理和分析，并将结果返回给用户。

“云”实质上就是一个网络。从狭义上讲，云计算就是一种提供资源的网络，使用者可以随时获取“云”上的资源，按需求量使用，并且资源可以看成无限扩展的，只要按使用量付费就可以。“云”就像自来水厂一样，可以随时提供水，并且不限量，用户按照需求用水，按用水量付费。

从广义上说，云计算是与信息技术、软件、互联网相关的一种服务，这种计算资源共享池叫作“云”。云计算把许多计算资源集合起来，通过软件实现自动化管理，只需要很少的人参与，就能快速提供资源。也就是说，计算能力作为一种商品，可以在互联网上流通，就像水、电、煤气一样，可以方便地被取用，且价格较为低廉。

云计算不是一种全新的网络技术，而是一种全新的网络应用概念。云计算的核心概念就是以互联网为中心，在网站上提供快速且安全的云计算服务与数据存储，让每一个使用互联网的人都可以使用网络上庞大的计算资源与数据中心。云计算是继计算机、互联网后信息时代的一种革新，是信息时代的一个大飞跃。

2.3.1 云计算的特征

1. 广泛的网络访问

消费者可以随时随地使用任何终端设备接入网络并使用云端的计算资源。消费者不需要或很少需要云服务提供商的协助，就可以单方面按需获取云端的计算资源。常见的云终端设备包括手机、平板式计算机、笔记本式计算机和台式计算机等。

2. 快速弹性

云计算模式具有极大的灵活性，足以适应开发和部署各个阶段的各种类型和规模的应用程序。云计算可以根据访问用户的多少，增减相应的资源（包括 CPU、存储、带宽等），使资源的规模可以动态伸缩，满足应用和用户规模变化的需要。在资源消耗达到临界点时可自由添加资源，资源的增加和减少完全透明。

3. 高可靠性

“云”通过使用数据多副本容错、计算节点可互换等方法来保障服务的高可靠性。松散耦合的服务，相互之间独立运转，使一个服务的崩溃一般不会影响另一个服务的继续运转。

4. 资源抽象

终端用户不知道云端上的应用运行的具体物理资源位置，同时云计算支持用户在任意位置使用各种终端获取应用服务。所请求的资源来自“云”，而不是固定的有形的实体。应用在“云”中某处运行，但实际上用户无须了解，也不用关心应用运行的具体位置。

5. 计费服务

消费者使用云端计算资源是要付费的，如可以根据某类资源的使用量和时间长短计费，也可以按照使用次数来计费。但不管如何计费，对消费者来说，价格要清楚，计量方法要明确，而云服务提供商需要监视和控制资源的使用情况，并及时输出各种资源的使用报表，做到供需双方费用结算清楚明白。

2.3.2 云计算技术与智能建造

利用云计算技术赋予用户前所未有的计算能力和高可靠性、高通用性、高可扩展性能，可以在智能建造过程中监测数据造假行为，提供质量监管体系；除建造检测外，云计算还提供了高效率、智能化、信息化的管理平台，满足用户的各种需要。

云计算对于建筑行业具有很大的作用和价值。目前，建筑行业由于其本身复杂的特点，对整个施工建造过程的控制十分粗糙，由于建筑物是一个十分复杂的整体，云计算在施工建造控制、结构健康检测、BIM 模型优化等各方面都具有广阔的应用前景。基于云计算技术，对于复杂的建筑物施工平台的数据处理可以使计算能力大幅提升，从而提高现场管理的速度并扩大管理的范围。

应用于智能化的云计算具有以下技术特点。

（1）服务虚拟化：基于云平台的各子系统软件平台和运行于各独立服务器的软件完全相同。

（2）资源弹性伸缩：系统可根据各子系统对存储及计算力的需要实时灵活配置资源，确保系统的负荷效率较高。

（3）集成便利：通过软件接口将各子系统集成到统一平台，轻松实现数据和信息的共享。

（4）快速部署：借助云平台，可构建高效、快捷、灵活、稳定的新一代建筑智能节能管理平台，该平台可根据需求对各子系统进行快速调整，进行增加或减少。

（5）桌面虚拟化：只需提供给客户一个终端，客户可按需定制所需的云桌面，所有数据资料存放在云端，方便统一管理，并且可随时随地登录自己的桌面。

（6）业务统一部署：现有的应用平台可迁移至云平台统一管理，系统调整和升级可统一进行，可靠性高。

2.4 物联网技术

物联网（internet of things）是指通过各种信息传感器、射频识别技术、全球定位系统、红外感应器、激光扫描器等装置与技术，实时采集任何需要监控、连接、互动的物体或过程的信息，采集其声、光、热、电、力学、化学、生物、位置等各种需要的信息，通过各类网络接入来实现物与物、物与人的泛在连接；并按约定的协议，进行信息交换和通信，实现对物品和过程的智能化感知、识别和管理。物联网是一个基于互联网、传统电信网的信息承载体，它让所有能够被独立寻址的普通物理对象形成互联互通的网络。

2.4.1 物联网的特征

互联网创造了虚拟世界，而物联网开辟了一个由虚拟转向现实的新领域。互联网在虚拟世界中实现了人与人的联系，而物联网在现实世界中实现物与物的联系，两者虚实相生相伴。从现阶段来看，物联网是基于互联网之上的一种高级网络形态，物联网和互联网之间的共同点在于它们的部分技术基础是相同的。尤其在物联网发展的初级阶段，物联网的部分网络基础设施还是要依靠已有的互联网，对互联网有一定的依附性。

物联网和互联网的不同点是互联网是一个网络系统，而物联网是一个建立在互联网基础设施之上的庞大的应用系统。用于承载物联网和互联网的分组数据网无论是网络组织形态，还是网络的功能和性能，对网络的要求都是不同的。互联网对网络性能的要求是“尽力而为”的传送能力和基于优先级的资源管理能力，对智能、安全、可信、可控、可管、资源保证性等都没有过高的要求，而物联网对这些要求则高得多。

从通信对象和过程来看，物与物、人与物之间的信息交互是物联网的核心。物联网的基本特征可概括为整体感知、可靠传输和智能处理。整体感知可以利用射频识别、智能传感器等感知设备感知获取物体的各类信息。可靠传输可通过对互联网、无线网络的融合，将物体的信息实时、准确地传送，以便信息交流、分享。智能处理可使用各种智能技术，对感知和接收的数据、信息进行分析处理，实现监测与控制的智能化。

2.4.2 物联网与智能建造

物联网技术在智能建造中起着感知建造景观、生产和传递数据的关键作用。应用物联网技术可实现人机料法环的精确定位，从而提高施工质量；通过生产管理系统化和安防监控与自动报警保证施工安全；通过降低材料成本和提高工作效率降低施工成本，具有可观的经济效益。物联网技术的优势在于感知和互联，在物联网技术支持下，智能建设各阶段的工程信息，以及单个智慧建设项目之间将实现互联，使用者可以及时、准确地掌握和了解智慧建设过程中人员、设备、结构、资产等关键信息，实现信息处理、聚类、分析和响应过程，提供辅助决策方案，物联网的后台支撑技术还可以实现智能建设流程整合、虚拟化应用与调节控制、业务流程优化等工作。物联网技术的机械定位与运行如图 2–7 所示。

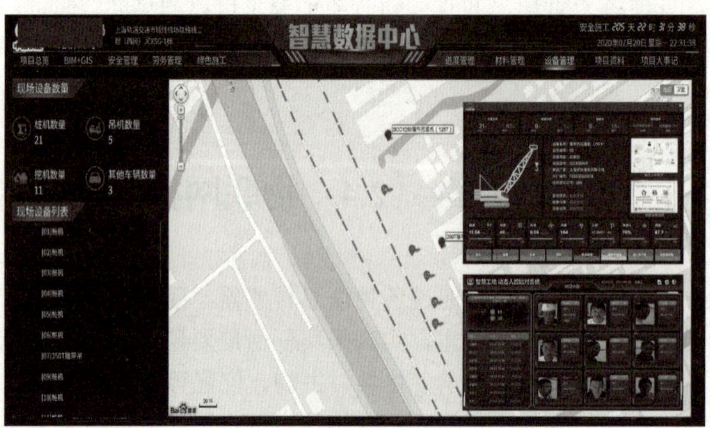

图 2–7 物联网技术的机械定位与运行

物联网在智能建造中的应用如下。

（1）物联网是一个高度互联的信息网络，为使用者提供施工过程中各个施工对象的个体信息（包括人员、设备、结构、资产等）。

（2）物联网是一个精确的管理平台，通过点对点式的信息获取，能够实现对整个网络内的个体进行全周期、全要素、迅速反馈等管理，提高资源利用率和生产力水平，改善人与物的关系。

2.5 5G 技术

5G（fifth generation of mobile communication technology）技术，即第五代移动通信技术。5G 技术具有高上行速率、低时延、高可靠、海量连接、高能效、高安全等工业特性，成为面向各行业应用的工业级移动通信系统。

2.5.1 5G 技术的特征

相对于 4G 技术来说，5G 技术在提升峰值速率（增强移动宽带）、时延（低时延高可靠通信）、移动性、频谱效率四项传统指标的基础上，新增加了用户体验速率、连接数密度（海量机器通信）、容量密度和能源效率四项关键能力指标。因此，5G 的速率、时延、连接等网络能力，相对于 4G 有跨越式的提升。因为 5G 技术具有高传输速率、低延迟的特点，通过融合 BIM 和云计算、大数据、物联网、移动互联网、人工智能等信息技术，集成人员、流程、数据、技术和业务系统，实现项目施工全过程的监控与管理。

5G 技术可以促进跨平台、跨产业的互通互联，不管是 PC 平台、移动平台之间，还是移动设备、建筑体硬件设施和人之间的联系都可以紧密融合，顺应互联网互通互联的精神。在产业融合和演进的过程中，建造业原有的运作机制和资源配置方式都会发生改变，能产生更多的新的市场空间和发展机遇。5G 技术具有以下特点。

（1）5G 技术具有数据传输速率高、延迟低、节能和支持大规模组网的特点。

（2）5G 技术更方便、更广泛地推动智慧建造功能的实现，对建筑物全生命周期及施工过程提供动态、智能的辅助管理办法。

2.5.2 5G 技术在施工中的应用

在建筑施工行业，由于工程项目地域分散、从业人员移动工作、施工现场环境复杂，制约着互联网的应用实施。随着移动互联网的发展，如 5G 网络的普及，平板式计算机、智能手机等终端设备的技术成熟与普及，利用移动互联网代替传统互联网进行日常工作和生产作业成为可能。施工企业信息化系统通过移动平台建设，将信息化管理系统延展到移动终端上，将传统的“办公室信息化”扩展到任意地点，解决了施工行业对信息实时传递的业务需求。决策层可以随时随地审批，大大提高了施工企业的运作效率和运作质量。施工单位移动互联网应用主要包括以下几个方面。

（1）在用户管理中的应用。充分利用移动互联网的实时性和便携性等特性，将移动互联网应用于用户管理、项目管理中，或者与现有的用户 ERP、项目管理系统进行集成应用。例如，用户办公系统有逐渐向移动端转移的趋势，流程审批、公文流转、通知公告、日程提醒等均通过智能手机完成，极大地提高了办公效率。项目管理系统与移动应用集成，现场人员通过移动设备分发任务，加快了信息传递的效率；管理层通过移动终端可直接审批流程，随时查看项目进度、成本、质量等业务数据，辅助决策。

（2）在业务工作中的应用。施工现场人员流动作业、工地环境复杂，项目管理人员多是在现场作业，移动通信成为刚需。通过移动互联网应用可提高信息共享和传递的效率，以辅助现场工作。例如，现场通过移动终端实现电子化的图纸或模型的共享和展示，方便变更商洽、设计交底、施工指导、质量检查等工作。

（3）与新技术的集成应用。首先是与 BIM 技术的集成应用。在施工质量检查过程中，质量管理人员可应用移动终端设备调用 BIM 文件，通过三维模型与实际完工部位进行对比检查。然后是与物联网技术集成应用，通过 RFID、电子标签、测量器、传感器、摄像头等终端设备，实现对项目建设过程的实时数据采集和有效管理，并结合移动设备，将这些实时数据及时分发出去，提高作业现场的管理能力，加强人与建筑的交互。

2.6 GIS 技术

GIS（geographic information system）即地理信息系统，它是一种空间信息系统，是对整个或部分表层空间中有关空间分布的数据信息进行采集、运算、分析和显示等操作的系统，为工程建造提供客观、定性的原始数据。

2.6.1 地理信息数据的获取

为了获取工程建造一定范围内的地表地理信息（包括地面三维坐标、建筑物尺寸等），目前常用的方法就是采用无人机倾斜摄影技术和其与航拍技术的综合应用。为了确保获取数据的准确性，在进行数据采集前须建立一定数量的控制点。控制点是直接为摄影测量的控制点加密或测图需要而在实地布设并进行测定的控制点，包括仅具有平面坐标的像片平面控制点和仅具高程的像片高程控制点及同时具有平面坐标与高程的像片平、高控制点。像控点测量是指根据像片上内业的布点方案，在实地根据影像的灰度和形状找到并确定像控点的位置，测量并记录该点平面坐标及其高程。像控点之间的距离、布设的航线间隔数和模型间隔数应满足相关工程摄影测量的相关规定；图 2-8 为某铁路沿线地理信息数据获取时控制点及航线布设。

图 2-8 某铁路沿线地理信息数据获取时控制点及航线布设

无人机倾斜摄影测量数据采集过程如图 2–9 所示。在数据采集完成后，将采集的影像数据和控制点信息导入相应的软件，便可以生成目标区域的实景三维模型，经过处理后编辑和加工，便可自动生成实景三维效果。图 2–10 为某铁路沿线一定范围内进行数据初步处理完成后的三维场景演示模型。

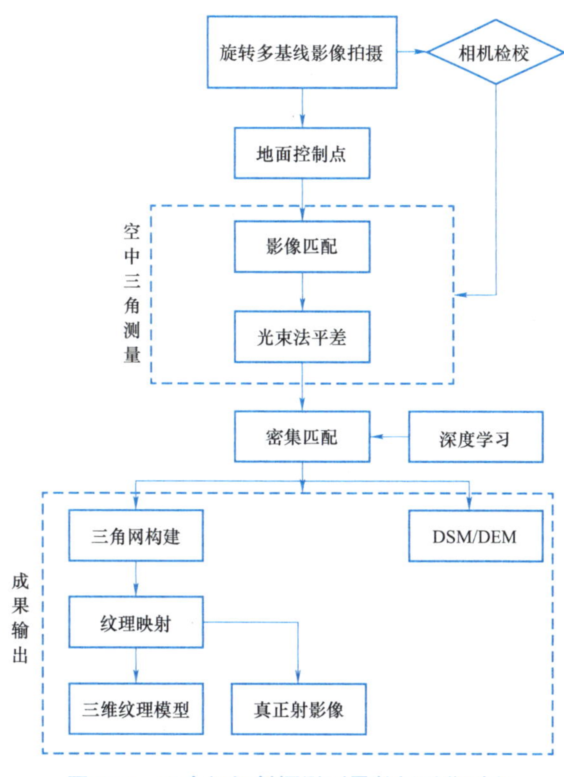

图 2–9 无人机倾斜摄影测量数据采集过程

图 2–10 某铁路沿线一定范围内进行数据初步处理完成后的三维场景演示模型

一般生产的场景模型应满足以下要求。

（1）三维模型是根据倾斜影像匹配确定体块构模而成，地形、建筑物等模型采用一体化表示；建筑物三维体块模型应完整、位置准确、具有现实性，应与获取的航空影像表现一致。

（2）建筑物三维模型应精准反映地表建筑物外轮廓的基本特征。模型一般条件下应没有明显的拉伸变形或纹理漏洞，不存在拉伸变形、侧视。当所在区域建筑物较为密集或建筑物较高存在相互遮挡时，则无法获取遮挡部分建筑物的侧视纹理，相应的模型无法表现其全部的细节，允许出现些许的拉伸变形。

（3）建筑物模型的高度与平面尺寸应与实际保持一致的比例，建筑物模型高度误差不超过规范要求，并且通过三维图像能够清晰地分辨重点地物情况。

2.6.2 GIS 技术的应用

GIS 技术在区域规划、环境管理、城市管理、辅助决策等方面发挥着巨大的作用。在区域规划方面，GIS 进行信息筛选并转换为可用形式，成为规划人员的强大工具；在环境管理方面，GIS 可进行环境监测和数据收集，建立基础数据库和环境动态数据库，建立环境污染模型等，为环境评价、环境规划管理提供有力支持；在城市管理方面，GIS 帮助管理人员查询设施管线、管网的分布，追踪流量信息和监控运行质量；在辅助决策方面，GIS 利用特有数据库，通过一系列决策模型的构建和比较分析，为国家的宏观决策提供依据。

随着近些年来技术的不断进步，BIM+GIS 技术为建筑业的信息化、智能化发展提供了良好的支撑，将 GIS 与 BIM 进行技术融合，用 BIM 构建精细的三维建筑模型，对建筑物的内部信息进行分析和管理，这些高精度的 BIM 模型是 GIS 的重要数据来源，也为后期运营维护管理提供基本的模型数据及所需的多维信息数据，GIS 与 BIM 的融合如图 2-11 所示，GIS 与 BIM 融合的应用如图 2-12 所示。GIS 可作为智慧工程的神经中枢，能够管理区域空间，分析空间地理信息数据，从而使宏观的 GIS 数据和微观的 BIM 信息相结合，这样可实现两者之间的优势互补，再加上当前的物联网技术，可为智能建造构建一个很好的基础平台。

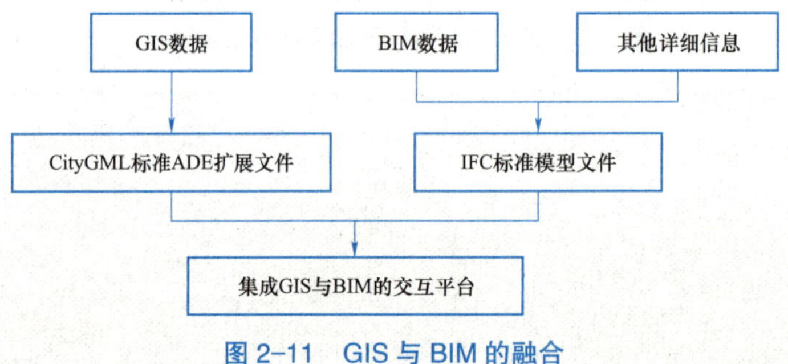

图 2-11 GIS 与 BIM 的融合

GIS 技术在智能建造中的应用如下。

（1）GIS 侧重于对建筑物地理信息的表达，多用于建筑物的地理位置定位和空间信息分析，能很好地展示建筑物的外部环境，确保信息的完整性，运用 GIS 技术可以呈现清晰的地理信息。

（2）运用 GIS 技术对信息进行管理、分析与处理。GIS 可以提供整个空间的三维可视化分析功能，改善建设空间上的数据表达与性能分析，为建造设计人员提供更加直观、科学的设计方式。

图 2-12 GIS 与 BIM 融合的应用

2.7 大数据技术

大数据（big data）是指无法在一定时间范围内用常规软件工具进行捕捉、管理和处理的数据集合，是需要新处理模式才能具有更强的决策力、洞察发现力和流程优化能力的海量、高增长率和多样化的信息资产。由于其规模大、数据形式多样、非结构化特征明显，导致使用常规方法进行数据存储、处理和挖掘异常困难。当大数据处理包含数千万个文档、数百万张图片或者工程设计图的数据集时，如何快速访问这些数据将成为核心挑战。通常将大数据的特性归纳为“5V”，即 volume（数据量）、variety（多样性）、value（价值）、velocity（速度）和 veracity（真实性）。

2.7.1 大数据的分析方法

1. 预测性分析

大数据分析应用最普遍的方法就是预测性分析，通过从大数据中挖掘有价值的知识和规则，运用科学建模的手段呈现结果，然后将新的数据输入模型，从而预测未来的情况。

2. 可视化分析

不管是专家还是普通用户，二者对于大数据分析最基本的要求就是可视化分析，因为可视化分析能够直观地呈现大数据特点，同时能够非常容易地被用户所接受，通过可视化分析可以直观地展示数据。数据可视化是数据分析工具最基本的要求。

3. 大数据挖掘算法

可视化分析结果是给用户看的，而数据挖掘算法是给计算机看的，通过让机器学习算法，按人的指令工作，从而呈现给用户隐藏在数据之中的有价值的结果。大数据分析的理论核心就是数据挖掘算法，算法不仅要考虑数据的量，也要考虑数据处理的速度。

常用的数据挖掘算法有分类、预测、关联规则、聚类、决策树、描述和可视化、复杂数据类型挖掘等。

4. 语义引擎

数据的含义就是语义。语义技术是指从词语所表达的语义层次上来认识和处理用户的检索请求的技术。语义引擎通过对网络中的资源对象进行语义上的标注及对用户的查询表达进行语义处理，使得自然语言具备语义上的逻辑关系，能够在网络环境下进行广泛有效的语义推理，从而更加准确、全面地实现用户的检索。大数据分析广泛应用于网络数据挖掘，可从用户搜索的关键词来分析和判断用户的需求，从而实现更好的用户体验。

5. 数据质量和数据管理

数据质量和数据管理是指为了满足信息利用的需要，对信息系统的各个信息采集点进行规范，包括建立模式化的操作规程、原始信息的校验、错误信息的反馈和矫正等一系列过程。大数据分析离不开数据质量和数据管理。高质量的数据和有效的数据管理，无论是在学术研究还是在商业应用领域，都能够保证分析结果的真实和价值。

2.7.2 大数据与云计算、人工智能

大数据蕴含巨大的价值，已经得到广泛重视。在数据成为“战略资源”的背景下，云计算为大数据的汇聚和分析提供了基础计算设施，客观上促进了数据资源的集中和对数据的存储、管理、分析能力的提升。而通过计算寻找数据中的隐含知识，进而支撑对历史规律的发现、现实状态的感知及未来行为的预测，是今天“机器智能”在一些领域取得突破的关键，通过对数据的计算，客观上支撑了一大类人工智能任务的发展。

目前人工智能发展已进入一个新阶段，特别是在移动互联网、大数据、超级计算、传感网、脑科学等新理论、新技术及经济社会发展强烈需求的共同驱动下，人工智能快速发展，呈现深度学习、跨界融合、人机协同、群智开放、自主操控等新特征的大数据驱动知识学习作为其中的一个发展重点，为人工智能，特别是“机器智能”的产生提供了重要的支撑。通过对具有“5V”特征的大数据集的计算，对开放世界的实时大数据的持续获取、管理、分析与处理，对大规模领域知识和领域相关数据建立关联知识的内在表示，进而形成大量特征的关联关系，体现对事物的复杂认知，支持实时预测和决策，这是催生机器智能的关键。拥有大规模实时运行数据及有效的分析处理能力，是这类人工智能应用的核心竞争力。

2.8 智能装备技术

智能装备是指在建筑施工过程中应用的智能化建筑设备，包括智能安全帽、智能塔吊、智能施工机器人、三臂自动拱架安装机、隧道 3D 全断面扫描系统、全自动自行式液压衬砌台车、混凝土养护台车等。智能装备如图 2-13 所示。智能设备减轻了在施工过程中工人进行的体力劳动及在危险区域工作的风险，也是智能建造的前端基础。

依托建设项目，推进标准化管理，创新工装工艺工法，开展精细设计、精益建造、智能建造，将工程智能化信息管理平台应用在建设项目中，将 BIM 技术与大数据、云计算相结合。利用成套机器人设备完成特定施工流水作业，形成机器人管理控制平台，实现项目实施过程数据采集、分析、预警等管控，建设管理效率得以提高。

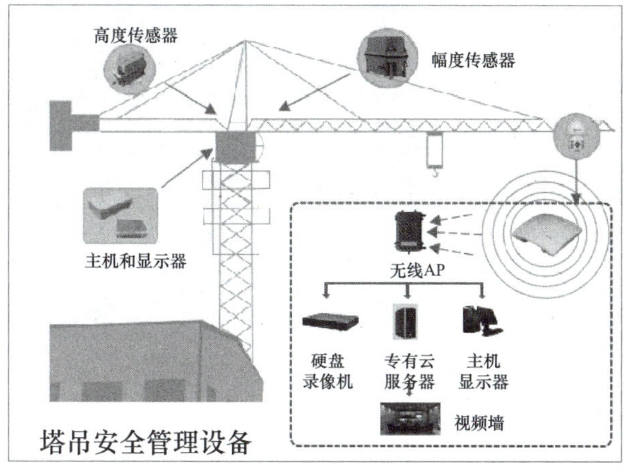

(a) 塔吊智能监控及预警

(b) 隧道混凝土质量检测机器人

(c) 拱架安装多功能台车

(d) 仰拱栈桥滑模自动振捣系统

(e) 超前地质钻机

(f) 隧道内除尘净化通风系统

(g) 无人机

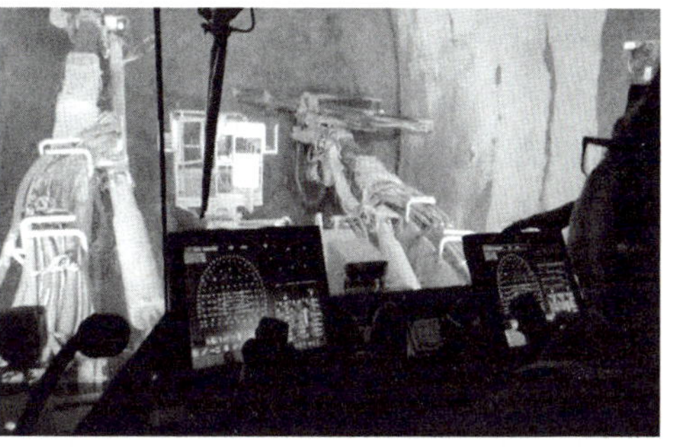

(h) 自动凿岩台车

图 2-13 智能装备

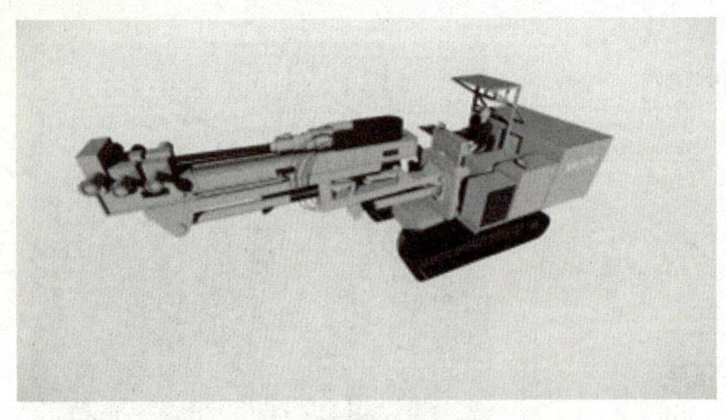

(i) 智能二衬台车

(j) 自动喷淋设备

图 2-13 智能装备（续）

思 考 题

1. 目前土木工程行业智能建造涉及哪些现代化技术？
2. 论述 BIM 模型的特点。
3. BIM 模型可视化有哪些作用？
4. 简述 BIM 模型协调性、模拟性及优化性在当前工程建设中的应用。
5. 简述 BIM 技术的发展趋势及影响因素。
6. 人工智能技术对智能建造的提升有哪些表现？
7. 云计算技术的特征是什么？
8. 简述云计算技术对土木工程建造的作用及表现。
9. 简述物联网技术的特征及其在智能建造中的应用。
10. 简述 5G 技术的特征及其在智能建造中的应用。
11. 什么是 GIS 技术？简述其在智能建造中的应用。
12. 简述大数据技术在智能建造中的应用。

3 铁路大型临时工程的智能建造技术

大型临时工程（大临工程）是铁路建设及施工组织设计中的一项重要内容，其规划对施工的总体布局、工期、资源配置、环保等起关键作用。尤其在我国高速铁路建设中应用了大量新技术、新工艺和新设备，从而出现了制（存）梁场、轨道板（双块式轨枕）预制场等普通铁路所没有的内容。在我国的铁路建设中，主要的大型临时工程包括铺轨基地（轨料存放场）、制（存）梁场、轨道板（双块式轨枕）预制场、拌和站、材料存放基地及其他工程配套设施。

3.1 大临工程的作用及特点

3.1.1 铺轨基地

铺轨基地是铁路临时工程中的一项重要内容，其是铺轨材料的装卸、存放与加工基地，是轨节、道岔的组装基地，同时也是工程列车编组、到发的基地。

铺轨基地的设置应根据施工组织设计中明确的工期目标，结合跨区间线路（无缝或有缝线路）的施工工艺和方法，进行统一规划和合理布置。所选择的铺轨基地要具有相对较好的自然设场条件，通畅的运输通道，能充分调动和发挥现代化成套施工装备的技术优势，以保证轨道及相关工程施工的顺利进行。

1. 位置选择

根据铁路大型临时工程和过渡工程设计相关规定，铺轨基地的选址应符合以下规定。

（1）基地的设置应结合铺轨长度、设场条件、供应范围、铺架作业量、地形地质和交通运输条件、材料供应等因素进行经济比选后确定。基地一般可由既有车站或新建铁路联络线出岔引入，然后由铺轨基地设置临时引入线进入新建铁路联络线或新建的铁路线路。

（2）基地供应半径应根据沿线铁路引入条件、工期要求、机车车辆供应情况等因素综合考虑，双线一般不宜大于 200 km，单线及无砟轨道的铺轨基地可根据实际情况确定。

（3）基地的位置宜设在铺轨起点及中间临近铁路既有车站的线路附近，衔接运营线便捷，对运营线干扰小、列车进出方便，引入线路短的开阔平坦处；不宜设置在重点控制工程附近。

（4）基地附近交通情况良好，与附近铁路、公路相通，基地内应设置汽车及起重机的通道、龙门吊起重机轨道，以方便装卸材料和机械的组装作业。

（5）铺轨基地及相关线路的实施应在总体施工组织工期目标的基础上，先进行总体设计和既有站场的过渡方案设计，而后按照工程量和铺设轨道期限要求，安排铺轨基地及相关线路的修建，一般应在铺轨前 9 个月左右施工。

2. 规模的确定

铺轨基地以满足连续不间断铺轨工作为原则，应具备一定的钢轨、扣件、道砟、轨枕的存放能力，同时要满足轨道检测、养护等要求。铺轨基地的设计规模应综合月铺轨能力和铺轨方式、调运作业方式和设计的连续铺轨时间等综合确定。一般来说在无缝线路铺轨基地，当有砟轨道采用单向铺轨时，基地存储量可按长钢轨 75 km，钢筋混凝土轨枕 6 万根设计，道岔及配件备料应根据基地的铺岔量、料源供应情况而定。当采用双向铺轨时，基地存储量可按长钢轨 150 km，钢筋混凝土轨枕 12 万根设计。由于增加了道砟场，有砟轨道铺轨基地占地面积要比无砟轨道铺轨基地占地面积大。无砟轨道铺轨基地长钢轨存储量可按 120 km 或 240 km（两条存轨线）设计。

3. 基本布置（附平面布置图及主要工程数量）

铁路的铺轨基地需建轨料存放场、大型设备及专用车辆停留线或大型存砟场等，应配套建设到发场、编组场及机务作业线、联络线、货物交接线等，且上述配套设施要满足机组作业的要求；同时要满足跨区间无缝线路连续铺设作业的进度要求。

有砟轨道和无砟轨道的铺轨基地设置有所不同，其中无砟轨道的铺轨基地主要由长钢轨存放区和若干条临时铁路股道组成；有砟轨道的铺轨基地除按无砟轨道铺轨基地要求设置外，尚应设置轨枕存放区、道砟存放区及相应临时铁路股道。

根据铁路无缝线路铺轨的施工方法——长钢轨推送入槽法、单枕连续铺设法和工具轨换铺法，其铺轨基地设置亦有所不同，其中长钢轨推送入槽法主要由长钢轨存放区、场内车场和机务整备线等组成；单枕连续铺设法主要由轨料存放区、长钢轨存放区、场内车场和机务整备线等组成；工具轨换铺法在单枕连续铺设法的基础上增加了轨排生产区和轨排存放区。

铺轨基地的平面布置应符合下列规定。

（1）基地的平面布置应根据地形地质条件、车辆出入便捷、调车作业顺畅等因素确定，以使工艺流程合理，结构紧凑。

（2）基地设计规模应根据综合月铺设能力和铺设方式、轨排生产方式、调运装卸方式综合确定。

（3）接轨岔线纵坡不宜大于 6‰，困难条件下不应大于 12‰；平面曲线半径不宜小于 300 m；道岔不应小于 9 号。

（4）相邻料堆的间距不应小于 0.7 m。

（5）基地内股道间距和建筑界限应满足大型机械和机车车辆的作业停放、进出，以及检修要求。

（6）门吊装卸线应设在平直线上。

（7）长钢轨的吊运和装车设备宜选用固定式龙门吊；长钢轨存放区小型龙门吊、成轨台宜均匀分布，长钢轨堆放不宜大于 7 层。

图 3-1 和图 3-2 分别给出了某高速铁路单向/双向铺轨基地平面布置示意图，铺轨基地内设有长钢轨存放区、存砟场、大号码道岔拼装存放场、接触网杆存放场、小型构件预制场等场区。

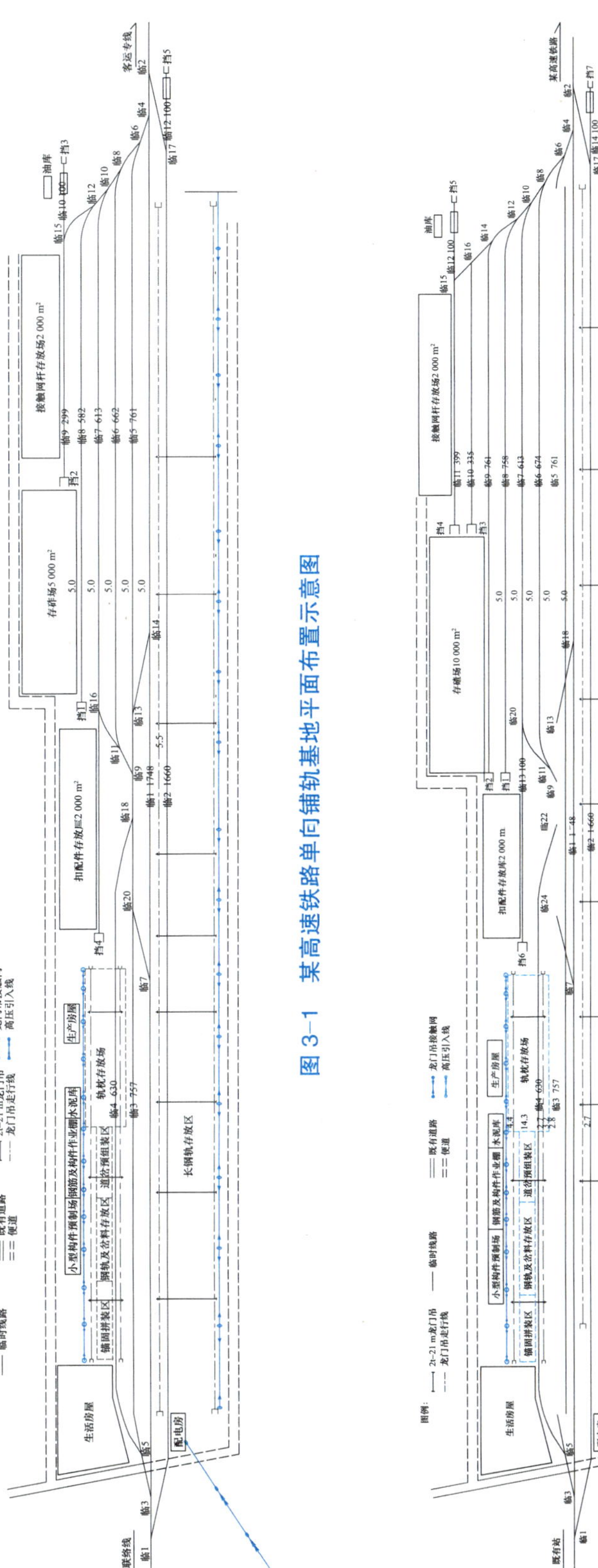

图 3-1　某高速铁路单向铺轨基地平面布置示意图

图 3-2　某高速铁路双向铺轨基地平面布置示意图

3.1.2 制（存）梁场

为了节省用地、提高线路的平顺性，满足质量、安全、投资、工期等多方面要求，高速铁路较多采用了以桥代路的结构型式，预制梁被广泛应用，其中以 32 m、24 m 整孔箱梁最为常见。由于梁场规划与建设的合理与否将直接关系到总体施工进度，并影响工程投资，因此在铁路建设过程中必须加以重点考虑。

制（存）梁场在整体规划时应以“因地制宜、合理布局、节约用地”为原则，结合所在区域的工程经济、技术、自然条件，以及本单位大型施工装备拥有状况、工程经验等方面综合考虑，进行多方案技术经济比较后，选择经济可行、技术合理的最优方案。

制（存）梁场整体规划步骤可按场址选择—制梁场大型设备选型—制梁场关键参数确定（制梁台座数量、存梁台位数量等）—制梁场平面规划的顺序进行，在进行分步规划时，这些步骤可能相互交叉和调整，以达到制梁场整体规划最优。

1. 位置选择

制梁场的选址应结合技术、经济、工期等各方面因素综合考虑并进行多方案的经济技术比较后，择优确定。一般来说，制（存）梁场的选址应考虑以下主要因素。

（1）永临结合原则。根据永久性用地与临时性用地相结合的原则，尽可能利用站场和其他铁路永久用地区域，或将制梁场设在当地规划区中的永久建设用地上。

（2）征地拆迁及复垦量少。制梁场宜选在占用耕地少、拆迁量少，以及工程完工后复垦量少的地区。

（3）宜在桥群集中地段设置制梁场。一般选择在桥群重心附近以减少运梁距离。

（4）运梁距离较短。较短的运输距离可确保预制梁的运输安全，提高架梁的施工进度，降低运输费用，制梁场运梁距离宜控制在 20 km 以内。

（5）交通方便。制梁场位置应尽量与既有公路或施工便道相连，以利于大型设备和材料进场；道路上有控制设施时，其应满足大型施工车辆及大型制、提、运梁设备的运输车辆通行要求。

（6）制梁场地质状况好、地基处理工程量小。较好的地质条件可以减少制梁场土石方工程数量和地基处理工程量，降低工程费用，并满足铁路箱梁制梁过程中对制、存梁台座等结构物提出的沉降、变形等要求。此外，运梁车通道的最大坡度宜控制在 3%以内，必要时可通过展线，将制梁场布置在地质条件比较好的地区。

（7）制梁场选址应考虑防洪、排涝和防汛要求，以确保施工安全。

2. 规模的确定

制（存）梁场的规模，应根据施工区段中桥梁的制、架梁数量，铺轨作业方向、工期要求，生产工艺及经济运输范围等因素综合决定。一般来说，集中预制、架桥机双向架设的施工区段原则上控制在 30 km 以内，单向架设的施工区段原则上控制在 20 km 以内，各施工区内制、架梁的数量一般控制在 700 孔左右。

3. 基本布置

制梁场实际工程的规划与平面布置，以及总体施工组织对制梁场生产任务的安排、架梁进度安排、架桥机是否中途拆装及调头等因素直接相关，在实际施工中尚与搬移梁设备的工效、气候、混凝土原材料及配合比、养护方式、混凝土强度增长速度等密切相关。因此，制梁场现场工程平面布置应结合工程实际，特别是大型工装设备的要求进行合理规划与平面布置。

铁路制梁场主要由制梁区、存梁区、保障区、提梁上桥区（装车区）、办公生活区和场内运输便道六部分组成。制梁场平面布置图（轮胎式搬梁机、轮轨式提梁机）如图 3-3 所示，制梁场平面布置图（轮轨式提梁机、外侧模移动式制梁）如图 3-4 所示。

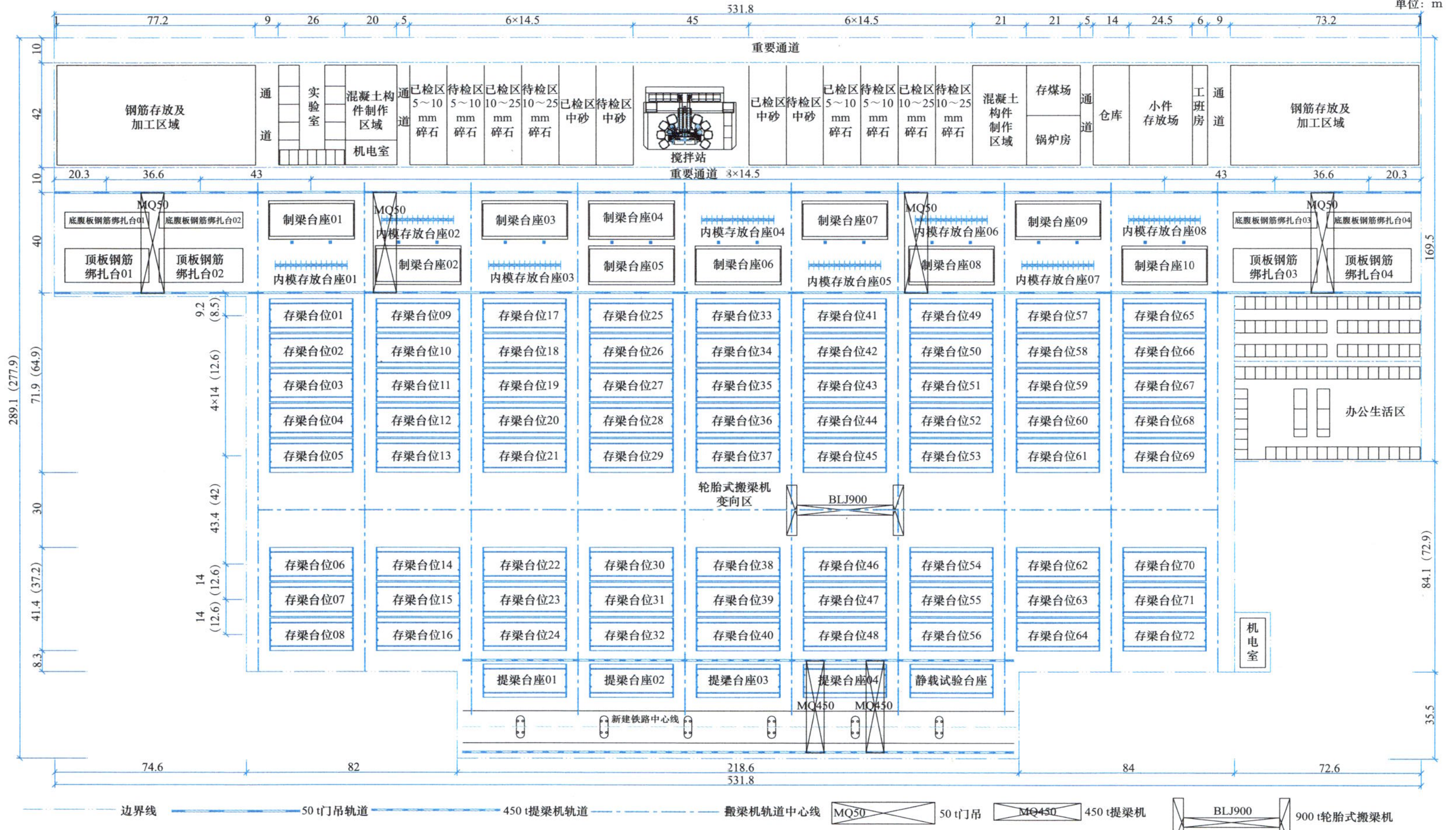

图 3-3 制梁场平面布置图（轮胎式搬梁机、轮轨式提梁机）

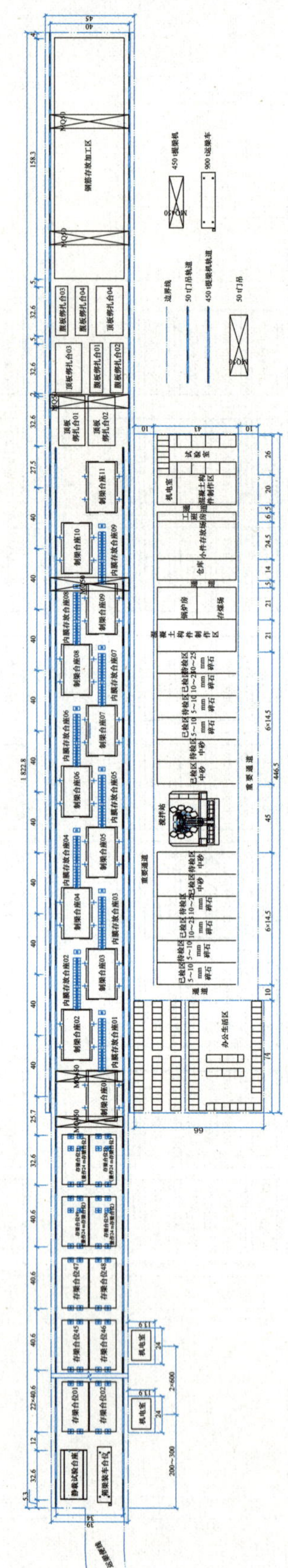

图 3-4 制梁场平面布置图（轮轨式提梁机、外侧模移动式制梁）

制梁场布置型式，按照生产线（制梁台座、存梁台位和搬梁走行线组成生产线）的排列方式、数量等特征进行分类，可分为横列式和纵列式两类。横列式制梁场根据梁上桥（上线）方式分为：运梁车运输型式；提梁机提梁上桥（上线）型式；搬梁机搬梁上线型式。纵列式制梁场根据生产线数量分为：单条生产线纵列型式；多条生产线纵列型式。

3.1.3 轨道板（双块式轨枕）预制场

无砟轨道的轨道板（双块式轨枕）一般采用工厂化预制，建场规模视预制工程量大小及供货期限而定，预制场内应设置预制车间，在该车间内完成轨道板（双块式轨枕）的加工预制和养生，轨道板（双块式轨枕）经检验合格和养生后方可进行露天存放。

轨道板一般分为Ⅰ型、Ⅱ型和Ⅲ型等多种型式，针对不同的轨道板型式，其预制场布置有所不同，其中Ⅰ型轨道板预制场主要由生产区、水养区、存放区、保障区等组成；Ⅱ型轨道板预制场主要由毛坯板预制区、打磨装配区、存板区、保障区等组成；Ⅲ型轨道板预制场主要由钢筋存放加工区、轨道板生产区、轨道板封锚和水养区、轨道板存放区、保障系统、办公区和生活区等组成。双块式轨枕预制场一般由生产区、混凝土拌和区、蒸汽养护区、存储区、保障区、试验区、办公区和生活区等组成。

预制场的生产能力应根据工期要求、预存时间和需求量，并结合生产工艺及模具生产效率计算确定。当预制场成品采用铁路运输时，应设置与既有线接轨的岔线。

1. 位置选择

轨道板（双块式轨枕）场的规模和位置选择应根据建设项目的总工期、铺设施工组织、生产能力、预存量、无砟轨道工程量的大小等因素，结合工程条件进行技术经济比选确定。

轨道板宜组织工厂化、规模化生产，在满足工期要求情况下，宜采取提前生产、大区段供应，供应范围不宜小于 150 km。

此外，轨道板预制场的场址选择还应综合考虑以下因素。

（1）力求节约用地、少占耕地并减少拆迁。

（2）水文地质条件好，土石方工程和基础加固较少的平坦地域。

（3）有较好的交通条件。

（4）附近水源充足、电源可靠、通信良好，并靠近当地料源。

2. 规模的确定

预制场存放区占地面积原则上应根据施工组织设计及工期安排确定，也可参考下列公式计算，并按施工组织设计调整。

$$M_{储} = T_S \bullet N_{设} \bullet M_{单} \bullet K_1 / n$$

式中：$M_{储}$——存放区占地面积，m^2；

T_S——铺设开始时的预制场提前生产时间，月；

$N_{设}$——设计产量，个/月；

$M_{单}$——每个轨道板的占地面积，m^2/个；

K_1——通道系数，取 1.1～1.2；

n——存放层数。

当提前预制数量较大时，可采用铁路沿线用地范围内分散储存方式。

3. 基本布置

为满足均衡生产需要、方便生产与现场管理，保护生态环境并预留扩大生产条件，需科学合理规划布置轨道板场。

（1）Ⅰ型轨道板预制场布置应符合下列规定。

预制场主要由生产区、水养区、存放区、保障区等组成。

生产区规模应满足生产能力要求，保障区内的钢筋加工车间应靠近生产区。

场内应设置沟通各区的通道。

轨道板水养池数量应根据产量、水池中养护时间确定，轨道板水养时间宜按3日设计。

存放区应采用竖直存放，相邻两个间隔不应小于 3 cm，每个轨道板应采用两支点，两支点地基的不均匀变形不宜大于10 mm。

（2）Ⅱ型轨道板预制场应符合下列规定。

预制场主要由毛坯板预制区、打磨装配区、存板区、保障区等组成。

轨道板生产线由毛坯板生产线、成品板打磨生产线组成。毛坯板生产车间设置先张法长线台座生产线；成品板打磨生产线宜设置以打磨机为中心的轨道板运输、打磨装配线。保障区中钢筋加工车间生产能力应与毛坯板生产能力匹配。

毛坯板预制区内生产台座应采用钢筋混凝土结构，其刚度和稳定性应符合相关技术要求。存板区毛坯板存储能力应大于1个月的生产量，最大堆放层数应满足相关技术条件的要求。

存板区成品板存储能力应根据现场工期和铺设效率确定，最大堆放层数应满足相关技术条件的要求；轨道板宜露天存放。

（3）Ⅲ型轨道板预制场布置应符合下列规定。

Ⅲ型轨道板预制场总体规划应包括预制场功能区划分、预制场关键参数确定、预制场物流运输方式、预制场布置形式，以及预制场建设规模等。预制场规划设计应结合现场气候、地形、地质等自然条件，机械、人员等资源配置情况，生产规模和生产能力等关键参数，进行多方案的技术经济比较后，选择经济适用的规划方案。

轨道板生产区主要由轨道板制板区及交通物流通道构成，主要包含制板模具个数、桁吊的套数等关键参数。轨道板封锚和水养区主要实现轨道板模板拆装、封锚、水养等功能，主要包含拆装平台、封锚区、水养池、物流通道、场房、轨道板检测区等。

轨道板存放区主要实现轨道板的存储等功能，包含存板台位、运输通道等。轨道板存放区模块图中主要包含轨道板存放区长度等关键参数。存放时间与Ⅲ型轨道板预制场存板区设置规模密切相关。

混凝土拌和站主要参数是料场的面积，料场面积与预制轨道板所需骨料量有关。

（4）双块式轨枕预制场布置应符合下列规定。

枕场整体布局根据地形特征、结合功能需求进行合理规划，一般分为生产区、混凝土拌和区、蒸汽养护区、存储区、保障区、试验区、办公区和生活区等功能区域。枕场布局时以轨枕生产为中心，按各功能区物流距离最短，交叉作业效率最高，生产线宜采用环形闭合布置。

预制场轨枕存放区面积应满足施工组织设计对制枕速度、存枕数量和相关技术条件对轨枕存放的要求，轨枕的存放周期与轨枕的铺设周期相对应，轨枕的存放周期一般按 2～3 个月考虑，由于其他不可预料因素产生超出场内存放能力时，可考虑利用沿线场地或者另辟其他场地临时存放。存枕区地面应填筑厚碎石碾压后硬化，满足承载力要求。

（5）轨道板场主要区域布置。

生产厂房跨度和长度应根据生产能力和生产工艺要求确定，高度应根据吊装要求而定，厂房宜设置通风与保温设施。厂房一般采用砖混结构，上部采用彩钢进行封顶；当厂房基础不能满足承载力要求时，应进行地基加固设计。图3-5所示为某铁路Ⅰ型轨道板场布置平面图。

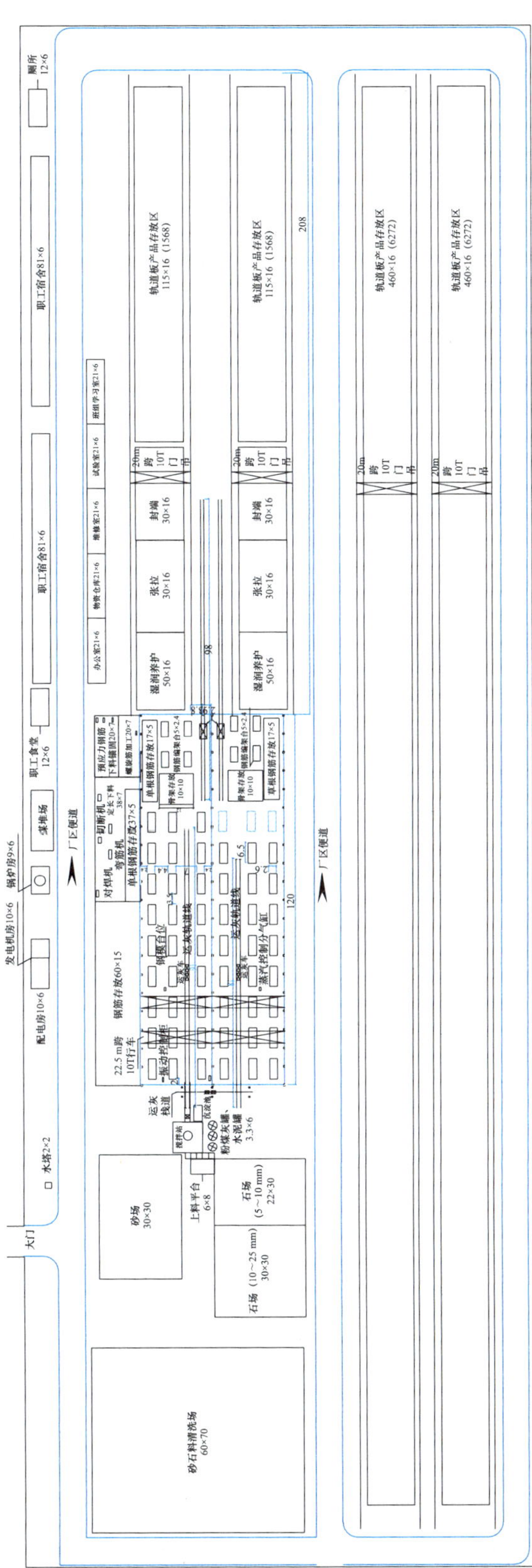

图 3-5　某铁路 I 型轨道板场布置平面图

3.1.4 拌和站

1. 路基填料拌和站

根据路基填料种类不同，填料拌和站可分为改良土拌和站和级配碎石拌和站。改良土和级配碎石拌和站的位置和规模应根据建场、运输和工程条件、供应强度等要求，经技术经济比选确定。一般来说，拌和站宜设置在地势较平坦、具有良好施工水源的地带，并要尽量靠近施工现场和原材料供应地，且远离村落，交通便利的地方。

改良土和级配碎石拌和站供应半径宜控制在15～20 km范围之内，施工区段长不宜超过30～40 km。拌和站常布置于施工便道一侧，租地范围一般为1～2 hm^2，改良土拌和站常设置于取土场或附近，考虑到级配碎石多在改良土填筑路基之后使用，因此，级配碎石拌和站要尽量利用改良土拌和站的既有设施，必要时可独立设置。

填料拌和站主要由材料存放区和拌和区组成，其设计生产能力应根据填料最大月施工任务量和高峰强度确定。拌和站用地应根据最大月施工任务量、堆放能力等因素确定。

级配碎石拌和站平面布置图见图3-6。在级配碎石拌和站中，对原材料的破碎、振动筛分，以及按比例的混合是其主要工序。

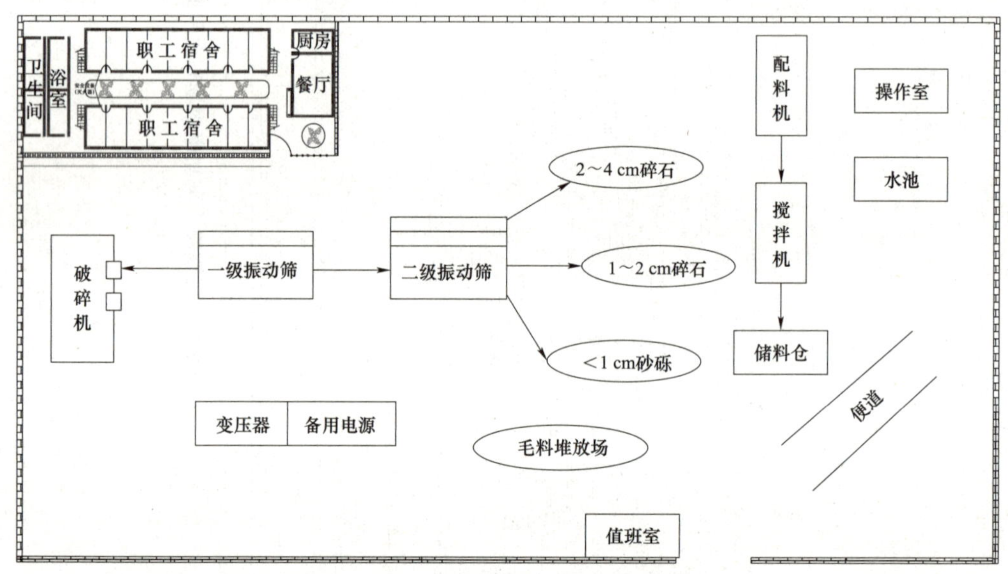

图3-6 级配碎石拌和站平面布置图

不同于生产级配碎石时使用的搅拌机，改良土拌和站采用的搅拌机可分为带有旋转刀片的分批式拌和机、转筒式拌和机、连续式拌和机。改良土拌和机应具备以下机具系统：土块破碎与筛分系统、土料存储与供给系统、石料供给系统、供水系统、拌和系统、控制系统和传输系统。在上述试验机械设备的基础上，改良土拌和站还应具备消解石灰专用筛分机和液压碎土机等专用设备。改良土拌和站平面布置图见图3-7。

2. 混凝土拌和站

混凝土拌和站的位置和规模除满足填料拌和站中的相关要求外，还应考虑拌和物使用时间要求。由于混凝土有运输时间要求，其供应半径不宜大于15 km。混凝土拌和站设计生产能力应根据混凝土最大月施工任务量和高峰强度确定，并考虑备用。

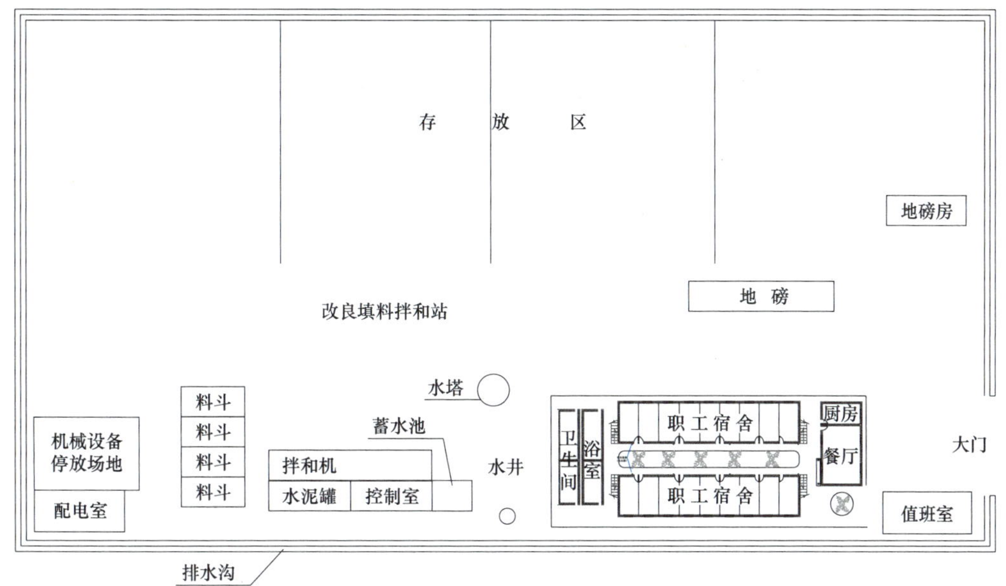

图 3-7 改良土拌和站平面布置图

混凝土拌和站在建站时，要重点考虑隧道、桥梁等主要构造物施工进度安排，同时兼顾附近小型构造物工程，并结合道路、场地、电力供应等施工条件进行统筹安排。

一般来说，隧道工程、桥梁下部工程的混凝土必须采用拌和站集中拌制，泵车或搅拌运输车运送，拌和站可根据混凝土浇筑密度及运输道路情况设置，拌和站场地需做硬化处理；制梁场、轨道板（双块式轨枕）预制场等需单独设置混凝土拌和站；无砟道床底座及道床板用混凝土可利用线下工程的混凝土拌和站进行生产。

混凝土拌和站主要由砂石料存放区、拌和区等组成，砂石料存放区应按待检区和已检区设置，如图 3-8 所示。砂石料的储备量宜满足连续 3～5 日生产的需求；混凝土供应半径受混凝土拌和物运输时间的限制，具体情况如表 3-1 所示。

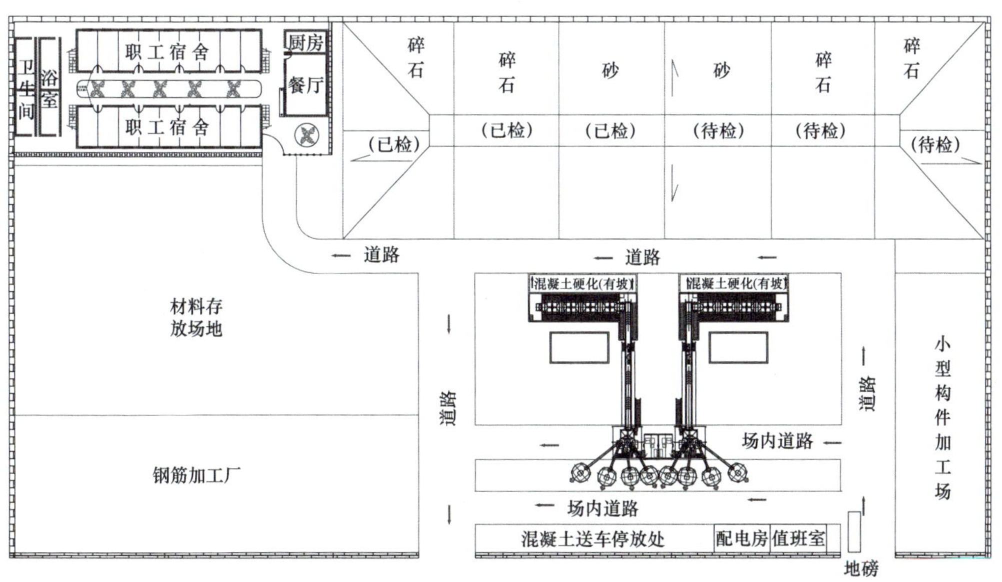

图 3-8 混凝土拌和站平面示意图

表 3-1 混凝土拌和物运输时间限制

气温/℃	无搅拌运输/min	有搅拌运输/min
20～30	30	60
10～19	45	75
5～9	60	90

3.1.5 材料存放基地及其他工程配套设施

1. 道砟（砂石）存放基地

由于铁路对道砟要求很高，用量大且既有砟场产量有限，一般情况下不能满足铺砟工期的要求，因此要考虑在沿线设置临时存砟场并提前备料，以保证道砟供应。临时存砟场尽量沿线路均布，并靠近设计站位或铺架基地，以便用较短的岔线就可完成上砟。

大型临时道砟存放场一般与铺轨基地一并设置，有条件时，可利用既有车站场地存放，困难时，可单独设置。存砟量根据供应范围确定，然后再根据存砟量和砟堆平均高度计算占地数量。

铁路道砟质量标准高、资源短缺、运距远、分布不均、供应强度大，为满足施工进度的需求，宜提前一年组织备料。备料可采取集中和分散相结合的方案，底层道砟宜采用分散备料方案，尽量利用社会既有的存砟能力，寓储于民；面层道砟集中存储于铺轨基地，便于组织施工。此外，道砟运输应遵循经济、合理及可行的原则，选择火车或汽车运输。

对建筑用砂及石料，采用就近采购原则，当资源相对缺乏且需远运时应根据自然条件，优先采用火车或船舶运输方式。由于客运专线铁路特别强调混凝土结构的耐久性，因此对建筑用砂石料力学指标、级配和洁净度都有较高的要求，由于市场供应符合质量要求的建筑用砂和碎石的能力有限，应采取措施提前做好准备。

砂石、道砟存放场应选择在储量丰富，开采方便，质量符合规范要求，便于修建临时岔线，以及有适当场地堆料和弃土的地方。一般来说，其平面布置应考虑下列因素。

（1）装车线长度应以容纳设计装车的列车长度为准，如离车站较远，需要调车时，则应配置调车股道，装车线与开采面平行，如采用松动爆破时，则开采面的距离不小于 50 m。

（2）装车站台，根据砟场地质、地形，使用期长短等因素选择站台类型，站台长度按存储量大小考虑，如装车线在曲线上则站台设在曲线内侧为宜。

（3）场内运输一般采用翻斗车及皮带运输机等。

（4）采石场内除生产房屋及设备外其余均应设在爆破危险区范围以外，安全距离为 200 m，200 m 以内的房屋及设备应采取防护措施，炸药库、雷管库应远离开采点 1 km 以外。

2. 运输便道

运输便道应根据重点工程分布和沿线交通条件，结合材料供应计划和运输设备条件等进行设计，原则上应在客运专线铁路建设红线范围内建设。

运输便道按其使用性质，分干线和引入线两类，其中贯通全线或整个区段的为干线，而由干线或既有公路通往重点工程或大临设施的为引入线。

运输便道的修建，要在满足施工运输要求的前提下，重点考虑其安全性、经济性和运输便利性，应注意考虑以下几点。

（1）运输便道应尽量利用新建铁路附近的既有道路，且充分考虑重车对原有路面的破坏，对计划利用的等级较低公路要进行路面补强。干线运输便道应尽可能靠近新建的铁路，以减少引入线长度；引入线便道以直达用料地点为原则，避免材料二次倒运。

（2）运输便道的修建要充分利用有利的地形，在不受地形、地物限制的情况下，线路尽可能顺直通过，以缩短运程。临时公路需跨越较大的河流时应首先考虑利用既有公路桥绕行，以保证汛期运输，不具备条件时再考虑新建便桥。

（3）运输便道应尽可能避免穿越地质不良地带和行车危险地带；应尽量避免与现有铁路交叉，以减少施工对行车的干扰，无法避免与铁路交叉的特殊情况下，要详细研究，采取专门措施，保证运输安全。同时运输便道的修建应尽量避免拆迁建筑物和穿越良田，并注意保护农田水利。

（4）运输便道的路面结构，应当根据运输情况和运输工具的不同类型而定。一般与省、市公路相连的干线、因其以后可能会成为永久性道路，可一次建成混凝土路面；而施工场地内的干线和施工机械走行线路，最好采用碎石级配路面，以利修补；施工区域内的支线一般为土路或砂石路。

3. 临时供水

铁路修建过程中需要用到大量的工程用水、生活用水、消防用水和工程列车用水，上述用水原则上由施工单位自行解决。其中生活用水尽量依靠当地公共饮水设施，在公共饮水设施利用不便的情况下，可充分利用客运专线铁路沿线范围内的地表水和地下水，在开采利用地下水的过程中，要注意地下水的保护，避免造成水质污染，影响整个地下水系。

临时给水的水源，一般有地下水源和地表水源两种。地下水源有浅井、深井等；地表水源有河流、湖水、山溪水等，一般采用地表水。

选择水源时，应根据施工调查和实际用水量来选择。当生活、生产用水位置高差很大，系统供水有困难时，可分别选择水源。施工生产用水，尽量利用自然水头，引用高处的水源，枯水季节，可设置机具抽升。

不同季节分别采用两个水源供水，如洪水季节，采用河水；枯水季节，采用浅井或管井取地下水。

为了获取水源，可以利用地表水或地下水，并设置抽水设备和加压设备，如简易水塔或加压泵，以便储水和提高水压，然后再布置管网。施工现场供水管网有环状、枝状和混合式三种型式。根据工程防火要求，应设立消防站，一般设置在易燃建筑物（木材、仓库等）附近，并设有通畅的出口和消防车道，消防车道宽度不宜小于 6 m，与拟建房屋的距离不得大于 25 m，也不得小于 5 m，沿道路布置消防栓时，其间距不得大于 100 m，消防栓到路边的距离不得大于 2 m。

在隧道施工洞口、混凝土拌和站、填料拌和站、梁板场，以及生活驻地等用水量较大且集中的地方应修建蓄水池，蓄水池容积根据用水量计算确定。

就供水形式而言，在桥隧集中地段，多采用铺设管道逐点供水的形式；越岭隧道进出口处，多采用分别供水的形式；傍山隧道视水源情况，采用系统供水或分别供水形式；沿河线路及严寒地区，多采用按工点分别供水的形式。

4. 临时供电及通信

1）临时供电

在铁路工程施工过程中，需要大量的电力供应，尤其是隧道、大桥、大临设施、重点土石方工程，以及大型车站施工。因此，必须对临时供电进行单独考虑，以满足工程建设的需要。临时供电的布置原则如下。

（1）铁路临时用电宜优先采用公用电网电源，采用公用电网电源时，应将电力从外部接入工地，沿主要干道布置主线，然后与各用户接通，重点控制工程尽量构筑双路电源。

（2）当无法利用现有电网或现有电网不能满足施工用电需要时，可在工地中心或其附近设置柴油发电机组等临时发电设备，并沿主要干道布置主线。

（3）临时总变电站应设置在高压电引入处，不应放在工地中心；临时变配电所宜设在负荷中心附近，110 kV、35 kV 变配电设备宜采用户外布置；临时电力线路宜采用架空线路，距路面或建筑物不小于 6 m，困难地段可采用电缆线路。

（4）临时配电线路布置有环状、枝状和混合式三种型式，一般高压线采用环状，沿主干道布置；低压线采用枝状布置。

（5）为确保工程施工用电，可采用地方电力线路、永临电力线路与自发电相结合，从集中供电处上“T”接，并在沿线重要结构物附近设置变压站，以供隧道工程、桥涵工程及重点土石方工程、地基处理、大临设施等的施工用电；距离配电站较远的小桥涵及路基附属施工可采用自发电；另外为确保沿线重要结构物的施工不受外界电力供应中断的影响，宜在重要构筑物附近配备发电机作为备用。

（6）生活用电宜由各变压站单独架线接入，形成相对独立的生活供电系统。

2）临时通信

临时通信要优先利用沿线既有通信资源，若沿线通信基础设施发达，可以满足客运专线铁路建设期间的临时通信需要时，可不再建设专用临时通信设施，此时生产调度指挥和各单位间的联络利用地方电信运营部门的公网电话；项目管理信息化系统，以网络拨号、宽带接入等方式远程登录 PMS 系统，实现信息交换。

若沿线通信基础设施匮乏，不能满足客运专线铁路建设需要时，可设临时通信系统，此时的临时通信系统应选择建设周期短、建设及维护费用低的系统设备，如数字微波一点多址的通信系统、有线传输通信系统，局部可采用无线对讲系统。

3.2 桥梁预制的智能建造技术

在我国的高速铁路建设中，预制混凝土梁厂（预制混凝土梁厂全貌及钢筋制作见图 3-9）作为一个很重要的大临设施，其通过模板加工、钢筋加工安装、混凝土生产运输、浇筑、

图 3-9 预制混凝土梁厂全貌及钢筋制作

养护、智能张拉压浆、存梁、移梁全过程来完成整个混凝土梁的制作。目前，在混凝土梁智能化生产过程中，采用 BIM、物联网、智能化预制等技术手段，打破了传统预制梁场的生产格局。

3.2.1 BIM 技术在预制梁场的应用

1. BIM 协同管理平台

BIM 协同管理平台采用自动监测、传感、智能控制系统等技术手段，通过 BIM 三维模型实现现场施工管理过程可视化，同时结合箱梁智能制造，将工业自动化的三大系统融入管理平台。平台可由客户端、网页端、手机端三端协同工作，满足不同应用场景的使用需求，如图 3-10 所示。

图 3-10 梁场全貌及箱梁的 BIM 模拟

利用 BIM 信息化管理平台可实现 7 大梁场管理功能。

1）场地动态管理

通过将 BIM 三维模型与 4D-BIM 平台有机结合，实现场地与设施设备的集成管理、实时控制和动态模拟。

2）物料管理

物料管理采用无人值守地磅系统，通过智能称重、自动读取车牌、视频监控等技术实现快速计量，数据无缝传递，自动形成材料入场记录。对原材料实行二维码管理模式，通过扫描二维码对材料进场后的收货、检验申请、试验、入库及出库等流程实现追踪溯源。通过对比原材料入库与出库信息，自动计算原材料库存，在库存量超过设定的阈值时对用户进行预警，提示及时备料，系统还可以实时比对材料预算和消耗结果并自动生成相关图表。

3）设备管理

通过在各种设备上加装定位器，识别其位置信息及运行状态。重点监测架桥机、纵横移台车等大型设备的地图位置和状态（空闲、运梁、架梁、空回），通过自动化数据采集管理平台，实现智能化管理。

4）质量安全管理

利用手机 App 对现场发现的质量问题、安全隐患等随手拍照配文上传至平台安全质量系统，接收整改指令后予以处理，拍照反馈，经发起人审定合格后将问题销号，做闭合管理。桌面配置的对讲终端，可实时联通现场音响设备、紧急救助设备，配合使用现场摄像头查看施工现场实时画面。同时集成的安全帽自动检测预警系统，可通过场内布控的视频摄像头，自动对现场进行监控、扫描分析，对未戴安全帽的人员进行录像并截图存档，提交至平台处理。

5）档案管理

传统项目档案管理以纸为载体，层次多、费用高，沟通效率低，信息管理滞后，协同化管理不足。采用“无纸化”数字填报，利用责任人的数字证书进行签认签章，同时与模型集成管理并实时更新施工进度记录，最后经档案管理人员复核确认后以电子形式归档到平台数据库。在平台数据库中，可设置资料权限，保证工程项目资料的安全性及工程项目交付资料的完整性。

6）预制生产数字化

技术员现场通过扫描二维码对梁的生产工序和台座使用情况进行填报，系统在 BIM 模型中分析对应时段内整个梁场的生产情况。并对技术进度进行协调管理，及时了解梁场施工进度偏差，分析原因并及时加以修正。

同时，基于智慧梁场协同管理平台的箱梁预制、架设及下部结构的进度管控系统进行研发，通过与建设单位进行数据共享，导入其他标段下部结构施工进度计划，将架梁施工进度与制梁进度进行关联，实现进度实时显示，各作业面协同管控，做到智能排产。

2. 钢筋自动化加工系统

为实现钢筋的自动化加工，钢筋自动化加工系统通过 BIM 三维建模，生成 XML 数据文件，进行模型数据传输识别，实现加工设备自动下料批量生产。系统中操作步骤简单快捷：导入标准数据格式文件后，由技术人员审核生成翻样单，系统自动优化套裁并转成生产任务进行实际排产。生产设备（钢筋自动化加工系统及设备见图 3-11）加工完成后，借助二维码，把所有的成品存放到具体的仓库。成品出库就可以精确定位每种货物，达到快速查找、快速出库的目的。同时，材料消耗量、利用率等指标同步生成，自动集成到 BIM 管理平台，支持原材料使用追踪。

图 3-11　钢筋自动化加工系统及设备

钢筋智能化生产设备能与 BIM 模型技术一体连接，可在操作平台上自动完成所有型号钢筋的生产，实现钢筋生产、运输、装卸等过程的智能化。与常规加工设备相比，智能加工设备可提高生产效率，减少钢筋加工作业人员数量，加工尺寸更精确。智能钢筋弯箍机器人如图 3-12 所示，智能化钢筋加工设备流水线如图 3-13 所示。

3. 混凝土智能控制系统

混凝土智能控制系统是集成智能张拉、压浆、养护，以及混凝土输送中心 ERP 系统的综合体。BIM 协同管理平台可通过视频监控、无线传输等技术实现预应力张拉、压浆、养护及混凝土生产数据自动采集、自动分析，实现施工过程可视化、信息化和远程化控制的管理

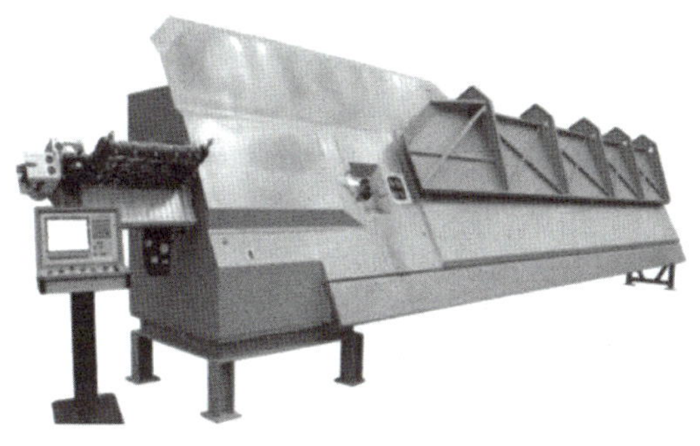

图 3-12 智能钢筋弯箍机器人

图 3-13 智能化钢筋加工设备流水线

目标，从而达到对混凝土梁预制过程中混凝土的提浆、振捣、整平、收光全过程的自动化控制，如图 3-14 所示。

图 3-14 混凝土浇筑的智能化施工

4. 监测系统

利用梁场区域内布设的视频摄像头及智能传感设备等，通过数据接口开发，BIM 协同管理平台集成视频监控、结构应力应变监测等功能，随时随地掌控现场情况并识别风险，零距离集约管控、进行可视化智能决策。同时，监测系统（预制梁厂的监测控制平台见图 3-15）可对梁场内各生产区实时监控，平台可将实际监控所拍摄的画面与虚拟摄像的 BIM 模型逐一对应，实现虚拟模型与实际施工情况实时同步。

图 3-15 预制梁厂的监测控制平台

3.2.2 智能张拉及智能压浆技术

1. 智能张拉系统的优势

（1）预应力智能张拉系统是通过计算机进行实时监测与控制的，具有准确、自动同步的特点。同时，有效利用这项技术的管理监控功能可以准确、规范地布置整个施工过程，达到更高的效率。

（2）智能张拉系统可以同时对多组千斤顶进行张拉控制，使其同步完成工作，真正意义上地实现多个千斤顶同时作业，在节约了有限的劳动力资源的同时降低了成本，提高了工作效率。

（3）传统人工张拉的工艺误差较大，一般情况下，张拉力偏差值范围会在标准值的15%左右，而智能张拉系统由于可以通过传感器及时将油泵的数据反馈到主机，将偏差值严格地控制在1%左右，大幅度地提高了预应力工程的施工质量。

（4）运用智能张拉系统可通过传感器的实时监控，准确监控伸长量的数值，与传统的人工钢尺测量相比，其精确度有着很明显的优势。同时在智能张拉过程中张拉应力达到设计的要求时，系统便会自动精确获取伸长量，高效又方便。

（5）预应力智能张拉系统可以自动掌控整个预应力施工过程，使加载速率、规范停顿点、持荷时间等各种可控制因素得到有效的保障。当然，如果持荷过程中应力有所下降，智能化的张拉系统也会自动补充应力，从而使整个张拉过程保持稳定可控的状态。

（6）预应力智能张拉系统可以对张拉过程中的所有的实时数据进行记录，真实、可靠、可回查，有效地避免了人为造假的可能，使所得实时数据的真实性与准确性有了很大的保障。

（7）张拉系统的智能化控制是通过电脑控制完成的，可以使工作人员远离施工危险区，使得张拉作业安全隐患大幅度降低，很好地保障了施工人员的安全，最大程度地减少了伤亡。

2. 预应力智能控制张拉设备

预应力智能控制张拉设备（见图 3-16）的超高压动力输出设备为油泵，起到提升、保压、回程的作用，为千斤顶实现智能张拉提供了稳定可靠的动力。这些设备能够通过无线通信接口与计算机进行数据交换，从而实现程序设定的指令。新型智能千斤顶采用的是密封器件，自身附带电子位移传感器，可用于千斤顶内杠伸长量的精确测量，因为该系统采用的是WiFi 连接计算机和智能张拉仪，200 m 内可有效操控，数据准确，性能可靠。

图 3-16 预应力智能控制张拉设备

在智能张拉的过程中，系统还会自动校核测量数据，当实际伸长值与理论伸长值差距达到 6%时，系统会在自动报警的同时停止当前张拉工作，工作人员查明原因并排除问题后可很快进行后续的张拉工作。当张拉过程中出现两端伸长量差距大于 3 cm 时，智能张拉系统会自动将伸长量过长的一端暂停，等待另一端追赶到相同数值时再同时进行张拉。

3. 智能压浆技术的应用优势

1）有效避免空洞现象

智能压浆设备（智能压浆台车见图 3-17）可以实现连续循环压浆，确保压浆管道内空气的完全排出，有效避免因残留空气而导致的空洞。

图 3-17 智能压浆台车

2）压浆过程精度较高

智能压浆设备内置压力传感器，实现了对浆液压力的实时监测，并通过数据反馈与分析精准控制压浆压力，同时根据实际施工需要动态调整压浆压力，实现了对压浆压力及稳压时间的严格把控。

3）压浆过程的实时监测

智能压浆设备中的智能控制系统能够对浆液中的水胶比进行实时监测，一旦监测出现问题，智能压浆控制系统就会在第一时间发出警报，从而便于技术人员做出及时有效的调整，大大降低了因水胶比配比不合理而导致的压浆质量缺陷。

4）确保数据的真实性与有效性

智能压浆系统能够对整个孔道压浆过程中一些重要的数据指标进行自动记录，如水胶比、稳压时间、注浆压力，以及浆液流量等，因此，大大减少了传统压浆由于技术人员失误而产生的误差，有效提升了孔道压浆的作业质量。

3.2.3 混凝土的智能养护技术

1. 智能蒸汽养护系统

水泥混凝土智能化蒸汽养护系统由养护系统主机、多台养护从机、无线温湿度测试终端、养护终端（养护棚架及蒸汽管路）四大部分组成（智能养护系统结构见图 3-18）。每台养护主机或从机对应一套无线温湿度测试终端，主机中央控制器根据每个无线温湿度终端监测的温湿度数据自动执行运算，判断其对应的养护主（从）机是否启动，通过蒸汽养护管路往养护棚架内输送蒸汽。整个养护过程按程序设定自动执行蒸汽养护的工艺流程、保证蒸汽养护各个阶段的温度与湿度要求。无线温湿度测试终端每 60 s 将温、湿度测试数据反馈至控制中心中央处理器进行实时处理。

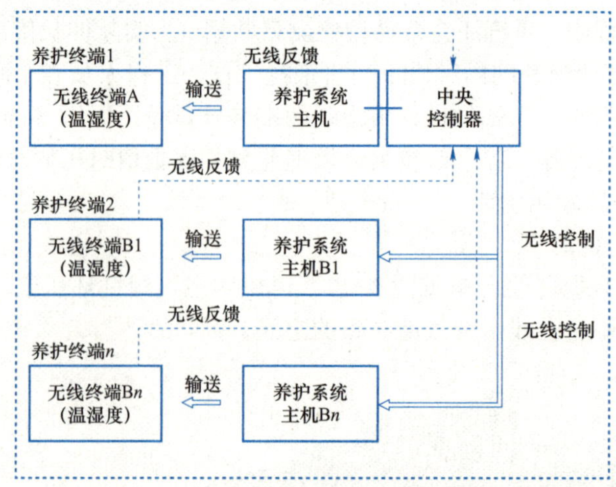

图 3-18 智能养护系统结构

养护系统主机无线控制养护系统从机的开启、关闭，有效控制距离为 200 m。

2. 预制梁场智能养护技术

水泥砼智能养护系统由系统主机、无线温湿度测试终端、养护终端（养护管路与喷头）组成，其中系统主机包含硬件及嵌入式软件系统。无线温湿度传感器设置在待养护砼表面的代表性位置，实时监测温度与湿度并通过无线发射传输到养护系统主机的温湿度接收终端（温度监测精度为 0.1℃，湿度监测精度为 3.0%），温湿度接收终端将采集的数据传输至 PLC 可编程逻辑控制器，PLC 对实时采集数据进行运行计算，确定是否符合养护喷淋条件。

如符合养护条件，则打开控制电磁阀门，同时启动水泵加压供水，通过输送管道到达每个台座的喷头处，喷头通过水压伸出并摆动对砼面进行喷淋养护。完成一次喷淋养护后继续进行砼表面温湿度监测，进入下一个循环过程。在水、电通畅的条件下，全过程由系统主机智能控制完成砼的养护。

具体的智能控制流程包括以下步骤。

1）温湿度强制控制

监测到环境温度或砼表面温度低于 5 ℃时，系统进入静默状态，不执行养护喷淋操作，防止气温过低导致砼表面结冰。砼表面温度高于 42 ℃且持续达到 15 min 时，系统强制启动，开启保湿、降温养护。环境湿度超过 95%时，系统默认为阴雨天气，系统不启动，达到节能、节水的目的。

2）水化热控制

砼水化热释放速率与浇筑后时间相关，可大致分为潜伏期、诱导期、加速期、减速器、衰退期 5 个阶段。根据每个阶段的放热速率，结合现场环境温湿度确定每次喷淋养护间隔时间。

当某片砼梁按下对应砼养护启动按钮后，将自动记录养护起始时间。若养护期间因断电、断水导致养护被迫中止，则采用人工养护，待系统重新启动后将自动续接该梁板的养护龄期，做到无缝对接。

3）时钟控制

在无线温湿度发射终端未放置在梁板相应位置或发生故障的情况下，设定时钟控制，若白天（龄期 1 d，60 min；龄期 2～3 d，90 min；龄期 4～7 d，120 min）、夜间（龄期 1 d，

120 min；龄期 2～3 d，180 min；龄期 4～7 d，240 min）对应台座未进行喷淋养护，则通过时间控制强制触发开启喷淋养护，保证此时砼得到有效养护。

4）自动排队控制

为减少硬件投入，10 个台座共用 1 台主机供水系统（对每个台座单独进行供水控制需设置多套供水系统，成本较大），每个台座根据达到启动养护条件的先后顺序排队进行养护。

3.2.4 智能化静载试验系统

免开孔反力式铁路桥梁静载试验台（智能化静载试验系统），避免了以往自平衡式桥梁静载试验台在双线箱梁静载试验时必须在桥面开孔的弊端。其基本原理是利用桥梁自重和一定的底面反力实现双线箱梁静载试验时不用开孔，保证梁体完好的同时极大地降低了劳动强度。产品重量更轻，装卸更为简单快捷。

通过在箱梁底板设置传感器，通过无线网络，将静载试验数据实时传输至控制平台，由控制平台对数据进行分析处理，最终得出静载试验结论。静载试验减少了大量操作工人和静载试验数据收集人员，与常规静载试验相比，可节省操作人员 20 人。在试验过程中实现自动加载、精确计算、无线传输，避免了人为读数误差，确保了静载试验检测数据的准确性。

3.3 盾构管片的智能建造技术

盾构隧道在盾构机掘进、拼装过程中需要用到的盾构管片，是隧道最重要的零部件之一。管片通常需要在管片预制件工厂提前生产，经过钢筋加工、钢筋连接安装、模具安装、混凝土浇筑、管片外观检查、水养、管片试验、成品堆场与运输，最终到达盾构隧道施工现场由盾构机高效装配。因此，管片预制件生产过程的管理尤为重要。

京张高速铁路的清华园隧道在建设中采用盾构法施工，为了实现管片生产管理的信息化，开发了盾构隧道管片生产及 BIM 协同管理系统，包括了产能分析、管片生产、计划管理、原材料管理、试验管理、工序管理、成品管理、图纸管理等功能，实现了盾构隧道混凝土管片的全生命周期管理智能化。盾构管片的智能建造技术实现了建造工厂化、机械化、专业化和智能化，具有效率高、安全可靠、节约成本的显著成效，实现了绿色、节能、环保的施工目标。

1. 产能分析

产能分析功能具备对管片生产整体物资消耗和进度业务信息的形象化展示功能，包括每月计划量和实际量的对比图、当前生产量与总计划量的统计对比图、物资需求与当前库存对比图、物资进场与消耗分析对比图等四种二维统计图表，以及当日计划信息的提示功能。

2. 盾构管片生产

在盾构管片预制生产过程中应用工厂化模式、液压张合模系统、自动混凝土振捣控制系统、智能蒸养系统、自动测温水养系统，提高了成品质量，实现了盾构管片生产的智能化、可视化，如图 3-19 所示。

通过盾构管片生产列表，可以查看每一环、每一片盾构管片的型号、生产单位、当前状态或所处位置等详细信息，还包括几何属性、工序检查、检验批等信息，如图 3-20 所示。

(a) 工厂化生产车间

(b) 自动混凝土振捣控制系统

(c) 自动蒸养系统

(d) 自动测温水养系统

图 3-19 盾构管片的生产

管片详情

查看盾构管片的各项属性

基本信息 几何属性 工序检查 检验批

生产批号：	Ⅱ-A1-1-621-1-2017-08-19
设计型号：	Ⅱ
模板序列号：	1
是否损坏：	是
线路名称：	京张客运专线
工程名称：	清华园隧道
生产单位：	中铁十四局集团京张高铁管片预制厂
环号：	621
标段：	1
当前状态：	堆场存放
生产日期：	2017-08-19

关闭 提交更改

图 3-20 盾构管片详细信息

3. 盾构管片管理

盾构管片管理包括盾构管片的计划管理、生产材料管理、试验管理、工序管理、成品管理及图纸管理。

计划管理模块可根据盾构隧道的需求，定制盾构管片的生产日计划、月计划、盾构施工总计划，如图 3-21 所示。生产材料管理模块可对预制件生产所需的原材料进行物资进场、物资消耗、物资需求等管理。原材料在被用于实际生产以前，需要经过检验，试验管理模块提供了试验台账、进场检验、过程试验等功能。工序管理模块可对盾构管片生产过程的工序进行维护，包括钢筋加工、钢筋连接及安装、模具安装检查、混凝土浇筑、管片外观检查、水养记录等工序，如图 3–22 所示。成品管理模块可对生产完成后的盾构管片进行现场堆场、出库等信息的管理。图纸管理模块可对盾构管片的结构图与配筋图进行管理。

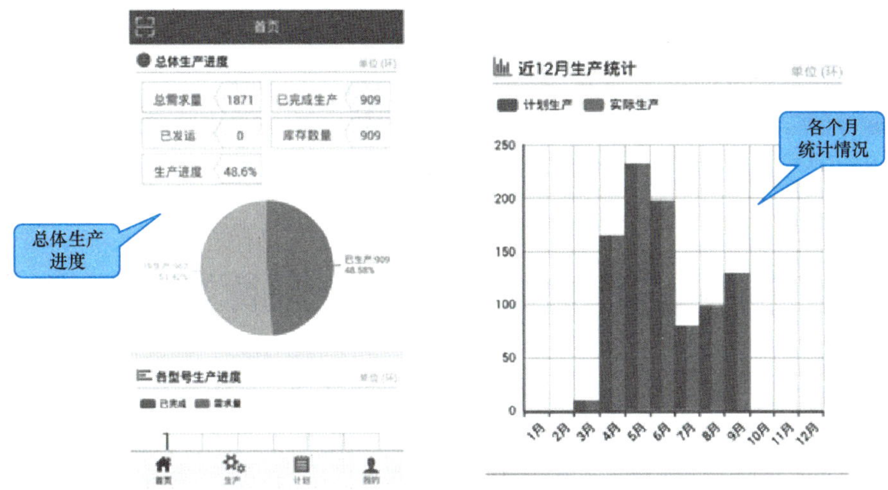

图 3–21 盾构管片总体生产进度与生产统计

图 3–22 盾构管片生产工序与出场登记

智能建造工厂生产的盾构管片内实外美（预制成型的盾构管片及箱涵结构见图 3–23），管片外观质量无明显缺陷，表面光洁，预埋件和预留洞口的设置符合设计要求，盾构管片尺寸误差符合规范要求，预制成型盾构管片宽度允许偏差±1 mm，误差控制在±0.7 mm 内的达 80%，智能预制效果极好。

图 3-23 预制成型的盾构管片及箱涵结构

3.4 轨道板（双块式轨枕）智能建造

轨道板（双块式轨枕）智能建造在我国高速铁路整体智能化过程中得到快速发展，实现了生产制造工艺的智能化升级，已经初步形成较为完整的技术体系。下面对智能建造技术在CRTS 双块式无砟轨道混凝土枕和 CRTSⅢ型无砟轨道板中的应用进行简单介绍。

3.4.1 CRTS 双块式无砟轨道混凝土枕

CRTS 双块式无砟轨道混凝土枕预制生产工艺一般采用人工与自动化配合的方式，包含模具清理、脱模剂喷涂、预埋套管及螺旋筋安装、钢筋安装、混凝土布料、模具码垛、蒸汽养护、脱模、检测、清理扣盖、吊装码垛、运输、二次养护共 13 道工序。

依据不同工序的技术特点，采用相应的信息感知技术、信息传输技术、存储技术、信息处理技术等，自主研发自动化设备，实现工序智能化、管理信息化。

1. 工业机器人技术

CRTS 双块式无砟轨道混凝土枕自动化生产线系统集成控制 13 个下属工序系统，CRTS 双块式无砟轨道混凝土枕生产系统架构如图 3-24 所示。

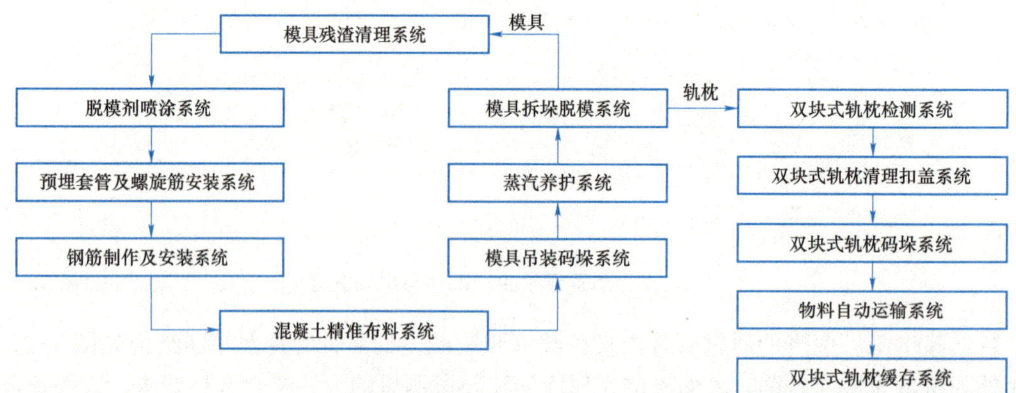

图 3-24 CRTS 双块式无砟轨道混凝土枕生产系统架构

利用中控系统，将整个车间设备通过工业以太网组网；通过制造执行系统实时监控设备运行状态，控制生产过程。各工序系统内部则通过传感器监测产品及设备参数，实现对生产精度的管控和设备故障预警。结合传感器感知判断，触发系统设定程序，操纵机械设备、工业机器人实现打磨、喷涂、上下料取放、装配、输送、搬运、堆栈等工序。

（1）模具残渣清理系统。采用自动打磨机器人，配合打磨工装，沿打磨程序内规划路径完成打磨作业。通过传感器对模具位置和内腔各位置的识别检测，控制往复机和吸尘器深入模具内部清理残渣。

（2）脱模剂喷涂系统。脱模剂存放在存储罐内，经空气压缩并通过过滤装置输送至固定于往复机的高压喷头，根据自动喷涂系统设定路径依次对模具实行喷涂作业。脱模剂用量可通过调压阀控制大小，保障脱模剂喷涂效果。在喷涂过程中，抽排系统启动，抽出多余雾化脱模剂，集中存放，以减少环境污染。

（3）预埋套筒及螺旋筋安装系统。在套管自动组装工位，由机器人将现场已加工好的螺旋筋置于组装机上，与套管旋压装配。在安装工位，根据模具位置建立坐标系精确定位，安装程序控制抓手抓取预埋套管移动至定位轴上方，通过扭力和激光测距传感器，控制套管深入磨具内完成安装。

（4）钢筋制作及安装系统。以组装台为中心，集成桁架自动生产运输安装生产线、箍筋自动生产运输安装生产线、自动挂钩机械手等设备。整套设备采用坐标系定位技术，精准控制安装机械手完成桁架钢筋、箍筋组件的抓取、安装作业。

（5）混凝土精准布料系统。采用带有称重传感器的布料机。在布料控制程序中预先设定混凝土用量，混凝土在倒入料斗的同时实时称重。当称至指定重量后，布料至模具中，同步启动振动器，对模具内混凝土实施振动密实，实现混凝土布料的精确控制。

（6）模具吊装码垛系统。采用吊装运输坐标程序、门式支架、卷扬机、行走滑道、夹具等完成吊装输送作业。

（7）蒸汽养护系统。采用全自动温控蒸养一体化系统，使用先进的管道阀门控制算法，自动调节温度，温控曲线可实时监控并存储查询。

（8）模具拆垛脱模系统。CRTS 双块式无砟轨道混凝土枕养护完成后，模具拆垛脱模设备将模具吊起、翻转、移动至脱模工位。待轨枕脱模后，将模具吊回轨枕生产线上，实现全自动生产施工。

（9）CRTS 双块式无砟轨道混凝土枕智能检测系统。工位引入图像识别和激光三角测量技术，自动检测轨枕外形尺寸参数、表面缺损掉块参数及裂纹，同时实现检测数据与生产管理系统的信息互通。

（10）CRTS 双块式无砟轨道混凝土枕清理扣盖系统。采用 3D 相机识别轨枕套管位置，机器人分别带动清理工装和注油工装完成自动清理注油操作。注油完成后，机器人利用吸盘将扣盖扣在预埋套管口。

（11）CRTS 双块式无砟轨道混凝土枕码垛系统。完成清理注油扣盖作业后，双块式轨枕进入码垛工位。传感器自动识别并向码垛机发出命令，码垛机根据重力传感器和距离传感器采集的数据在轨道上行走，将轨枕搬运至摆放区域。

（12）物料自动运输系统。在车间区域内规划运输坐标系，当完成轨枕码垛后，码垛机发出信号给 AGV（automated guided vehicle）小车，小车沿坐标定位行走至指定位置后叉起轨枕，将轨枕搬运至指定存放处。

（13）双块式轨枕智能缓存系统。引进超声波雾化加湿器、加湿管道、温湿传感器和温湿度自动控制系统，对缓存环境实行温湿度检测并保温保湿，合理控制缓存车间温湿度，保障轨枕二次养护强度和外观质量。基本上避免了传统作业方式存在的安全隐患高、人员投入大、劳动强度高、人为因素干扰大、浪费资源、污染环境等弊端，并且解决了生产线相互之间的连接配合不紧密，生产效率和利用率不高等问题，使双块式轨枕预制更精准、安全、高效、标准、智能、节能环保，大幅度降低了生产风险和企业成本，使 24 h 不间断作业或在其他极端恶劣环境下工作成为可能。

2. 质量智能化检测

根据 CRTS 双块式无砟轨道混凝土枕技术标准要求，其检测参数主要分为尺寸检测和裂纹检测。尺寸检测包括长度、宽度、断面高度等外形尺寸参数。目前发展较为成熟的是激光三角测量技术。在生产线上搭建高平顺的龙门框架平台，平台搭载高精度激光图像一体化传感器，传感器沿平台 X、Y 轴双向走行，通过断面测量获取的断面点云数据，构建 CRTS 双块式无砟轨道混凝土枕实测三维空间立体点云数据图，从而获取轨枕上表面任意点的三维坐标点。通过与标准模型图的对比，实现外形尺寸、表观缺损掉块的检测和评判。CRTS 双块式无砟轨道混凝土枕尺寸参数检测如图 3-25 所示。

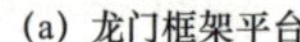

(a) 龙门框架平台

(b) 激光图像一体化传感器测量

图 3-25 CRTS 双块式无砟轨道混凝土枕尺寸参数检测

3. 生产信息化管理

1）创建轨枕数字身份证

通过激光三维图像传感器获取轨枕模具号的点云数据并处理成立体灰白图，采用机器学习和模板自动优化匹配算法实现模具号的自动识别。生产批次与轨枕模具号构成轨枕的唯一编号——数字身份证，并通过控制主机调用全自动喷码设备将编号喷涂在轨枕上表面，操作简便、稳定。喷涂用墨水具有耐高温、防水、防紫外线特性，可在混凝土表面清晰地保持 2～3 年，便于在轨枕的后续转运过程中实行分拣和跟踪。

2）全施工周期监管控制信息化系统

从质量、监管、成本、协同和效率出发，上传并统计轨枕厂生产过程中的生产计划、停复工记录、滞后记录、生产批次、轨枕编码、进销存记录、原材料使用计划、模具及相关检查、钢筋加工、混凝土记录、养护脱模、成品检验及检验批等资料，建立轨枕生产、存放、运输全施工周期的智能化监管和质量控制的信息化系统。以生产批次为最小单元，以实时和动态的方式展示轨枕生产详细信息及工作完成情况，为施工单位打造信息化处理工具，形成

“数字管理、快速查找、自动统计、图形显示”的新型轨枕生产管理模式，从根本上解决信息离散化、碎片化的问题。同时，可在系统内利用大数据分析，优化作业流程，规范管理行为，强化过程管理和过程控制，促进管理的标准化，为运营管理决策提供重要的数据支撑。面向工业互联网的全施工周期轨枕生产管理信息系统组成如图 3–26 所示。

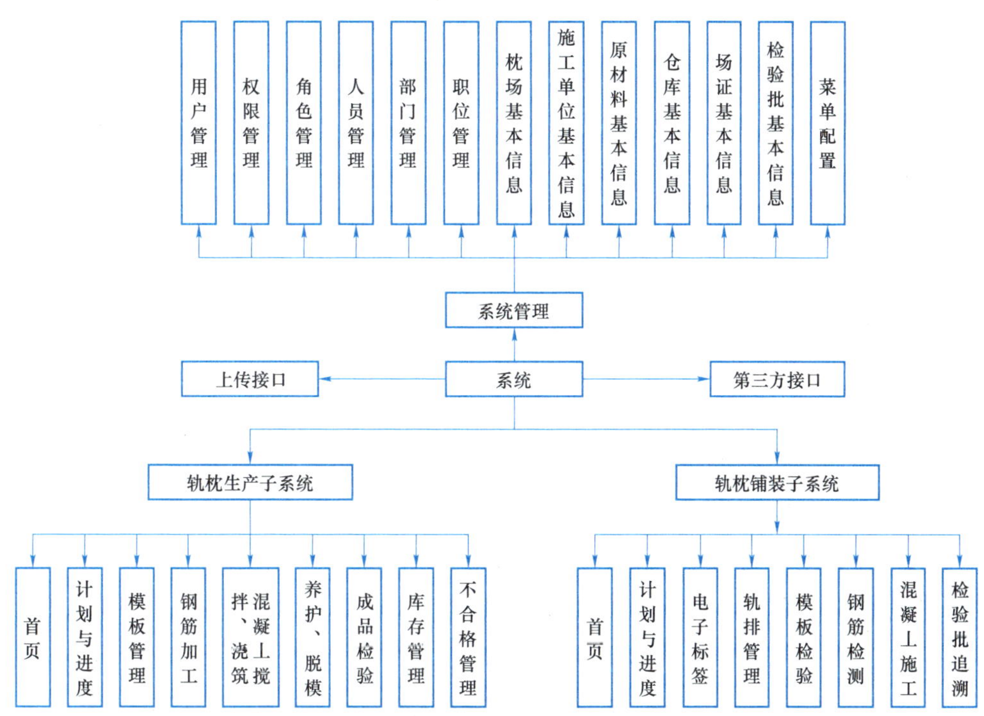

图 3–26 面向工业互联网的全施工周期轨枕生产管理信息系统组成

3.4.2 CRTSⅢ型无砟轨道板智能建造

CRTSⅢ型无砟轨道板为我国具有完全自主知识产权的无砟轨道系统。CRTSⅢ型轨道板智能建造关键技术完全依靠自主研发，技术水平达到国际领先水平。

1. 工业机器人技术

轨道板生产线经过模具清理、喷涂脱模剂、预埋套管及螺旋筋安装、钢筋骨架绑扎、RFID（radio frequency identification，射频识别）电子标签绑扎、钢筋笼入位、预应力钢筋预紧、张拉、钢筋笼绝缘检测、混凝土拌制及供料、浇筑振动、拉毛、蒸养、放张、脱模、轨道板封锚、翻板、水养、成品检测、存放等工序完成一个生产循环。

1）模具自动清理系统

模具清理主要对钢模表面的灰渣进行清理。模具自动清理系统由多轴桁架系统、毛刷清理系统、除尘系统、安全报警系统等组成。模具自动清理系统如图 3–27 所示。

2）喷涂脱模剂系统

喷涂脱模剂系统采用气压驱动和电气控制等关键技术，将脱模剂用高压喷头雾化，均匀喷至板面形成均匀的薄膜，完成脱模剂自动喷涂。喷涂脱模剂设备如图 3–28 所示。

图 3-27 模具自动清理系统

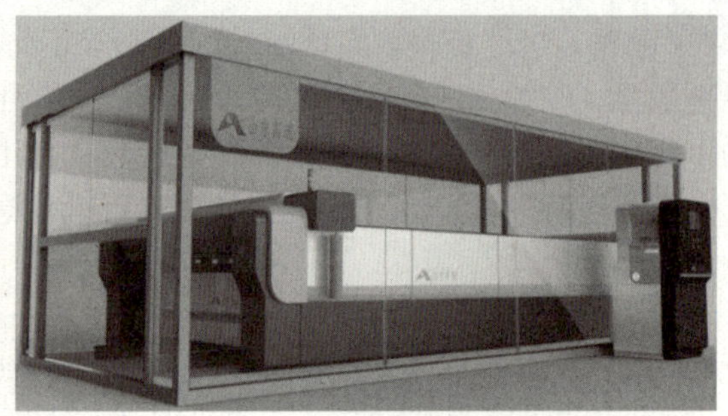

图 3-28 喷涂脱模剂设备

3）钢筋笼自动绑扎生产线

钢筋笼生产采用专用自动化装备，实现从原材料到钢筋笼成品的自动化生产：轨道板顶面横向钢筋—轨道板顶面纵向钢筋—架立筋和箍筋—轨道板底面纵向钢筋—底面横向钢筋—绑扎箍筋接头。

4）RFID 电子标签绑扎

RFID 电子标签位于轨道板标示牌正下方，通过定位孔沿非预应力钢筋纵向绑扎固定，标签正面朝上，背靠钢筋。标签绑扎完后进行开卡扫描。从此刻开始该钢筋笼对应的轨道板就有了“身份证”，其质量和管理信息等全部关联到该“身份证”上。

5）钢筋笼自动入模及自动初张拉系统

钢筋笼自动入模及自动初张拉系统由钢筋笼骨架抓取机构、横移机构、定位机构和旋拧机构等组成。钢筋笼自动入模及自动初张拉设备见图 3-29，通过液压系统控制旋紧力矩，实现将张拉杆与预应力钢筋旋紧，并对预应力钢筋施加一定张拉力。

图 3-29 钢筋笼自动入模及自动初张拉设备

6）张拉自动控制系统

张拉自动控制系统采用模糊定位技术实现了张拉杆与张拉装置自动对位，采用一根钢筋对应一台张拉装置伺服控制，保证张拉力同步，且张拉完成后液压自动螺母锁紧，锁紧力相同。自动张拉设备如图 3-30 所示。

图 3-30 自动张拉设备

7）钢筋绝缘智能检测系统

钢筋绝缘智能检测系统通过电路拓扑结构分析，设计绝缘检测电路，进行密集交叉钢筋的绝缘检测，实现高铁轨道板钢筋笼的绝缘效果检测。通过提高绝缘检测工作过程的自动化和可靠性水平以达到减少时间、成本和提高生产轨道板效率的目的。钢筋绝缘智能检测设备如图 3-31 所示。

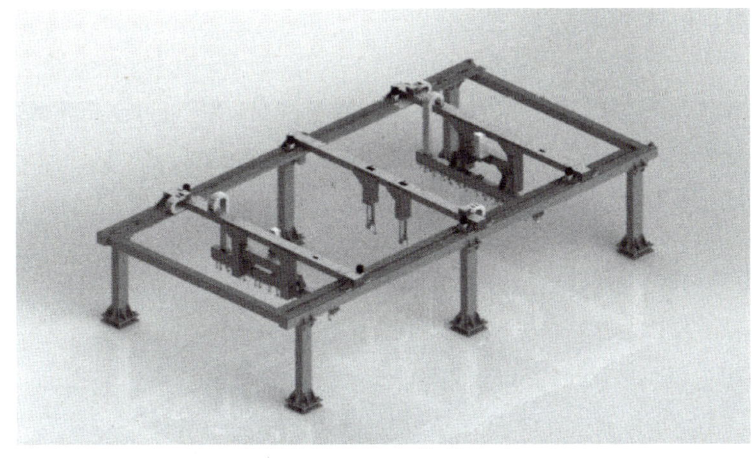

图 3-31 钢筋绝缘智能检测设备

8）精准布料及分体式振捣系统

混凝土精准布料机具有多个独立控制布料口，由变频调速的星轮下料轴，布料斗使用电子称量，布料放量实现精准控制。根据轨道板型号和布料总重量，在控制系统内自动产生布料机所需要的自动控制信息，根据这些信息在自动布料过程中自动进行定位、加速、减速、补料、继续布料等过程，实现全自动均匀布料。精准布料及分体式振捣设备如图 3-32 所示。

通过采用气动振动器技术与空气弹簧技术，使振动台面与地面装置软连接，消除振动台面的剪切应力并减少激振力的下传，通过增加时间继电器和电磁阀控制其实现变频振动。采用气动振动器，通过气压来调整转数及激振力，具备高穿透性，同时加速度很快越过模板自身共振频率，减少对模具的损伤。浇筑完成后，振动装置自动快速脱离模具。

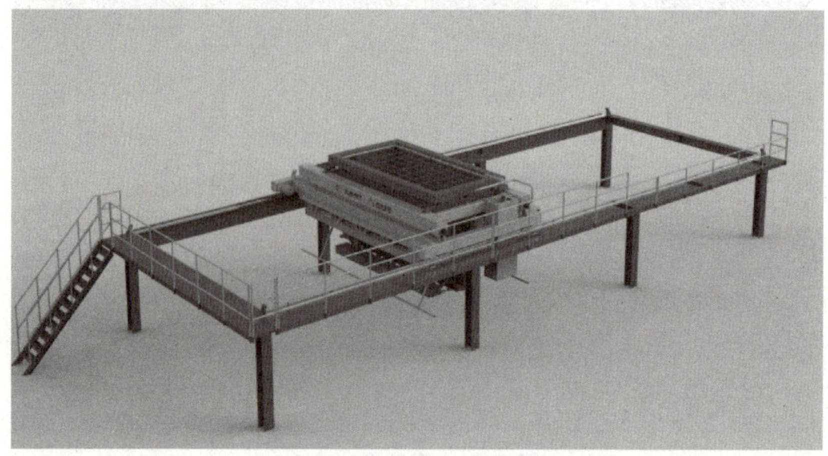

图 3-32 精准布料及分体式振捣设备

9）智能化立体养护技术

轨道板立体养护房是包括通风循环系统、超声波加湿系统、冷风系统及自动喷淋系统的养护控制系统。其采用以太网通信方式进行数据交换，现场养护控制器采集相应养护房内温度，输出蒸汽阀控制信号及喷淋阀门控制信号。通过养护控制系统和堆垛机控制系统实现轨道板智能化立体养护，立体养护相对于现有流水线养护窑能耗减少 30%，土地节约 75%。智能化立体养护如图 3-33 所示。

图 3-33 智能化立体养护

10）同步放张自动控制系统

同步放张自动控制系统包含多个放张单元的伺服电机控制单元、控制程序、放张进给控制及放张单元状态监测，实现放张设备与多根张拉杆的同步结合、同步加载和放张速率精确控制。利用液压传动柔性实现扳手自动咬合以消除扳手与张拉杆的间隙，利用齿轮传动的刚性实现同步放张。避免了放张不同步对产品造成的损伤及质量隐患。实现以单根钢筋不大于 2 kN/s 的放张速率同步均匀放张。同步放张设备如图 3-34。

图 3-34 同步放张设备

11）脱模系统

脱模系统能在不损伤板面的前提下，完成轨道板脱模，通过模具的精确定位，模具型号自动识别，实现系统自动控制横梁移动，机械手从侧向卡住锥桶，同时顶升机构下落，利用模具自身的重力下落，实现自动脱模动作，可有效避免损伤轨道板，提高产品质量，减少人工和劳动强度。自动脱模设备如图 3-35 所示。

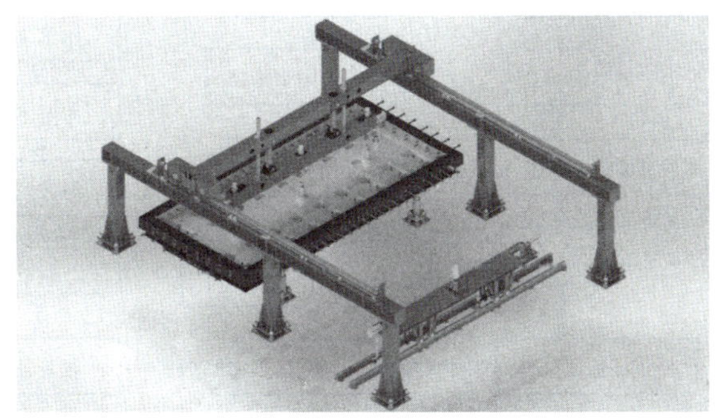

图 3-35 自动脱模设备

12）自动翻板系统

自动翻板系统是轨道板生产线的配套系统，实现与主生产线和封锚线的有效连接，主要包括翻转部分、旋转臂部分、连接横梁、液压站、智能控制系统等部分。其用于实现各种型号的轨道板翻转 180°，避免了直接用行车进行翻转对轨道板造成的磕碰、损伤，同时提高自动化程度，自动翻板设备如图 3-36 所示。

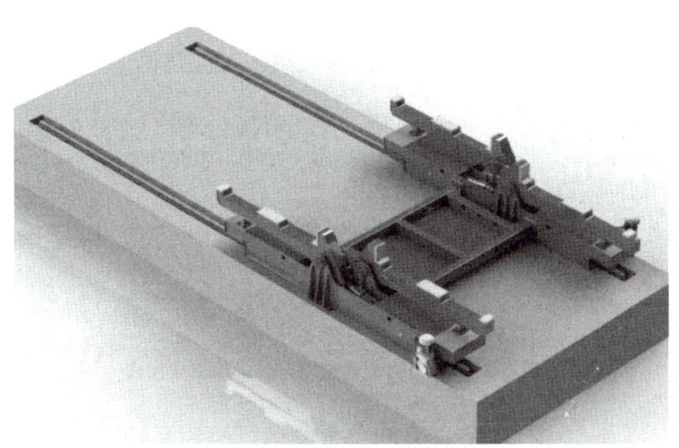

图 3-36 自动翻板设备

2. 质量智能化检测

质量智能化检测是以三维激光扫描技术、双目立体视觉技术、网络技术、数据分析和挖掘技术、人工智能技术为基础，实现对张拉后模板平面度、轨道板承轨台平面度、混凝土密实度、钢筋笼绝缘性等关键质量参数进行全过程的自动化、智能化监控与检测。

轨道板生产线关键技术流程如图 3-37 所示。装备开展智能检测技术包括物料含水率检测、钢筋绝缘检测、张拉力值检测、放张速率检测、养护温湿度检测。生产线智能运行控制系统如图 3-38 所示，其有数据检测、数据分析、数据挖掘、故障预测及诊断等智能功能。

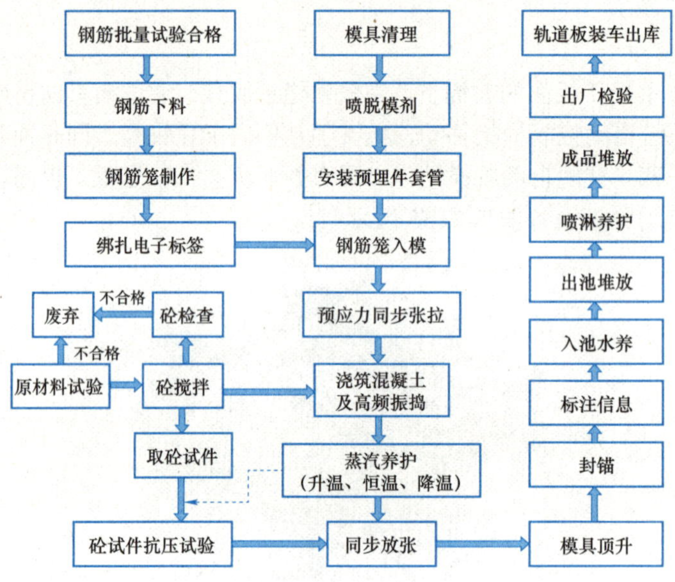

图 3-37　轨道板生产线关键技术流程

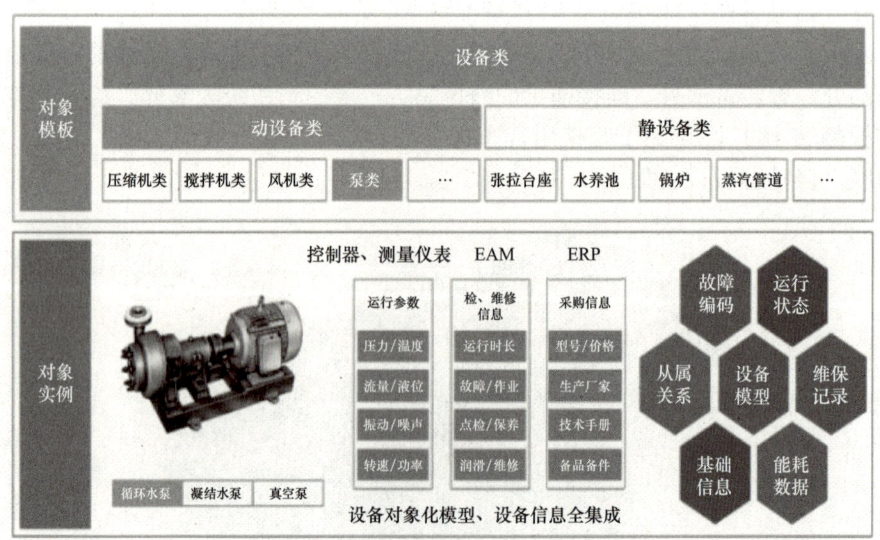

图 3-38　生产线智能运行控制系统

3. 信息化管理

轨道板信息化生产管理信息系统（见图 3-39）是生产与管理的桥梁，主要包含 OA 系统、金蝶云、基础信息、物资信息、生产计划、工序管控、能耗管理、检验记录、质量管理、安全管理、成品管理、预警管理、产品信息管理、生产情况统计分析、信息查询、数据上传、施工日志管理等主要功能，关键信息上传至铁路工程管理平台。轨道板生产管理信息系统整合了试验室信息化系统、搅拌站信息化系统、物资管理系统，通过工厂通信网络架构，与中央控制系统无缝对接，对轨道板流水机组法制造的各种资源进行统一的计划和控制管理，对生产资源信息进行有效整合，实现工艺、生产、检验、物流等制造过程各环节之间的信息互联互通。

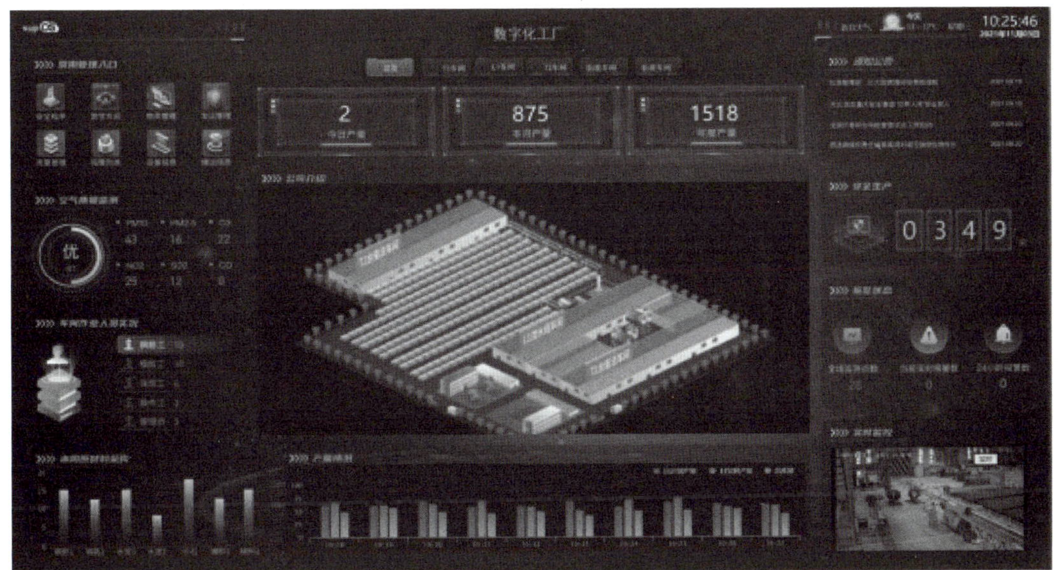

图 3-39 轨道板信息化生产管理信息系统

3.5 其他设施的智能建造技术

铁路工程建造过程中混凝土的生产有着严格的管理制度及技术要求，对原材料的采购和使用等也会严格管控。按照混凝土质量控制的相关标准和铁路建设管理部门下发的相应规范，当水泥粉料吹入相应的储仓后，须经过检验方可使用。因此，各建设单位也根据规范制定了严格的管理制度，但是仅依靠严格的制度有时候也不能完全达到管理的目标，还需要先进的管理方法。拌和站粉料吹灰监管系统和试验室管理信息系统，不但可以有效地防止粉料未检先用情况的发生，而且可有效控制混凝土的生产质量，实现数据处理的智能化，解决铁路工程施工过程管理信息的真实性和反馈响应及时性问题，达到对铁路工程施工过程动态管理的目标。

3.5.1 拌和站粉料吹灰监管系统

首先，拌和站粉料吹灰监管系统通过吹灰监测传感器完成吹灰数据的采集工作，然后通过无线通信技术和互联网技术将采集的数据传输到数据分析平台。通过数据分析平台的综合分析，从而达到对混凝土生产质量进行实时监测管理的目的，粉料吹灰监管系统网络拓扑结构如图 3-40 所示。

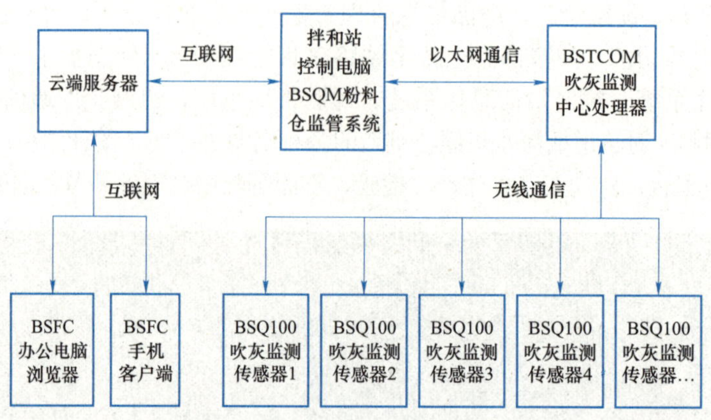

图 3-40　粉料吹灰监管系统网络拓扑结构

1. 吹灰监测传感器

吹灰监测传感器感知散装粉料运输车是否向搅拌站粉料筒仓吹灰进料，该设备通常安装在搅拌站每个粉料筒仓的吹灰管，如图 3-41 所示。

图 3-41　吹灰监测传感器

2. 数据监管系统

数据监管系统的数据处理中心接收整条生产线所有粉料筒仓传感器采集的吹灰信息后，进行数据整理、分析及汇总，然后通过以太网通信传送给拌和站粉料仓监管系统。拌和站粉料仓监管系统在接收到数据处理中心的信息后，将通过界面（拌和站粉料仓监管系统显示界面见图 3-42）清晰地显示所有粉料仓的库存信息，即可用库存、预警库存及交融库存，提供粉料仓库存盘点功能及与云端服务器进行信息交互。

数据监管系统可通过电脑端或手机客户端，对拌和站水泥吹灰使用过程进行实时监控，实现以下功能：水泥未检先用报警、粉料仓吹灰记录、试验员发起批次检验申请及检验合格申请、监理审核批准、试验员发起库存盘点申请。

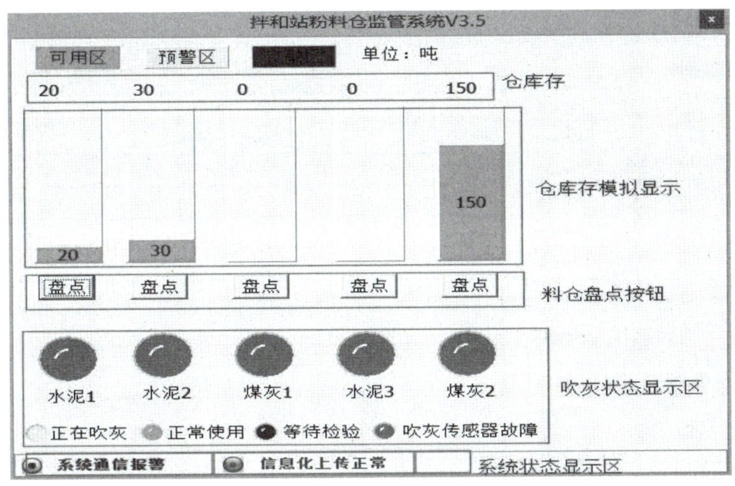

图 3-42 拌和站粉料仓监管系统显示界面

3.5.2 试验室管理信息技术

在铁路工程的施工质量监管过程中，最重要的一环就是拌和站生产、试验数据的采集。铁路工程试验室实时数据采集系统通过对工地试验室所有试验信息全天候实时监控，利用网络进行数据的远程传输，实时把试验数据采集到数据库中，并根据相关的规范与标准值进行对比，及时生成报告信息。如发现不合格现象，及时提醒相关人员，有效控制铁路工程的施工生产质量，实现数据处理的智能化，解决铁路工程施工过程管理信息的真实性和反馈响应的及时性问题，达到对铁路工程施工过程动态管理的目标。某铁路建设项目采用 RELDA 软件来实现该系统的相应功能，从而实现在铁路建设过程中对拌和站进行智能管理的目的，如图 3-43 所示。

铁路工程试验室实时数据采集系统

试验管理：试验管理、报告管理、模板管理
查询统计：台帐统计、报告单打印
系统设置：参数设置、试验机设置、用户管理
帮助

新建委托 编辑委托 删除委托 龄期提醒(12)

创建时间 2017-03-10 至 2017-03-16 委托编号 试验类型 查询 重置

	委托编号	试验类型	是否为复检	样品编号	创建人	试验状态	创建时间	操作
1	WT-20170315-001	混凝土试件抗压强度试验	☐	YP-20170315-001	管理员	新建	2017-03-15	试验
2	WT-20170314-001	钢筋试验	☐	YP-20170314-001	管理员	新建	2017-03-14	试验
3	WT-20170313-002	混凝土试件抗压强度试验	☐	YP-20170313-002	管理员	新建	2017-03-13	试验
4	WT-20170313-001	混凝土试件抗压强度试验	☐	YP-20170313-001	管理员	新建	2017-03-13	试验
5	123-20170311-004	钢筋试验	☐	123-20170311-004	管理员	新建	2017-03-11	试验
6	123-20170311-003	混凝土试件抗压强度试验	☐	123-20170311-003	管理员	新建	2017-03-11	试验
7	123-20170311-002	混凝土试件抗压强度试验	☐	123-20170311-002	管理员	新建	2017-03-11	试验
8	123-20170311-001	钢筋焊接接头试验	☐	123-20170311-001	管理员	新建	2017-03-11	试验
9	WT-20170310-004	混凝土试件抗压强度试验	☐	YP-20170310-004	管理员	新建	2017-03-10	试验
10	123-20170310-003	钢筋焊接接头试验	☐	123-20170310-003	管理员	新建	2017-03-10	试验
11	123-20170310-002	钢筋试验	☐	123-20170310-002	管理员	新建	2017-03-10	试验
12	123-20170310-001	混凝土试件抗压强度试验	☐	123-20170310-001	管理员	新建	2017-03-10	试验

图 3-43 铁路工程试验室实时数据采集系统显示界面

使用铁路工程试验室实时数据采集系统时，通过单击新建委托按钮，可以新建混凝土抗压、钢筋、钢筋焊接接头、钢筋机械连接接头等试验的委托单。委托单中标记为红色的项目为必填项目，如图 3-44 所示；在新建委托窗口的左侧可以针对相关试验进行以下设置。

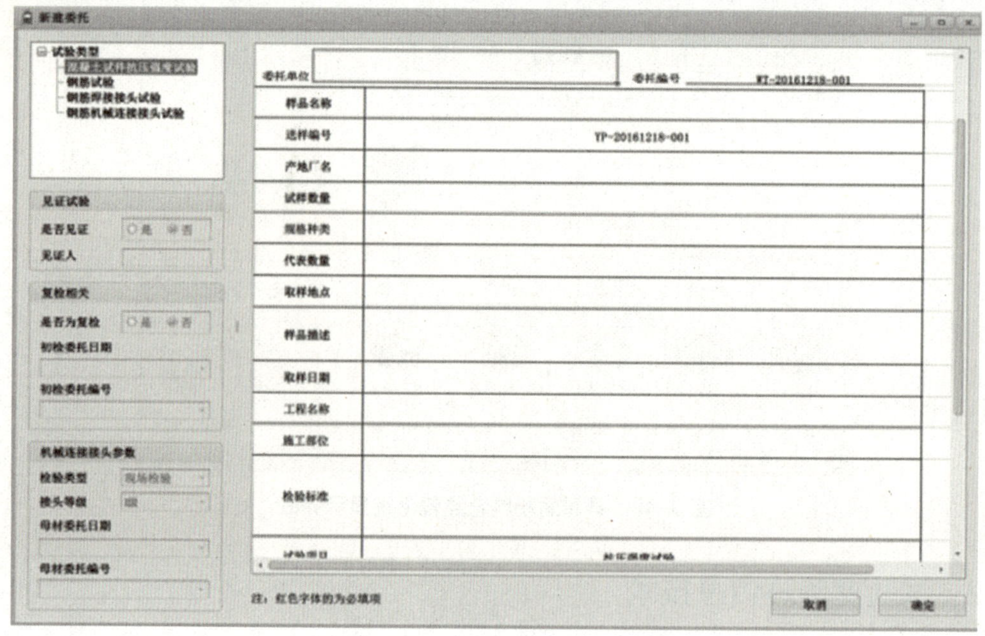

图 3-44 新建委托单操作界面

（1）见证试验：可将试验标记为监理见证试验，并填写见证人。混凝土试件抗压强度试验无此选项。

（2）复检相关设置：可以将该次试验标记为复检，并且通过选择初检委托编号，将初检的相关委托信息自动填写到委托单中。混凝土试件抗压强度试验无此选项。

（3）机械连接接头参数设置：可以设置机械连接接头的检验类型、接头等级和母材委托信息，只适用于钢筋机械连接接头试验。

根据提交的委托单，可实现对委托单进行试验数据的采集和管理工作，如图 3-45 所示。将试验信息填写完整之后再进行试验，可以实时采集数据并保存到数据库中。

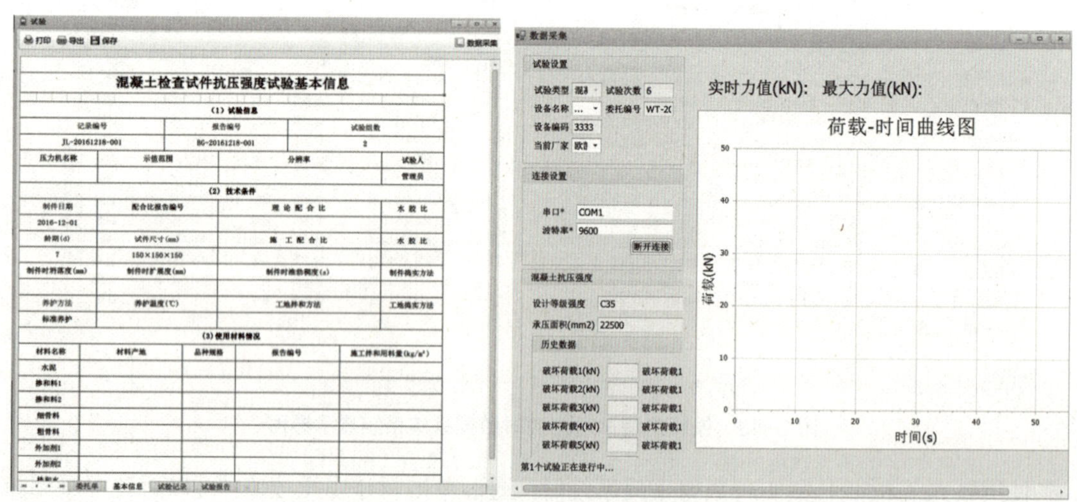

图 3-45 实验数据的采集及管理

完成数据采集后数据将自动被上传到实验室数据管理系统进行统计分析。如果已经完成某个委托试验的所有试验项目，该委托单对应的报告数据也会自动上传到平台。委托单位也可以在试验管理首页，根据委托单创建时间、委托编号和试验类型进行试验结果的查询，且可以查询不同类型试验的不合格率。

3.5.3 智能污水处理技术

建造智能化污水处理站，使得铁路建设过程中产生的废水清污分流，污水经处理达到一级排放标准后，优先用于浇洒路面、灌溉植被等，多余部分进行排放。污水处理站效果图及污水处理工艺流程分别如图 3–46、图 3–47 所示。

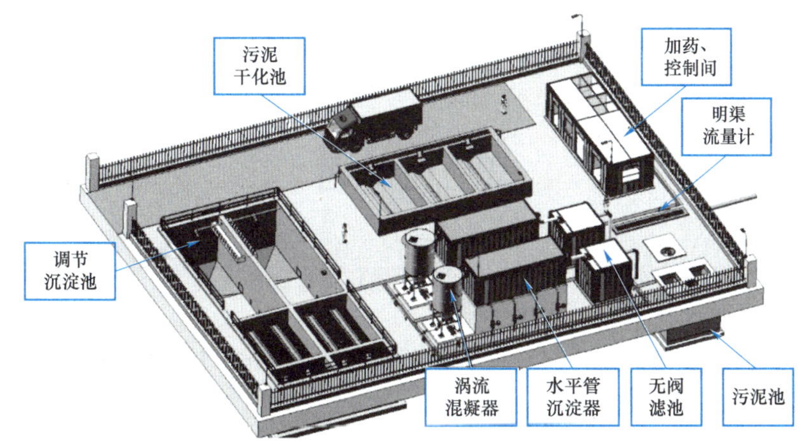

图 3–46 污水处理站效果图

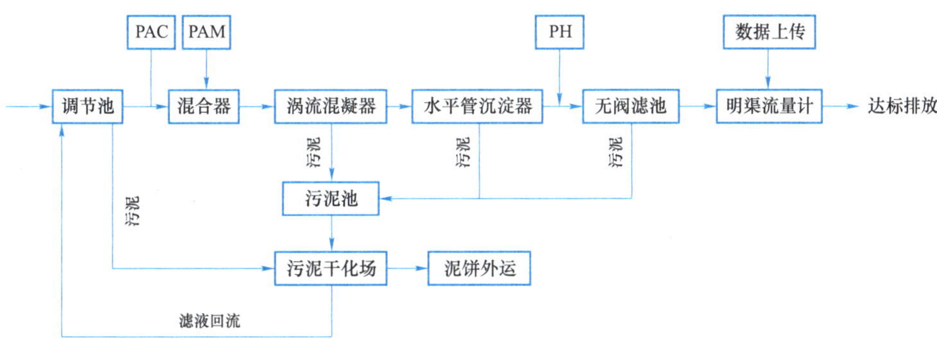

图 3–47 污水处理工艺流程

智能化污水处理站具有以下特点。

（1）设备布置紧凑，占地面积小，操作简单，工作效率高，智能化污水处理站建设实景如图 3–48 所示。

（2）全程智能化、自动化运行管理与控制，除拌药过程需要 1 人辅助外，整个运行过程无需人工监管。

（3）比常规设备用电少、电机驱动耗电量低，可节约运营成本。

图 3-48 智能化污水处理站建设实景

思 考 题

1. 在我国目前的铁路建设中，大型临时工程主要有哪些？
2. 铺轨基地建设的技术要求是什么？
3. 简述高速铁路建设中制（存）梁场的技术要求，其布设形式有哪几种？
4. 简述高速铁路建设中轨道板预制场技术。
5. 在铁路建设过程中，路基填料拌和站的设置应考虑哪些因素？
6. 在铁路建设过程中，道砟（砂石）存放基地的设置应考虑哪些因素？
7. 在高速铁路混凝土梁的生产过程中，BIM 技术在预制梁场中有哪些应用？
8. 在高速铁路混凝土梁的预制生产过程中，采用了哪些智能化技术？
9. 目前隧道盾构管片的智能建造技术有哪些？
10. 目前轨道板的智能建造技术有哪些？

4 铁路路基工程的智能建造技术

路基是由松散的土（石）材料填筑所构成的土工结构物（路堤）或者建造在地层上的土工结构物（路堑）。路基工程由于其完全暴露在大自然之中，会受地理条件、地质条件、气候条件、水文和地质条件等影响，从而导致路基工程在运营过程中不可避免地会出现各种不同程度的病害。铁路路基是轨道的基础，须满足轨道铺设和线路长期安全运营的要求，且随着线路等级变化，铁路路基的技术要求也显著不同。

4.1 铁路路基工程的特点

为了确保轨道安全使用、满足铁路线路的运营要求，路基工程必须满足承载力、刚度和稳定性这三个基本条件。

1. 承载力

路基应有足够的强度以抵抗列车荷载的动应力而不致被破坏；能抵抗道砟压入基床土中，防止道砟陷槽等病害的形成；在路基填筑阶段能承受重型施工车辆行走而不形成印坑，以免留下隐患。在列车荷载的重复作用下，塑性累积变形很小，避免形成过大的不均匀沉降而造成轨道的不平顺，增加养护维修的难度；在列车高速运行时，基床的弹性变形应满足高速行走的安全性和舒适性要求，同时还能保障道床的稳固。

2. 刚度

路基的刚度是指荷载施作在路基面后路基抵抗变形的能力。在高速铁路出现前，进行路基设计时主要考虑对强度的控制，但随着列车速度的提高，对轨道结构的平顺性要求越来越高，对路基的刚度控制也越来越严格。

3. 稳定性

在外界自然因素变化影响下，路基强度应保持相对稳定，从而在最不利的地质水文气候条件下，尚能保持一定强度，使由荷载产生的路基变形不超过允许限度的能力，特别是要能够防止雨水浸入、软化和冻融等危害。铁路工程有较长的服役年限，因此路基工程要有很好的耐久性能。现行铁路路基相关规范也提及了强度随服役时间的增长衰减时，路基仍应满足强度和刚度要求。

对于高速铁路路基工程来说，由于线路上列车运行速度快且技术标准较高，因此对路基工程的工后沉降要求严格，不仅要求路基在静态下平顺，而且在动态下也须满足平顺要求。高速铁路路基工程与普通铁路路基工程的区别主要表现如下。

（1）高速铁路路基基床采用级配碎石强化表层结构。基床表层一般为级配碎石、级配砂砾石，基床底层及以下部分路堤采用 A、B 组填料或改良土。

（2）高速铁路路基工程施工工艺标准要求高，一般采用物理和力学指标双控制，且控制指标要求高于普通铁路。

（3）高速铁路路基工程检测指标、检测方法及仪器与普通铁路有很大不同，基床表层采用动态模量控制。

（4）高速铁路路基工程使用的配套机械与普通铁路有很大不同，如路基填筑采用重型压实设备，级配碎石及改良土采用厂拌法。

（5）为减小路基的工后沉降，软弱地基地段高速铁路路基一般采用堆载预压措施。

（6）高速铁路路基填筑需进行沉降观测，沉降观测期贯穿于施工及堆载预压全过程。

4.2 路基工程施工内容

4.2.1 路堤施工

铁路路基土石方全面开展施工之前，针对填料的种类，应进行填料工程特性试验和填筑工艺试验，确定相应的路基压实方案。根据现场实际在路基范围内选择 1～2 段宽度为路基宽度与超填宽度之和、长不小于 100 m 的试验场地，按不同种类的填料选用不同压实机械分别进行基床底层以下路堤、基床底层填筑压实工艺试验，找出机型、厚度、碾压遍数与设计规定指标间的规律曲线，以确定其工艺参数和施工方法。根据路基填筑试验段的结果，分别进行路基基床以下路堤施工、基床底层施工和基床表层施工。路基试验段如图 4–1 所示。

图 4–1 路基试验段

高速铁路路基施工目前一般按照“三阶段、四区段、八流程”的施工工艺组织施工，小型压实机具配合重型压路机碾压密实。其中三阶段指准备阶段、施工阶段和竣工阶段；四区段指填土区、整平区、碾压区和检测区；八流程指施工准备、施工放线、地基处理、填土、整平、碾压、检测、边坡整形。每个区段的长度应根据使用机械的能力、台数确定。为了保证机械有足够的安全作业场地，每区段长度一般应在 200 m 以上或以构造物为界。各区段或流程内只能进行该段和流程的作业，严禁几种作业交叉进行。路基施工基本工艺流程见图 4–2。

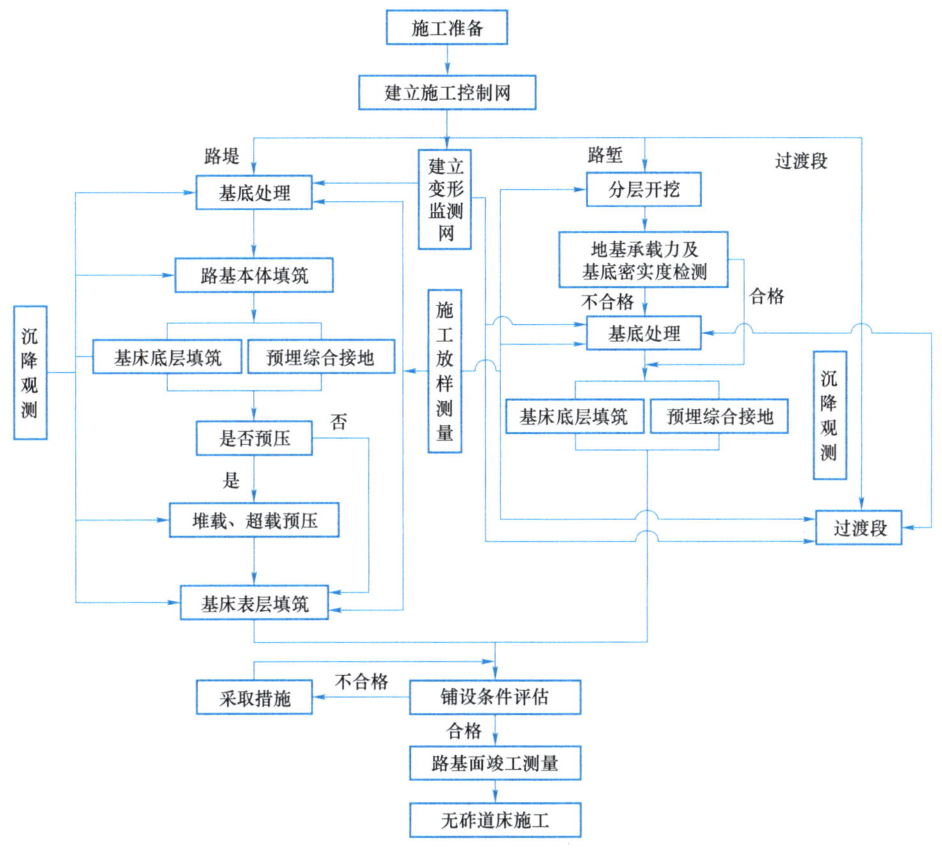

图 4-2 路基施工基本工艺流程

铁路路基基床以下路堤施工和基床底层施工，按路基横断面全宽一次分层填筑，纵向分层压实，不同性质填料分别在不同段落或层次填筑。路基填料摊铺采用推土机初平、平地机精平，然后选用重型振动压路机碾压，过渡段填筑压实配备小型振动压路机和冲击夯。

4.2.2 路堑施工

路堑的开挖应根据地形、地质、气象、水文等条件安排施工，确定合理的开挖方式。

1. 土质路堑开挖施工

土质路堑开挖以机械施工为主，运土距离较近时采用推土机作业，运距较远时，采用推土机配合挖掘机、装载机挖土装车，自卸汽车运至路基填方路段或弃土点。当机械开挖至靠近边坡 0.2～0.3 m 时，改为人工修坡。当开挖接近路基施工标高时，采用人工配合推土机施工。到达设计标高后及时对基底土质情况进行检测，不合规范要求的要换填。土质路堑开挖施工工艺流程如图 4-3 所示。

2. 石质路堑开挖施工

石质路堑开挖施工按以下三种方式开挖：对于面层风化岩、软石用裂土机开挖；小方量石方段采用机械打眼小炮开挖；大方量石方地段采用光面爆破和深孔松动控制爆破技术分层开挖。对于一般石质路堑或石质路堑挖深在 5 m 以上且集中，采用潜孔钻机深孔松动爆破；石质路堑挖深在 5 m 以内时，采用光面爆破。钻孔粉尘采用粉尘回收装置，以减少对周围环境的污染。

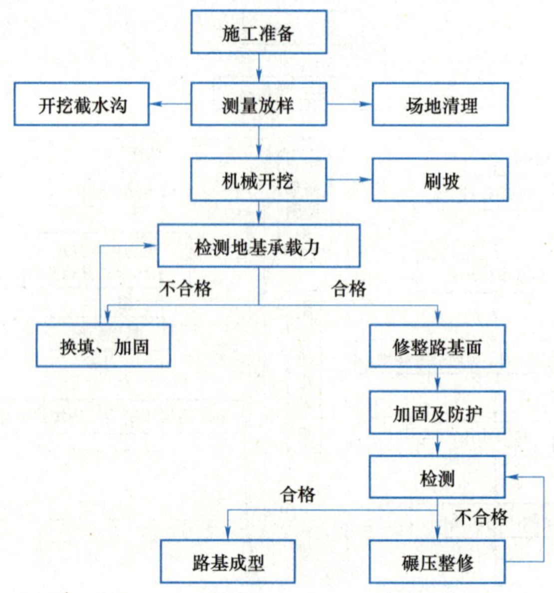

图 4-3 土质路堑开挖施工工艺流程

石方爆破以小型及松动爆破为主，开挖后的石方满足路基填料要求的可用于路基填筑，用于路基填筑的大块石料较多时，应集中在挖方区进行二次爆破，直至石料大小满足路基填筑要求。石质路堑开挖施工工艺流程如图 4-4 所示。

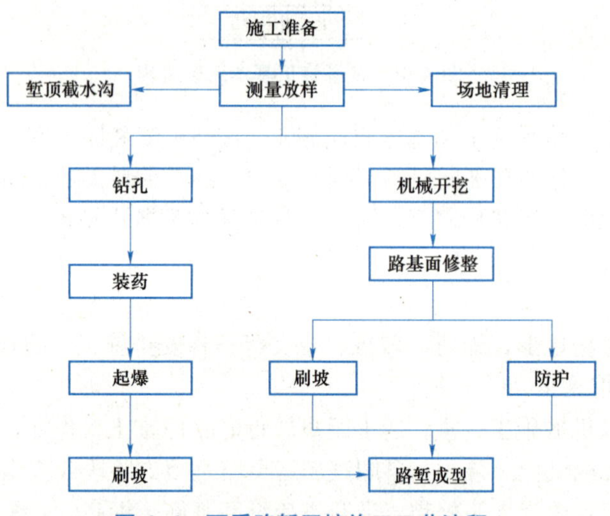

图 4-4 石质路堑开挖施工工艺流程

3. 路基支挡及防护工程

1）片石坡面防护工程

浆砌片石坡面防护主要工作内容有：测量放样、清理修整边坡、基础检查、砌筑、勾缝、抹面、检查验收等。

2）挡墙施工

浆砌片石挡墙施工的主要工作内容有：测量放样、基坑开挖、地面以下墙身砌筑、基坑回填、地面以上墙身砌筑、墙顶封闭等。

混凝土挡墙施工的主要工作内容有：测量放样、基坑挖填、模板安拆、混凝土浇筑和养护等。竣工后的混凝土挡墙如图 4–5 所示。

图 4–5 竣工后的混凝土挡墙

桩板式挡墙施工的主要工作内容有：测量放样、桩孔开挖、支护、钢筋骨架制安（制作安装）、桩身混凝土浇筑，挡土板制安、上部桩身制安，墙后填筑等。

3）预应力锚索框架梁

预应力锚索紧跟路堑开挖分段、分级进行施工，路堑开挖一段，防护一段；深路堑开挖时，以路堑边坡平台为级划分，开挖一级，防护一级。预应力锚索钻孔采用风动钻进，锚索采用高强度低松弛的预应力钢绞线，锚索孔内注浆采用一次注浆法，分级张拉。其主要工作内容有：测量放样、钻孔、清孔、安放锚索、注浆、混凝土梁施工、锚索张拉、锚索锚固等。

4.2.3 地基处理

1. 塑料排水板施工

塑料排水板地基处理措施常用于软土层较厚、路堤较高地段。塑料排水板施工的主要内容有：铺设下层砂垫层、测量放样、机具就位、插设排水板、拔出导管、截断排水板、埋设板头、铺设上层砂垫层等。作业使用的主要机械设备为履带式插板机，插板机及塑料排水板施工如图 4–6 所示。

图 4–6 插板机及塑料排水板施工

2. CFG 桩复合地基

CFG 桩施工（见图 4–7）方法根据设计要求和现场地基土的性质、埋深、场地周边是否有居民、有无对振动反应敏感的设备等多种因素选择，如采用长螺旋钻孔法或振动沉管法等。CFG 桩施工的主要内容有：试桩、放样、桩机就位、钻进、灌注、提钻、桩机移位等。

图 4-7　CFG 桩施工

3. 搅拌桩

搅拌桩分为浆体喷射搅拌桩和粉体喷射搅拌桩两种。浆体喷射搅拌桩采用搅拌桩机施工（见图 4-8），搅拌机械设备采用中心输浆的双轴搅拌机，配备起吊设备、制浆设备、泵送浆液设备等。粉体喷射搅拌桩采用粉喷桩机，将水泥加入灰罐内，通过空压机用一定的压力压入送灰管，通过搅拌头的喷嘴喷入土层，在土中形成一个加固料和土体的混合体。水泥搅拌桩施工的主要内容有：放样、钻机就位、检查钻杆垂直度及对位偏差、喷浆下钻、钻至设计深度、第一次提升搅拌至停灰面、复搅下钻至桩尖、第二次提升搅拌至停灰面、桩头复搅提出钻头停机、钻机移位等。

图 4-8　搅拌桩机施工

4. 旋喷桩复合地基

高压旋喷桩采用钻机、高压泵、浆液搅拌器和操纵控制系统、高压管路系统、材料储存系统、各种管材、阀门、接头等辅助设备。旋喷桩复合地基施工的主要内容有：测量放样、钻机就位、地面试喷、钻孔、旋喷、冲洗钻机、钻机移位等。

5. PHC 管桩、预制方桩

沉桩前通过地质资料和现场调查详细了解地形地貌、建（构）筑物、基础、地下管线位置及分布情况，并且摸清地下障碍物。如障碍物尺寸超过 0.5 m 时，用挖掘机清除干净，填土整平后方可施工。PHC 管桩、预制方桩施工的主要内容有：测量放样、桩机就位、吊桩、沉桩、接桩及冷却、继续沉桩、拔出送桩器、填埋桩孔等。

6. 袋装砂井

通过在软土中埋入砂袋，改善地基的排水条件，通过预压荷载的作用使地基内的水分快速排出，加速地基固结，提高地基的承载力。袋装砂井施工的主要内容有：装砂袋、定位、打钢管、下砂袋、拔钢管、桩机移位、补灌砂袋等。作业使用的主要机械设备为履带式袋装砂井机。袋装砂井施工如图 4–9 所示。

图 4–9 袋装砂井施工

7. 换填土

换填土一般用于处理局部范围的浅层软土或不均匀地基。换填土施工如图 4–10 所示。根据换填深度选择机械或人工施工，换填土施工的主要内容有：测量放样、挖除换填部位软土、检验、分层碾压。

图 4–10 换填土施工

8. 强夯

强夯处理地基时，采用带有自动脱钩装置的履带式起重机，配备设计要求重量、直径的夯锤进行施工。施工前，根据设计提出的强夯参数进行试夯，确定各项强夯参数。地基强夯施工的主要内容有：测量放样、垫层铺设、夯点布设、强夯施工。作业使用的主要机械设备为吊车和夯锤。地基强夯施工如图 4–11 所示。

图 4–11 地基强夯施工

4.3 路基工程的智能建造技术

4.3.1 智能压实控制技术

根据路基现场施工的工艺流程及相应的技术标准要求，按照施工前准备、施工过程控制和质量检测 3 个阶段形成了路基智能压实控制技术。采用路基智能压实控制技术时，首先进行采集、传输、处理土体的压实状态及压路机的空间位置信息和振动参数等系列工作；其次借助路基连续压实控制系统（路基连续压实控制系统控制原理及构成见图 4-12）的人机交互界面进行分析及控制，从而实现对路基压实智能施工的目的。

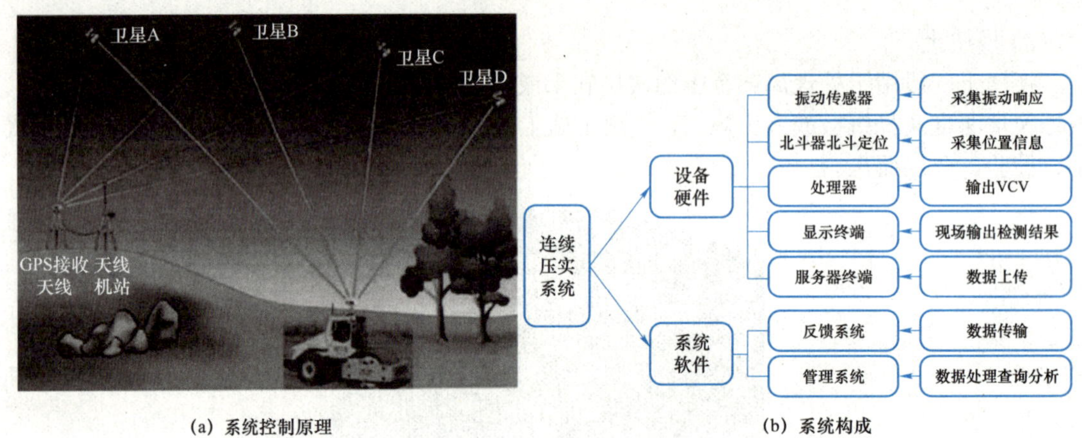

(a) 系统控制原理　　(b) 系统构成

图 4-12 路基连续压实控制系统控制原理及构成

1. 路基连续压实控制系统

路基连续压实控制系统是以《铁路线路基础设施信息化建设关键技术研究》课题为依托发展起来的，该系统平台为铁路工程管理平台，集合连续压实检测、常规检测（K_{30}、E_{vd}、压实系数）、沉降监测和施工信息等综合信息。路基连续压实控制系统基于大量工程施工经验和最优振动压实模式判断准则，其主要功能包括以下 4 个方面。

（1）路基连续压实控制系统实现对压路机的振动和行走状态，以及土体压实状态的监测和控制，主要体现为对压路机工作状态的实时监测、被压实土体的压实度在线检测、压实参数的智能控制等技术。

（2）振动压路机的振动响应和空间位置信息的采集、传输、处理主要由反馈控制系统完成，且以现场总线的方式连接各个传感器、控制器，以及人机交互界面，使它们之间能够方便、快速地进行通信。

（3）在压实过程中，各元器件根据自己特定的功能进行分工，如振动传感器完成被压实土体的压实度检测及振动轮的状态检测；北斗定位系统负责采集振动压路机的空间位置信息和被压铺层的厚度；控制器负责控制各种传感器信号的采集、处理，并将处理后的信号传输至人机交互界面；人机交互界面则根据最优振动压实模式判断准则进一步处理接收到的信号，进而得到最优振动压实模式，并将最优振动压实模式、振动压实值实时显示出来以供操作员查看。

（4）通过路基连续压实控制系统，振动压路机可以根据最优振动压实模式自动发出控制信号，自动调整振动轮工作参数，保证振动压路机始终处于最佳工作状态。同时，该控制系统还可以实现自动压实控制和手动操作两种模式，当发现压实状态不满足要求时，操作员可通过人机交互界面手动设置振动参数来控制压实过程。

2. 压实准备工作

在振动压实开始之前，需建立连续压实检测得到的振动压实值（vibratory compaction value，VCV）与常规检测指标的相关性。根据铁路路基填筑连续压实控制相关技术规程及相关性试验来确定 VCV-K30 计算相关系数。其次，根据《铁路路基设计规范》（TB 10001—2016）确定铁路路基不同部位填料的 K_{30} 和 E_{vd} 的控制值，通过 VCV-K30 相关性方程计算得到振动压实控制值，也称振动压实目标值，即 VCV。

3. 施工过程控制

根据铁路工程长期积累的施工经验，在振动压实初期土体较疏松，土体结构未完全形成，因此，采用较大的振动幅值（即较高的输出能量）可以保证路基填料完全吸收，提高路基的压实效率。较大的振动幅值可以产生足够的压实深度，所以在振动初始阶段选择最大振动幅值进行碾压；但是开始压实时因土体刚度较小，所以压实初期选用低工作频率进行振动压实；振动压路机最佳行驶速度需满足行驶速度判断准则，可根据压路机工作频率计算求得行驶速度（压实初期通常以低速行驶，这样可以减少碾压遍数）。

振动压实开始后，振动传感器实时测量“振动压路机-土”系统的振动响应信号，通过控制系统计算分别得到 VCV、土体刚度 k、次谐波幅值和工作频率。同时，根据北斗定位系统获得的振动压路机空间位置信息，与当前位置的 VCV、土体刚度 k 和次谐波幅值有机结合起来，并实时记录至文件管理系统，为优化下一遍碾压的振动压实参数提供位置信息。

根据实时测量检测单元的 VCV 与目标 VCV 做比较，若未达到目标值，分析振动轮响应信号的次谐波幅值，判断是否发生“跳振/摇摆”振动行为，若发生跳振，振动幅值降低一个档位进行振动压实；若未发生跳振，通过测量振动响应信号计算土体刚度值，根据振动频率的判断准则，确定最优振动频率进行下一遍压实；若检测单元 VCV 满足压实要求，即大于目标 VCV，下一遍碾压至该区域时，以静压高速行驶通过。铁路路基智能压实控制系统人机交互界面和反馈控制流程分别如图 4-13 和图 4-14 所示。

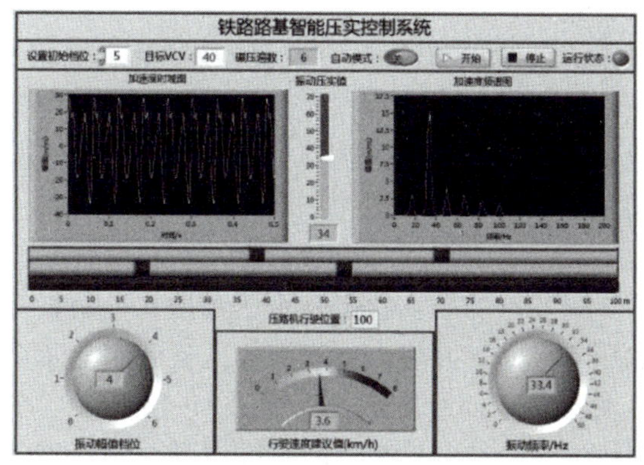

图 4-13 铁路路基智能压实控制系统人机交互界面

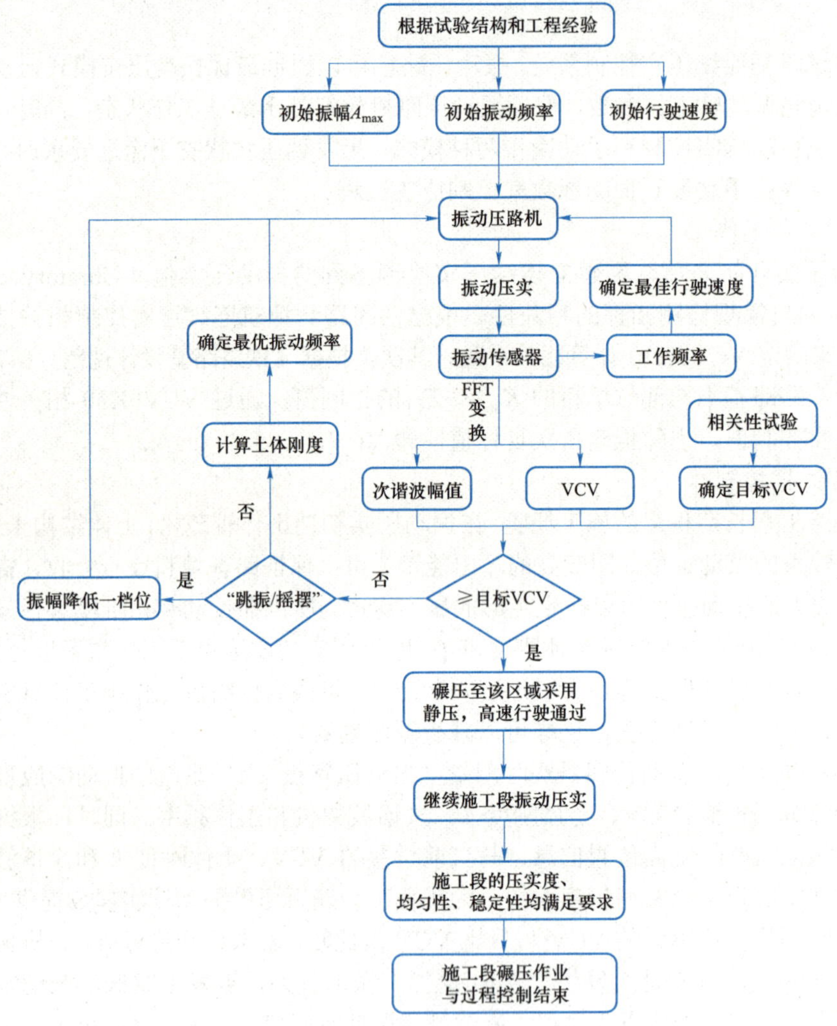

图 4-14 铁路路基智能压实控制系统反馈控制流程

在施工过程中，通过机载端平板电脑及 GPS 手簿，机械操作司机能够实时清晰地观看压路机运行路径、路基压实状况、均匀性、行驶速度等图像及数字，以便及时进行以下操作。

（1）精确知道压路机位置，确保压路机碾压施工不超施工范围。

（2）根据行驶速度显示，及时调整速度，使行驶速度满足规范及技术要求。

（3）根据压实分布图，及时重点补充压实欠压区域，防止路基超欠压。

（4）通过机载平板电脑显示屏与 GPS 预警，可在夜间清晰地观看行进路线，防止超压及漏压，大大加强了夜间施工质量。

4. 质量检测

在压实过程中，实时检测各点的压实状态是否达到压实控制目标值，并结合北斗定位系统记录碾压段空间位置的压实状态，并将土体当前的压实状态显示至压实程度分布图（绿色表示满足设计要求，红色表示未达到设计要求），如图 4-15 所示。在压实后期，通过计算整个碾压区域的压实程度、均匀性、稳定性来判断该区域是否满足碾压作业要求，当整个区域满足相应的铁路路基填筑技术规程时，则可以结束该区域碾压工作。

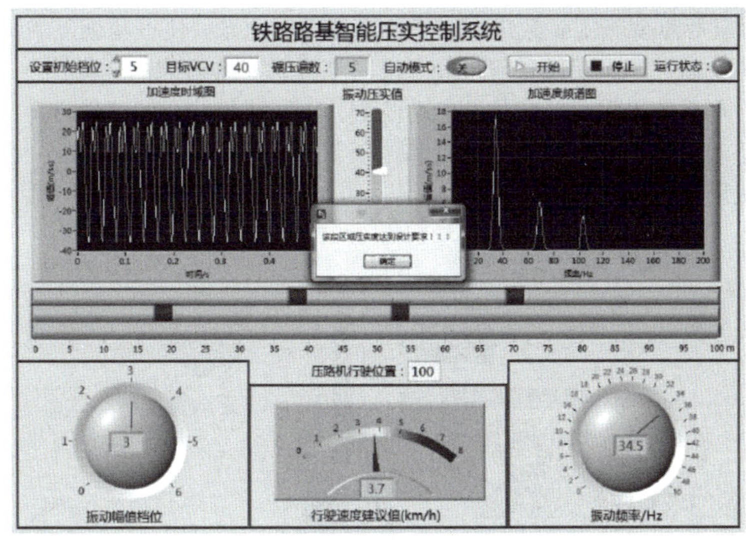

图 4-15 碾压区域的压实程度分布图

5. 智能压实控制技术的优点

（1）由传统的点抽样检测转变为覆盖整个填层的全面检测，与传统的常规检测方式相比，可通过车载平板电脑直观地显示当前的压实状态。

（2）与传统的常规方法相比，可以使常规检测的事后随机控制转变为连续压实检测关键（薄弱）区域控制，大量减少传统检测方式的检测数量，并且可以确定常规检测不合格点所处的范围，对此范围进行独立加强处理，减少返工面。

（3）完整的施工数据存档，很方便生成报告。

（4）实现了施工项目的全过程监控：精确定位、实时轨迹、碾压遍数、压实度、压实厚度（层数）等数字化信息，可与施工同步进行，碾压检测施工效率大大提高。同时，可避免相邻工作面产生干扰，并且能够对现场施工进行实时指导，对连续压实检测的薄弱区域及时进行补压，同时也可以避免过压，优化碾压遍数，保证压实质量的均匀性。

（5）检测设备信息化、智能化程度较高，安装在驾驶室内的平板电脑可实时地显示当前填筑层的压实程度、压实均匀性，机械操作司机操作简单。

（6）智能化路基施工在减少环境污染、减轻劳动者的劳动强度、改善从业人员作业条件上起着非常积极有效的作用。采用新工法施工，虽然前期投资大，但是由于人员、机械需求少，施工效率高，施工综合成本要远低于传统路基填筑作业施工，具有很高的经济效益。

（7）能有效提高相关机械及作业人员工作效率，能有效缩短施工工期，降低施工作业机械能耗，节省作业台班，降低作业机械排放及有效控制施工作业现场扬尘，具有很高的社会效益。

4.3.2 桩基施工管理系统

在路基工程中桩基础属于隐蔽工程，其施工质量控制关键在于有效的过程监管。以往的桩基施工过程中采用人工记录、监理抽检旁站的方式进行监管，施工完成后采用桩身完整性检测、地基承载力试验等方式抽样检测成桩质量，其客观性、准确性存在不足，且质量检测试验费时费力、难以大量开展，导致监管桩基施工过程存在困难。桩基施工管理系统对桩长、桩位、桩身垂直度等重要施工参数进行同步监测并即时记录，使桩基施工的每一环节都有迹可循，能为高速铁路桩基施工质量管理和进度考核提供真实可靠的凭据。

桩基施工管理系统采用北斗定位、自动监测、物联网相结合的硬件方案，实现对施工过程关键参数的自动监测和信息化管理，桩基施工管理系统硬件构成如图 4-16 所示。通过该系统可在施工现场实现以下功能。

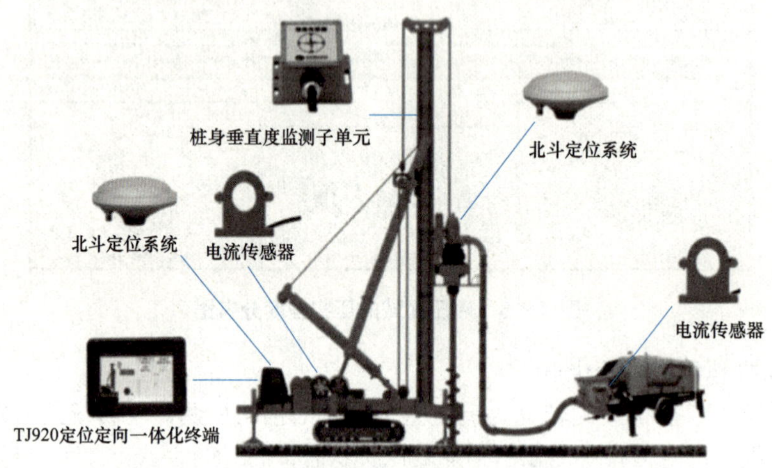

图 4-16 桩基施工管理系统硬件构成

（1）施工放样引导：采用北斗定位技术，通过导入施工坐标对钻杆进行就位引导。通过增设地面基站，平面定位精度可达 1.5～2.0 cm，标高定位精度可达 3.0～5.0 cm。在地面基站的辅助下，通过在钻杆、钻机底座分别布设 1 台卫星定位移动接收站，实现钻机移位引导的功能。

（2）钻孔深度、提钻速率监测：钻孔深度是桩基施工的关键参数，也是施工中最难以控制的工艺参数。利用北斗定位技术，通过布设移动接收机监测钻头的高程变化，实现对钻孔深度、提钻速率的监测，监测精度满足现场施工需求。

（3）桩身垂直度监测：桩身垂直度采用倾角传感器进行监测，将传感器固定安装在钻杆上，通过控制器接口将数据传输到数据处理器，可以将钻杆姿态数据实时显示在控制终端上。

（4）终孔电流判断：电流监测采用电流传感器，基于交流电引起的传感线圈的电磁感应变化来反映电流的大小变化。经过多次试验，最终结合钻孔深度监测数据确立终孔电流的判断准则。

桩基施工管理系统目前已在郑万、京张、京雄、贵南等多条高速铁路建设中得到了应用，累计完成数千根桩的施工监测。使用桩基施工管理系统前后，桩基础施工效果对比如图 4-17 所示。

桩基施工管理系统在高温、扬尘、振动环境下工作性能良好，可实现数字放样、节省施工时间、提高放样精度；可自动统计施工区段内的工程量；可自动记录桩长，实时监测桩身垂直度及提钻速率；可实时监测钻机电流变化，反映地质情况。应用情况表明，系统在监测数据准确性、系统稳定性等方面均达到设计目标。

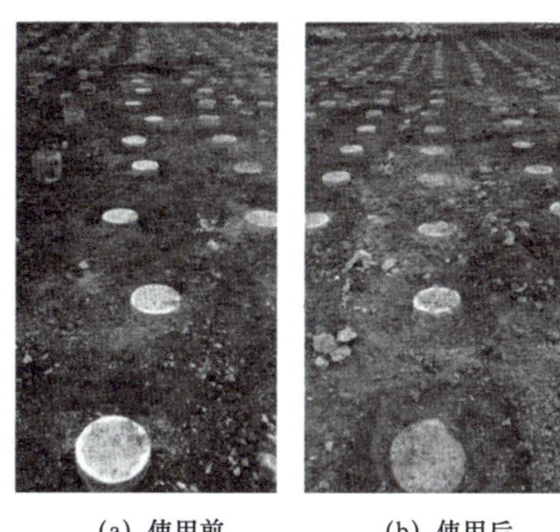

(a) 使用前　　(b) 使用后

图 4-17 使用桩基施工管理系统前后，桩基础施工效果对比

4.3.3 填料生产管理系统

路基填料须经过料源地、堆料场、填料拌和站、施工现场等主要场地，具有体量庞大、周转频繁的特点。目前路基填料是在各个场地分别管理，仅有少量信息通过人工记录进行流通，且各填料生产场地操作不够简便，影响效率。

填料生产管理系统是通过对数据多渠道采集和信息流通环节优化，实现对填料从料源地、中转地至施工现场的全过程追踪，实现对质检、验收信息的及时查询，不仅为施工单位填料调度提供最新最全的数据，而且通过对填料生产、质检、运转和验收的全过程信息化管理，提高现场管理效率。填料生产管理系统包括综合管理端、质检 App、车载 App 和综合查询 App，四部分之间通过网络通信连接。

（1）综合管理端用以实现项目基础数据配置、用户权限分配、填料生产过程质量数据管理、生产过程数据统计分析和报表生成功能。

（2）质检 App 用以实现原料调查管理、进料管理、质检管理、拌和站质量实时监控和运料统计台账功能。

（3）车载 App 用以实现装料地点、卸料地点、时间操作记录拍照上传，填料类型选择、方量、备注信息录入，实时记录车辆位置和行驶速度功能。

（4）综合查询 App 用以对车辆、运料、质检和拌和站的质量数据进行统计分析，并输出统计结果。

填料生产管理系统在牡佳（牡丹江—佳木斯）、京雄城际铁路等项目建设中进行了应用，如图 4-18 所示。现场实际应用情况表明，采用该系统实现了对填料整个运输过程的追溯与

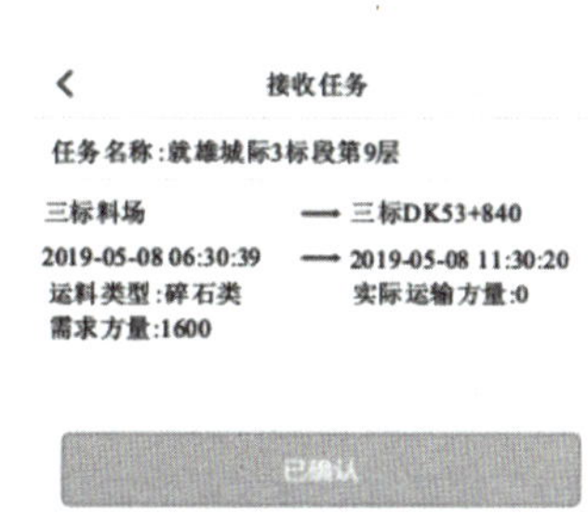

(a) 司机接收运单

图 4-18 路基填料生产管理系统的应用

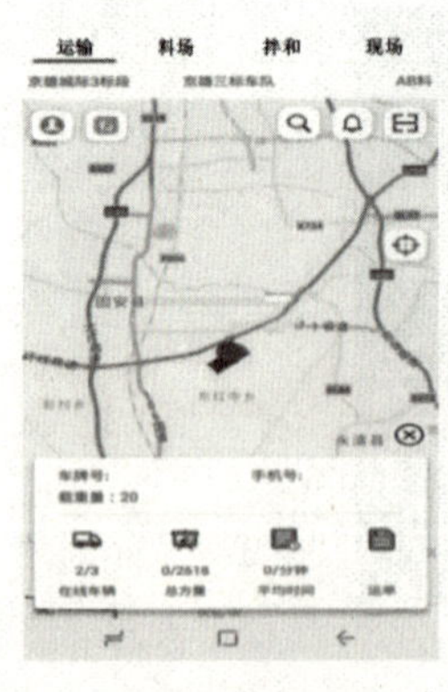

(b) 填料运输路径追踪

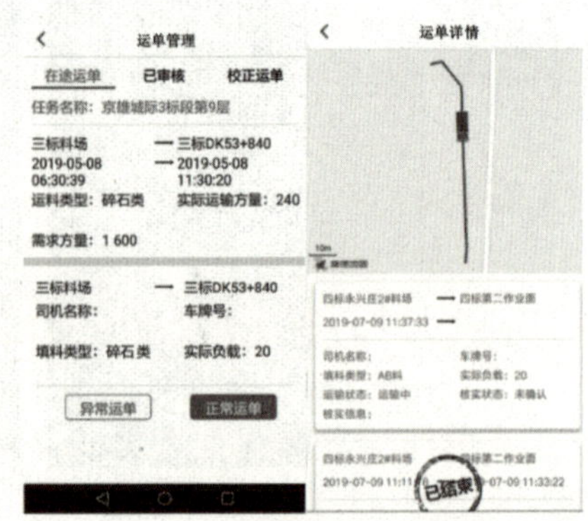

(c) 接料员对填料进行验收

图 4–18 路基填料生产管理系统的应用（续）

管理、对填料库存与调配的掌上管理及对填料质检报告的查阅，满足施工方对填料生产及质量的管理需求，实现了数字放样、节省施工时间、提高放样精度。

4.3.4 路基智能施工指挥系统

在传统的路基分层碾压施工中，各环节信息流不顺畅，流转环节多，部分信息重复性输入；施工指令的下达依赖手机通信，单线联系且耗费时间、精力；信息反馈滞后，施工条件经常变化，遇突发情况时人机料的调整费时费力；信息采集不完整，尚未实现整个施工流程的信息化管理。

通过开发路基智能填筑指挥系统，可实现以下几方面的功能：全过程施工管理信息化与作业标准化，施工组织形象化与动态化，支持数字化与智能化施工。

路基智能填筑指挥系统基于 BIM、北斗定位、图像识别、物联网等技术，确保基础数据和历史数据的完整，以及施工数据的及时采集，全面掌握施工现场生成信息，实现施工生产的信息化、智能化管控。基于路基施工全过程数据量大、数据格式多样、安全性要求高等特点，采用图 4–19 所示的结构设计。

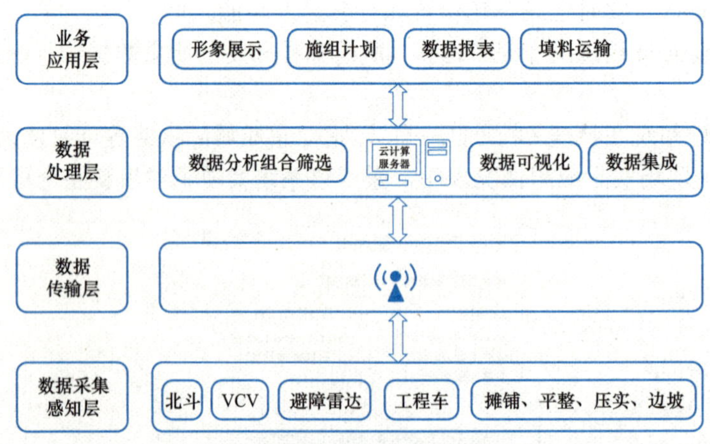

图 4–19 路基智能施工指挥系统构架

路基智能填筑指挥系统在高速铁路建设中，实现了填料生产及运输动态管理、边坡整形自动引导等数字化施工设备的调度、路基排水沟智能施工、路基边坡智能喷淋养护等。系统高效衔接各个工序，可提高工作效率，如图 4-20 所示。路基施工采用自主研发填料筛分机，从源头控制路基填料质量；开发水沟一次成型技术，解决了因工艺产生水沟渗漏的质量通病；开发拱形骨架成套技术，利用“一字形”卡具进行六棱块准确定位，开发拱形骨架开槽机、夯实机，实现拱形骨架机械开槽、边坡一次开槽、一次夯实、一次安装、整体成型，保证坡面密实；采用新型边坡植被建造技术，应用智能化养护系统及边坡智能监测系统，确保边坡稳定的同时，减少后期养护管理成本，从根本意义上实现“建养结合”理念。

(a) AB 组填料筛分机

(b) 水沟滑模

(c) 骨架开槽机施工

(d) 智能喷淋养护

图 4-20 路基智能施工设备及现场照片

思 考 题

1. 高速铁路与普速铁路的路基工程有哪些不同之处？
2. 简述高速铁路路堤工程的施工工艺流程。
3. 在高速铁路路基工程中，常见的地基处理措施有哪些？
4. 铁路路基工程施工采用的智能压实控制技术有哪些主要功能，并简述其优点。
5. 路基工程施工采用的桩基施工管理系统的优点表现在哪些方面？
6. 路基智能施工指挥系统的系统构建是如何建立的？其有哪些功能。

5 铁路桥梁工程的智能建造技术

为保证铁路线路的平顺性和稳定性，并尽量减少线路运营中的养护维修工作量，在我国高速铁路中桥梁工程所占的比例较普通铁路要大。高速铁路中桥梁以预应力混凝土箱梁为主，不同于普通铁路 T 形梁结构型式，其主要采用 32 m、24 m 预应力双线箱梁，主要采取工厂化方法进行预制，运梁车运输到现场，架桥机架设。在施工方法上，高速铁路桥梁施工凸显了机械化、规模化、精细化、标准化的特点。

5.1 铁路桥梁工程施工特点

根据我国铁路建设的相关规范，高速铁路桥梁工程的施工特点主要表现如下。

（1）桥上无砟轨道对桥梁变形控制提出更为严格的要求，桥梁应具有足够的竖向、横向、纵向和抗扭刚度，使结构的各种变形很小。

（2）避免结构出现共振和过大振动。

（3）常用跨度桥梁力求标准化并简化规格、品种。

（4）长桥应尽量避免设置钢轨伸缩调节器。

（5）桥梁应与环境相协调（美观、降噪、减振）。

（6）耐久性要求高。

（7）主要承重结构按 100 年使用要求设计，统一考虑合理的结构布局和结构细节，使结构易于检查、维修，以保证桥梁的安全使用等。

施工中除控制挠度、梁端转角、扭转变形、结构自振频率外，还要限制预应力徐变、不均匀温差引起的结构变形，并对桥梁施工质量检测提出了更高要求。高速铁路的桥梁必须满足线路高平顺性的要求，严格控制墩台基础的沉降，工后沉降量不应超过相关规范规定的容许值。高速铁路桥梁施工工艺流程如图 5-1 所示。

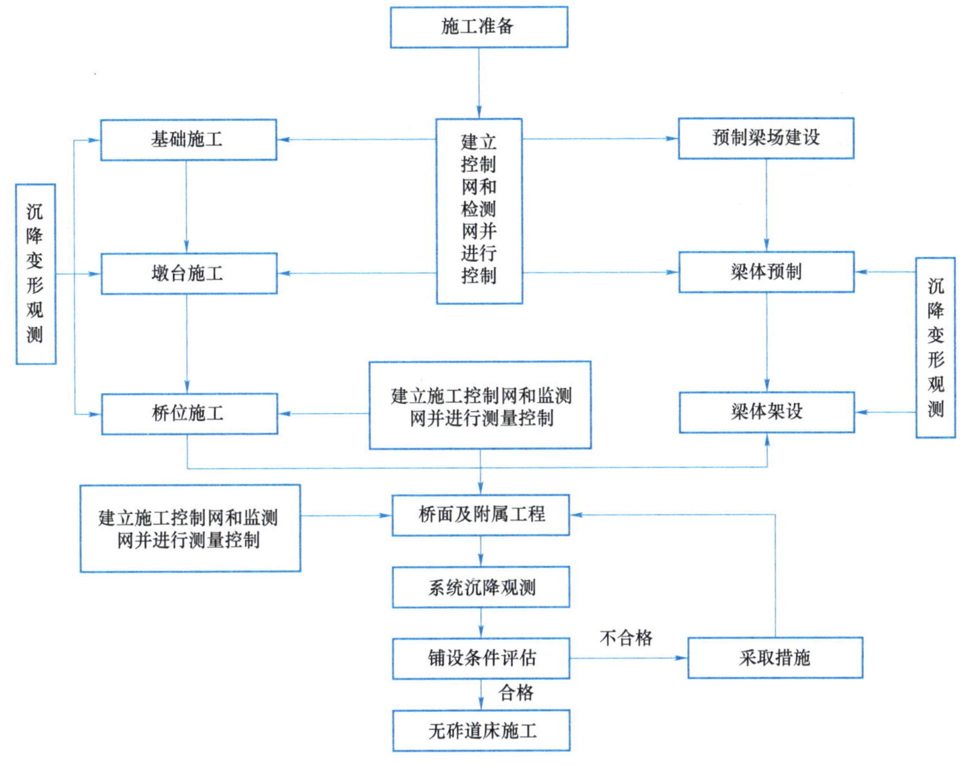

图 5-1 高速铁路桥梁施工工艺流程

5.2 铁路桥梁工程施工内容

5.2.1 桥梁基础施工

1. 明挖基础

明挖基础施工的主要内容包括放线，基坑开挖，支护，抽水，模板安拆，钢筋制安，混凝土浇筑、养护，基坑回填等。

明挖扩大基础的基坑开挖时，根据土方开挖深度可选择长臂挖掘机或普通挖掘机，并由人工配合进行边坡修理、基坑顶面排水沟的修建等辅助工作。岩层采用浅眼松动爆破开挖，开挖到位后，由人工采用风镐对基底进行清理。基础开挖到位检查合格后，立即浇筑垫层混凝土将基底封闭并准备基础混凝土施工，基础底层混凝土采用满灌的方法将基坑回填封闭，混凝土根据设计要求选用。

2. 钻孔桩基础

钻孔桩基础施工作业简单，在陆地、水中均可施工，可处理地质情况复杂的基础，具有显著的优点。

陆上钻孔桩基础施工应根据现场实际地质情况采用不同的成孔方法（主要有冲击钻成孔、回旋钻成孔、旋挖钻成孔等），吊车配合钻机安装钢筋笼，混凝土输送泵灌注水下混凝土。钻孔桩基础施工的主要内容包括放线、挖泥浆池、沉淀池，设置泥浆循环系统，钢护筒埋设与拆除，钻机及钻具安拆、移位，造浆，钻进，提钻，换浆，清孔，清除废浆渣等沉淀物，钢筋笼制安，混凝土浇筑等。

对于铁路桥梁基础，随着桥梁跨度增长、荷载增大，桥梁的桩基础直径要求也随之加大。水下大直径（直径大于 2.5 m）桩基施工方法的选择主要是钻孔方法的选择，钻孔主要设备有螺旋钻、循环钻、潜水钻、钻斗钻等，目前多用气举式反循环钻和潜水冲击钻。钻机的选择主要是依据钻进地层的阻力扭矩、钻压和速度确定。水中钻孔桩主要施工内容包括钢护筒埋设、钻进、钢筋笼制安、桩身混凝土浇筑等。

3. 承台

钻孔桩与承台之间应留有 8～10 天施工间隔，以便桩身混凝土强度达到要求后进行无损检测。

陆地上一般承台采用人工配合挖掘机开挖。其施工主要内容包括放线，基坑开挖、支护，抽水，桩头处理，垫层铺设，模板安拆，钢筋制安，混凝土浇筑、养护，基坑回填等。其主要机械配备同明挖基础。

根据地质、地形、水文等情况，水中承台通常采取钢板桩围堰、钢吊箱围堰等方法将水中施工变为陆上施工。其中钢板桩围堰适用于浅水低桩承台，其形状根据承台尺寸分为方形和圆形；钢吊箱围堰适用于深水高桩承台。

5.2.2 桥梁墩台施工

桥梁墩台施工所采用的模板，有固定式模板、拼装式模板、整体吊装模板、组合式定型钢模板。选用时，根据墩台结构型式、高度、场地条件、设备供应、工期要求、施工成本、施工经验等综合比较选用。

桥梁采用实体墩，且墩身在 12 m 以下时，可采用大块钢模板一次整体浇筑成型，大于 12 m 时需分节浇筑。混凝土通过泵送入模，墩身模板和钢筋采用汽车起重机垂直吊装作业。

桥梁采用 30 m 以下空心墩时，墩底部的实心部分单独分次浇筑，每次高度一般控制在 5～15 m 范围内，且同一墩身两次混凝土的浇筑时间不超过 3 天。墩身外侧模板选用大块钢模板，内侧采用定型钢模板。

桥梁采用 30 m 以上空心墩时，其施工模板类型一般有滑升模板、提升模板、滑升翻模、爬升模板等。在施工时，应根据墩台的结构型式、设备供应、施工经验等综合比选。

钢筋混凝土墩台施工主要内容包括放线，凿毛，模板、支架安拆，钢筋制安，混凝土浇筑、养护等。

5.2.3 桥位制梁法施工

1. 连续梁悬臂浇筑

悬臂浇筑法适用于高墩、大跨径的连续梁桥、连续刚构桥，孔下不受通航、通行的限制，其特点是无须建立落地支架，无须大型起重及运输机具，主要施工设备是挂篮。施工挂篮根据工程的结构尺寸确定，主要由主桁架、行走及锚固系统、吊带系统、底平台系统、模板系统五大部分组成。

悬臂浇筑的工作内容包括托架拼装、预压，挂篮拼装（挂篮拼装流程见图 5-2），模板安拆，钢筋制安，管道安装，混凝土浇筑、养护，预应力筋及锚具安装、张拉，孔道压浆，封锚，预埋件安设，挂篮移位、拆除；支座安装，体系转换等。

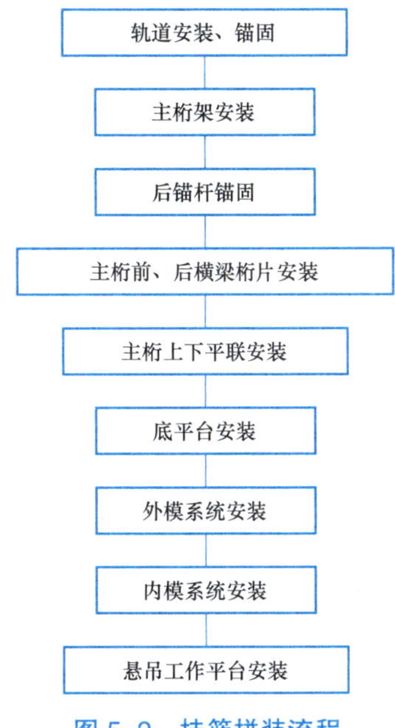

图 5-2 挂篮拼装流程

连续梁悬臂浇筑施工顺序如下：施工准备—墩身施工—支架搭设—0 号块施工—挂篮拼装—标准节段分段浇筑—边跨合龙段施工—中跨合龙段施工—体系转换—桥面系施工。

2. 移动模架法现浇箱梁

移动模架造桥机分上承式和下承式，结构组成包括主桁结构、前支腿、中支腿（附牵引主梁前移设备）、后支腿、起重小车、液压系统及电控部件等，适用于现场浇筑预应力混凝土简支或连续箱梁。上行式和下行式各有优缺点和使用条件，但基本作业相同。

移动模架施工主要内容包括移动模架拼装、静载试验，底、腹板钢筋制安，内模安装，桥面钢筋制安，混凝土浇筑、养护，拆模板，孔道安装，支座安装，灌浆，预应力筋、锚具安装，初张拉，预埋件安设，移动模架过跨（调模板），终张拉，孔道压浆、封锚等。

移动模架预拱度的调整是施工中的重点，应根据计算的挠度值，在每次浇筑混凝土时，用设于横梁上的底模竖向调整系统调整。移动模架施工的主要机械设备包括拌和设备、钢筋加工设备、预应力施工设备及起吊设备。

3. 支架法现浇箱梁

支架法施工主要适用于地基条件较好，跨越旱地或浅水河流的简支梁桥、连续梁桥，一般不作为简支箱梁的主要施工方案。

支架现浇施工的主要内容包括支架基础施工，支架拼装、预压，底模、外侧模安装，钢筋制安，孔道安装，内侧模安装，内支架及顶板模板安装，顶板钢筋制安，混凝土浇筑、养护，拆模，预应力筋和锚具的安装、张拉、压浆，预埋件安设，封锚，支架、模板拆除转移等。

5.2.4 预应力混凝土箱梁预制

高速铁路中的桥梁以预应力混凝土桥梁为主，主要采用 32 m、24 m 预应力双线箱梁，其工艺特点是“工厂预制，架桥机架设”。基本上是通过集中预制保证桥梁的上部结构和下部结构同时施工，从而满足工期需要；同时，改善了场地施工环境，便于集中控制施工质量。在施工方法上，体现了桥梁施工机械化、规模化、标准化的特点。

1. 箱梁预制工艺

箱梁预制分先张法和后张法两种，主要以后张法为主；箱梁预制台座采用整体钢筋混凝土结构；箱梁模具采取固定式底模、可旋转整体式钢外模、液压自动收缩式钢内模进行施工。

箱梁预制的工作内容包括模板安拆，混凝土拌制、浇筑、养护，钢筋制安，预埋件安设，孔道安装，预应力筋安装、张拉，封锚，场内移梁等工作。

2. 箱梁预制施工技术要点

1）模板工程

模板必须具有足够的刚度、强度和稳定性，而且在安装、拆卸时，要省时、省力、快速、高效，缩短工序占用时间。

2）钢筋及钢件制安

双线整孔箱梁钢筋规格多、数量大，在钢筋加工车间按照梁体钢筋的规格、型号进行半成品钢筋加工，分区堆放；预应力钢筋定位网片和预埋件采用专用胎卡具加工。

3）混凝土施工

预制箱梁施工中，严格控制混凝土的搅拌、输送、浇筑和振捣作业程序，强化混凝土的保湿保温养护过程，确保混凝土的强度和耐久性能。

混凝土浇筑：采用混凝土输送泵配合液压式布料杆连续浇筑，一次成型；浇筑时间应控制在 6 h 以内，振捣以插入式振捣棒为主，附着式振捣器（安装在侧模及底模上的附着式振捣器）为辅。

混凝土养护：梁体混凝土浇筑完毕并静停 4 h 后，开始蒸汽养护。蒸汽养护分静停、升温、恒温、降温四个阶段。蒸汽养护结束后，立即进入自然潮湿养护，对箱梁顶面洒水并覆盖，侧面涂刷养护剂保水，养护时间不少于 14 d。

4）预应力施工

预应力施工是箱梁预制工程中最为关键的工序之一，其施工质量的好坏将直接影响箱梁的最终质量及有效预应力值。后张梁一般采用预张拉、初张拉、终张拉三阶段张拉。

5）压浆与封端

预制梁终张拉完成后，应在 48 h 内进行压浆，压浆采用真空辅助压浆工艺，同一管道压浆应连续进行，一次完成。水泥浆搅拌结束至压入管道的时间间隔不应超过 40 min。冬季压浆时应采取保温措施，并掺加防冻剂。压浆结束并检查合格后，进行封端。

6）箱梁场内移运

箱梁吊运（滑移）分初张拉后的吊运（滑移）及二次张拉后的吊运，初张拉后吊运（滑移）时严禁梁上堆放其他重物，二次张拉后的吊运必须在管道压浆达规定强度后进行。

箱梁在制梁厂内移运、起落可采用联动液压装置。顶移梁工艺流程为：拆除侧模及梁端滑道上的底模、安装顶梁设备、两端交替顶升、安装拖船及移梁支墩、安装移梁设备、箱梁横移就位。

5.2.5 预制梁运输与架设

箱梁架设的工作内容包括梁场装梁，运梁，架桥机架梁，锚栓孔浇筑，安装支座，梁体就位、调整，架桥机过孔等。

1. 架桥机类型

高速铁路双线箱梁可采用导梁式架桥机、步履式架桥机和运架一体式架桥机，可根据需要选定。各式架桥机的架梁作业流程如下。

1）导梁式架桥机

拼装架桥机和导梁—运架桥机和导梁就位—运梁车喂梁就位—起吊箱梁—前移下导梁—安支座，落梁就位—架桥机前移一跨。

2）步履式架桥机

拼装架桥机—运梁车驮运架桥机就位—放下前支脚和中支脚，抬起后支脚，退运梁车—放下后支脚，收起中支脚，起重小车运行到主梁后部指定位置—架桥机纵移到位—利用支脚倒换运梁车喂梁就位—支立前后支脚，收起中间支脚，起重小车吊起箱梁前移到位—安装支座，落梁就位。

3）运架一体式架桥机

拼装架桥机—下导梁就位—安装支座—梁场取梁—运梁—喂梁—落梁—架桥机退回—转移支脚。

2. 架桥机架梁作业

1）施工准备

架梁前对影响架桥机走行净空和工作净空的障碍物进行调查，提出解决办法并在运架梁前完成整治工作。架设前对运梁道、墩台、路基、过渡段、提梁站进行检查，建立完善的检修、保养制度。架桥机组拼检查合格后，进行空载试验及重载试验。架设前对运梁车进行拼装，试行走，并进行重载行走试验。

在高速铁路桥梁施工中，有时会遇到桥梁中间采用下承式结构、两侧采用简支箱梁结构的情况，虽然下承式钢桁架有效净宽为 14 m、高约为 9.5 m，能保证运梁车通过钢桁架，但架桥机需要解体后方可通过。解体后的架桥机需要在钢桁架邻近简支箱梁上（现浇 2～3 孔简支箱梁）组拼，这对施工总工期的影响不容忽视。

2）箱梁运装

成品箱梁从梁场到架桥工点由运梁车运输完成，其在梁场的装车方式有两种，一种是运梁车停在已完成的桥面上装车，另一种是运梁车通过便线从桥面下到梁场装车。箱梁运装时采用梁场内提梁机将梁吊移至桥下的提梁台座，再由轮轨式提梁机将梁提升至梁顶运梁车，最后由运梁车运输至施工现场。便线运梁可采用梁场内提梁机进行梁体吊移、装车，由运梁车运送至桥位架桥机。

3）箱梁运输

运梁车载梁沿着线路的中心线行走，曲线、坡道地段应严格控制行车速度；当运梁车通过已经架设好的箱梁时，沿画好的轮胎中心线减速慢行，重载时速度控制在 3 km/h 左右。运梁线路填筑要达到路基质量要求，其纵向坡度不大于 30‰，横向坡度（人字坡）不大于 4%，最小曲率半径不小于运梁车允许半径。回程轻载时速度一般控制在 5～7 km/h。

3. 箱梁架设安装

架梁时，根据铺架顺序依次架设。箱梁运至架桥机尾部，在架桥机尾部喂梁，架桥机架梁，箱梁架设安装施工工艺见图 5-3。

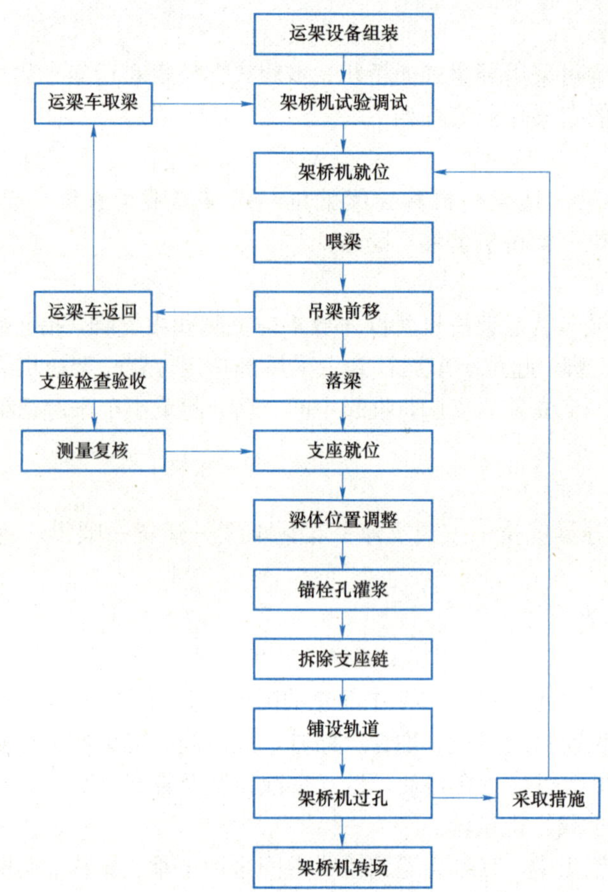

图 5-3 箱梁架设安装施工工艺

5.3 桥梁工程智能建造技术

铁路桥梁形式多样，不同桥型材料不同、施工工艺不同，使得桥梁智能化施工应用不尽相同。在混凝土桥梁中已通过 BIM 技术、自动养护、钢筋数控加工、设备监控、智能梁场、预制箱梁的运架智能管理，形成简支箱梁制运架全流程技术应用。基于 BIM+GIS 的桥梁装配式一体化管理，实现对装配式管桩、墩身、墩帽、桥面系从出厂到施工的全过程监管。在钢结构桥梁制造中推动新型工装、先进设备及智能系统应用，如无码组装胎架、全自动钢板预处理生产线、三维划线机、龙门三维数控钻床、焊接机器人、数字化套料系统、焊接群控、虚拟预拼装、物料跟踪系统等，架设期间采用施工工艺智能管控、高强度螺栓连接施工智能控制等。基于 BIM 的施工管理系统，利用其可视化、模拟性特点，开展桥梁施工方案优化，对桥梁施工质量、安全、进度进行有效管控。诸多信息化系统丰富了桥梁智能建造应用场景，实现了关键工序质量管控，有力促进了桥梁建造技术和管理水平的提升。

现阶段桥梁智能建造以新一代信息通信技术集成为主，侧重于感知阶段，信息化应用处于点状向线状发展，暂未对桥梁建造领域产生系统性变革。尽管采用了智能化技术替代了部分重复性体力劳动，帮助完成以前无法完成或风险较大的工作，积累了海量数据，但数据的利用和分析能力相对薄弱，即多用于记录和追溯而非利用和反馈。因此，桥梁智能建造应用仍处于初、中级阶段，需结合人工智能、数字孪生等通用技术，深化桥梁智能建造关键专用技术的应用。

目前桥梁智能应用往往是碎片化的，着眼于问题导向，侧重于具体场景应用。未来发展不是依靠孤立技术发展或局部场景应用，而是依托信息流、数据流的流通主线，协调整合不同技术，将全生命周期不同业务场景、类型主体、模型数据有效贯穿于整个产业链。桥梁智能建造技术体系以标准为支撑、以模型为基础、以数据为核心，协同是关键。通过建立铁路工程基础数据标准和桥梁工程智能建造应用标准体系，规范数字资产交付；以 BIM+GIS、云计算等基础技术构建协同设计、建设、施工、运营管理平台，通过全方位、多层次、链条化的智能场景应用，将信息空间产生的决策转换成物理实体可执行的命令，使桥梁物理体建造更加优质高效，产业链资源分配更加合理。面向铁路桥梁建造中“人、机、料、法、环、成本、交付”全要素，桥梁智能建造框架蕴含三大场景，即技术生态、管理生态和数据生态，如图 5–4 所示。

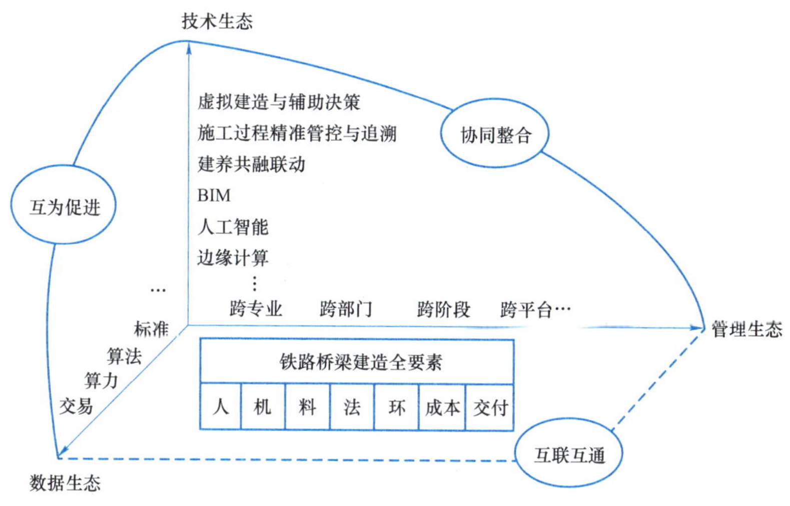

图 5–4 桥梁智能建造生态组成

5.3.1 桥梁智能建造生态

（1）技术生态（注智）：桥梁智能建造技术包括关键通用技术和专用技术。关键通用技术包括 BIM、物联网、人工智能、边缘计算等；根据施工环节和实施方式不同，专用技术主要体现在虚拟建造与辅助决策、施工过程精准管控与追溯、建养共融联动三方面，通过智能应用深度化、智能装备系列化和智能建养一体化等，形成终端注智、应用注智，打造桥梁智能建造技术生态。

（2）管理生态（赋能）：不仅考虑桥梁工程本身产业链的协同，更强调跨专业、跨部门、跨阶段和跨平台的协同合作与集成融合。与过渡段专业（桥隧/路桥过渡段）、四电专业（接触网）等在施工工序上的节点衔接，实现不同专业间工程接口界面的协同与集成。通过部门间的协作配合及不同平台间的数据流转及信息共享，大大降低沟通成本。加强运维提前介入和建养一体化应用，实现不同阶段的协作配合，加强桥梁工程全生命周期服务和配套体系建设，实现要素等资源智能配置的管理生态。

（3）数据生态（使能）：“数据”正在变为“数智”，“数字化”正加速转向“数智化”，数据、算力和算法交叉融合，催生数据价值的持续挖掘。在数据生态中，安全和算力是基础，标准着眼数据治理能力，算法针对数据利用水平，交易致力桥梁数据经济，最终通过开放的平台架构形成完整桥梁数据生态，为桥梁结构全生命周期的安全性、可靠性、耐久性等方面赋能，推动形成真正的、落地的人工智能算法，实现从“数”到“智”的飞跃。桥梁智能建造生态框架与智能高铁体系框架对应关系如图 5-5 所示。通过技术升级+管理重塑+数据挖掘的动态循环应用，引领解决复杂严酷多样环境桥梁智能建造系统性变革，对实现桥梁绿色建造、生态建造目标等进行赋能和使能。

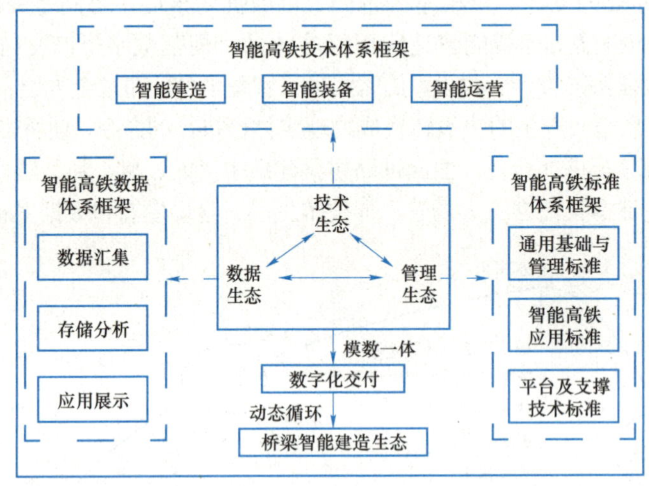

图 5-5 桥梁智能建造生态框架与智能高铁体系框架对应关系

管理平台是分层级的，目前铁路工程管理平台服务方主要为国铁集团和建设单位，桥梁施工方本身仍需结合自身实际情况和管理特点构建一个满足自身应用需求的施工管理系统，该系统可与铁路工程管理平台互联互通。管理生态是一个共性问题，不但要面向桥梁专业和铁路工程 20 余项专业进行管理，而且要面向整个铁路复杂巨系统进行统筹协调，以实现管理效率与效益的整体最优化，所以应着重对铁路桥梁智能建造技术生态与数据生态进行分析。

5.3.2 虚拟建造与辅助决策

虚拟建造是实现特殊复杂桥梁结构数字孪生的重要措施，通过对大桥设计、制造、施工关键工序的任务、关系进行虚拟仿真，基于实物+虚拟方式进行数字化验证，在考虑建设任务的基础上，纳入因果、条件、时空等逻辑关系和协同机制，实现不同工序的重大安全隐患可减、关键风险可控和知识工程累积，构建柔性生产方式，包括柔性化设计、柔性化施工、柔性化管理。面向全生命周期管理的虚拟建造定位如图 5-6 所示。

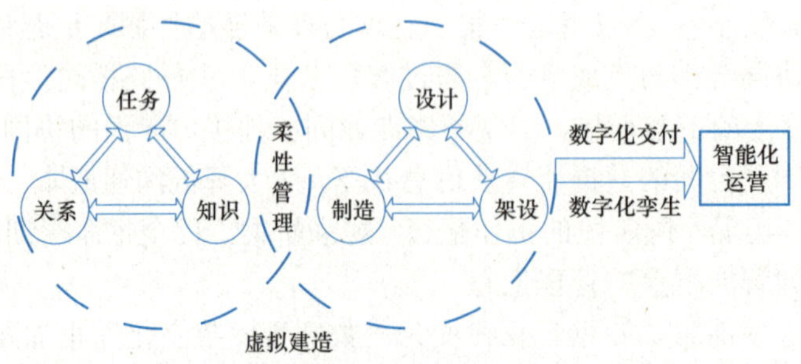

图 5-6 面向全生命周期管理的虚拟建造定位

虚拟建造可在面向全生命周期的大桥虚拟设计、施工多维度可视化模拟及面向未来运营的提前验证等方面进行探索，这些内容皆涉及不同建设任务之间、建设任务内部关系，以及知识工程的交叉融合。

1. 面向全生命周期的虚拟设计

面向全生命周期的虚拟设计体现在以下 3 个方面。

（1）BIM 正向设计。全生命周期管理首先是设计，应用 BIM 技术开展桥梁结构全过程的正向设计和多专业系统性设计，打通复杂结构参数化 BIM 设计、BIM 与结构分析计算协同、BIM 模型出图等，从源头上规避差错，厘清与其他专业的接口。

（2）可达、可修和可检理念落地。结合无人化、少人化的管养发展趋势，应实现桥梁所有构件的可达、可修和可检，设计之初应提前规划结构检查通道，规划或预留智能检修装备的安装位置、运行轨道、供电及数据传输线路等。这些内容可通过虚拟建造进行提前模拟、规划、验证和完善，避免后期不必要的二次施工。

（3）可更换部件施工工艺验证。针对复杂恶劣服役环境，如何应对可更换部件（如索夹、吊索、支座等）服役期间的加固更换是运营管理面临的重要事项，考虑工作任务、配套机具及对应风险，融合 VR（virtual reality）、AR（augmented reality）等技术，为设计是否考虑后期操作提供直观验证，对大桥健康管理进行虚拟评估。

2. 施工多维度可视化模拟

施工多维度可视化模拟主要应用在 3 个方面。

（1）通过建立的三维模型，将施工工艺、关键节点等施工过程以三维动画的形式展现出来，不仅能直观、简洁地展示施工工艺，实现可视化交底，而且可以进行不同结构构件的碰撞分析、施工可行性分析等。

（2）利用已有三维模型，结合施工进度计划的时间属性，细化 EBS 结构分解，形成 4D 进度模拟，关联施工过程中的“人、机、料”清单定额，实现 5D 模拟，通过与工程实际情况的对比分析发现问题，为优化调整提供决策支持，实现对施工进度和成本的优化与控制。

（3）应急方案演练。结合施工组织设计，梳理每个工序的风险点及对应的应急方案措施，在施工交底环节，可基于虚拟仿真技术将关键工序的施工风险、人员卫生安全、自然环境风险等应急响应、处置措施等进行直观展示，必要时基于虚拟技术对应急方案进行演练，为现场应对突发事件提供参考。

施工多维度可视化模拟改变了原有平面的、静止的施工工艺表现手段，通过在 3D 模型基础上关联 4D 时间和 5D 成本，使参建各方不仅可利用模拟结果提前发现问题，减少不必要的成本支出，而且可通过关联相关施工资源、应急措施，对施工组织进行快速、动态调整，辅助决策优化。

3. 面向未来运营的提前验证

铁路桥梁服役环境恶劣，为实现面向全生命周期的管理，针对环境、材料及设备可提前进行现场测试，以精准获取环境信息，并验证材料、设备技术条件的合理性，将首制件评估理念进行外延，基于结构建设期的测试反馈优化设计或提前验证运营。

（1）环境作用特征识别与预测：项目筹建伊始即监测桥址区域处的温湿度、风场、腐蚀等特殊环境作用，掌握大桥所处位置的环境温湿度、紫外线强度、瞬时风速等区域场的特征分布，为设计优化、施工安全性、运营可靠性提供基础资料。

（2）结构材料适用性：对主缆防腐材料、钢结构防腐涂装体系、高分子有机材料、耐候钢等的适用性提前进行挂板、暴晒等耐久性试验，为设计方案优化或运营期预防性维修提供数据支撑。

（3）监测设备适应性：对大桥运营期需安装的监测设备（如健康监测、除湿、摄像机等）进行实地部署，比较各种监控设备和安装布置方式的优缺点，选择稳定性好、可靠性高、测量精度满足要求的设备，为设备技术条件进一步优化提供基础。

5.3.3 施工过程精准管控与追溯

通过各种传感器、远程监控与评估诊断技术，对桥梁建造工艺工序中参数指标、设备运行状况和施工状态进行全面监测。根据监测数据分析结果，以质量和效率的最佳平衡为优化原则，基于专家系统或知识库控制模型对工艺工序进行动态调整，并及时反馈设备输入的更新，进而实现工艺工序的多角度、多层次、立体化、全方位管理。

1. 面向工业化的全过程管理

建造工业化的主要标志是生产工厂化、施工机械化和组织管理科学化。建造工业化是实现源头控制、过程监控和成品检测的最佳载体。桥梁智能建造工业化体现在智能梁场、基于装配化智能构件场及钢结构智能制造车间。

一方面，通过物联网、机群协同、激光雷达及机器视觉等先进技术打通信息壁垒，各建造环节能智能化尽量智能化，实现全流程有记录、全信息可查询、全质量可追溯的闭环管理，如实现简支箱梁制、运、架全过程质量管控，对钢结构焊材、线材、棒材、杆件、拉索、主缆（索股）、索鞍、索夹等制造进行数字化管控，全面纳入智能制造工艺、装焊技术、生产线规划、涂装设计、BIM 技术应用和信息系统集成等实施内容。

另一方面，形成智能物流和供应链体系，开展智能管理，推进智能服务。如构件物流运输不仅考虑车辆运行轨迹、实时位置，还应对制造、架设间的逻辑关系、时空关系等进行联动分析，涉及架设工期、现场拼装存放空间、线路运输等相互间的协同，实现智能调度。同时数据信息的积累和综合分析、反向追溯为工艺调整和改进提供依据，也为施工标准体系深化和行业级大数据对接提供有利条件。

2. 风险管控的专项智能化

对施工风险大、直接影响桥梁建造质量的专项工序进行综合化智能管控，大力发展无人自主智能施工机械，如在大体积混凝土施工方面，建立“水化-温度-湿度-约束”多场耦合作用机制与模型，综合利用拌和站追溯、自动化喷淋养护、主动加热养护、混凝土温度监控、智能温控模板等手段保障抗裂性能；针对河床预防护、沉井浮运、定位、着床全过程进行智能化风险监控，如采用水下吸泥可视化施工、沉井下沉实时监控、刃脚结构应力监控等全方位保障；在螺栓连接施工信息化基础上，不仅扩展螺栓从生产到运维的全过程管理，还可纳入焊接连接质量信息化管理，进而外延至钢结构架设现场连接施工的一体化管控。

3. 智慧工地建设

智慧工地是在现有铁路标准化建设基础上的升级，涉及充分利用各种先进手段，如 BIM、VR、AR、RFID、三维扫描、移动通信、信息技术等，实现施工现场管理各环节可视化智能管理：人员/车辆实时定位，升降机、塔吊、液压爬模等施工装备使用状态管控，施工场地扬尘、噪声、气象参数、水源水质等监测，危险区域电子栅栏等管理，实现对人的不安全行为、物的不安全状态的提前管控。

5.3.4 BIM 技术在铁路桥梁建设中的应用

随着 BIM 技术的迅猛发展，不仅为铁路桥梁设计、建造、施工搭建了共同对话的平台，同时还通过 BIM 协同设计为设计单位带来传统生产模式的改变。通过 BIM 技术引入桥梁制造，实现设计建造一体化，为桥梁制造单位带来传统制造模式的改变。

BIM 模型的三维数据集成方式，可以使建筑信息以模型形式呈现，所有数据联动处理。直观的 3D 可视化效果，相对于 2D 的平面地图，更容易展现管控信息。特别是桥梁等异形构筑物，需要通过 BIM 模型了解结构的构造角度、建筑材料，以便控制桥梁结构的合理受力，保证构筑物稳定。BIM 模型具备碰撞检查的功能，碰撞检查可以发现构件之间的冲突，降低重复修改，工程返工及成本超支的风险。BIM 关键节点施工模拟可以对桥梁工程施工过程进行模拟。桥梁工程多采用大型预制构件的吊装，稍有失误，容易造成返工。采用 BIM 技术，对施工组织设计中关键的节点、难以施工部分，通过 BIM 模型进行三维展示，在施工前召集业主、施工、设计等相关单位进行三维交底，明确施工步骤与分工，对于易出现问题的节点加以着重说明，设置施工预案，从而保证施工的顺利进行。BIM 的三维数据可以提供各个结构的几何信息，高精度的可算性，使得 BIM 模型为构筑物的工程量高速直接运算提供可能。

1. BIM 技术在钢梁中的应用

目前钢桁梁的制造加工流程主要包括：二维制造施工图、加工数控代码、钢板下料、加工、组装、焊接、修整、制孔和试拼装等。BIM 技术应用在钢梁的制造加工中，从 BIM 模型生成数控代码，并进行杆件的数字化预拼装，可以减少加工流程，提高加工效率。

1）与 BIM 模型相结合的杆件管理

在桥梁 BIM 模型中利用条形码技术可实现杆件的全生命周期管理。钢构件从出厂就具有唯一标识的条形码，与 BIM 模型中的模型一一对应。施工单位可采用扫描条码的方式获取杆件的位置、技术条件、施工要求等杆件信息。为判断钢构件是否满足当前的拼装施工要求提供信息依据。

2）基于 BIM 信息的板材套料

板材利用率的高低主要取决于板材面积的利用程度。因此，在制定板材消耗工艺时，应充分利用 BIM 模型的三维空间及材料信息，合理制定方案，通过计算机 BIM 辅助套料（见图 5-7），减少板材的消耗量，这对于降低消耗，提高板材利用率有着很大的作用，对提高企业经济效益，降低生产成本具有十分重要的意义。

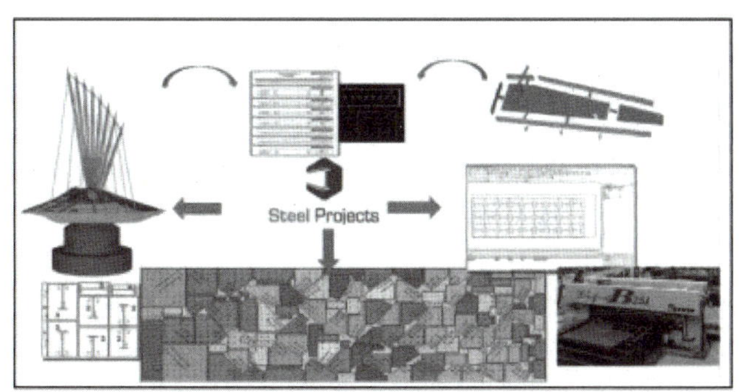

图 5-7 计算机 BIM 辅助套料

3）基于 BIM 技术的铁路钢梁制造一体化

目前在钢梁制造过程中，因为在设计阶段不能及早地考虑制造工艺方面的问题，造成设计与制造脱节。利用 BIM 技术实现设计制造一体化，是以 BIM 协同设计为基础，设计和制造协同工作的生产模式，它超越了传统的设计与制造观念，内容涵盖了市场需求、创新设计、工艺技术、生产过程和质量监控等过程。基于 BIM 技术的铁路钢梁制造一体化，将 BIM 模型数据与数控机床直接对接，直接转化为数控机床的 G 代码，供数控机床使用。减少了人工二次转换的工作量，并提高了制造准确性。基于 BIM 技术的铁路钢梁制造一体化流程见图 5-8。

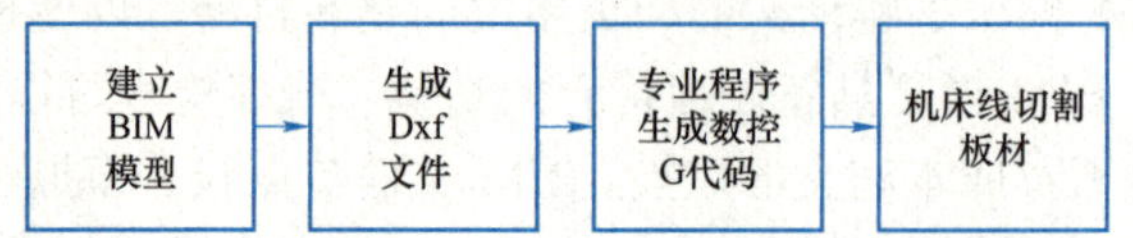

图 5-8　基于 BIM 技术的铁路钢梁制造一体化流程

4）基于 BIM 模型的钢构件数字化预拼装

铁路桥梁钢构件具有形式复杂，构件之间空间关系强，制造精度要求高等特点，为满足现场安装要求，通常要求在加工厂进行预拼装。基于 BIM 模型的数字化预拼装不受场地、吊装设备、时间周期等方面的限制，是一种很好的解决方案。

杆件制造完成后，首先采用三维数字摄影或激光扫描测量技术进行实体尺寸的扫描（三维激光扫描测量杆件见图 5-9），获取高精度高分辨率的数字模型（获取的杆件点云图像见图 5-10），制作模拟构件。然后通过仿真检测技术将模拟构件和 BIM 标准模型进行复模，找出偏差，指导修正，辅助制造。

图 5-9　三维激光扫描测量杆件

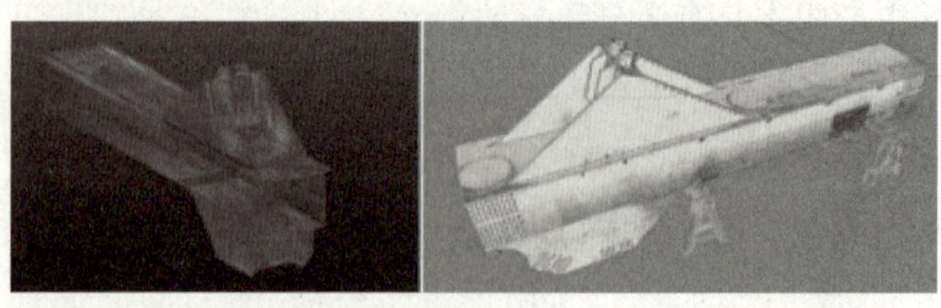

图 5-10　获取的杆件点云图像

将模拟构件放到三维坐标系统中，以相应轴线交点为基准点摆放全部模拟构件，利用实际构件模型通过相关应用软件在计算机内进行部件间的虚拟装配，完成构件预拼装（数字化预拼装见图 5-11）。检查各连接点尺寸，如连接间隙、定位板位置、高强螺栓连接板孔距，并可由此确定高强螺栓拼接板的钉孔重合率（螺栓孔定位见图 5-12），实现虚拟预拼装检查。

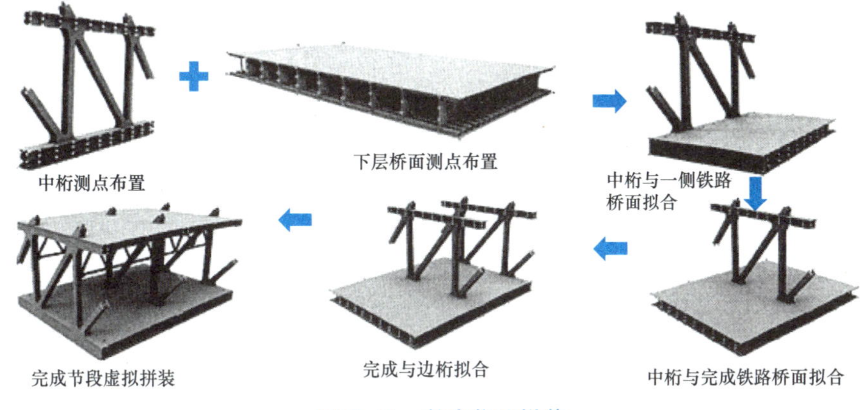

图 5-11　数字化预拼装

图 5-12　螺栓孔定位

2. BIM 技术在建设管理中的应用

基于 BIM 技术的铁路工程项目管理，将铁路设计、施工和运维过程中所有的信息和数据集成为一个多维度的数据库，通过计算处理、共享和应用这些数据，实现 BIM 的实时化、共享化管理，实现项目全过程基于 BIM 模型的精细化管理，达到质量、安全、投资和进度的精细化管控。

利用 BIM 模型可实现对桥梁设计的动态可视化展示，使参建各方能直观地理解设计方案，检验设计的可实施性，在施工前能预先发现存在的问题，起到优化设计的作用。基于 BIM 的铁路桥梁建设管理系统架构见图 5-13。

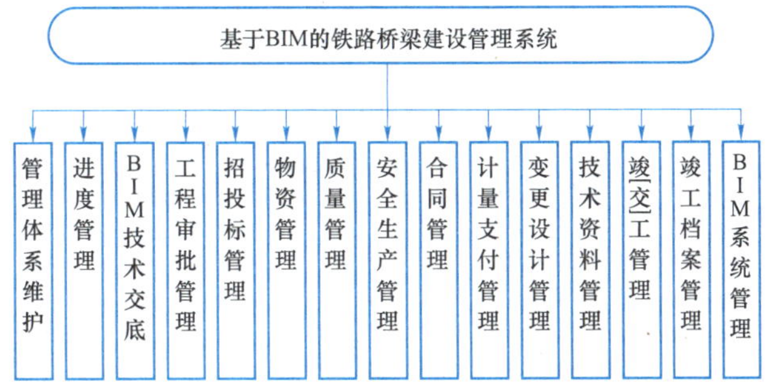

图 5-13　基于 BIM 的铁路桥梁建设管理系统架构

1）BIM 可视化交底

BIM 在施工过程中的一项重要应用是 BIM 可视化交底。在传统的施工技术交底中，受二维图纸的局限性影响，很多图纸中的信息是靠绘图规则、文字描述来传达设计意图的，不同使用者业务知识的层次不同，会出现不同的理解和应用，在实际的工程施作过程中，偶尔会发生对设计图纸的误读。二维图纸不形象、不具体、不直观。

利用 BIM 模型特有的立体、可视、全角度等特点，优化传统的技术交底工作，制作一系列 BIM 可视化交底（见图 5-14），包括施工作业指导书、施工模拟视频、施工步骤连环画、标准施工视频等。BIM 可视化交底可直观快速地表达施工步骤。通过 BIM 技术结合施工作业指导书、施工模拟和现场标准视频进行 BIM 可视化交底，可大大减少误读，避免质量问题、安全问题，减少返工和整改。

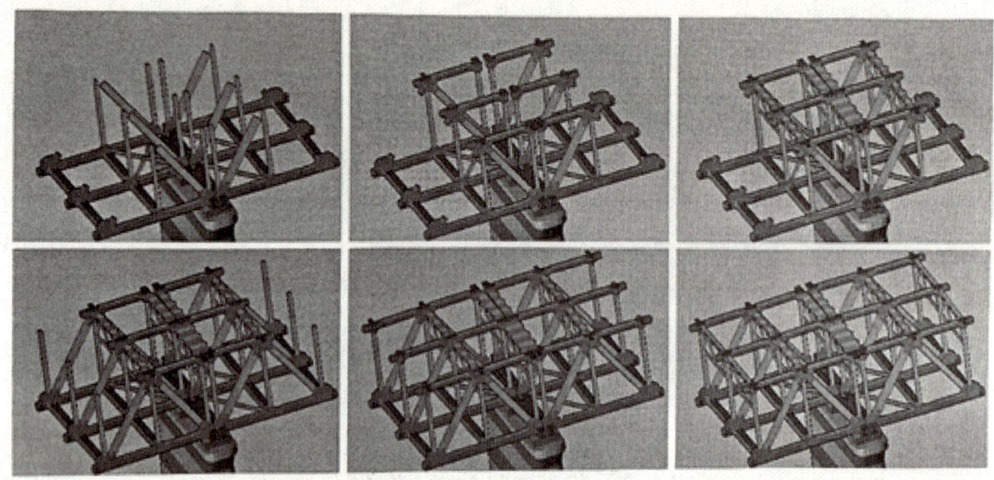

图 5-14 BIM 可视化交底

2）进度管理

将全桥的 BIM 模型附加施工进度计划属性参数，形成 4D 模型。直观展现桥梁的建造过程并与实际完成情况对比分析，了解实际施工与进度计划的偏差，合理纠偏并调整进度计划，使管理者对变更方案带来的工程量及进度影响一目了然。桥梁建造进度管理见图 5-15。

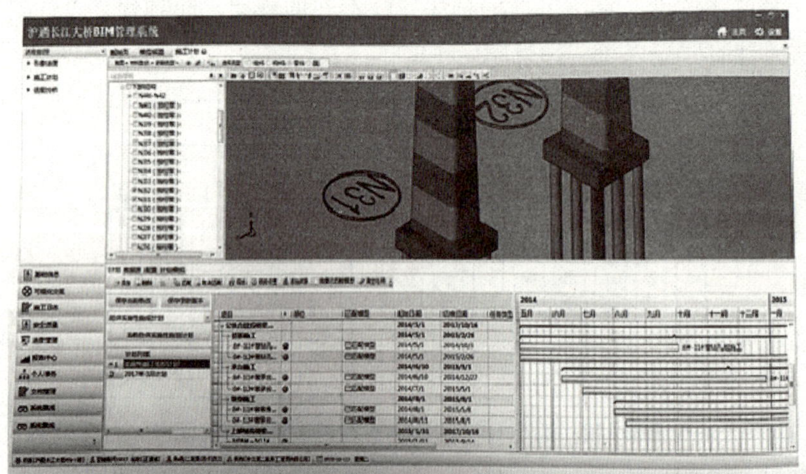

图 5-15 桥梁建造进度管理

利用 BIM 模型信息可以进行施工过程的进度模拟演算，可以对局部或全部节点工程进行方案比选，选择最佳的施工方案，达到最佳的施工效果。

3）施工场地规划与布置

采用 BIM 技术对全部施工现场的构筑物按 1:1 的比例进行建模，然后根据现场施工的要求并结合现场场地大小，对现场临建、道路、材料加工等进行场地布置，以整体临建的三维模型为依据，及时地整体移动位置不合适的临建，以实现现场临建布置美观与和谐的效果，临时设施 BIM 模型如图 5-16 所示，施工场地模拟如图 5-17 所示。

图 5-16 临时设施 BIM 模型

(a) 施工场地实景图

(b) 施工场地 BIM 模型

图 5-17 施工场地模拟

4）施工模型深化

沪通长江大桥是新建沪通铁路的控制性工程，位于江阴长江大桥下游 45 km、苏通长江大桥上游 40 km，为 4 线铁路和 6 车道高速公路合建，采用双层桥面钢桁架，是一座具有跨时代意义的公铁两用跨江大桥。

沪通长江大桥全桥长 11 072.106 m（公铁合建段桥长 6 993.062 m，铁路分建段桥长 4 079.044 m），由主航道桥、专用航道桥、联络桥，以及南、北引桥组成，如图 5-18 所示。其中，主航道桥为主跨 1 092 m 的双塔三索面钢梁斜拉桥，用钢量达到 13 万 t。专用航道桥为主跨 336 m 钢桁架桥，非通航孔桥共 26 孔，均采用 112 m 简支钢桁梁结构。沪通长江大桥全桥用钢量达到 25 万 t，是人类桥梁发展史上的又一座里程碑。

图 5-18　沪通长江大桥

沪通长江大桥的施工过程面临众多前所未有的挑战。在制定施工方案和项目实施的过程中，通过建立施工结构、机具设备等模型，如图 5-19～图 5-22 所示，结合主体结构设计和施工工序，进行错漏碰缺检查。在原设计的基础上开展深化设计，优化施工工艺、施工结构等，保证现场施工的质量。

图 5-19　下塔柱劲性骨架

图 5-20　架梁吊机模型

图 5-21　施工塔吊布置

图 5-22　辅助墩钢桁梁架设支架

沪通长江大桥施工过程中利用三维软件直接进行施工结构设计，如图 5-23 和图 5-24 所示，综合考虑结构受力、安拆、现场材料周转等因素，一方面提高了材料的利用率，保证了经济性，另一方面，通过建模可生成施工图纸，提高了工作效率。同时，通过建模，也能及时发现施工结构与主体结构的碰撞问题，优化空间关系，避免施工过程中临时调整而影响施工进度。

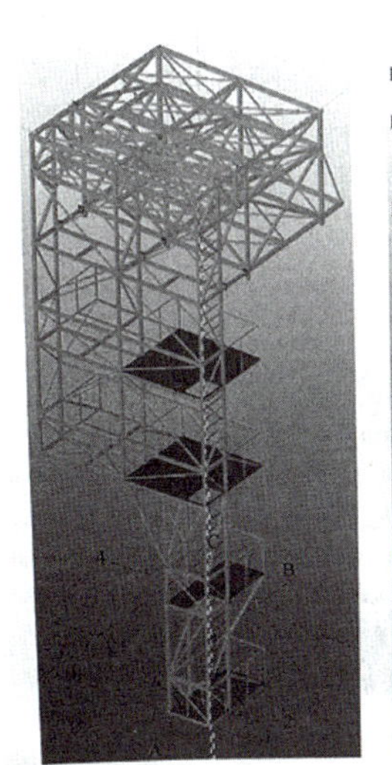

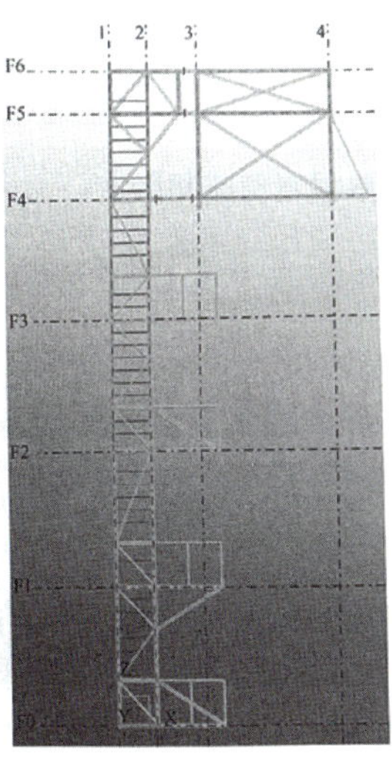

图 5-23 施工挂梯设计

图 5-24 施工爬梯设计

沪通长江大桥存在大量的高空、水上作业，施工过程中交叉作业多，现场施工风险大。通过安全防护设计，以形象直观的三维模型代替二维平面图，结合主体结构与临时结构的空间关系，合理规划堆码及存放区、安全通道、逃生通道、施工平台、楼梯走道等，如图 5-25 和图 5-26 所示，可评估安全程度和对现场的影响，使现场安全防护既能满足施工需要，同时最大程度保证安全，还达到了节材节地的效果。

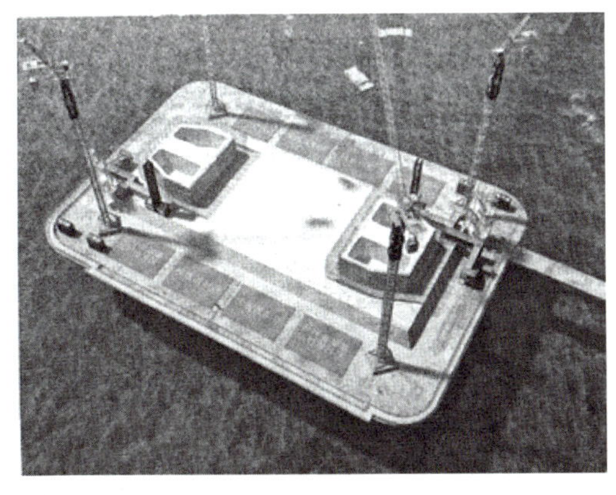

图 5-25 施工区域材料存放示意图

图 5-26 主塔施工安全通道

借助沪通长江大桥 BIM 管理系统，采用先进的焊接设备，通过信息化手段对焊接参数进行统一管理，并对焊接过程数据自动采集，真实记录；节段组装前进行杆件布点测量，虚拟拼装初步检查杆件精度，指导后续的节段整体组装，如图 5-27 和图 5-28 所示。

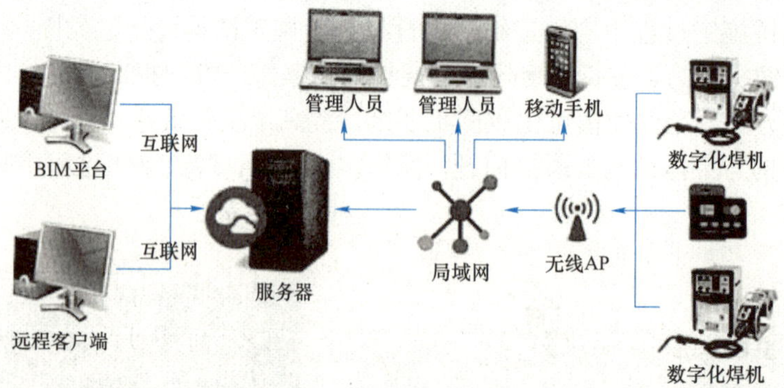

图 5-27 焊接数据管理流程示意

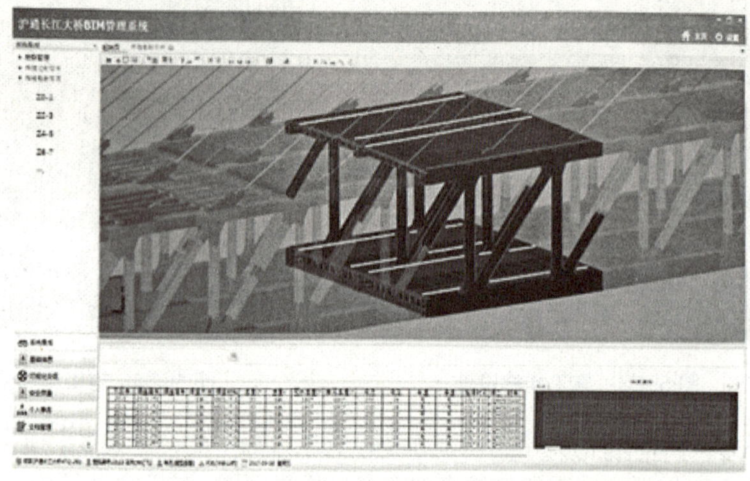

图 5-28 远程 BIM 焊缝管理

通过开发虚拟仿真系统，让 VR 技术深入现场一线，使施工管理更加智能，其主要应用在场景漫游、模型细部展示、进度模拟、施工工艺模拟、安全质量管理 5 方面。

利用 VR 技术，根据施工方案、作业指导书、相关技术规范等进行施工工艺模拟。特别是高空、深水复杂结构，沪通长江大桥主塔高 325 m，基础施工水深超过 100 m，施工工艺复杂，施工技术人员难以在很短时间内充分了解设计细节。通过虚拟现场技术，如图 5-29 所示，全方位直观、深入浅出地反映复杂工序，使施工交底更加高效。

图 5-29 VR 施工方案模拟

施工管理成败最为重要的评判标准就是安全和质量。在施工现场设置 VR 体验区，如图 5–30 所示，将现场的大型吊装作业、高空作业、临边防护等一一呈现给一线工人，明辨现场危险源，在后续施工中进行规避，引导工人规范而安全地施工，提高安全质量管理的效果。

图 5–30 VR 安全体验区

5.3.5 BIM+GIS 数据集成技术

桥梁展示以 BIM 与 GIS 相结合为技术手段，采用 BIM 进行大桥、临建的模型信息分析，运用 GIS 进行地理环境的信息分析，并实现桥梁位置的定位。模型搭接后，采用 B/S 的网络架构方式，将模型信息及基于模型的管理信息系统功能共享到服务器端，通过网络满足管理者远程查看的愿望。

BIM 模型的具体建模过程，可采用两种方式：分结构建模和延伸建模。整个过程要求确定模型的单位精度、统一建筑坐标，并设置唯一模型中心点。BIM 模型优化冗余面处理，提高导出效率并降低模型导出误差的概率。对模型表面进行贴图处理，并考虑贴图像素的建筑透空处理效果，提高建筑属性信息的可视化效果。此外，在建模过程出现的重叠面、漏空和交叉，需要进行模型修护处理，提高模型各面间的紧密程度和准确率。简化模型内容，并保证模型精度。

地理环境信息通过 GIS 技术实现，利用 GIS 的遥感影像数据，获得地理环境并转换成模型坐标，具体采用 WGS84 的坐标系，并利用 DEM 数据，获得高程节点。通过坐标系和高程结合的 GIS 三维定位，形成桥梁模型周围地形数据。

数据集成共享过程，包括 BIM 模型的集成和 GIS 平台的集成，并将结合的模型进行协同管理。在铁路勘探设计施工整个过程中，参与方众多，专业活动大多各自开展。采用 BIM+GIS 的集成平台，在 IFC 数据存储标准和 ISO/TC 211 接口规范的支撑下，通过 Web service（XML）接口将空间数据和地理信息数据进行结合。BIM 模型储存几何信息与非几何信息，为各专业在建筑内的集成提供服务。而 GIS 支持地理信息的数据管理、集成、共享服务和空间分析，为协同设计提供支持。基于 BIM+GIS 的桥梁工程管理平台，将模型共享到服务器端，满足管理者远程管理工程的愿望。BIM+GIS 的 Web Service 服务，是将两技术结合的模型共同发布，免去了分别调用模型信息出现错漏、不匹配的缺点。铁路桥梁工程，需要监控其他重点辅助活动，如试验室的检验结果，拌和站的材料配比率等，在工程管理系统平台中，与 BIM+GIS 模型关联。因此，基于 BIM+GIS 平台上的工程管理系统，可以实现工程管理任务的集成共享。

整体预制拼装防护墙和电缆槽属于薄板结构，在预制时存在脱模困难、棱角易损坏现象，应用 BIM 技术将原设计的薄板结构腋角处优化为倒角结构，薄板采用小角度放坡以实现模板顺利脱模，将连接螺栓优化为沉头螺栓，提高了预制质量和连接可靠度。BIM 技术辅助装配式桥面系图纸深化设计效果见图 5-31。

(a) 优化前

(b) 优化后

图 5-31　BIM 技术辅助装配式桥面系图纸深化设计效果

通过 BIM+GIS 技术建立桥梁地段地质模型，与 GIS 空间场景融合，实现工程地质信息三维可视化，便于施工人员快速查询分析地质情况，为大直径预应力管桩施工及终锤标准提供真实可靠的地质信息依据，使施工期间地质信息校核与确认工作更加便利。BIM+GIS 场景地质分析见图 5-32。

图 5-32　BIM+GIS 场景地质分析

以 BIM 模型为载体，GIS 数据集成大场景为核心，搭建 BIM+GIS 施工管理平台，将 BIM 模型载入 GIS 平台实现全生命周期管理。平台由综合管理、技术管理、进度管理、成本管理、安全质量管理、智能建造 6 个模块组成。通过扫描二维码的方式，将桥梁装配式预制构件施工过程信息自动集成至 BIM+GIS 施工管理平台，管理人员通过电脑、手机等终端随时随地了解预制构件的相关信息和施工状态，如图 5-33 所示，实现桥梁装配式预制构件从设计、预制、运输、安装及运营等全生命周期的跟踪追溯管理，对施工过程中出现的进度偏差快速作出反应，并制定相应的进度保障措施，保证项目进度目标的实现。

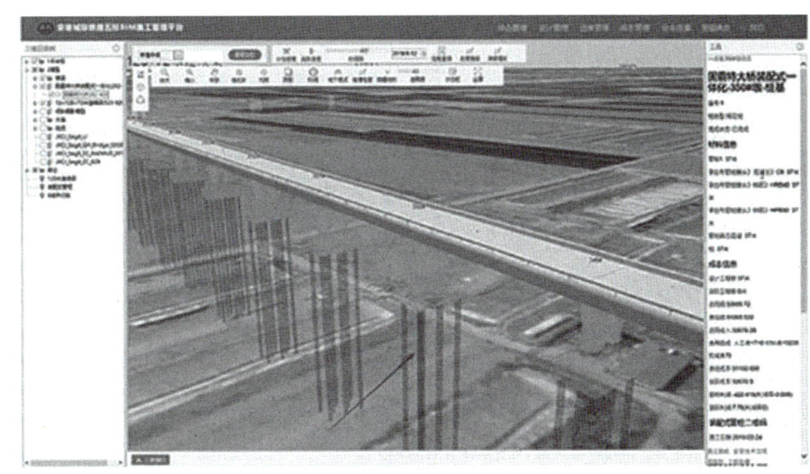

图 5-33 终端操作界面

应用 BIM 技术辅助进行重点工程特殊构造物的成本分析。以合同清单为基础，对装配式桥梁进行 EBS 工程实体分解，将分项工程 BIM 模型与合同单价、责任成本单价关联。现场下发任务单，通过移动端适时录入预制构件完成工程量，系统自动对工程量进行汇总，分析装配式桥梁段落合同收入、责任成本收入、实际成本、利润率等情况，并对相关成本因素进行对比，实现重点成本分析，大大提高了项目综合管理水平。

为保障大体积混凝土施工质量，BIM+GIS 施工管理平台集成基于 BIM 技术的大体积混凝土温控子系统（见图 5-34），应用“BIM+物联网”技术，将现场测温采集系统、供水设备等进行关联，借助温度传感器等设备，实时反馈混凝土内外部温度数据，并在 BIM 模型中以色谱云图的形式同步展现，实现温度分布可视化。同时，系统还设置混凝土内外温差、进出水水温等阈值，根据温度变化情况实现通水量自动控制。

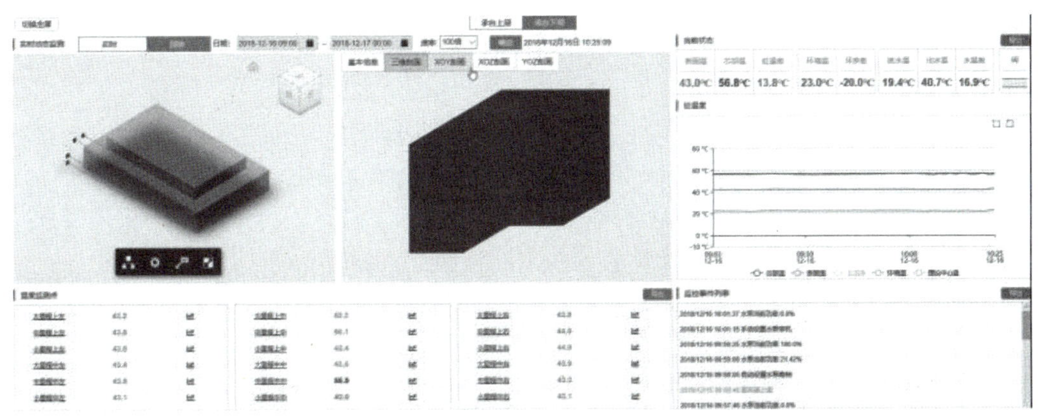

图 5-34 基于 BIM 技术的大体积混凝土温控子系统

铁路桥梁 BIM 模型，可以实现铁路桥梁建设的精细化施工管理。借助 GIS 系统，为铁路桥梁提供了空间地理环境分析、空间地理信息支持，以及大场景渲染环境。推动 BIM 与 GIS 的融合，是铁路桥梁建设信息化、智能化的必要条件。因此，提高桥梁建设信息化程度，需要促进 BIM+GIS 的融合，最终提高高速铁路桥梁建设的施工安全质量和整个铁路线路的信息化管理水平。

思 考 题

1. 我国高速铁路桥梁工程的施工特点有哪些？
2. 桥梁基础施工的主要内容是什么？
3. 箱梁预制施工技术要点有哪些？
4. 预制箱梁架设的工作内容有哪些？
5. 简述桥梁智能建造生态框架。
6. 简述桥梁工程施工多维度可视化模拟的主要应用。
7. 简述基于 BIM 技术的铁路钢梁制造一体化流程。
8. BIM+GIS 数据集成技术在桥梁工程施工中有何体现？

6 铁路隧道工程的智能建造技术

隧道工程一般呈带状分布，且整个工程位于地下，与地质关系密切。因此，隧道工程建设的内容和属性与其他施工专业截然不同。在隧道工程建设过程中，应根据地质条件和隧道自身的特点，选择安全第一、经济合理、快速高效的施工方法，以提高隧道工程施工的生产效率和施工质量。

6.1 高速铁路隧道工程的特点

高速铁路隧道工程施工工艺流程如图 6-1 所示。

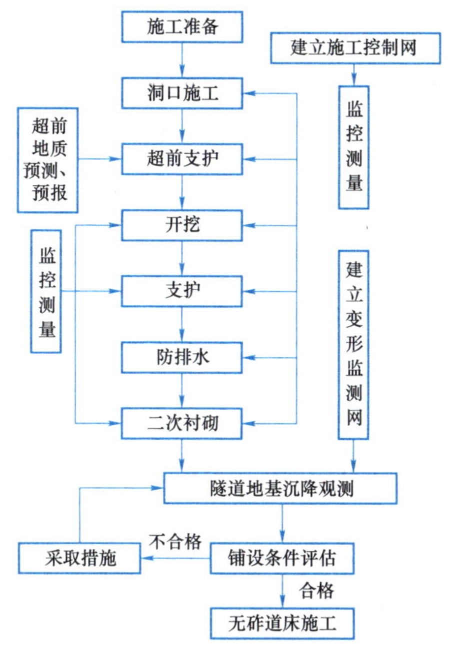

图 6-1　高速铁路隧道工程施工工艺流程

高速铁路隧道与普通铁路隧道相比，具有以下三个主要特点。

（1）由于列车运行速度的提高，空气动力学效应对行车、旅客乘车舒适度、洞口环境的不利影响已十分明显且起控制作用。为了减弱其影响，隧道断面扩大是一个有效的措施。根据我国铁路建设的相关规范，高速铁路单洞双线隧道断面有效面积不宜小于 100 m^2，单线隧道断面有效面积不宜小于 70 m^2。

（2）大断面隧道受力比较复杂，尤以隧道底部较为复杂，而两侧边墙底直角变化容易引起应力集中，边墙底与仰拱连接处需进行加强。由于高速铁路列车运行速度高、密度大，隧道维修有一定的时间限制，对隧道衬砌的安全性、耐久性和防水性能要求更高。

（3）由于隧道结构在长期的列车动载作用及地下水侵蚀的影响下极易受到破坏，从而引起基底沉陷、道床翻浆冒泥等病害，影响运营安全。因此，高速铁路对隧道底板厚度、仰拱和底板混凝土的强度及隧道的防排水要求也更高。

超前地质预测、预报是隧道信息化施工的重要组成部分，施工阶段应将超前地质预测、预报纳入正常的施工工序中，根据地质、水文变化及时调整施工方法和采取相应的技术措施。隧道超前地质预报的常用方法包括：地表地质调查、开挖面地质素描、TSP 地质预报系统、地质雷达探测法、红外线探水法、HSP 水平声波反射法探测和超前水平钻探。

6.2 铁路隧道工程施工内容

6.2.1 洞口工程

洞口段施工包括洞口防排水、边仰坡开挖和防护、明洞施工、地表加固处理、进洞和洞门施工等内容。洞门工程的施工顺序：施工准备—仰拱开挖—立模灌注仰拱—立拱墙模板（与暗洞处的防水施工）—拱墙混凝土灌注—拆模养护。

洞口开挖时应充分考虑洞内施工需要，合理布置洞口施工现场。根据隧道进出口地形和工程地质条件，结合开挖边仰坡的稳定性及洞口排水的需要，本着“早进晚出”的原则进行洞口施工。进洞后应尽早施作洞门，锁死洞口，以策安全。

为确保施工顺利进行，在进行暗洞施工前对洞口衬砌外 3 m 范围内的边仰坡进行锚喷（网）加固，然后开挖进洞。

明洞段施工过程中应进行监控量测，包括：坡面稳定、基底稳定、地表下沉量测等，以便及时掌握坡面动态和支护工作状态，保证基坑稳定和施工安全。当进出口段明洞开挖完成后，隧底应及时施工，然后施作明洞段衬砌，以保证洞口的施工安全。

隧道洞门的施工应在隧道开挖的初期完成，地质不良的洞口必须尽早完成；洞门两侧的回填应在洞口段衬砌达到设计强度并施作防水层后进行，两侧对称回填土石方至设计坡度。

6.2.2 隧道开挖

铁路隧道开挖，应依据环境条件、地质条件、断面大小、埋深、结构型式、隧道长度、设备配置、工期要求、经济效益及环境保护等因素，综合选定施工方法。隧道开挖施工的主要内容包括：超前地质预报、超前支护、开挖、出渣、初期支护、敷设防水板、衬砌、水沟电缆槽等。隧道运渣可选择无轨运输或有轨运输，有条件时宜选择无轨运输。

1. 全断面法

全断面法必须具备大型施工机械，隧道长度或工区长度不宜太短，否则采用大型机械化施工的经济效益会较差。采用全断面法工序少、相互干扰少（便于组织施工和管理）、工作空间大（便于组织大型机械化施工），因此施工进度快。当围岩条件达到要求时，一般应尽量采用全断面法进行隧道开挖。

2. 台阶法

台阶法是先开挖上部断面，待开挖至一定长度后同时开挖下部断面，上、下部断面同时并进的方法。台阶开挖法可以保证足够的工作空间和相当的施工速度，但上、下部作业有干扰。台阶开挖法虽然增加了对围岩的扰动次数，但台阶有利于开挖面的稳定，尤其是上部开挖支护后，下部作业就较为安全，但应注意下部作业时对上部稳定性的影响。

台阶法按台阶长短可分为长台阶法、短台阶法和超短台阶法三种。施工中采用何种台阶法，要根据以下两个条件来确定。

（1）初期支护形成闭合断面的时间要求（围岩越差，闭合时间要求越短）。

（2）上断面施工所用的开挖、支护、出渣等机械设备施工场地大小的要求。

3. 中隔壁法（CD 法）

中隔壁法是在软弱围岩大跨度隧道中，先开挖隧道的一侧并施作中隔壁，然后再开挖另一侧的施工方法。

4. 交叉中隔壁法（CRD 法）

交叉中隔壁法是在软弱围岩大跨度隧道中，先开挖隧道一侧的一或二部分，施作部分中隔壁和横隔板，然后再开挖隧道另一侧，最后完成横隔板施工的施工方法。

5. 双侧壁导坑法

双侧壁导坑法是先开挖隧道两侧的导坑，并进行初期支护，再分部开挖剩余部分的施工方法。双侧壁导坑法虽然开挖断面分块多、扰动大、初期支护全断面闭合的时间长，但每个分块都是在开挖后立即各自闭合的，所以在施工中变形几乎不发展。双侧壁导坑法施工安全，但速度慢，成本较高。

6.2.3 隧道支护

高速铁路对隧道的建设标准和技术要求比一般铁路高很多，对隧道结构支护也提出了更高的要求。隧道支护可分为初期支护与施工期间支护（二次衬砌）两大类。其中超前小导管注浆、超前大管棚、帷幕注浆等属于初期支护，锚杆、钢架、网喷混凝土等属于施工期间支护措施。

1. 超前小导管注浆

超前小导管注浆，采用现场加工小导管，凿岩机钻孔并将小导管打入岩层，注浆泵压注水泥浆施工。

2. 超前大管棚

管棚是利用钢拱架沿开挖轮廓线以较小的外插角向前方打入钢管或钢插板构成的棚架来形成对开挖面前方围岩的预支护。采用长度小于 10 m 的小钢管时称为短管棚；采用长度为 10～45 m 且较粗的钢管时称为长管棚；采用钢插板（长度小于 10 m）时称为板棚。

短管棚一次超前量少，基本与开挖作业交替进行，占用循环时间较多，但钻孔安装或顶入安装较容易。长管棚一次超前量大，虽然增加了单次钻孔或打入长钢管的作业时间，但减少了安装钢管的次数，减少了与开挖作业之间的干扰。在长钢管的有效超前区段内，基本可以进行连续开挖，也更适于采用大中型机械进行大断面开挖，在高速铁路隧道施工中应用较多。

3. 帷幕注浆

帷幕注浆施工的主要内容包括：钻孔、安装注浆栓塞、注浆准备、制浆、注浆。双线隧道帷幕注浆施工加固如图 6-2 所示。采用管棚钻机或地质钻机进行钻孔，安装注浆孔口管；在一般水压的钻孔中，采用机械膨胀注浆栓塞，在高强水压的钻孔中，则选用小直径高膨胀压注浆式栓塞；喷射混凝土对工作面显露并和注浆孔连通的裂隙予以封闭；配制单液水泥浆或双液水泥-水玻璃浆；注浆方式采用分段前进式注浆，一般采用定压注浆，先钻孔后注浆，分循环段钻一段注一段，根据注浆压力和注浆量来控制该段注浆是否结束。

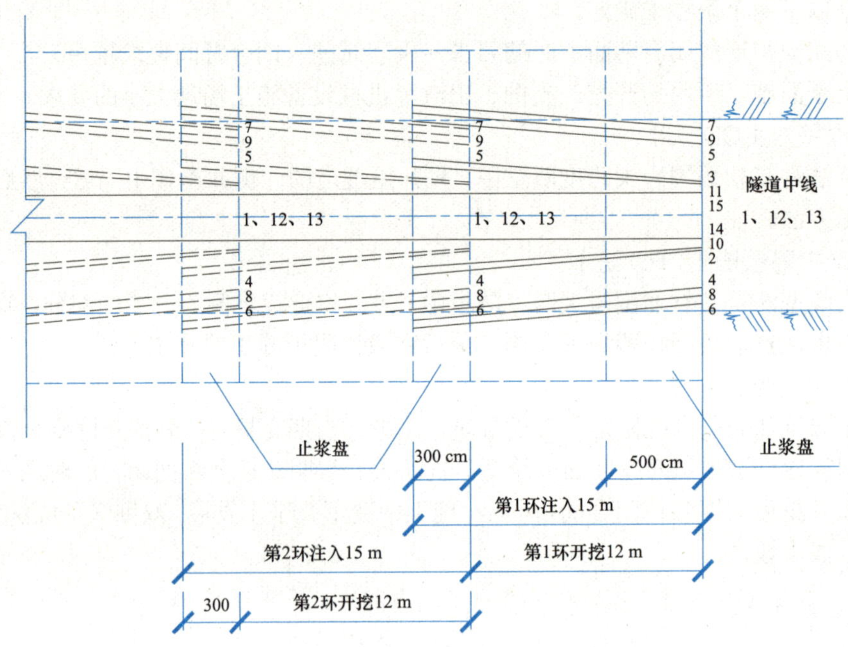

图 6-2 双线隧道帷幕注浆施工加固

4. 锚杆

锚杆是隧道施工过程中维护围岩稳定、保证施工安全的重要手段之一。施工完成后，一定程度上还可作为永久支护结构的一部分发挥作用。按照锚杆与支护体的锚固形式分，锚杆可分为端头锚固式锚杆、全长黏结式锚杆、摩擦式锚杆、混合式锚杆。

采用风动凿岩机钻孔，用高压风将孔内杂物吹净，将锚杆插入钻孔内，轻轻锤击锚杆使之深入孔底，将水泥浆注入锚孔，边注浆边抽拔导管，注浆工作连续不中断，保证锚杆、水泥浆、围岩间的黏结力。

5. 钢架

隧道初期支护中的拱架主要是钢格栅，Ⅱ、Ⅲ级围岩地段不设钢格栅，Ⅳ级围岩段钢格栅间距一般为 1.2 m，Ⅴ级和Ⅴ级加强段钢格栅间距一般为 1 m 和 0.75 m。

钢架施工工艺流程：前期准备—断面检查—测量定位—洞内格栅拼装—格栅钢架架立—挂网、纵向连接筋焊接—钢架位置检查、调整。

6. 网喷混凝土

根据拌和及压送方式，网喷混凝土可分为干式和湿式两种。高速铁路施工通常要求采用湿喷方法，在局部渗水地段也可采用干喷。

喷锚支护喷射混凝土一般分初喷和复喷，喷射混凝土应分段、分片由下而上顺序进行。初喷混凝土应在开挖完成后立即进行，尽早封闭暴露岩面，防止表层风化剥落；复喷混凝土在锚杆、挂网和钢架安装后进行，尽快形成喷锚支护整体受力，以抑制围岩变位；钢架间用混凝土喷平，并提供足够的保护层。

6.2.4 隧道二次衬砌

高速铁路隧道二次衬砌施工内容包括：准备工作、钢筋绑扎挂网、模板准备就位、混凝土拌和运输、混凝土灌筑及捣固、混凝土养护及整修。一般情况下，深埋隧道二次衬砌施作应在围岩和初期支护变形基本稳定后进行。浅埋隧道应及早施作二次衬砌，且二次衬砌应予以加强。围岩及初期支护变形过大或变形不收敛，又难以及时补强时，可提前施作二次衬砌，以改善施工阶段结构的受力状态。

隧道衬砌要遵循“仰拱超前、墙拱整体衬砌”的原则，初期支护完成后，为有效地控制其变形，仰拱应尽量紧跟开挖面施工，仰拱填充采用栈桥平台以解决洞内运输问题。采用仰拱先行，衬砌台车先墙后拱法施工；Ⅴ级围岩段，衬砌紧跟开挖，Ⅳ级围岩段衬砌可滞后开挖 30～50 m；Ⅲ级围岩段滞后开挖 50～100 m，Ⅱ级围岩段滞后开挖 150～200 m，每环衬砌 12 m。混凝土集中拌和，混凝土运输车运输，输送泵浇灌，机械捣固成型。

6.2.5 施工监测及防排水

隧道施工过程中应对围岩进行监控量测，根据量测数据，及时调整支护参数或施工决策。采用新奥法施工的隧道，监控量测是施工过程中必不可少的施工程序。监控量测项目须根据施工时的具体情况选定。

测点布置时，隧道开挖断面的净空变化、拱顶下沉、地表下沉（浅埋地段）等必测项目的测点应设置在同一断面，其量测断面间距、测点数量、量测频率等应根据围岩级别、隧道埋深、开挖方法等按规定进行。

隧道工程的防排水措施，应采取“防、截、排、堵相结合，因地制宜，综合治理”的原则，采取切实可靠的施工措施，达到防水可靠、经济合理、不留后患的目的。隧道防水等级必须满足相关规范要求，衬砌结构不允许渗水，且表面无湿渍。铁路隧道工程施工防水以混凝土自防水为主体，以施工缝、变形缝防水为重点，并重视初期支护的防水，辅以注浆防水和防水层加强防水，满足结构的防排水要求。

6.3 隧道工程智能建造技术

6.3.1 超前地质预报

在隧道工程的设计与施工阶段，在穿越有可能的复杂不良地段时，利用地质钻机辅助孔内成像系统可在施工面进行超前钻探预报，以查清穿越不良地段的岩性、不良地质类型及分布情况。现场采用柔性推杆管检测系统对前方围岩进行直观的查看，通过使用柔性推杆将摄像头送入水平钻孔内，随摄像头移动逐米查看前方围岩，直观观察围岩的岩性、裂隙、成孔情况等，依此判断施工面前方围岩情况。孔内成像系统主要由终端数据处理器、数据电缆、高清摄像探头等设备组成，如图 6–3 所示。该系统具体功能如下。

孔内成像：待超前地质钻孔完成后，使用推杆推送摄像头至探孔内，实时显示进尺，摄像头自带照明设备，调整焦距，在终端显示器显示摄像头拍摄内容。

数据记录：使用推进器进尺自动读取装置自动读取进尺数值，操作终端机开始录像、抓拍孔内影像。

数据分析：合成视频信号和计数脉冲，将输出后的信号在终端显示器上显示，结合钻孔过程中的原始记录，对地质情况进行综合数据分析，制作超前地质预报报告并提出现场开挖指导意见。

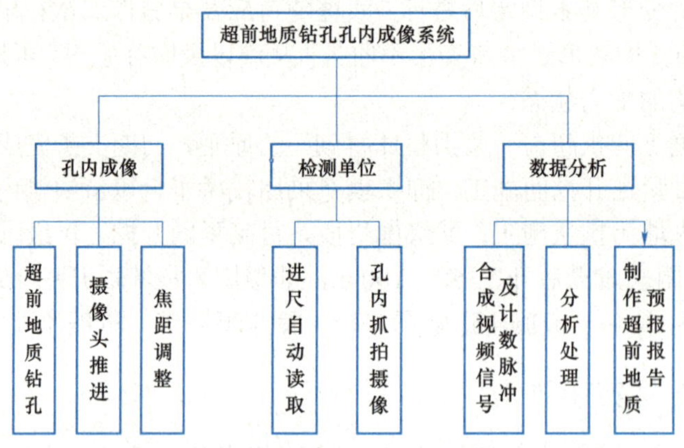

图 6–3　超前地质钻孔孔内成像功能构架

开挖前对地质情况的了解，对于隧道建设有着十分重要的作用。通过超前预报，可及时发现异常情况，预报施工面前方不良地质体的位置、产状及其围岩结构的完整性与含水的可能性，为正确选择开挖断面、支护设计参数和优化施工方案提供依据，并为预防隧道涌水、突泥、突气等可能形成的灾害性事故及时提供信息，使工程单位提前做好施工准备，保证施工安全。隧道超前预报对于安全科学施工、提高施工效率、缩短施工周期、避免事故损失、节约投资等具有重大的社会效益和经济效益。

正盘台隧道位于崇礼铁路河北省宣化区至赤城县境内，隧道全长 12 974 m。隧道洞身主要穿越地层岩性为粗面岩等裂隙水发育的地层，岩体破碎、地下水丰富，施工期间出现大量的渗出水，地质构造较复杂。在施工中采用超前地质预报来指导施工，选择合理的施工参数，保证了施工安全。超前地质预报设备卡萨 C6 地质钻机和孔内成像分析仪如图 6–4、图 6–5 所示，超前探孔孔内成像如图 6–6 所示。

图 6–4　卡萨 C6 地质钻机

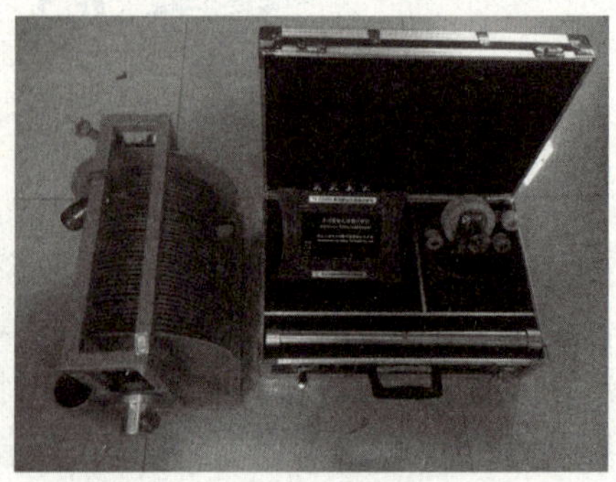

图 6–5　孔内成像分析仪

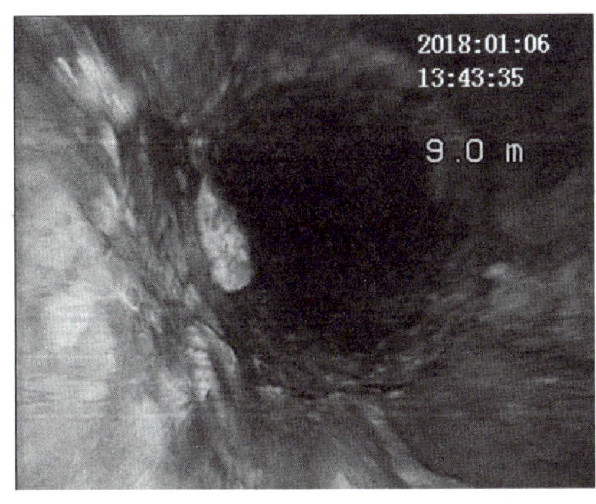

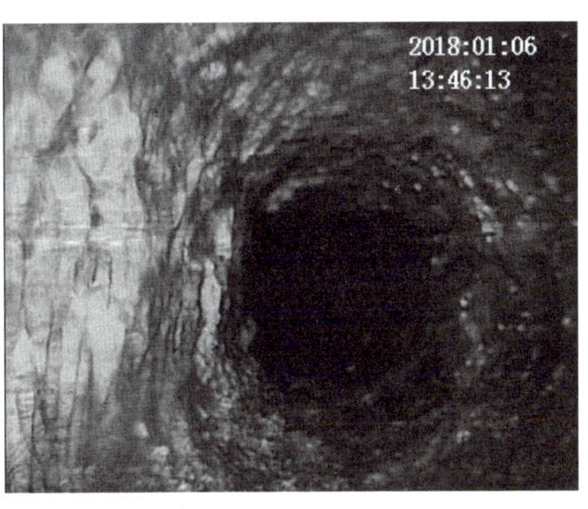

图 6-6 超前探孔孔内成像

对于建设、监理、施工单位和预报单位的用户，将地质调查法、物探法和超前钻探法采集的数据进行信息化管理，实现预警判识、预警消息推送、地质预报生成、及时预报提醒、数据汇总展示和统计等功能；并能够通过无线和有线传输技术，与铁路隧道超前地质预报管理信息系统之间实现项目工程信息的下载和预报数据的上传。采用信息化手段对地质检测数据进行采集、上传、存储、分析、管理，实现隧道超前地质预报实时、准确、专业的可视化展示，并提供自动判释指导现场施工。

隧道施工面三维激光扫描技术，可实景复制（真实记录）隧道开挖情况，从三维宏观把控大的地质构造、二维微观深度学习两方面提高图像识别的准确率，如图 6-7 所示。结合岩体质量指标 RQD 概念判识岩体完整程度，结合其他指标进行围岩分级。最后，将施工面地质工作流程化、程序化，实现自动三维地质重构、自动结构面参数提取、自动围岩分级、自动报表及三维成果展示等功能，如图 6-8 所示。

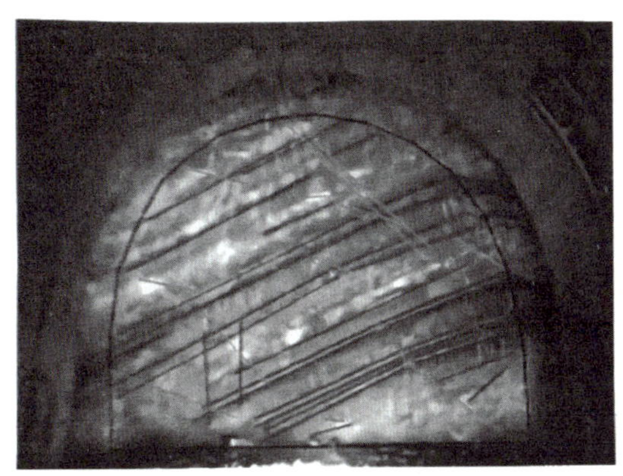

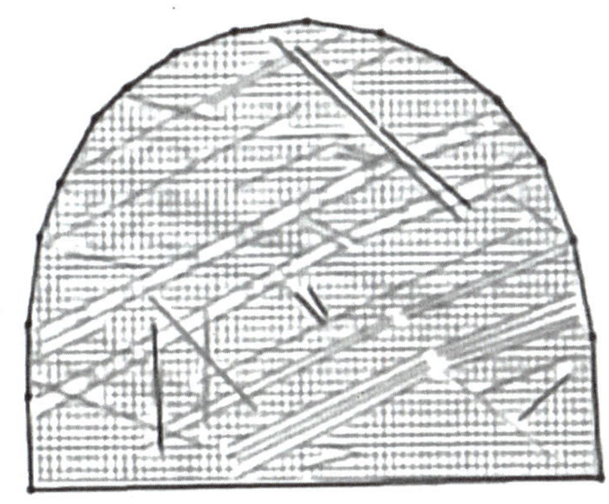

图 6-7 图像识别效果（隧道施工面）

超前地质钻孔孔内成像系统是对超前地质钻孔预报方法一个很好的辅助和完善，是一种新颖的预报手段，其更直观地揭示了前方的围岩情况，很适合在围岩复杂段落使用。虽然超前地质预报技术发展迅速，但目前任何一种超前地质检测手段，都存在一些问题，例如适应性有限，并且存在探测结果的多样性，这就造成了隧道超前预报工作的准确性不高，施工事故频发。因此，隧道地质预报相关工作还需深入研究，以解决目前存在的各种问题。

图 6-8　沿里程方向隧道地质切片 3D 实景再造

6.3.2　安全步距管理系统

安全步距管理系统通过铁路工程管理平台中施工日志系统及时获取隧道前端施工面、仰拱、二衬施工进度和里程位置，通过系统自动计算，自动判定隧道安全步距是否超标。对安全步距超标进行及时报警提示，通过系统和短信的报警提示方式促进责任单位对安全步距进行整改控制。将传统的逐级上报管理模式变为各级的共同监管模式，显著缩短报警处置的响应时间。提高隧道施工安全管理力度，为隧道安全开展大数据分析奠定坚实基础。安全步距系统功能架构见图 6-9，该技术功能架构如下。

（1）隧道初始化功能：对隧道名称、起止里程、长度、计划工期时间、开挖面积、出渣运输方式、施工方法、风险地质、隧道状态、是否通过架桥机、设计速度、平面图、平面示意图、纵断面图和隧道地理信息等方面信息进行初始化。建设单位可以对隧道进行风险等级设置。

（2）安全步距报警及处置功能：通过系统实现对安全步距超标的工点进行报警，报警后由监理进行报警处置。

（3）短信通知功能：将隧道安全步距报警以短信方式发送到指定人员，查询短信发送记录。

（4）隧道步距阈值自定义功能：自定义隧道安全步距阈值。

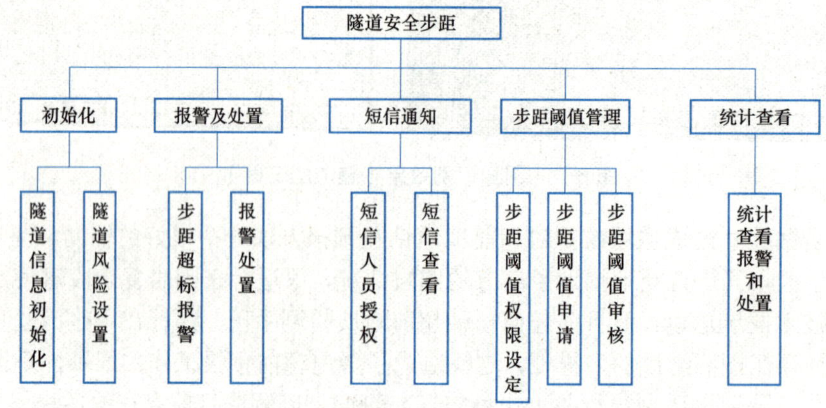

图 6-9　安全步距系统功能架构

（5）隧道步距统计功能：实现对在建隧道数量、涉及安全步距工点数量、报警总数、报警率、未处置总数、处置总数和处置率的统计功能。

首先，安全步距管理系统通过铁路工程管理平台同步项目信息、构筑物信息、人员信息和用户信息。其次，通过施工日志系统获取隧道施工面、仰拱和二衬前端里程位置信息。最后，通过安全步距系统判别安全步距是否超标，同时对超标的工点在系统中进行报警提示，且同时通过短信将报警信息发送到各单位负责人。安全步距管理系统技术架构如图 6−10 所示，铁路工程管理平台安全步距管理系统模块如图 6−11 所示。

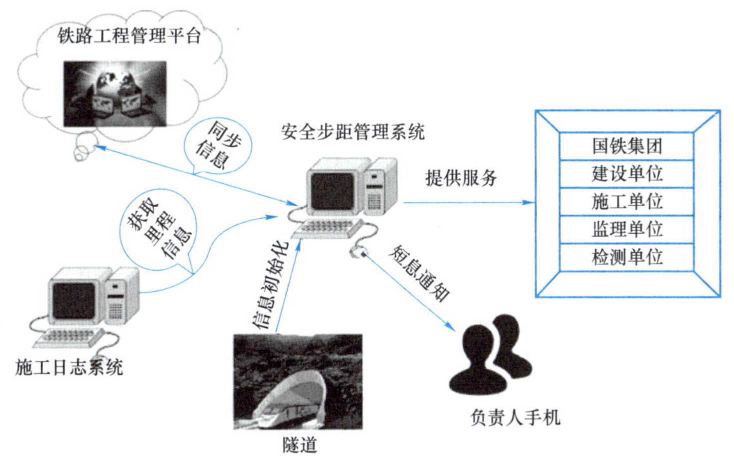

图 6−10 安全步距管理系统技术架构

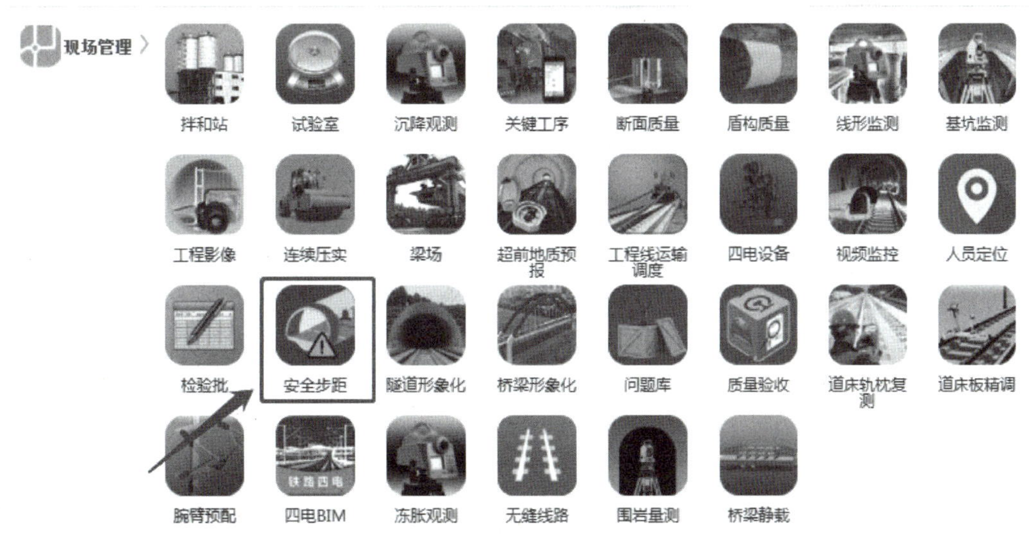

图 6−11 铁路工程管理平台安全步距管理系统模块

安全步距管理系统在充分调研建设单位、监理单位和施工单位等用户需求的基础上，提出了阈值自定义和短信提醒功能，填补行业空白。系统设计了阈值自定义和超标处置流程，提高了我国隧道安全管理水平；实现了各单位协同管理的目标，极大地降低了隧道安全风险。

安全步距管理紧密结合铁路施工现场实际业务需求，对隧道工点步距报警数据，包括当前报警数据和报警处置数据等进行采集，利用互联网技术有效展示隧道步距报警的详细情况，利用快捷方便的模式展示隧道安全步距产生的原因，有效地保证了施工安全，显著提升了安全预防和管控能力。

全步距管理系统技术在未来的使用中还需要注意以下问题。

（1）优化安全步距管理系统：应充分与其他铁路隧道模块进行数据共享，这样可以通过更多隧道和建设数据的共享，实现对隧道的综合安全评价分析，以更加准确地指导隧道现场施工，保障隧道施工安全。

（2）大数据挖掘分析：随着平台应用不断深入，将会有海量数据入库，对平台中大数据进行存储和查询分析将是未来研究的主要内容。采用数据仓库和数据挖掘技术实现数据的快速储存、查询和数据分析，通过海量缺陷数据来指导现场施工，改进工艺工法，从而减少隧道安全事故的出现。

（3）BIM 在安全步距管理系统的应用：随着 BIM 在建筑工程项目中不断应用，引入 BIM 技术将对铁路隧道施工管理起着重要的意义。BIM 技术是基于三维模型的空间可视化管理，三维可视化能够真实模拟显示隧道各工点步距数据，能更加形象和准确地显示隧道安全步距超限情况，确保隧道施工安全。

6.3.3 二衬防脱空自动报警技术

隧道二衬背后脱空问题始终困扰着现场的施工生产，浇筑混凝土衬砌过程中，肉眼看不见衬砌是否有脱空现场，无法判断是否需要继续泵送混凝土。若泵送混凝土过量，泵送压力变大，易造成台车模板移位、模板变形的情况。

隧道二衬防脱空自动报警能实时动态监测拱顶混凝土浇筑，通过混凝土与电路接触导电，触发对应按钮的声光系统，从而产生注满信号，不仅可以更直观地提示现场操作人员混凝土浇筑的高度，还能检测衬砌背后是否有脱空情况，确保混凝土浇注饱满密实。隧道二衬防顶裂技术是通过在衬砌台车模板端头增设底座、丝杆、弧形钢板、销子等装置，以有效保护已施作段端头混凝土，避免开裂。其在提高劳动效率和减少成本方面的功能如下。

（1）可提高衬砌浇筑工人的劳动效率。台车浇筑人员不需要上下爬楼梯去窗口处或堵头模板缝隙处观看混凝土浇筑的高度，直接通过声光报警系统就可以了解情况。

（2）可减少衬砌混凝土的浪费，减少成本。通过声光报警系统能实时掌握衬砌混凝土的浇筑高度，即可动态准确算出混凝土的剩余需求量，避免向拌和站多要混凝土料，避免材料浪费。

（3）可减少后期的缺陷整治成本。通过使用防脱空和防顶裂装置，减少衬砌脱空和施工缝裂缝等病害，把病害问题消灭在萌芽中，减少二次整治的费用。

二衬防脱空自动报警系统构架如图 6-12 所示。二衬防脱空自动报警技术实现的功能如下。

（1）数据采集：利用液位继电器工作原理，在混凝土区域顶部设立探头，当混凝土注满时会将探头和台车的拱板接通导电，从而产生注满的物理信号。

（2）预警管理：将浇筑拱顶混凝土流动的物理信号转换成电信号再转换成现场施工人员易于识别的声光信号，当浇筑到位时报警灯变亮，同时发出蜂鸣声，起到提示作用。

（3）数据分析：通过声光信号，可以判别混凝土目前浇筑的高度，以及还需要浇筑的方量等。

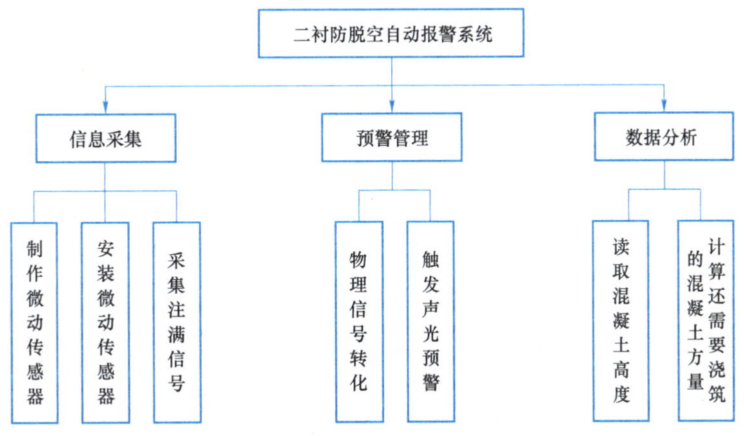

图 6-12 二衬防脱空自动报警系统构架

二衬防脱空自动报警系统具体的技术架构如下。

二衬防脱空自动报警装置工艺流程：制作微动传感器—安装传感器、信号箱和声光报警系统—混凝土开始浇筑—混凝土浇筑至传感器位置—产生浇筑完毕的物理信号—转化为电信号—声光报警系统触发。

二衬防脱空自动报警系统工作原理如图 6-13 所示，微动传感器如图 6-14 所示，传感器现场安装如图 6-15 所示。当混凝土注满时会将探头和台车的拱板接通导电，从而产生注满信号以触发声光报警系统，提醒泵送操作手对应探头点已浇筑完成，有效防止空洞发生。

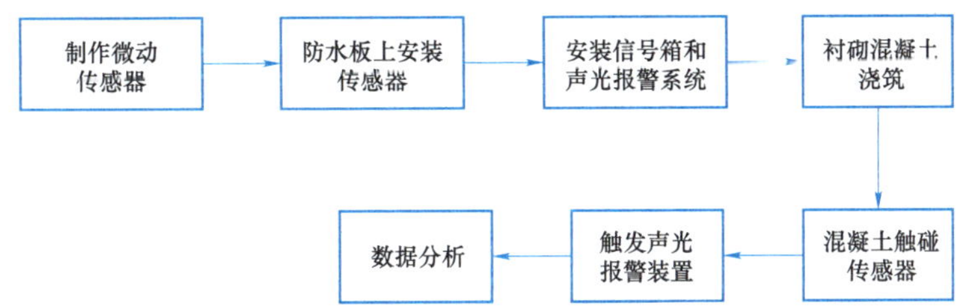

图 6-13 二衬防脱空自动报警系统工作原理

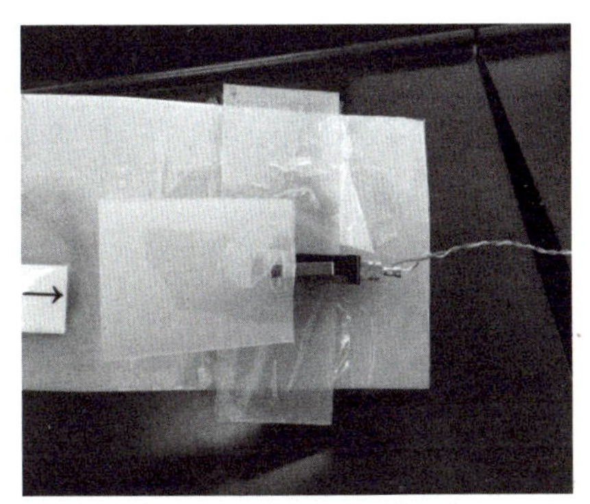

图 6-14 微动传感器

图 6-15 传感器现场安装

在拱顶预埋五条接触式贯通电路，通过混凝土与电路接触导电，触发声光系统，从而确保混凝土浇筑饱满密实。在台车电气控制部分加装液位继电器和声光报警指示灯等电气元件，将浇筑拱顶混凝土流动的物理信号转换成电信号再转换成现场施工人员易于识别的声光信号，当浇筑到位时报警灯变亮，同时发出蜂鸣声，起到提示作用。结合二衬台车排气、注浆装置，将单导线探头从注浆、排气口位置探出，探头可重复利用，节约了导线消耗用量，施工成本较低。

2017 年在崇礼铁路正盘台隧道施工过程中，采用了隧道二衬防脱空自动报警、防顶裂技术（防脱空自动报警现场应用见图 6-16），减少了衬砌背后脱空现象，避免了施工缝开裂，施工质量有了明显提升，为实现建设“精品工程”的总体目标提供了可靠支撑。

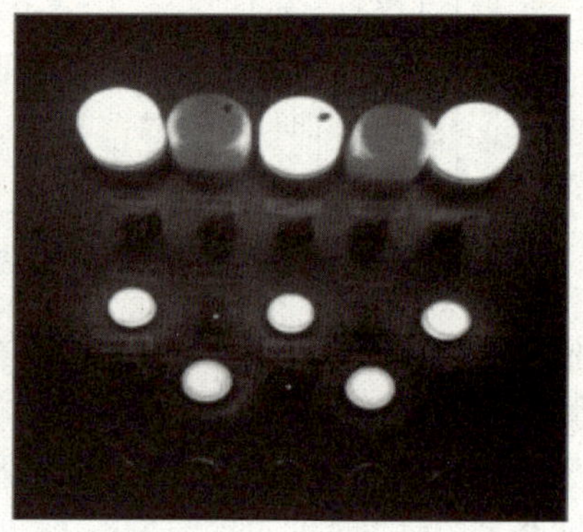

图 6-16 防脱空自动报警现场应用

6.3.4 基于三维激光扫描技术的隧道断面质量管理系统

传统隧道断面质量管理是利用全站仪、断面仪等仪器进行检测，测量断面，由工程师来分析断面情况，做出判断。这种方法既耗费大量的人力、物力，又占用过多的施工时间，检测效率很低，准确率不高，严重时甚至会造成安全隐患。而三维激光扫描技术是用高速激光扫描测量的方法，得到所需的海量“点云数据”，能准确清晰地表示隧道内的结构状况，如图 6-17 所示。

图 6-17 三维激光扫描仪采集隧道点云模型

基于三维激光扫描技术的隧道断面质量管理系统是以 BIM 为核心，面向铁路工程隧道建设的新一代信息化管理平台。该系统通过三维激光扫描自动采集终端，利用专业分析软件对点云数据的平整度按照相应规范要求进行分析，分析结果自动上传至预警平台进行展示和预警发布处置，方便铁路工程施工单位及监理单位在平台上对隧道施工断面质量进行管理，提高了工程质量的管理水平与效率，达到了“快速辨识风险、及时预报风险、形象展示风险、有效控制风险”的目标。

基于三维激光扫描技术的隧道断面质量管理系统采用三维激光扫描技术，主动发射扫描光源，快速获取被扫描物表面的海量三维点云数据，并对三维点云数据进行过滤、清洗和挖掘，生成隧道点云图像，接着在此基础上应用专业软件对点云模型进行整体分析，根据特定需求进行超欠挖、平整度等计算，并利用移动互联技术将点云数据传输到隧道三维可视化BIM 云平台上，实现三维可视化数据计算、图形分析，以及实时预警功能，便于及时处置风险，消除安全隐患。

基于三维激光扫描技术的隧道断面质量管理系统功能架构包括现场数据采集端、前端处理和系统分析端，如图 6–18 所示。

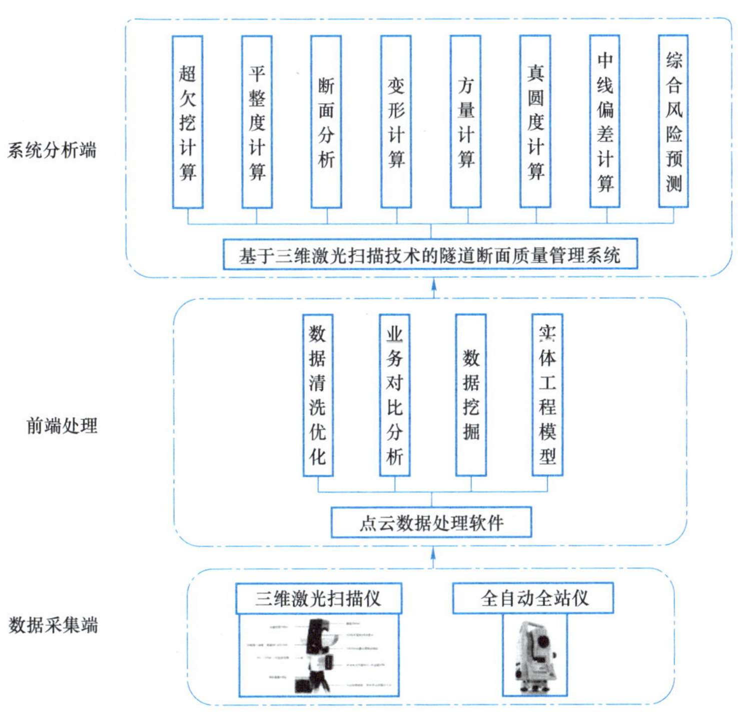

图 6–18 基于三维激光扫描技术的隧道断面质量管理系统功能架构

1. 数据采集端

通过利用三维激光扫描仪与全自动全站仪相结合的新技术，突破了传统测量中由点到线、再由线到面的单点作业模式，通过高速激光扫描测量的方法，能快速获取被扫描物表面的海量三维点云数据，实现了从点测量到面测量的跨越，从而能快速建立物体的三维模型。

2. 前端处理

（1）数据清洗优化。该功能能够去除点云数据中与扫描对象无关的数据，并进行精简优化。因为在扫描过程中，由于某些环境因素的影响，比如车辆行人等，也会被扫描仪采集，这些数据会对计算造成干扰，所以要对其进行清洗。同时，应用特定算法对数据进行精简优化，消除测量误差。这样会使所得点云数据更加准确可靠，反映隧道工程的真实情况，真正对施工起到指导作用。

（2）业务对比分析。该功能能够根据不同需求对大量的点云数据进行计算分析，生成可视化的对比结果，通过该功能可实现超欠挖计算、平整度计算、断面分析、变形计算、方量计算、真圆度计算、中线偏差计算等相关特定需求的对比分析。

（3）数据挖掘。该功能能够对点云数据进行回归性分析计算，并对接下来可能发生的情况进行预测，为保证工程质量提供了巨大的帮助。

（4）实体工程模拟。对点云数据进行处理，形成实体的工程模拟影像，并通过运用点云数据中所包含的色彩、反射强度等信息，分析隧道的渗水、裂缝等情况，实现隧道质量的可视化管理，推动了隧道工程的质量管理。

3. 系统分析端

（1）超欠挖计算。该功能通过对点云数据进行处理，并与隧道 BIM 模型进行关联比对，按照设定的分析断面步距对开挖、初支和二衬开展超欠挖分析应用，得到每个断面拱部和边墙的超欠挖点、数值和中线偏差等分析指标，并利用 BIM 技术将分析结果反映到隧道 BIM 模型的相应构件上进行立体可视化的展示。

（2）平整度计算。该功能能够依据相应规范要求采用加密分析和抽样分析的全面检测方法对数据信息进行分析计算，最终获得平整度信息。所述平整度信息可包括平整度值、位置坐标和断面里程等，各建设单位可以通过该功能实时了解工程状况，提高工程的管理效率。

（3）断面分析。该功能能够设置断面间距和处理的里程范围，形成每个断面的 CAD 图，可查看每个点的坐标、里程等，并支持导出；能够区分隧道断面的不同部位，包括拱顶和边墙等，并在断面图上展示；分完断面之后能够显示切分的断面。

（4）变形计算。该功能能够分析前后两次扫描的同一里程段在一定时间内的变形情况，包括变形的最大距离、最小值和平均值，并用变形云图、表格等可视化的形式展示出来。

（5）方量计算。该功能能够用超欠挖的面积乘步长，计算该循环内超欠挖的方量，同时计算同一里程下两次点云之间的体积，即喷混凝土的方量。其中断面图可以展示每个断面的设计面积与实际面积。

（6）真圆度计算。该功能能够针对盾构，计算实际圆环与设计圆环的偏差最大值、最小值、圆心坐标、半径等，同时还能在断面上显示最大偏差、最小偏差的位置。

（7）中线偏差计算。该功能能够按照设定的断面间距计算每个断面的中线偏差的平均值，并标记最大值和最小值的位置，同时绘制断面图，并在其上标记实际中线与设计中线。

（8）综合风险预测。该系统根据超欠挖分析数据、平整度分析数据、方量对比数据、变形数据等信息，综合分析每段里程内的施工过程数据、成型质量数据，形成综合评断指标，既能对已完工程进行质量评断，又能对后续施工提出改进措施，避免出现超欠挖、平整度超限的情况。

该系统在京张高速铁路八达岭隧道和正盘台隧道首次使用，其中八达岭隧道共采集 10 个工点，扫描里程 4 km，超欠挖分析 2 000 个断面；正盘台隧道共采集出口 1 个工点，扫描里程 4.5 km，超欠挖分析 2 200 个断面，平整度分析 4 km。自开始使用至施工结束累计出现黄色预警 50 次、橙色预警 2 次、红色预警 0 次；处置并消警 52 次，累计参与采集、分析、预警及闭环处置人数达 60 余人。不但满足了现场实际监测需求，又提高了建设管理人员对于风险的处置效率，全方位提高了监测项目的管理水平与效率。八达岭隧道点云模型如

图 6-19 所示，隧道超欠挖分析如图 6-20 所示。

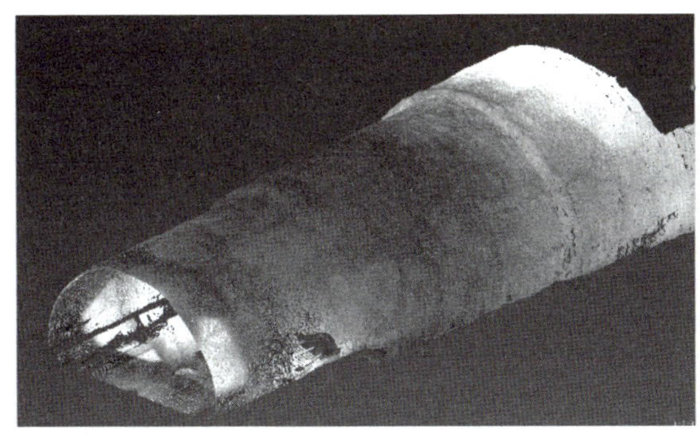

图 6-19 八达岭隧道点云模型

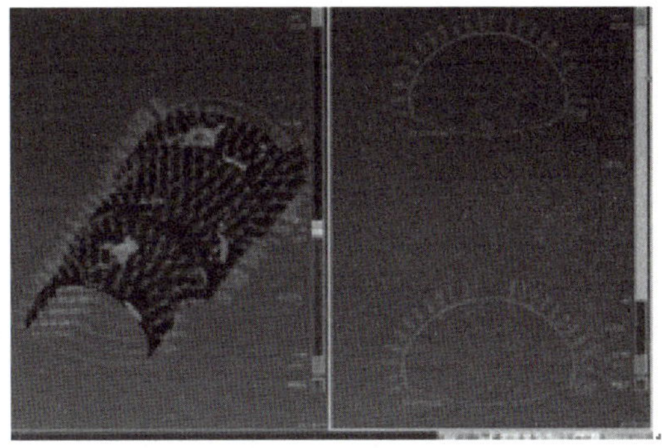

图 6-20 隧道超欠挖分析

三维激光扫描技术的技术优势如下。

（1）通过三维激光扫描技术全自动、高精度、立体扫描手段，短时间、远距离、高精度地获得扫描目标的表面三维坐标，高效、完整地记录施工现场的复杂情况，与设计 BIM 模型进行对比关联，为工程质量检查、工程验收带来了巨大帮助。

（2）三维激光扫描技术处理软件与 BIM 模型属于不同元数据，实现两者的自动和实时传输，把所有异类数据“同化”为统一类型数据，存储在云端数据库。不同元数据传输完成之后，按需求里程段进行不同数据的实时解析，提供断面图打包下载、分析结果及报告下载等功能，实现整体多元数据的同步和高效协同。

（3）实现隧道三维激光扫描技术生成的控制点点云数据与 BIM 模型编码数据数字化集成，实现动态重构点云模型与 BIM 模型实时关联，实时掌握施工状态，进一步实现对隧道进行施工作业过程开挖、初支、二衬的超欠挖分析、隧道净空计算、隧道空洞监测等，实现基于 BIM 的隧道超欠挖、净空及空洞方量等三维可视化质量管控。

（4）采用三维激光扫描技术、BIM 可视化技术，以及移动互联技术等信息化新技术手段，对现有高铁隧道工程平整度计算规则和标准进行优化提升，制定铁路隧道工程平整度计算原理和数学分析模型，形成高铁隧道工程平整度新的技术标准，能够提高平整度分析的速度和精度，并可以及时在预警系统进行展示和预警发布，实现问题及时反馈和闭环处置。

（5）实现隧道成果的无纸化、数字化、信息化，节约大量人力和时间，保证成果数据的时效性和真实性，大大提高参建各方的工作效率，有效指导隧道施工过程，对隧道工程施工过程中的安全风险起到预防作用。

6.3.5 精准微振动控制爆破技术

采用传统隧道钻爆法施工时，一般采用人工钻眼，这种施工方法既耗费大量的人力、物力，又占用过多的施工时间，且施工钻眼准确率不高，同时工人在施工面施工存在一定的安全风险。采用三臂凿岩台车（见图 6-21）进行爆破钻眼施工，不仅能够精准控制钻眼位置，同时能够减少钻眼时间，通过钻眼速度可以智能分析前方施工面围岩情况。在爆破的过程中采用振速监测装置（见图 6-22）进行振速采集及在爆破后使用三维激光扫描仪对开挖轮廓面进行扫描。

基于精准微震控制爆破技术管理系统以 BIM 平台为基础采用三臂凿岩台车钻孔，采用

数码电子雷管起爆，通过分离式振动传感器及三维激光扫描仪自动采集有关数据，并利用专业分析软件对数据进行分

图 6-21 三臂凿岩台车

图 6-22 振速监测装置

析，分析结果自动上传至 BIM 平台进行展示和预警发布处置，方便铁路工程施工单位做出及时调整，并针对爆破设计及时改进，从而提高工程的施工质量。

精准微振动控制爆破系统是一套施工+检测+反馈循环系统，其通过使用施工过程中的自动化、检测的智能化，以及 BIM 平台的信息化，从而提高工程的施工质量。在工程建设施工阶段，通过三臂凿岩台车进行自动化钻眼，加强钻眼的准确性，避免了“自认为”带来的误差。检测监测阶段，采用分离式振动传感器及三维激光扫描仪自动采集并进行智能化处理，上传至检测数据中心；最后通过 BIM 平台将检测结果通知政府监管部门、建设单位、监理单位，以及施工单位，并及时将预警信息推送给施工方，施工方及时修订施工方案。

该技术在京张铁路八达岭隧道施工过程中首次使用，共得到 4 464 条数据，其中波速数据 1 210 条、三维扫描数据 3 254 条。爆破波速红色预警 4 次，橙色预警 12 次，主要集中在下穿石佛寺村和青龙桥车站。施工过程中通过及时修改爆破参数，没有出现过连续预警情况，实现了对工程爆破的全面管控，保护了建设方的权益，提高了工程质量；三维扫描更准确地估算了喷射混凝土用量，为施工带来了显著的经济效益。

通过应用精准微震控制爆破技术管理系统，大大提高了工程的施工质量，提高了工程管理程度，加强了施工的透明化，在较大程度上提高了参建各方的工作效率，在引入精准微震控制爆破技术管理系统后，降低了隧道的施工成本，取得了较好的经济效益。该技术优点如下。

（1）采用三臂凿岩台车进行智能化钻孔，凿岩成孔速度快，钻孔精度高，减少了人工钻孔带来的随机性，在管理层面更好控制，减少了人工施工的风险，且能够智能化地分析施工面前方的围岩情况。

（2）通过三维激光扫描技术的全自动、高精度、立体扫描手段，短时间、远距离、高精度地获得扫描目标的表面三维坐标，可以准确计算出超欠挖情况，从而估算喷射混凝土的用量，减少因估算误差而浪费混凝土的使用量，为工程施工带来巨大效益。

（3）将检测结果与 BIM 模型建立联系，实现 BIM 系统统一管理，利用 BIM 的便捷性，按照参建各方不同的需求，将信息发送给工程各个单位，实现了工程建造的透明化。

对于精准微振动控制爆破系统在未来的使用，还需要注意以下问题。

（1）液压凿岩台车能通过导入的炮眼布置图进行钻孔，但是在定位时还需要人工控制，今后，液压台车应向可以自行定位，并进行钻孔的方向发展。

（2）在监测过程中需要人工连接实验仪器，并需要人工读取相应的数据，上传至平台，从而更加智能地读取并处理数据。

6.3.6 超大断面可调式薄壳二衬结构施工及智能控制技术

工程实践证明，大量的地质复杂、高难度山岭隧道及城市地铁隧道在施工结束后都不同程度存在二衬结构蜂窝麻面、砂线、内部空洞等问题和运营期掉块、漏水等问题。在隧道工程的二衬施工过程中，尤其是超大断面薄壳二衬结构施工中仍存在很多的问题，如由于台车作业空间小、工人操作不便，容易出现过振和漏振等问题，从而导致混凝土外观出现蜂窝麻面、砂线、内部空洞等质量问题。

对隧道工程的二衬混凝土振捣和浇筑质量进行智能控制的技术，主要包括混凝土集成振捣控制系统和混凝土浇筑管理系统。

1. 混凝土集成振捣控制系统

在隧道衬砌台车上设置有分散安装的平板振捣器、PLC 电柜控制箱、移动式按钮开关控制箱、供电电源组。附着式平板振捣器连接于 PLC 电柜控制箱，PLC 电柜控制箱连接移动式按钮开关控制箱，移动式按钮开关控制箱上面有对应的平板振捣器启停按钮，可以进行实时控制。PLC 电柜控制箱由继电器、接触器、PLC 控制系统、触摸电容屏组成，通过触摸电容屏进入操作系统能够对平板振捣器进行启停控制，能够记录并显示平板振捣器的运行状态和时间，能够对平板振捣器的数据进行清零或者导出操作。图 6-23 所示为混凝土集成振捣控制系统。

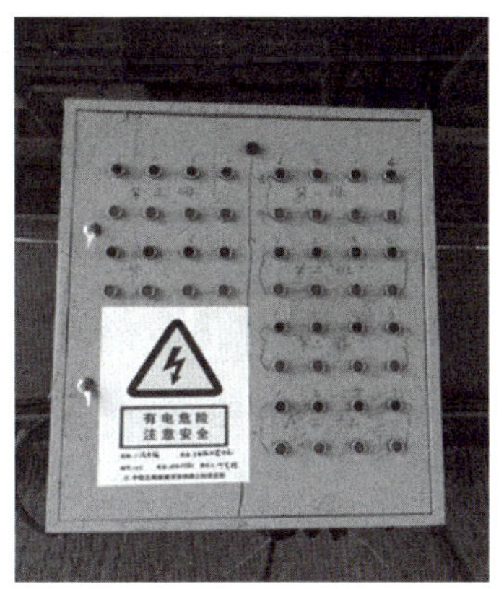

图 6-23 混凝土集成振捣控制系统

隧道衬砌台车附着式平板振捣器集成控制系统，通过集成控制的方式，可以减少人工的投入，减少因人为因素造成的质量缺陷，提高施工效率，确保施工质量，延长维修周期。能实时记录及显示二衬施工振捣使用参数，为二衬混凝土施工效果的分析提供直观数据，为改进二衬混凝土施工工艺提供极大的便利。能存储数据，将每组二衬的平板振捣器的振捣情况下载到电脑，以便以后查找，可追溯性强，有效解决平板振捣器振动开与不开无人知晓的情况。

2. 混凝土浇筑管理系统

二衬混凝土质量管理系统分为两大部分，一部分是二维码扫码模块（见图 6-24），另一部分是混凝土浇筑质量管理系统（见图 6-25）。

二维码扫码模块的主要功能是运用二维码信息技术，对混凝土生产、运输和入模进行管理控制。

（1）每车混凝土在搅拌站生产后，生成二维码。二维码中记录混凝土的方量、浇筑部位、生产时间、混凝土强度等信息。

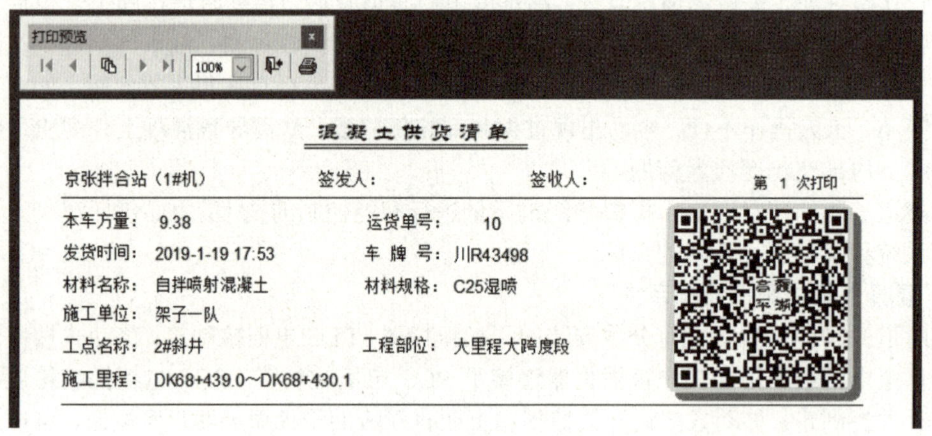

混凝土供货清单

京张拌合站（1#机） 签发人： 签收人： 第 1 次打印

本车方量： 9.38 运货单号： 10

发货时间： 2019-1-19 17:53 车 牌 号： 川R43498

材料名称： 自拌喷射混凝土 材料规格： C25湿喷

施工单位： 架子一队

工点名称： 2#斜井 工程部位： 大里程大跨度段

施工里程： DK68+439.0~DK68+430.1

图 6-24 二维码扫码模块

（2）混凝土罐车运到现场后，现场扫描二维码，根据扫描信息复核浇筑部位和混凝土强度是否正确，复核混凝土是否超过初凝时间等。

混凝土浇筑振捣模块的主要功能是对混凝土浇筑过程进行记录和监测统计，计算超灌量。

（1）浇筑时实时统计混凝土浇筑方量情况，现场形象化显示实时浇筑进度和混凝土浇筑面的位置，指导平板振捣器的开启。

（2）监测统计附着式振捣器运行情况，直观显示累计振动时间等，防止混凝土漏振或过振。

（3）浇筑完毕显示浇筑总方量，并与设计方量和断面扫描方量进行对比分析，可以得出超灌情况或拱顶空洞情况。并及时采取相应措施，保证二衬混凝土的质量。

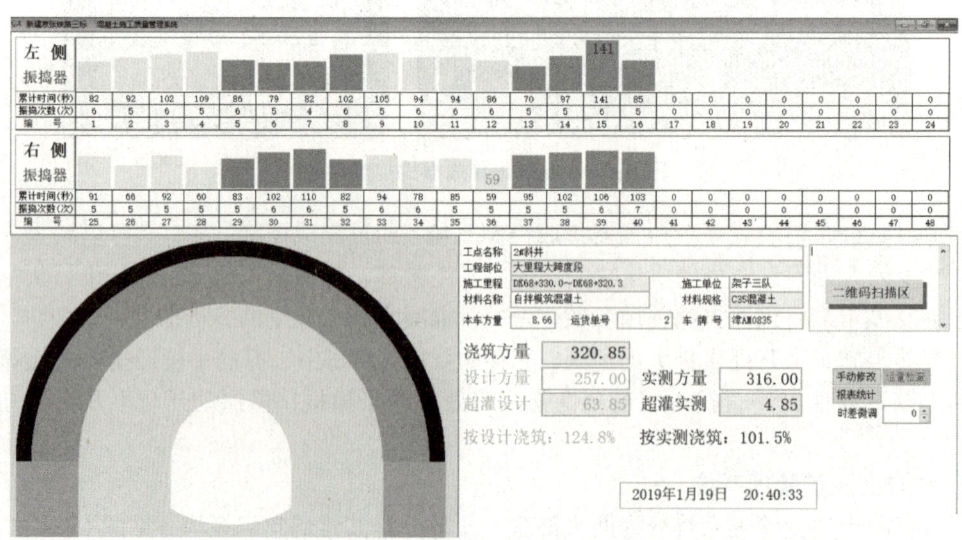

图 6-25 混凝土浇筑质量管理系统

混凝土振捣和浇筑质量控制智能技术现场应用如图 6-26 所示。

图 6-26 混凝土振捣和浇筑质量控制智能技术现场应用

京张高速铁路八达岭长城站工程建设实践表明，采用该技术实现了混凝土浇筑施工过程全程跟踪记录；采取自动记录现场振捣时间和混凝土方量数据，自动计算、智能提醒，可减少现场作业人员 50%，现场数据记录耗时降低 90%，保证施工过程记录 100%可追溯。

6.3.7 全预制轨下结构及智能拼装技术

目前大直径盾构铁路隧道轨下结构常用的结构型式有全部现浇，部分预制、部分现浇两种，但轨下结构采用全预制构件拼装的施工方法尚属空白。当盾构隧道掘进过后，紧接着需要对隧道内部轨下结构进行施工，实现隧道内轨下结构的快速施工，可以加快施工进度，节约工期，避免了大量植筋损坏盾构管片，提高结构耐久性和可靠性，减少外界环境对施工作业的干扰，改善作业环境，降低振动对周边环境的影响。

全预制轨下结构拼装是同步盾构机推进施工的，不仅可以将隧道内的有轨运输模式优化为无轨运输，还避免了轨下结构与盾构掘进的交叉施工，大大提高了整体隧道盾构施工功效。

轨下结构是指利用圆形盾构断面富余度大的特点，于中间设置贯通全隧道的救援通道，两侧分别设置风道及设备管道。轨下结构预制法则是将轨下结构断面分割，然后通过工厂化、模块化预制轨下结构。全预制轨下结构则代表整个轨下结构断面全部预制。预制部件分为两种结构形式，中箱涵和边箱涵。预制结构拼装需采用配套拼装机械装备，例如盾构机会跟随设备配置箱涵吊机用以拼装中箱涵，但是边箱涵拼装需要全新的拼装机械设备，拼装机械设备自动化集成程度高，只需人工操作遥控手柄即可。预制构件在工厂内模块化生产，运到现场后再由专业人员操作箱涵吊机拼装，完成轨下结构从生产到安装的整个流程。图 6-27 所示为轨下结构从生产到拼装流程。

全预制轨下结构的实现归结于预制构件整体力学性能模拟可行、预制构件生产工艺可行和预制构件拼装连接可行。预制结构在进场前进行试拼装，通过拼装试验检查模具的精度、扭曲度、螺栓孔的精准性及构件的连接性能，同时也可检验预制拼装机械的可操作性、精准性，图 6-28 所示为预拼装箱涵效果。

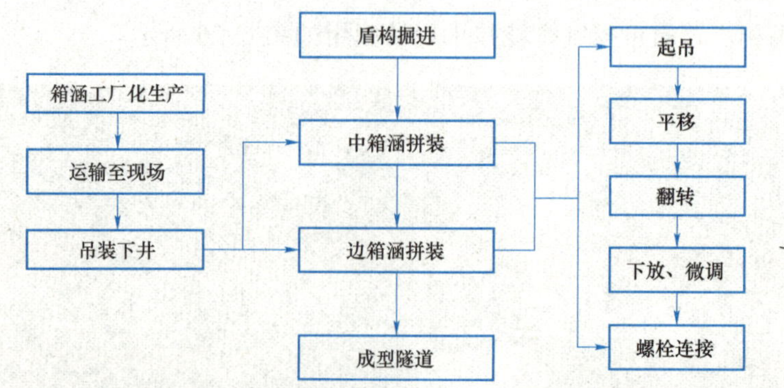

图 6-27 轨下结构从生产到拼装流程

图 6-28 预拼装箱涵效果

隧道边箱涵预制件拼装机主要由车架、行走车轮组、行走驱动机构、小车供电、横移机构、四点起吊三点平衡机构、旋转机构、U 形吊具、箱涵件调整定位机构等组成。该设备可以将边箱涵从运输车吊起，平移调整后放到指定安装位置，最终将边箱涵精确安装于隧道内，实现边箱涵快速施工。图 6-29 所示为隧道边箱涵预制件拼装机示意图。

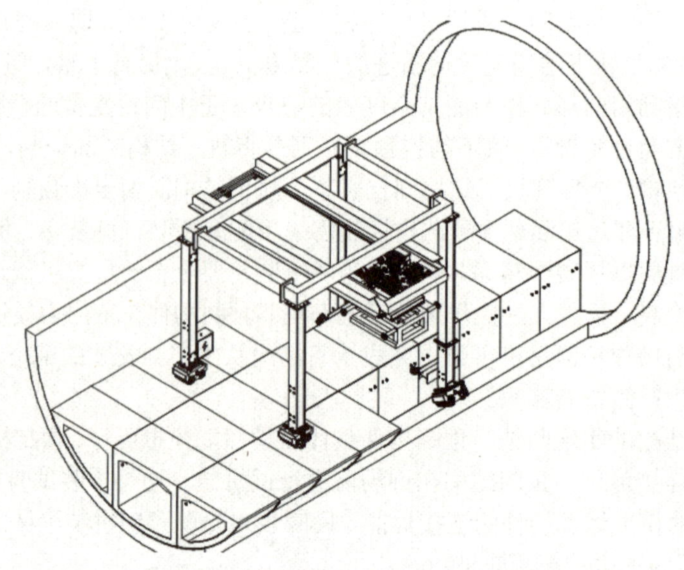

图 6-29 隧道边箱涵预制件拼装机示意图

在新建京张高速铁路清华园隧道施工过程中，由于施工工期较短，因此采用轨下结构全预制拼装的施工方法。清华园隧道盾构段为单洞双线隧道，全长 4 448.5 m，隧道管片外径 12.2 m，内径 11.1 m；管片环宽 2 m、壁厚 0.55 m。盾构掘进后轨下结构的施工是整个系统的关键，为加快施工进度，清华园隧道轨下架构采取中间预制“口”字件（中箱涵）+两侧预制边箱涵的结构型式，实现轨下结构全预制拼装施工，中箱涵之间、中箱涵与边箱涵之间均采用螺栓连接。轨下全预制结构生产如图 6-30 所示，轨下预制中箱涵拼装如图 6-31 所示，轨下预制边箱涵拼装如图 6-32 所示，轨下全预制结构成型效果图如图 6-33 所示。

图 6-30 轨下全预制结构生产

图 6-31 轨下预制中箱涵拼装

图 6-32 轨下预制边箱涵拼装

图 6-33 轨下全预制结构成型效果图

该施工方法机械化程度高，施工速度快，预制构件运至现场即可利用机械进行拼装，极大地提高了工人的工作效率和机械使用效率。工厂化预制件生产可实现构件的标准化，且对其做好防护措施后不受自然环境影响，可以充分保证预制件质量和批量化生产，构件统一生产的标准性和规范性也确保了现场施工的质量和效率。现场施工无需周转材料、无需占用大量材料堆场，施工时间大为减少，可有效降低盾构隧道的建设成本。工厂化生产、现场拼装，除后续砂浆灌封，无现场混凝土浇筑，避免了商品混凝土到场不及时，甚至遇政策及天气情况影响无法发送混凝土的问题。盾构隧道轨下结构全预制工艺，由于其施工灵活、效率高等特点，取得了显著的经济效益及社会效益，是我国盾构隧道轨下结构施工的革命性创举。

6.3.8 隧道监控量测信息系统

铁路工程建设中隧道施工安全风险最高，隧道安全事故具有突发性强、预见性差、社会影响面广、后果严重的特征，隧道施工中坍塌风险最突出。虽然近年来铁路隧道重特大事故数量有所下降，但安全态势不容乐观。工程实践表明，隧道围岩监控量测工作不及时，使得一些安全隐患未及时消除，以致酿成事故。相关风险主要表现如下。

（1）围岩监控量测未引起普遍重视，量测数据真实度不高。

（2）信息反馈严重滞后，管理者不能及时或实时地掌握和分析变化情况，致使险情处理反应迟缓。

（3）建设单位力量有限，施工现场点多线长，现场监管存在困难。

隧道监控量测信息系统能极大提高测量数据的真实性；实现变形测量的及时预警；将传统的逐级上报管理模式变为各级的共同监管模式，显著缩短报警处置的响应时间；积累了大量监测数据，为隧道安全开展大数据分析奠定坚实基础。

隧道围岩的智能监测功能架构如图 6–34 所示。

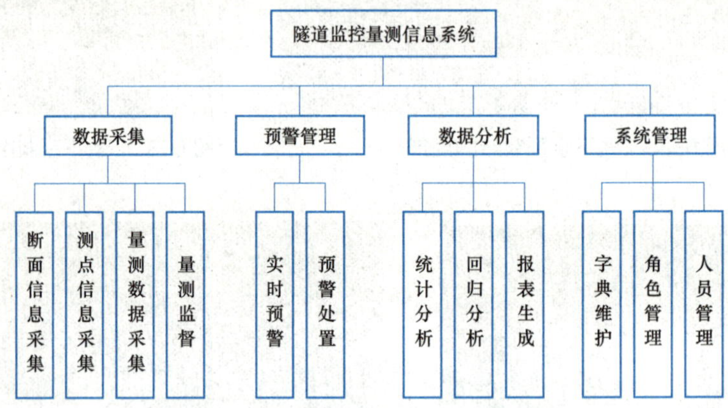

图 6–34 隧道围岩的智能监测功能架构

（1）数据采集。

查看设置量测断面信息，查看设置量测测点信息，查看测量数据信息及时态曲线，监督每个测点每天测量次数，对测点是否按时测量和按时上传进行实时统计，便于及时查看和监督。

（2）预警管理。

24 小时内监测变形速度较快的测点，在达到报警前，就发展趋势进行预测。进行报警处置、关闭等风险闭环管理操作。

（3）数据分析。

针对地表沉降、拱顶下沉、周边收敛三类观测项，在量测过程中对触发的报警等信息进行分类统计，分为报警统计和其他统计，报警统计针对项目下所有标段分日、周、月三种方式进行报警量统计，其他统计项目下分标段数、工点数、测点数、断面数、测量数据量等进行统计。

（4）系统管理。

系统管理通过对数据字典进行维护，对系统角色进行分配和管理，实现对人员权限进行管理和配置。

系统通过安装在手持终端中的终端软件，利用蓝牙技术控制现场普通全站仪，对隧道施工的关键数据（拱顶下沉、净空变化、地表沉降等）进行采集。手持设备（App）+全站仪+蓝牙技术进行数据采集见图 6-35。利用 webService 加密技术传输数据，对变形速率和累计变形量实行双控报警。通过对监测数据的分析，实现对施工现场的安全评估。保证施工安全和工程质量，加快施工进度，降低了隧道施工安全风险，提升了风险管控能力。

宝兰（宝鸡—兰州）客专石鼓山隧道的 1#斜井施工，最初采用小型挖机开挖上台阶施工面拱顶部位，开挖过程中伴有少量的粉质黏土呈块状掉落，如图 6-36 所示。大约一周后监测系统显示，隧道施工面附近变形量急剧加大，如图 6-37 所示。监测系统发出红色预警后，施工管理部门立即下令并组织施工面所有人员后撤，同时加强洞内观察和监控。大约 1.5 小时后，DK640+285 上台阶施工面失稳溜塌，牵引未封闭成环的拱架失稳，致使 DK640+285～+310 段发生坍塌。由于现场发现及时、组织有效，未发生人员伤亡。

图 6-35　手持设备（App）+全站仪+蓝牙技术进行数据采集

图 6-36　现场施工情况

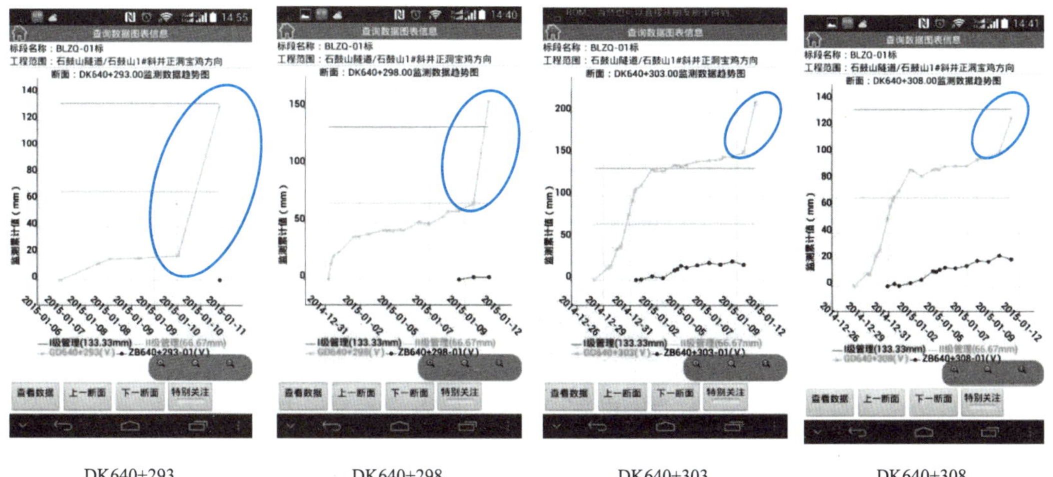

图 6-37　监控量测数据图表信息

6.3.9 明挖隧道自动化喷涂技术

明挖法隧道施工以其造价低廉、适用性强、质量易于控制等优点广泛应用于不同条件下的隧道。

明挖隧道大多设置在地势平坦处，无大的高程障碍，往往采用 V 形设计，该设计形式对于防水要求更高。相比传统的暗挖隧道，明挖隧道在防水材料的选择上更加多样，现场施工条件更加便利。

据统计，我国运营的铁路隧道中，有水害的隧道约占 70%。隧道渗漏水不仅直接损坏衬砌，降低其使用年限，而且加速钢轨和扣件锈蚀，损害道床和基础，影响线路稳定。在严寒地区更会因渗水结冰侵限影响列车的安全运行，所以必须重视隧道防水效果。

在隧道防水施工的传统人工喷涂技术中，存在诸多弊端，主要表现如下。

（1）人员高空作业，危险系数高，喷涂速度慢，施工质量的管理难度较大。

（2）喷涂操作人员的作业水平决定了喷涂效果，喷涂厚度全凭经验，易造成隧道渗漏水病害的发生。

京张高速铁路的东花园隧道是我国目前已建成通车的最长的明挖隧道，东花园隧道也是国内首次采用速凝橡胶沥青喷涂防水材料的强富水深基坑明挖隧道。新型喷涂速凝橡胶沥青防水材料是一种绿色环保的水性涂料，从生产到使用均不产生有害物质，具有无缝搭接、完美贴合、工作环境要求低、施工效率高、附着力强、耐穿刺、抗酸碱盐、节能降耗等突出优势，能解决边角、裂缝、不规则结构的连接处渗漏等技术难题。东花园隧道防水施工中采用专门研制的自动喷涂机器人，有效提高了喷涂施工的质量、效率和智能程度。该机器人能精确地按照设定轨迹自动准确喷涂，使材料与基面全面高强黏附、喷层均一平整，有效减少了损耗量，极大地提高了工效，大幅度提升了施工的安全可靠性。

1. 自动化喷涂智控系统的设计

新型速凝橡胶沥青防水自动化喷涂智控系统包括工作平台、控制系统、供料系统、支撑系统、走行系统和喷涂小车六部分，如图 6-38 所示。

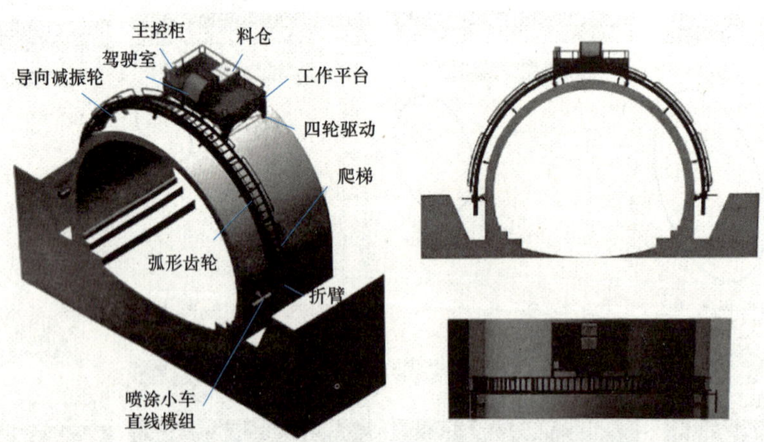

图 6-38 新型速凝橡胶沥青防水自动化喷涂智控系统

（1）工作平台：根据结构外观尺寸进行定制，是存放控制系统和供料系统的平台，周围设置护栏。

（2）控制系统：主要包括主控制器、主电控制柜和变频器控制柜。主控制器采用可编程逻辑控制器（programmable logic controller，PLC）控制，设置触摸屏+按钮两种控制方式，触摸屏可以实时输入数值进行设备基本参数设置，具有一键启动功能，能自动运行喷涂、爬升、回位。支撑系统行走采用电动控制，自带纠偏功能。

PLC 控制器是自动化喷涂的智控中心，其内置的微处理芯片可以计算分析并控制行走系统的速度和供料系统的供应量，以及喷涂小车上喷枪的喷速，从而精准控制喷层厚度。

（3）供料系统：喷涂速凝橡胶沥青防水材料为双组分涂料，防水涂料主剂 A 组分为棕褐色黏稠状的水性橡胶沥青乳液，固化剂 B 组为无色透明的破乳剂，分别装入操作平台的 2 个容器中。通过增压泵泵送涂料，增压泵由主控制器进行控制，在支撑系统上设置坦克链对管道进行保护，直达喷涂小车，并跟随小车采用回卷式移动。

（4）支撑系统：根据结构外观尺寸进行定制，采用爬梯形式，可行走工作人员，并设置护栏。外侧采用上、下双层 U 形槽钢，在下层 U 形槽钢上设置两道齿槽作为喷涂小车的行走轨道，上层 U 形槽钢作为坦克链的行走轨道。

（5）走行系统：在工作平台下设置 4 个驱动轮，每个驱动轮由一个电机驱动，在主控制器控制下行走，并可进行纠偏，在支撑系统下设置可调节单向减振轮随工作平台的驱动轮进行移动。

（6）喷涂小车：在支撑系统上设悬挑梁，设置四个齿轮与支撑系统的两道齿槽进行连接，在悬挑梁上安装传动链和喷枪，设置两个电机进行驱动，一个电机驱动喷涂小车沿支撑系统行走，一个电机驱动喷枪沿悬挑梁行走。

2. 自动化喷涂技术应用效果

东花园隧道采用了自动化喷涂技术，自动化喷涂机器人（见图 6-39）的施工工效是人工喷涂的 4 倍，按照东花园隧道喷涂 22 000 m^2 进行计算，人工喷涂每日喷涂 500 m^2，需要 44 天，机器人喷涂每日喷涂 2 000 m^2，需要 11 天，节约工期 33 天。自动化喷涂机器人只需 2 人一组，人工喷涂需要 6 人一组，减少了 66.7%的现场作业人员。

图 6-39 自动化喷涂机器人

传统人工喷涂需要人工手持喷枪进行作业，在倒弧形上高空作业，属于高危作业，作业人员危险性极高，自动化喷涂采用自动喷枪，无需作业人员高空作业，有效降低了作业人员的危险性。

自动化喷涂机器人能够精确地控制喷涂用量，操作简单、喷涂厚度完美均一（涂层外观检查见图 6-40，实测涂层厚度见图 6-41），有效地避免了人工喷涂存在的喷涂厚度不一、搭接面处理不到位等误差，合格率 100%。自动化喷涂机器人对防水涂料的使用量控制更好，传统人工喷涂由于喷涂误差较大，使用量低于设计量时达不到防水效果，使用量高于设计量时，喷涂材料成本增加。自动化喷涂机器人有效避免了隧道渗漏水情况的发生，降低了洞内渗漏水对洞内设备和运营车辆产生破坏和影响的程度。同时减少了后期对隧道渗漏水进行处理产生的高额费用。

图 6-40　涂层外观检查

图 6-41　实测涂层厚度

自动化喷涂机器人的应用有效降低了现场管理人员的工作量，按照验收标准采用针测法测厚仪对喷涂防水层进行实时监测，每 100 m^2 抽查一处，采用传统人工喷涂时，施工单位为了控制喷涂质量都会进行加密监测，同时需要对不合格部位进行加强处理，处理完成后还需要进行监测。

东花园隧道在自动化喷涂实现的过程中设计了专门的喷涂机器人及相应的控制系统，对装备的要求较高，在后续的推广过程中可能存在一定的困难。

6.3.10　大直径盾构隧道施工可视化技术

城市环境建筑物密集，极度脆弱，盾构施工引起的地层变形及随之诱发的周围环境建筑物的变形会带来很大的风险，如果控制不当则会造成安全事故，引起人员伤亡及不必要的经济损失。为了避免此类事故的发生，采用智能建造系统通过多源异构方法将施工地质条件、周边建（构）筑物、施工参数数字化处理，并基于理论及人工智能方法将各方信息进行实时分析，提前给出盾构施工可能引起的地层及周围环境的响应。通过实时监测数据反馈，结合施工控制标准判断施工的安全与否，同时给出合理的施工参数建议值，保证施工安全。

京张高速铁路清华园隧道近距离并行下穿城铁 13 号线，且穿越 3 处地铁、6 处主要市政道路及大量重要市政管线，是目前国内位于城市核心区，穿越地层最复杂、重要建（构）筑物最多的国铁单洞双线大直径盾构高风险隧道。为保证隧道掘进时对周边风险源的扰动最小，需要严格控制施工参数。

清华园隧道施工中的工程措施包括两个方面：一是隧道内部自身的盾构机掘进参数，包括盾构机的姿态参数、压力参数，以及进出浆、注浆量参数等；另一个是改良地层的工程措施，如打钻孔灌注桩、复合锚杆桩等通过阻隔变形传递使得风险源的沉降值降到最低。盾构机的自身参数可以从盾构机的传感设备采集，并将其上传到平台实现量化、数字化处理，为进一步分析提供依据。盾构施工参数数字化见图 6–42。洞外的加固或者隔离地层的措施可以通过人工录入的方法加入平台中，对于不同的防护措施，其数字化处理方式为对其进行编号处理，并统计其施工日期、布置形式、与隧道的相对位置，以及处理后对地层变形的影响（不同防护措施数字化见图 6–43）。随后建立相关的数值计算分析模型，对不同防护措施的防护效果和地层变形影响进行综合评价比选，为进一步开展地层及周围建（构）筑物的沉降预测提供依据。

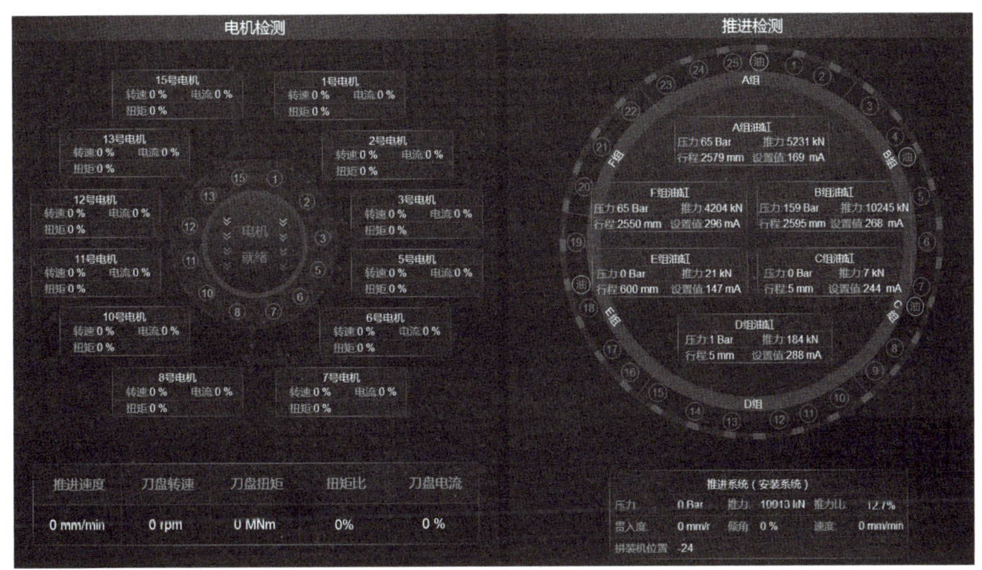

图 6–42　盾构施工参数数字化

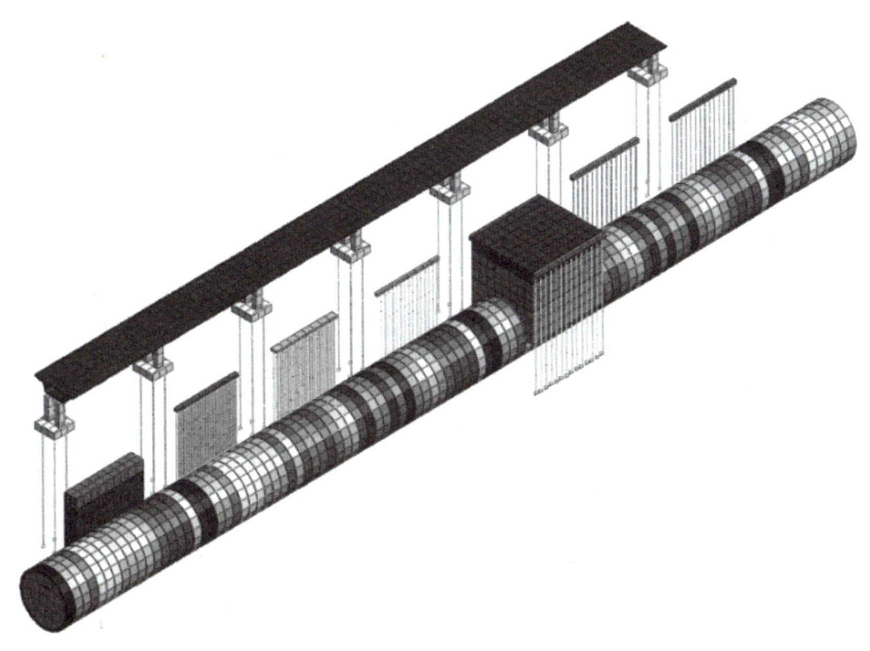

图 6–43　不同防护措施数字化

清华园隧道盾构施工全过程的可视化动态管理技术包含以下三个核心内容：施工全过程、可视化及动态管理技术。因此，该技术的客体是施工全过程，手段为可视化技术，目标为动态管理。动态化管理的施工全过程具体而言是指：盾构在开挖面处施加切口压力、刀盘切削土体、盾构通过、管片安装及同步注浆补偿地层损失及之后的二次注浆抬升土体等施工全过程，可视化主要是指在前述地质条件、建（构）筑物状态数字化及工程措施（包含盾构施工参数）数字化的基础上，通过地层预测方法计算得到施工影响下地层的变形响应及周围建（构）筑物的安全状态，并对其进行直观表现。动态化管理的内涵就是基于以上地层的变形响应及周围建（构）筑物的安全状态并对其进行过程控制，具体包括施工参数动态调整及施工组织动态管理。

动态化管理的主体即周围的建（构）筑物，管理的基础是建立起的施工掘进参数与地层变形、地层变形与建（构）筑物的相互作用的理论，管理的手段是调整掘进参数。因此基于相关理论研究，结合监测数据分析，可以通过调整掘进参数保证建（构）筑物的安全状态在预设范围之内，施工参数动态调整流程如图 6-44 所示。

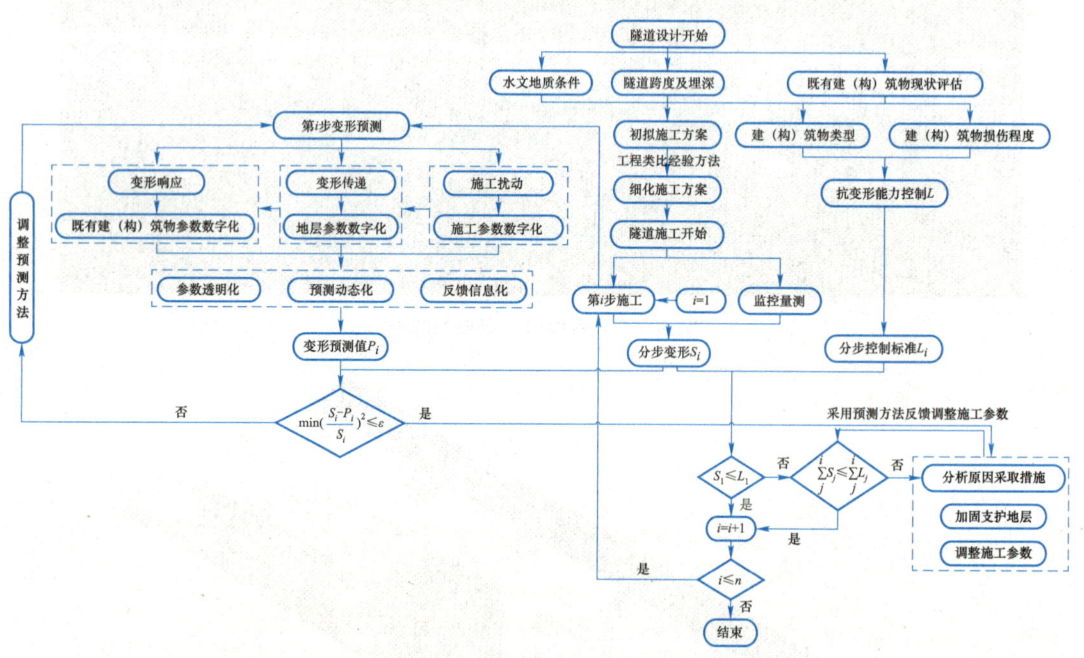

图 6-44　施工参数动态调整流程

盾构施工全过程可视化动态数据管理系统，主要用于盾构施工进度监控管理、使用材料监控管理、施工参数统计管理、工作人员调度管理，以及设备安全维护管理等。盾构掘进实时监控、注浆系统监测可视化图、隧道围岩监测可视化图如图 6-45、图 6-46 和图 6-47 所示。

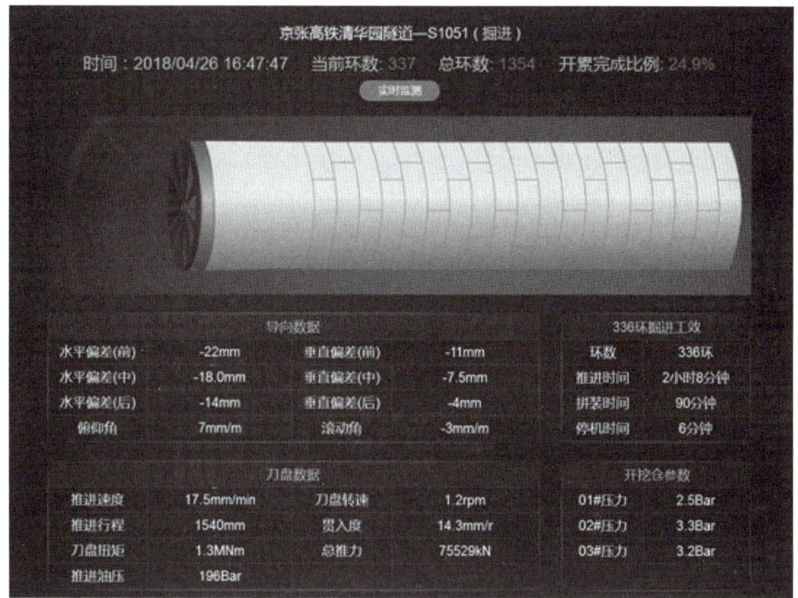

图 6-45　盾构掘进实时监控

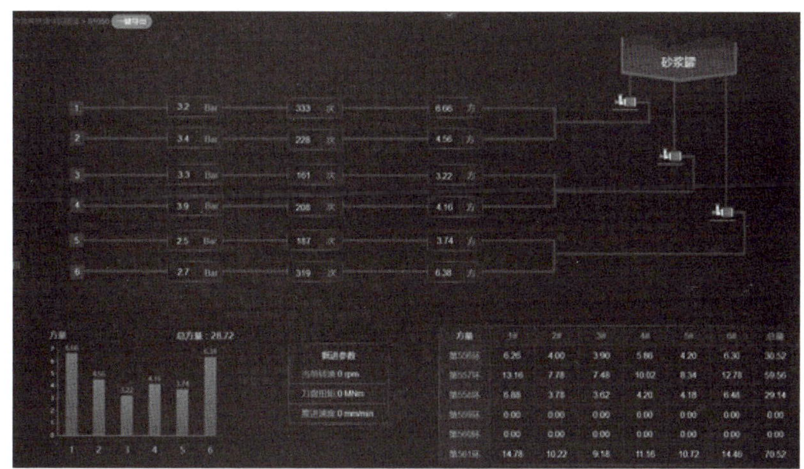

图 6-46　注浆系统监测可视化图

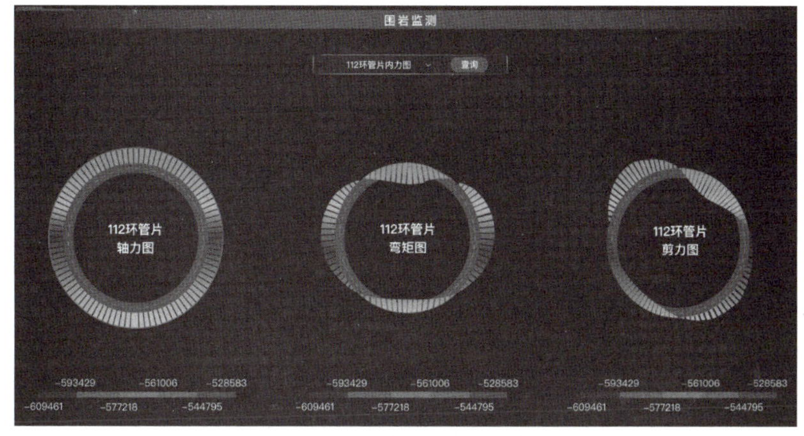

图 6-47　隧道围岩监测可视化图

思 考 题

1. 简述高速铁路隧道工程的特点。
2. 简述洞口工程施工内容及施工顺序。
3. 简述隧道开挖的施工方法。
4. 简述高速铁路隧道复合式衬砌结构施工的内容。
5. 简述隧道工程智能建造技术种类。
6. 简述孔内成像系统各构件功能。
7. 简述安全步距管理系统技术功能架构。
8. 简述隧道工程的二衬防脱空自动报警技术功能架构。

7 铁路轨道工程的智能建造技术

高速铁路以客运行车为目的，根据我国高速铁路轨道工程相关的设计规范及施工规程，高速铁路对轨道工程的结构稳定性、运行表面的平顺性、轨道的弹性和可靠性及养护维修的便利性都有很高的要求。高速铁路轨道工程分为有砟轨道和无砟轨道两种类别。

7.1 高速铁路轨道工程的特点

7.1.1 有砟轨道

有砟轨道作为传统轨道结构形式，它具有建设费用低、噪声传播范围小、建设周期短、破坏时修复时间短、维修效率高、轨道超高及几何状态调整简单等优点，但随着铁路运营速度的不断提高，有砟轨道的种种不足之处逐渐显现出来，如维修工作量加大、道砟飞溅等。所以有砟轨道一般仅适用于运行速度 250 km/h 及以下标准铁路线路。针对高速铁路采用箱梁结构的桥梁工程，必须在铺轨前完成箱梁架设的工作特点，单枕连续铺设法是高速铁路正线有砟轨道特有的施工方法。高速铁路有砟轨道和道砟飞溅如图 7-1 所示。

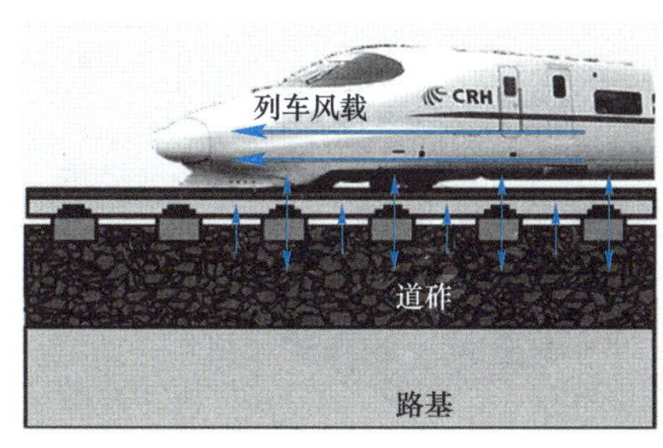

图 7-1 高速铁路有砟轨道和道砟飞溅

首先进行道砟预铺，然后采用铺轨机进行长钢轨铺设，随后进行长钢轨的单元焊接，接着分次进行上砟整道。待道床达到初期稳定状态后进行单元轨节的应力放散和锁定，与道岔焊联、锁定形成跨区间无缝线路，接着进行精细整道和轨道静态检测，直到道床达到稳定状态、轨道平顺度达到要求标准，然后进行钢轨全长预打磨，最后进行轨道动态检测和不合格点项的调整、消除，直至轨道各点的各项指标全部合格。

7.1.2 无砟轨道

无砟轨道指用整体混凝土结构代替传统有砟轨道中轨枕和散粒体碎石道床的轨道结构。无砟轨道是一种少维修的轨道结构，它利用成型的组合材料代替道砟，将轮轨力均匀分布并传递到基础上。无砟轨道按照结构可以分为整体结构式和直接支承式。路基上的无砟轨道一般由基础防冻层、支承层、承载层、防排水系统、轨道扣件系统，以及其他附属设施共同构成。

目前我国高速铁路采用的无砟轨道主要类型有 CRTSⅠ、CRTSⅡ、CRTSⅢ型板式无砟轨道和 CRTS 双块式无砟轨道这四种结构形式（见图 7–2～图 7–5）。

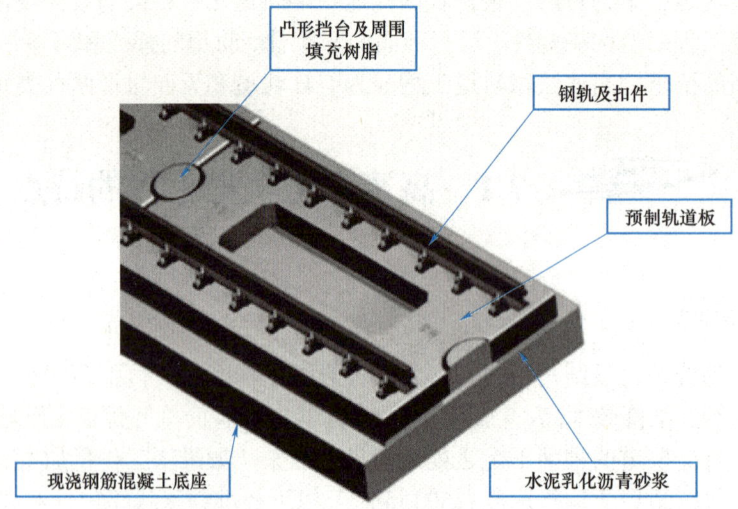

图 7–2 CRTSⅠ型板式无砟轨道

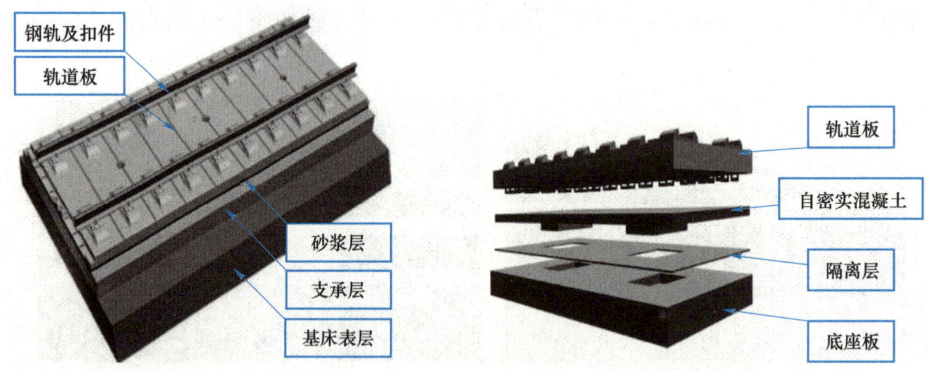

图 7–3 CRTS Ⅱ型板式无砟轨道　　图 7–4 CRTS Ⅲ型板式无砟轨道

相对于传统的有砟轨道结构形式来说，无砟轨道结构具有以下特点。

1. 良好的结构连续性和平顺性

无砟轨道的下部基础、底座、调整层、双块式无砟轨道道床均为现场工业化浇注；双块式轨枕、板式无砟轨道轨道板、轨下胶垫、扣件等均为工厂预制件，可以保证其性能有较好的均一性。由此组成的轨道整体结构与有砟轨道相比具有更好的结构连续性和弹性均匀性，为提高轨道的平顺性，改善乘车质量提供了有利条件。双块式无砟轨道如图 7–5 所示。

图 7-5 双块式无砟轨道

2. 良好的结构恒定性和稳定性

无砟轨道结构中的整体式轨下基础可为无缝线路提供更高、更恒定的轨道纵横向阻力，具有更好的耐久性和更长的使用寿命。

3. 良好的结构耐久性和少维修性能

无砟轨道维修量大为减少，为延长线路的维修周期及客运专线铁路列车的高密度、准点正常运行提供重要保证。客运专线铁路的行车速度高、密度大，所有线路地面检查、维修作业都必须在“天窗”时间内进行。我国高速铁路由于跨线列车多，自身的行车密度又大，不可能完全像国外高速铁路那样白天行车、夜间维修。在白天、夜间均行车的条件下，安排维修时间是很困难的。因此减少线路维修工作量是保证高速铁路列车准点运行的前提条件。

4. 工务养护、维修设施减少

由于维修工作量减少，可以延长每个综合维修中心和维修工区的管辖范围，从而减少维修部门的数量。同时可以减少配置的维修机械、房屋等设施。

5. 无砟轨道弹性较差

与有砟轨道相比，无砟轨道的弹性较差。轨道弹性的降低会增加列车冲击荷载，加剧轨道状态的恶化，也会增大线路附近家居环境的振动和噪声。

6. 工程费用较高

与有砟轨道相比，尽管无砟轨道的结构高度低、自重轻，但无砟轨道结构施工工艺、施工机械、控制手段要求高，导致工程费用高于有砟轨道。

7.2 轨道工程施工内容

7.2.1 有砟轨道

有砟轨道正线铺轨施工工艺流程如图 7-6 所示。

1. 预铺道砟

预铺道砟采用运砟车运砟，道砟摊铺机摊铺整平，压路机压实。

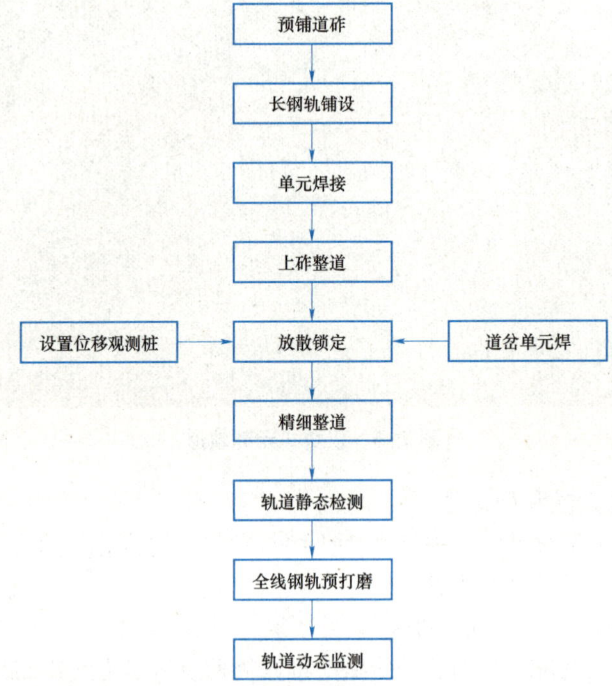

图 7-6　有砟轨道正线铺轨施工工艺流程

2. 长钢轨铺设

正线采用双层运枕车运送长钢轨和轨枕，利用专用铺轨机采用“单枕连续法”进行长钢轨铺设，其主要工序如下。

1）铺轨准备工作

设置铺轨机走行标示线，铺轨机组就位，轨料运输列车由机车推送进入铺轨现场，摘开机车，连接铺轨机组与轨料运输列车，解除长钢轨的锁紧、保护装置。

2）拖拉长钢轨

采用铺轨机自携卷扬机拖出长钢轨，送入长钢轨分轨装置与推送装置。再由拖拉机拖拉长钢轨前行，拖拉的同时每隔 10 m 在长钢轨下放置一对滚筒。铺轨机前转向架轮对运行至已铺轨道端头约 500 mm 时，按焊接要求结合当时轨温预留轨缝，用断轨急救器连接。

3）布枕及收轨作业

铺轨机按走行标示线走行进行布枕作业，布枕后及时清扫承轨槽表面，安放橡胶垫板端正入槽，同时铺轨机后部液压收轨装置收轨至承轨槽内。

4）安装配件

随车轨道配件安装人员安装数量不少于 10%的绝缘轨距块、Ⅲ型弹条。后续轨道配件安装人员紧随铺轨列车将剩余 90%的扣配件补足，并进行轨枕间距检查、调整。

5）单元焊接

使用移动焊轨机采用接触焊法进行长钢轨间的单元焊接，铝热焊法进行道岔区的单元焊接。

3. 上砟整道

1）道床面砟铺设

在铺轨后分 3 次上砟，风动卸砟车直接开行至施工现场，在行进间卸砟。

2）大机整道

卸砟后，大型机械化养路机组由配砟整形车、捣固车、动力稳定车组成，随即进入施工现场进行整道作业，各车作业区间距为 300 m。

4. 后续工作

道砟铺设完成并满足技术标准后，进行后续的轨道放散锁定、精细整道、静态检测、打磨及动态检测工作。

（1）放散锁定：经过三次整道作业，对道床刚度及横、纵向阻力进行检测并判断达到初期稳定状态后，先进行单元轨节间的锁定焊接，然后采用“综合放散法”进行单元轨节的应力放散，采用“连入法”及“低温拉伸法”进行单元轨节的逐节锁定。正线道岔采用“自然放散法”进行应力放散，采用“等温度法”进行锁定。合龙锁定焊接在设计锁定轨温允许范围内进行，并尽量接近设计锁定轨温。放散锁定前先将欲放散锁定的单元轨节与其前一单元轨节间的接头焊接。

（2）精细整道：锁定完成后，由大型机械化养路设备进行两次整道作业，起拨捣固两次，加强稳定一次。

（3）轨道静态检测：采用轨道检测仪测量轨道的轨向、高低、轨距、水平、扭曲和道岔轮缘槽侧间距静态几何尺寸的偏差值。

（4）钢轨预打磨：线路达到稳定状态后，在轨道动态检测前采用钢轨打磨列车对全线钢轨进行预打磨。

（5）轨道动态检测：采用轨道检测车对轨道的轨距、水平、轨向、高低、扭曲、车体垂直振动加速度和横向振动加速度进行动态检测评定。

7.2.2 无砟轨道

无砟轨道大量引入新材料、新工艺、新技术，并根据施工方法配备焊轨、无砟道床施工、长钢轨及轨枕运输、铺枕及铺轨、铺岔、钢轨预打磨等设备。

1. CRTS Ⅰ型板式无砟轨道施工

CRTS Ⅰ型板式无砟轨道结构包括混凝土底座和凸形挡台、CA 砂浆垫层，轨道板、扣件和钢轨。施工主要设备包括：混凝土搅拌站、混凝土运输车、混凝土泵车、混凝土输送泵、钢筋加工设备、轨道板安装车、移动式水泥乳化沥青砂浆搅拌车、水泥乳化沥青砂浆灌注设备、三角规等。

1）施工顺序

首先制作底座和凸形挡台，之后在两线之间铺设临时运输轨道，作为轨道板安装车和水泥乳化沥青砂浆灌注车的走行通道。轨道板铺设由轨道板安装车组上的随车吊实现，移动式水泥乳化沥青砂浆搅拌灌注车紧随其后进行灌注。

2）施工步骤

（1）底座及凸形挡台施工。底座混凝土终凝后采用土工布覆盖，湿润养生不少于 7 d，在混凝土强度达到 2.5 MPa 以上且能保持棱角完整时，拆除模板。

底座混凝土浇筑 24 h 后，方可施工凸形挡台，在凸形挡台与底座接触面安装凸形挡台模板，调节模板顶面高程至设计位置，模板采用锚固钢筋固定，混凝土浇筑完成后及时养生，养生时间不少于 7 d。

（2）基准器测设。基准器测设依据 CP Ⅲ控制网进行，平面位置采用后方交会法放样，标高采用电子水准仪依据 CP Ⅲ控制网测量。

（3）轨道板铺设。轨道板安装前，应将底座表面清理干净。轨道板采用轨行式随车吊安装，轨道板安装车走行至相应工位后将轨道板放置在事先摆放好的垫木上，落板时应有专人在凸形挡台附近用木条导入，防止轨道板撞击凸形挡台。

在存板区内用汽车式起重机将轨道板吊装至 15 t 平板卡车上，运送到轨道板提升站，对每块轨道板的外观质量、轨道板平整度、轨道板中心线和钢轨中心线位置进行上线前的最后检测。轨道板采用汽车吊吊装至轨道板安装车组上，推送至铺设工作面。

（4）水泥乳化沥青砂浆灌注。水泥乳化沥青砂浆采用水泥乳化沥青砂浆搅拌车拌和，砂浆搅拌时的材料投入顺序、搅拌时间及搅拌机转速等指标应根据配比及现场放大试验所确定的参数进行设定。

（5）凸形挡台树脂灌注。凸形挡台树脂材料为双组分聚氨酯材料（A 组分和 B 组分），能够满足 5～40 ℃温度条件下施工的要求。

2. CRTSⅡ型板式无砟轨道施工

CRTSⅡ型板式无砟轨道道床施工的主要设备有：混凝土搅拌站、混凝土运输车、混凝土泵车、混凝土输送泵、滑模摊铺机、钢筋加工设备、轨道板运输车、轨道板铺设门吊、轨道板定位精调装置、移动式水泥沥青砂浆搅拌车、水泥沥青砂浆灌注设备、定位圆锥体等。

1）施工顺序

CRTSⅡ型板式无砟轨道施工顺序为：施工准备—测设桩基—桥上滑动层铺设—硬泡沫板铺设—混凝土底座板施工—定位圆锥安装—轨道板粗放—轨道板精调—水泥沥青砂浆灌注—轨道板纵向连接—轨道板锚固和剪切连接—挡块施工—质量检查。

2）施工步骤

（1）桥上滑动层铺设。滑动层由两层无纺布和一层聚乙烯薄膜构成，两层无纺布之间铺一层聚乙烯薄膜。

（2）硬泡沫板铺设。接缝板采用硬泡沫塑料板，这是一种由聚苯乙烯——硬泡沫材料组成的板。硬泡沫材料板铺设在梁缝处。

（3）混凝土底座板施工。桥上底座板采用现浇混凝土，由混凝土运输车运输，泵送入模。

混凝土底座板是 CRTS Ⅱ型轨道板的支承基础和结构元件，浇筑在两布一膜上，通过混凝土底座板可以作出轨道的超高设置。混凝土底座板和轨道板通过沥青水泥砂浆（BZM 砂浆）连接。

（4）圆锥体安装。圆锥体用硬塑料制成，高约 120 mm，最大直径约为 135 mm。轨道板精调前需用铺设机械进行粗放。在轨道板的接头处使用辅助安装工具圆锥体，可使轨道板铺设精度达到 10 mm，使随后的精调工作量减少。

（5）轨道板安装。轨道板安装前要在精调装置的安设部位先放上发泡材料制成的模具，并用硅胶固定，该模具在灌浆时作密封用，以防垫层砂浆溢出。

轨道板精调时，通过激光感应器和视距仪采集轨道板的位置数据，计算出安装在板侧底部的校正架的修正值范围。由人工调整校正架，调整轨道板的前后高低和方向，直至满足规定的精度要求。

（6）水泥沥青砂浆灌注。轨道板精细调整完成并满足精度要求后，在轨道板和底座板之间有一平均厚度为 2～4 cm 的缝隙，要用垫层砂浆对轨道板逐块填充。为防止沥青水泥砂浆在垫层灌浆时不受控制地从轨道板侧面溢出，必须将轨道板和底板之间的缝隙进行密封，侧缝采用一种特殊的、稳固的水泥砂浆。

为保证在垫层砂浆灌浆时轨道板不浮起，要对轨道板加装压紧装置。压紧装置设置在轨道板的中间和安装圆锥体用过的锚杆处。在轨道板中间设置时也采用精轧螺纹钢锚固杆，在锚固杆上用翼形螺母充分拧紧，以防止轨道板移动。

（7）轨道板纵向连接。为提升 CRTS Ⅱ 型板式轨道系统的适用性，要将轨道板相互连接起来。连接前先对轨道板间的窄接缝进行填充。灌注窄接缝时需要安装模板，模板固定在轨道板的外侧窄接缝的侧面，并用螺杆张紧，内侧同样用螺杆张紧。

3. CRTS Ⅲ 型板式无砟轨道施工

CRTS Ⅲ 型板式无砟轨道施工的主要设备有：混凝土搅拌站、混凝土运输车、混凝土泵车、混凝土输送泵、滑膜摊铺机、钢筋加工设备、轮胎式运板车、铺板龙门吊、轨道板精调用三向千斤顶、移动式水泥沥青砂浆拌和车、水泥沥青砂浆灌注设备等。

1）施工顺序

CRTS Ⅲ 型板式无砟轨道道床施工顺序为：施工准备—测设基桩—桥上滑动层（二布一膜）铺设—硬泡沫塑料板铺设—混凝土底座及限位凹槽施工—隔离层与弹性垫层施工—轨道板铺设与精调—自密实混凝土灌注—质量检查。

2）施工步骤

CRTS Ⅲ 型板式无砟轨道是在现浇的钢筋混凝土底座（混凝土支承层）上铺装预制轨道板，采用自密实混凝土进行调整，通过底座凹槽（凸台）进行限位的无砟轨道结构形式，且其施工步骤如桥上滑动层铺设、硬泡沫塑料板铺设、桥上水泥沥青砂浆灌注等与 CRTS Ⅱ 型板式无砟轨道施工相似。

4. 双块式无砟轨道施工

根据双块式无砟轨道的结构设计特点，双块式无砟轨道一般实行多工序、流水作业进行施工，以下介绍路基上双块式无砟轨道施工，采用“从上至下”的施工方法。

首先，将组装好的双块式轨排置于线路位置，并精确调整轨道至所需的几何形位；然后，在轨枕已经精确调整定位之后，现场浇筑连续均匀的钢筋混凝土道床板；最后进行混凝土的养护并拆卸螺杆调节器和模板等器具，从而一次性浇筑成型。

1）施工顺序

双块式无砟轨道施工工艺顺序为：测量放线—铺设道床板下层钢筋网—吊装轨道排架—设置伸缩缝和模板—安装支撑螺杆并粗调—铺设道床板上层钢筋—电气绝缘测试—精调锁定轨排—浇筑混凝土—混凝土养护—拆除轨道排架—封堵螺栓孔—质量检查。

2）施工步骤

（1）水硬性支承层施工。水硬性支承层是在路基与道床间设置的过渡层，其强度、弹性均处于路基与道床之间。一般情况下，支承层施工可采用滑膜摊铺机进行，对于长度较短、外形不规则或者有大量预埋件、不便于机械化施工的地段，可采用模筑法施工。

（2）铺设纵向底层钢筋。为保证纵向钢筋的连续性，纵向钢筋在支承层养护完毕后铺设，钢筋的搭接位置要根据绝缘要求，用绝缘卡进行连接绝缘。

（3）布设轨枕。轨枕布设时，轨枕间距允许铺设偏差为 5 mm，在散枕时，可利用跨线悬臂龙门吊或挖掘机布枕装置等，根据布枕边线进行双块式轨枕的布设。布设完工后的轨枕应线型平顺且垂直于轨道中线。

（4）组装轨排。轨枕布设完毕后，需要对轨排进行组装。每铺设约 50 m 轨枕需要安装 12.5 m 工具轨，工具轨一般使用跨线龙门吊或人工的方式进行运送和铺设，然后，使用双向同步电动扭力扳手拧紧扣件，使扣件将轨枕和钢轨连接，并按设计安装弹条扣件。

轨排组装完成后，需要在钢轨上各安装一对螺杆调整器。

（5）轨排精调。以上工作完成后，需要进行轨距支撑杆的安装，轨距支撑杆是轨距调整定位装置，它是控制轨距的关键。轨距支撑杆的调整行程为 1 350～1 500 mm，通过轨距支撑杆给两股钢轨施加一个向轨道外侧撑的作用力，可很好地保证起轨排之后轨道两股钢轨间的轨距，并且，在浇注道床板的过程中两股钢轨的轨距几乎不发生变化。

（6）浇筑道床。在道床板混凝土浇筑时，混凝土由罐车拉送至浇筑位置，将可调整位置的布料设备调整至下料口处，混凝土直接倒入布料设备进入道床，当摁压混凝土表面无明显痕迹时，即可松开螺杆调节器和扣件螺栓，从而释放由于温度和收缩产生的钢轨应力和轨道变形。

在混凝土初凝后要及时进行洒水、保湿，每浇筑 10～12 m 混凝土之后，要及时进行覆盖养护，一般道床板洒水覆盖养护时间不能小于 7 天。

（7）拆模板、螺杆调节器及工具轨。道床板混凝土养护至一定强度之后，即可拆除模板以便下一施工段使用，侧向模板一般使用简易跨线龙门吊拆除，横向模板拆除时，需要人工辅助并配合跨线龙门吊进行。

7.3 轨道工程的智能建造技术

随着我国高速铁路的快速发展，轨道工程传统施工工期较长，人工成本高，质量精度难以把控等问题日益突出，轨道工程施工建造的智能化革新就显得十分重要。

7.3.1 有砟轨道

当前我国有砟轨道智能建造技术主要应用于智能化轨道铺设、道砟整形和捣固方面，智能化铺轨技术中单枕连续铺设技术在高速铁路施工中成熟度较高，优势明显，应用范围广。

1. 有砟轨道单枕连续铺设技术

首先将长轨运送到现场，同时摆放在线路两边，然后在道床上对轨枕进行逐根连续铺设，采用匀枕机构实施匀枕，确保相邻两个轨枕之间的距离符合要求，再将长轨收到槽中和轨枕进行可靠连接，以此形成整条线路。该方法有很高的机械化与自动化程度，施工劳动强度相对较低，在现场同时开展轨枕施工与长轨铺设，流程简单。

单枕法在奥地利产生并应用，开创了有砟轨道长轨铺设施工机械化流水线作业的技术先河。秦沈客运专线是我国第一条采用有砟轨道无缝线路一次性施工技术的轨道线路，其设备以进口为主。在此之后中国高铁事业蒸蒸日上，推动了相应技术深入发展。

单枕法主要有以下几个优势：第一，不需要设置轨排组装场地；第二，不需要使用辅助机械，有利于节省施工成本；第三，可满足曲线轨道铺设要求，解决了传统方法无法铺设曲线轨道的难题；第四，流水线作业，施工效率大幅提升。

国产化的 CPG-500 型单枕式长轨铺轨机组可以实现钢轨铺设和轨枕布设一体化。铺轨机组由履带式钢轨拖拉机、主机（作业车、辅助动力车）、枕轨运输车组、车载龙门吊及其动力系统、液压系统、电气控制系统等部分组成。与无砟轨道铺轨机不同，单枕连续作业机组增加了运枕车组和用于把轨枕从运枕车送到布枕位的车载龙门吊。CPG–500 单枕连续式有砟轨道铺轨机组如图 7–7 所示，CPG–500 单枕连续式有砟轨道铺轨机组中用于布枕匀枕的作业车如图 7–8 所示。

图 7–7 CPG–500 单枕连续式有砟轨道铺轨机组

图 7–8 CPG–500 单枕连续式有砟轨道铺轨机组中用于布枕匀枕的作业车

CPG–500 单枕连续式有砟轨道铺轨机组具有以下优点。

（1）钢轨铺设和轨枕布设一体化。

（2）采用具有压力内反馈的 NFPE 型泵，保证了履带牵引装置和轮轨式驱动轴牵引动力装置的同步。

（3）采用 CCD 图形传感器与处理技术，保证机组沿线路中心线运行。

（4）车载龙门吊配有激光防撞、故障诊断等先进的保护、检测系统。

（5）设备经久耐用，技术先进，性价比高，维护简单。

2. 群枕式长轨铺轨技术

CYP500 型群枕式长轨铺轨机组按“群枕式布枕，步进式铺轨”作业模式设计，采用创新设计的群枕式布枕机构和轨枕布设机组成的新型轨枕传送机构，为长轨铺设和轨枕布设一体机，主要由长轨拖拉机、主机、辅机、轨枕搬运车、枕轨运输列车，以及动力系统、液压系统、电气控制系统和制动系统等组成，CYP500 型群枕式长轨铺轨机组如图 7–9 所示。此外，该铺轨机组借鉴了传统单枕法铺轨机组的相关成熟技术，采用模块化设计，各机构相对独立、简单，特别是主机和辅机均为节段式组合结构，具有装拆方便、转场灵活的特点。

图 7–9 CYP500 型群枕式长轨铺轨机组

3. 有砟轨道智能配砟整形技术

SPZ-440 双向配砟整形车是全新研制的新型配砟车。能实现自行速度 100 km/h、连挂速度 120 km/h 的走行性能，采用双司机室布置，适用于铁路建设、大修和维修时对道床的配砟整形及清扫作业要求，适应我国的高速线路及提速既有线路的要求，是线路修理、提速改造和新线建设作业机组中重要的配套设备。SPZ-440 双向配砟整形车如图 7-10 所示。

图 7-10 SPZ-440 双向配砟整形车

4. 有砟轨道智能捣固技术

DWL-48 连续走行捣固稳定车能够实现连续式三枕捣固作业，并同时对线路进行动力稳定。其作业效率比连续式双枕捣固车提高近 30%～40%；由于增加了复合控制的动力稳定小车，作业后的线路即可获得很高的精度，又能获得足够的稳定性能，线路开通后，就能够高速满负荷运行。

DWL-48 连续走行捣固稳定车采用三轨枕捣固装置，在作业过程中能同时捣固三根轨枕。此外，该捣固装置采用可分式结构，以便轨枕距离不均匀或在某些复杂区域也能进行捣固作业，并且可根据要求选择是否加宽。必要时它还可以成为一台高性能的单枕捣固车。捣固装置的灵活选择和配置，提高了整机作业的机动性和灵活性。

DWL-48 连续走行捣固稳定车使用两台水冷发动机作为动力源，高速走行时采用机械传动与静液压传动相匹配的方式，传动方式布局合理，节省能源，还采用了二维激光测量系统、工作小车双液力驱动轴转向架技术、新型电驱动系统等先进技术。该车型的生产填补了国内在该领域的空白，使我国生产的大型养路机械达到世界一流水平，在国家铁路的多次大提速中发挥了极其重要的作用。DWL-48 连续走行捣固稳定车如图 7-11 所示。

图 7-11 DWL-48 连续走行捣固稳定车

7.3.2 无砟轨道

我国无砟轨道的智能建造技术发展迅猛，应用程度高，主要包括CRTS双块式无砟轨道、CRTSⅠ型板式无砟轨道、CRTSⅡ型板式无砟轨道、CRTSⅢ型板式无砟轨道，以及城市轨道交通预制板式无砟轨道智能建造技术。本书主要对CRTS双块式无砟轨道、CRTSⅢ型板式无砟轨道、城市轨道交通预制板式无砟轨道智能建造技术进行介绍。

1. CRTS双块式无砟轨道智能建造技术

1）CRTS双块式无砟轨道施工目前存在的主要问题

传统轨排框架法施工工艺虽然较为成熟，但整体施工流程对人工依赖程度较高，无法满足自动化和智能化需求。施工过程中经常出现人工散枕精度难控制、传统轨排施工工序复杂、人工精调精度难保证和现浇道床混凝土的抗裂性差的现象。

（1）人工散枕精度难控制。

在双块式无砟轨道施工中，如何更快速将轨枕散开，同时保证分枕精度在规定范围内，是提高轨排组装效率的关键步骤。目前，施工现场主要采用人工分枕，盒尺、板尺测量的方式作业。作业时，需要借助现场龙门吊将轨枕逐个散布，通过测量+撬棍方式调整轨枕间距。轨枕间距调整好后，落放轨排，安装扣件系统。此方法不仅人工劳动强度高、工作效率低，且分枕不准确、不平行，导致精调难度高，布枕质量低，后期扣件损坏严重。同时，人工分枕大都直接在隔离层上作业，对下部的土工布污损较严重。

（2）传统轨排施工工序复杂。

传统双块式无砟道床施工采用组合式轨排框架施工，轨向与高程调节相互干扰，锁定工序烦琐，且耗费了大量人工。尤其是在曲线超高段无砟轨道施工时，轨排框架的横向调节往往会带来轨道高程数据的变化，导致已调整到位的高程参数发生较大误差，从而产生精调工序的反复，精调质量及精调时间不可控，不仅精调效率低，也增加了精调工人的劳动强度。传统排架的轨道几何形位数据调整仅能单点调整。

（3）人工精调精度难保证。

传统轨排精调采用轨检小车配合人工操作的方式进行精调作业，测量人员通过发送指令形式指挥轨排两端的操作人员，精调操作人员通过简易的快速扳手对轨排的高程和横向进行调整。轨排调整精度受人为因素影响很大，累积误差无法消除，调节时间长，同时测量人员和操作人员劳动强度大。以每个工作面每天施工 100 m 为例，传统精调时间约为 4.5 h，精调工序费时费力，已经成为双块式无砟轨道施工效率提升的制约瓶颈。

（4）现浇道床混凝土的抗裂性差。

工程应用实践表明，CRTS双块式无砟轨道结构优点突出，但同时缺点也很显著。现浇道床混凝土的抗裂性差，表面易开裂，轨枕块四周“八”字形连通裂纹普遍，横向贯通裂缝也多。在中西部地区，受雨水和冻害影响，极易引起混凝土耐久性快速降低；同时道床板混凝土施工机械化程度低，以人工操作为主的施工模式导致混凝土施工质量控制难度大。表面混凝土普遍存在经过一两个冬季，道床板混凝土即出现粉化、剥落等现象，严重影响其服役寿命及行车安全，也大幅增加后期养护维修成本，在部分已开通运营线路上，该问题已经非常突出。

2）CRTS双块式无砟轨道智能建造技术

（1）智能化自动分枕技术。

智能化自动分枕平台是一种采用伺服精密控制技术，通过分枕小车的运动和限位实现自动分枕和控制枕距的专用设备。其可避免直接在土工隔离层上分枕作业，解决了轨排组装时轨枕横向和纵向定位问题。智能化自动分枕平台如图 7-12 所示。操作人员只需提前将需要的轨枕间距输入程序中，选择需要的一种模式即可实现自动布枕，智能化自动分枕平台具有自动收拢、自动分枕、轨枕定位、轨排框架定位等功能。

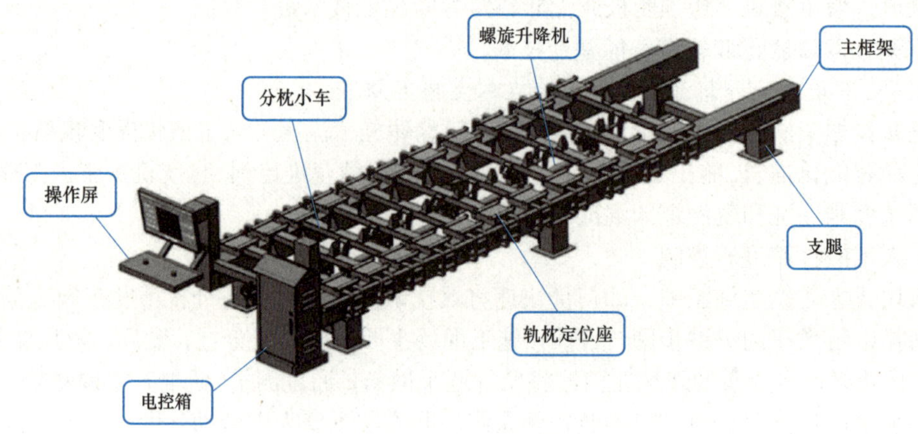

图 7-12　智能化自动分枕平台

（2）新型嵌套轨排施工技术。

新型嵌套轨排由工具轨、组合托梁、高程螺杆、轨向螺杆和防护墙固定座等组成。与传统轨排相比，嵌套式轨排将轨向调节方式更改为单侧向的轨向调节螺杆调整，同时，轨向调节螺杆具有轨向锁定功能，无需继续锁定，方便快捷，施工速度快，调节精度高。配合智能化精调机的使用，该新型嵌套式无砟轨道排架大幅缩短了道床施工中的精调工序施作时间，有利于缩短双块式无砟轨道施工工期。嵌套式轨排示意图见图 7-13。

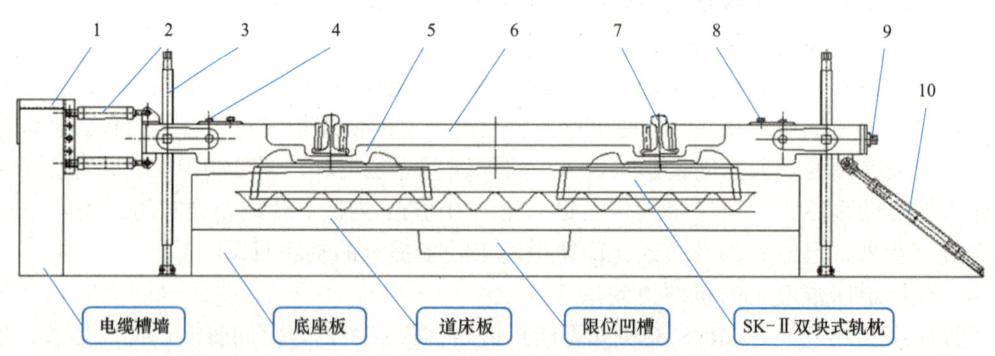

1—固定座；2—撑拉杆；3—高程螺杆；4—角度调节螺栓；5—托梁外套；6—托梁内套；
7—工具轨；8—锁定装置；9—轨向调节螺杆；10—锁定掉杆

图 7-13　嵌套式轨排示意图

新型嵌套轨排施工技术配合智能化轨排粗铺系统的使用，有效地缩短了道床施工中的精调工序作业时间。

（3）智能轨排铺装技术。

轨排智能化粗铺设备（双线轨排粗铺机见图 7-14），是针对双块式无砟轨道道床施工工艺设计的机械化专用设备。设备采用计算机编程控制系统与全站仪测距技术，自动追踪敷设在设备上的棱镜位置，通过专用测量软件，计算出轨排坐标位置，驱动伺服动力系统将轨排准确定位铺设。整个设备用于替代原来的人工吊运、铺设，具有轨排变频运输和初铺设功能，实现了轨排自动抓取、自动运输和自动精确定位。轨排智能化粗铺机系统主要由运输系统、初铺设系统和控制软件系统组成。

① 运输系统。

运输系统采用钢架焊接结构，车体坚固耐用、结构简单、操作灵活，主要用于轨排运输，其由焊接结构钢制车架、维修平台、行走轮、行走驱动装置、定位装置、电气控制设备等组成，根据行走方式可分为道床板两侧轨道走行和防护 B 墙上的龙门轨道走行两种形式。道床板两侧轨道走行方式见图 7-15，防护 B 墙上的龙门轨道走行方式见图 7-16。

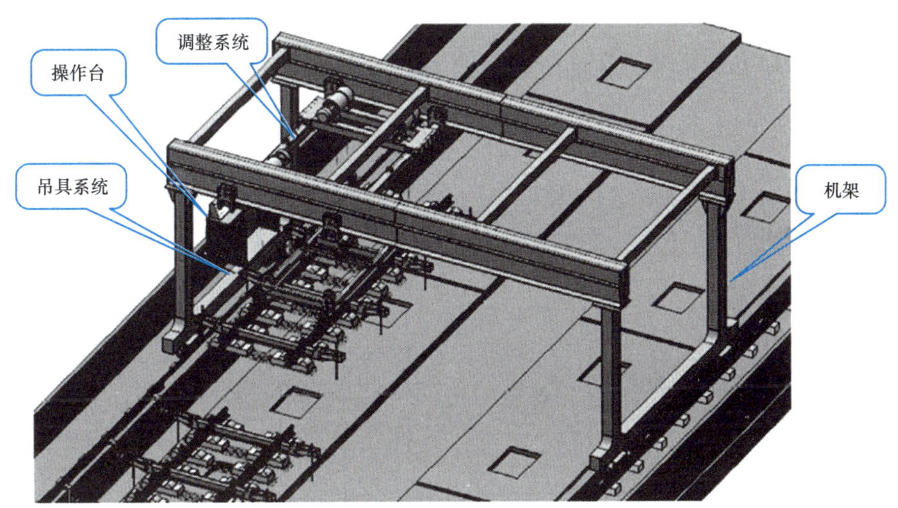

图 7-14　双线轨排粗铺机

图 7-15　道床板两侧轨道走行方式

图 7-16　防护 B 墙上的龙门轨道走行方式

② 初铺设系统。

初铺设系统主要由焊接结构钢制里程调整车架、中线调整车架、提升导向架、抓放手臂、行走轮、导向轮组、液压油缸、液压站、测量系统、控制系统等组成。其主体采用钢架焊接结构，车体坚固耐用、结构简单、动作灵活，主要用于轨排铺设。初铺设系统组成如图 7-17 所示。

③ 控制软件系统。

轨排粗铺机与全站仪通过蓝牙连接，外接手簿一个。通过手簿或机载计算机接收全站仪发送过来的数据，再反馈给轨排粗铺机，指导轨排粗铺机进行轨排高精度粗铺调整。

工作原理：提前将线路道床板轨道设计数据录入电脑软件里，工作时通过全站仪测量、扫描轨排粗铺机上的棱镜得到里程、高程及偏距数据；反馈至手簿或者机载计算机进行计算比对，得到相对应的偏差值；计算机发出命令驱动设备行走到指定位置进行轨排铺设。

④ 施工工艺。

轨排粗铺机行走到达轨排预存放位置后，通过行走定位装置使抓放手臂在轨排的设定位置上方张开，系统控制提升装置下降，位置感应器感应到钢轨位置后抓放手臂关闭抱紧钢轨，提升装置上升将轨排吊起锁定，行走车前行到达轨排铺设位置后定位停止，等待轨排铺设动作启动。

实际运用中，轨排粗铺机目前铺设精度高程偏差 0.5～9.3 mm，中线偏差 0.0～2.6 mm。精度控制较好，可明显减少精调作业时间，满足施工要求。轨排粗铺流程如图 7-18 所示。

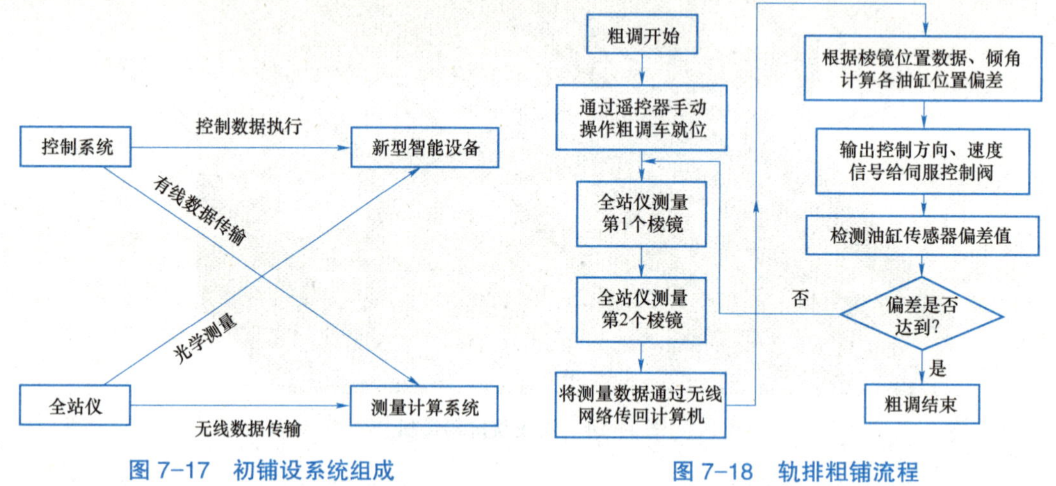

图 7-17 初铺设系统组成

图 7-18 轨排粗铺流程

（4）双块式无砟轨道智能精调技术。

CRTS 双块式自动精调机，主要适用于双块式无砟轨道施工精调作业。可通过安博格测量小车实现自动测量、自动精调、数据追踪、数据存储、报表查询等功能，无人为因素干扰，通过对安博格小车测量数据计算得到轨道的轨距、超高等数据，自动调整纵向、横向螺杆，达到调整轨排的目的。智能化精调机通过读取轨检小车测量数据，将测量数据实时传输至伺服电机精密减速机，通过万向伸缩传动轴带动轨排高程和中线调整，完全替代人工调整。智能化自动精调机如图 7-19 所示。自动精调机能够减少人为因素对工程质量的影响，大幅缩短道床施工中的精调工序施作时间，为中国高铁无砟轨道施工智能化、信息化、自动化提供了技术基础。

（5）承轨台检测机器人技术。

无砟轨道施工完成后，必须对承轨台的位置进行检测，获得每个承轨台的空间位置数据，统计实际值与设计值的偏差，指导扣配件采购及安装。以检测数据为基础，结合轨道平顺性计算每个承轨台非标件规格，统计出非标件采购清单，同时生成安装文件，指导工人安装，最终达到精准采购、准确安装、节约人力、降低成本的目的，承轨台检测机器人如图 7-20

所示。

图 7-19 智能化自动精调机

图 7-20 承轨台检测机器人

2. CRTSⅢ型板式无砟轨道智能建造技术

CRTSⅢ型板式无砟轨道智能建造技术包含智能化无砟轨道施工物流组织模式和流水作业法施工技术。其提高了施工作业效率，实现数据可控、实时上传，并通过点云复测及钢轨精调提高无砟轨道精度、减少钢轨精调次数、提高精调效率、实现信息化及智能化施工的目的。

1）CRTSⅢ型板式无砟轨道施工技术现状

（1）底座施工。当前无砟轨道底座的布料整平工序劳动强度较大，自动化水平不高，且因不同操作人员造成的人为干扰因素较大，施工过程中的数据不可控。传统无砟轨道底座施工主要采用人工整平或简易整平方式，在施工过程中由于人为因素导致振捣不足、标高控制不准、凹槽四角易产生裂纹等病害。

（2）轨道板施工。CRTSⅢ板式无砟轨道施工精调方法是“精调爪+全站仪+测量标架+精调工具+人工精调”法。在实际施工中，调节过程要经过多次测量、多次调节，是典型的全人工作业模式，工序繁杂、人力投入多、工作量大、精调效率低，且精调爪精调的精度受人工影响因素较大，精度得不到有效控制。自动化、智能化施工精调技术在国内外 CRTSⅢ板式无砟轨道施工项目中尚未形成一套完整的、成熟的施工方法。

（3）混凝土施工。自密实混凝土在运输过程中会因温度变化、运输距离等因素产生性能的变化，从而影响混凝土灌注质量。随着智能化时代的到来，智能制造成为混凝土行业改革升级的热点问题之一。自密实混凝土工作性能是反映新拌混凝土质量的重要指标，如何能够通过智能化的监测手段实现混凝土指标的快速、有效评判，是混凝土生产行业正在面临的难题。

（4）钢轨精调。一方面，承轨台复测是施工质量控制的必要工序，目前主要依靠人工进行，由于人工承轨台数据采集、分析不够，导致后续标准调整垫板大量更换，造成材料、人工成本与时间浪费。另一方面，我国已在 CRTSⅢ型板式无砟轨道钢轨精调相关的加工精度检测、钢轨精调技术、钢轨平顺性计算和控制技术等环节开展了卓有成效的研究，为了提升钢轨精调效率，第三代钢轨精调技术国产化的问题亟待解决。

2）CRTSⅢ型板式无砟轨道智能化施工关键技术

随着铁路智能建造概念的提出，CRTSⅢ型板式无砟轨道的智能化施工技术升级成为我国铁路施工技术人员的努力方向，即结合智能化建造技术和智慧铁路的设计及施工特点，制定合理的设计方案，形成可控的技术参数和指标。

CRTSⅢ型板式无砟轨道智能化铺设通过采用底座一体化自动整平设备、轨道板智能化精调设备及精调软件、自密实混凝土灌注质量监测技术、钢轨预精调、钢轨精调和精调信息化技术，形成智能化无砟轨道施工物流组织模式和流水作业法施工技术。该技术提高施工作业效率，实现数据可控、实时上传，并通过点云复测及钢轨精调提高无砟轨道精度、减少钢轨精调次数、提高精调效率、实现信息化及智能化施工的目的。

（1）底座自动寻迹施工技术。底座自动寻迹施工通过底座一体化自动整平设备实现。在现有底座施工设备的基础上，一体化自动整平机创新地配置了自动寻迹检测系统，通过标线读取传感器控制底座标高，水平倾角传感器通过线路超高值控制道床顶面倾斜角度控制道床超高，设备可边走行边施工，无需人工干预，自动完成直线段、曲线段底座断面施工。基于数字化设计的底座一体化自动整平设备集自动振捣、自动抹平、自动寻迹施工等功能为一体，有效提高了底座的施工质量和精度、提高了施工效率、减少了作业人员的劳动强度和作业人员的投入，实现了混凝土浇筑工序作业的机械化与自动化。

底座板自动整平设备可适用于各种无砟轨道施工工况，如底座板直线段、曲线段、桥梁、隧道、路基等工况，不仅提升了无砟轨道底座板施工质量，大幅减少了人工操作强度，同时也有效提升了混凝土施作效率，保证无砟轨道高质量和高效率的施工要求。

（2）轨道板智能化精调技术。轨道板自动精调机如图 7-21 所示，其主要由主机架、升降系统、横移机构、高程调整机构、横向调整机构、走行系统、导向轮系、电气控制（电控）系统等组成。升降系统和调整对位机构可以通过机构升降、纵移来实现不同线路超高、不同型号轨道板用精调轨架系统的对位安装。高程调整机构、中线调整机构共同构成精调机的精调系统，精调系统通过读取全站仪测量数据，可自动进行轨道板高程、中线位置参数的高精度、快速调整。

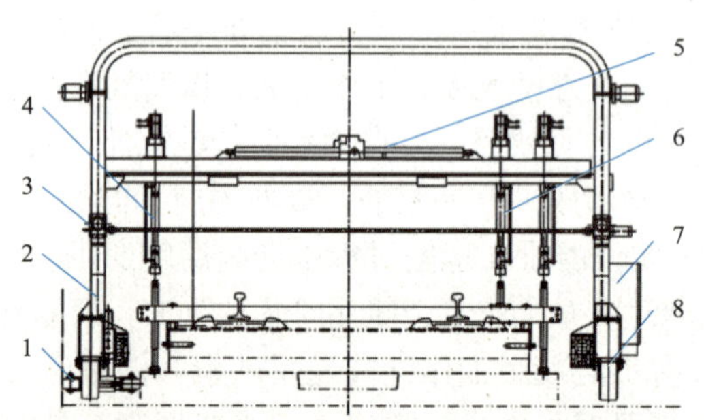

1—导向轮系；2—主机架；3—升降系统；4—高程调整机构；
5—横移机构；6—横向调整机构；7—电控系统；8—走行系统

图 7-21　轨道板自动精调机

与以往人工调整相比，轨道板自动精调机调节精度高，操作简单、方便快捷，只需要将精调机与调整螺杆对位，通过控制面板的操作即可实现轨道板的自动精调、就位。

（3）自密实混凝土监测技术。基于高频微波的拌和站混凝土质量智能调控技术，在搅拌机中创新地使用了混凝土湿度传感器进行混凝土性能参数监测。混凝土质量智能调控技术可实现搅拌机中混凝土工作性能的有效监测，保证混凝土用水量的准确性，进一步提升了混凝土工作性能、力学性能和耐久性。混凝土工作性能监测示意图如图 7-22 所示。

（4）钢轨精调及精调信息化。

① 钢轨预精调。

基于高精度三维激光扫描点云技术，利用相邻 CP Ⅲ控制点间多个测站完成轨道板点云采集与拼接，获得统一局部坐标系点云。拼接轨道板点云完成工程坐标系转化后，取出承轨台区域点云，构建高精度承轨台模型。对构建的承轨台模型采用稳健高斯–牛顿坐标转换算法，确定拼接后 CRTS Ⅲ轨道板点云中每个承轨台的空间位置和姿态，即可实现承轨台的复测，承轨台位置偏差小于 0.2 mm，为精确匹配扣件提供参考。

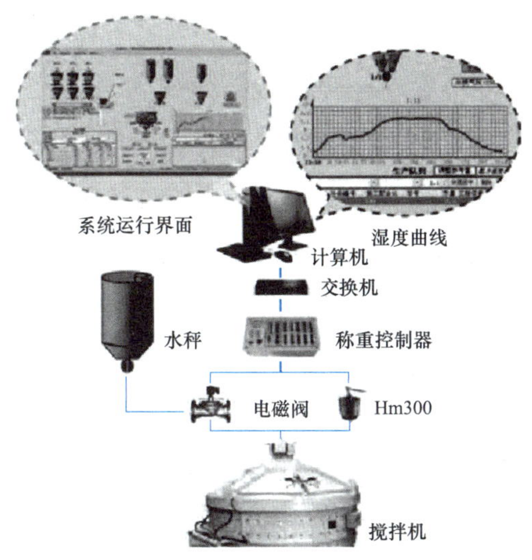

图 7–22 混凝土工作性能监测示意图

② 长钢轨精调及精调信息化。

钢轨精调信息系统包含基础、业务、管理和维护四个模块，完成了控制精度、提高效率、降低成本的项目目标，为铁路工程建设质量管理提供了规范化、标准化、系统化的综合信息服务。轨道几何参数采集设备如图 7–23 所示。

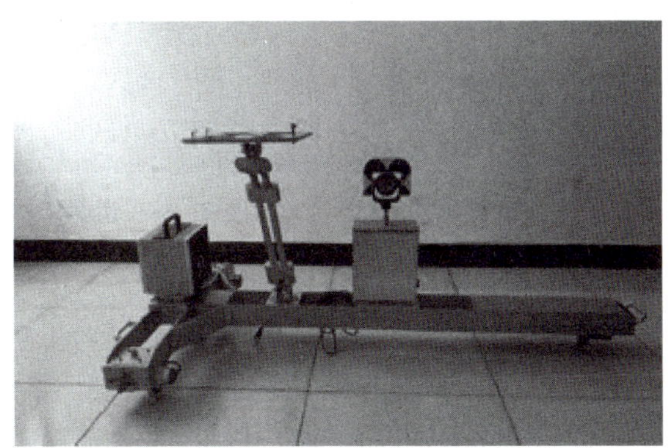

图 7–23 轨道几何参数采集设备

3. 城市轨道交通预制板式无砟轨道智能建造技术

城市轨道交通预制板式无砟轨道智能建造技术主要针对当前板式轨道结构刚度设计存在不足和施工精度问题，解决车轨刚度合理匹配，机械化施工工艺与设备等技术难题，优化结构形式和参数等。我国已研制出满足车轨刚度匹配需求的减振轨道结构，开发了板式减振轨道成套工艺及配套机械化施工设备，实现减振的同时有效防止波磨病害发生，提高了轨道施工质量，实现轨道工程高效施工、绿色环保，提升了我国城市轨道交通工程建设水平。

1）智能装配式无砟轨道运板技术

运板车承担的是将板运送到工作面，并将板从运板车上自动输送到下一工序的功能。运板车主要由车架、运板机构、转向机构、悬挂机构、车轮、驾驶室等几大部分构成。

运板机构主要由辊筒组、阻挡装置、驱动装置组成，主要功能是为预制板在运板车上的摆放提供平台，并能将板从运板车上自动输送到下一工序的车辆上。两侧设置固定挡块，防止道床板在运送过程中从运板车滑落，并在道床板在辊筒组上运动的过程中对道床板起导向作用；端部设置液压油缸驱动的预制板挡块，防止预制板掉落，当板需传输到调板车上时，挡块可自动降下。运板车如图 7-24 所示，运板车的运板机构如图 7-25 所示，运板车的走行部分如图 7-26 所示。

图 7-24 运板车

图 7-25 运板车的运板机构

图 7-26 运板车的走行部分

2）新型装配式无砟轨道精调技术

精调车兼顾卸板及调板功能。运板车将板自动传送到此装备上后，由此装备实现卸板及（精）调板的功能。

精调车在运板车基础上改进完成，即在运板车基础上增加了精调相关的部件。其运板及走行部分的结构与运板车相当，为实现精调功能增加了支腿、精调轨梁的支架，精调轨道梁、精调机构、抓板吊具等。其中精调机构分纵向、横向、竖向及水平摆动结构，以实现预制板空间六个自由度的调整。

实际作业时，控制系统通过无线通信接收全站仪发送的测量数据，与数据库中存储的实际位置数据做对比分析，得到各自由度的应调整的数值后，液压系统驱动相应的马达、油缸作出相应调整，完成板的精准定位。

3）城市轨道交通新型装配式无砟轨道施工关键技术

城市轨道交通新型装配式无砟轨道铺设施工工序为：施工准备—线下沉降评估—轨道精测网测设—隧道基底清理—底座板施工—隔离层铺设—钢筋网安装—轨道板布设—轨道板轨排组装—轨道板轨排粗调—轨道板纵向连接—轨道板精调—自密实混凝土模板安装—防上浮和侧移装置安装—密实混凝土灌注—混凝土养护。精调车如图 7-27 所示，精调机构如图 7-28 所示。

图 7-27　精调车

图 7-28　精调机构

思　考　题

1. 简述高速铁路轨道工程中有砟轨道和无砟轨道的结构组成，两者有什么特点？
2. 简述 CRTSⅢ型板式无砟轨道施工过程。
3. 有砟轨道单枕连续铺设与群枕式长轨铺设有什么不同？实际工程中应该如何选择？
4. 简述当前高速铁路轨道工程施工中存在的问题。
5. 思考铁路轨道工程智能建造技术的哪些具体方面可能成为未来的发展方向？

8 施工组织设计基本原理

施工组织设计基本原理就是采用相关的理论方法对施工过程中的各生产要素进行优化配置，使工程项目建设中的工作内容、工作顺序、持续时间、工作间的相互衔接关系及费用等达到最优组合。工程建设各施工生产要素之间具有集合性、相关性、目的性和环境适应性，是一种相互结合的立体多维关系。铁路工程施工组织设计应遵循铁路工程建设项目特点、各规章制度及施工要求，其施工组织设计基本原理主要包括流水施工原理和网络计划技术。

8.1 铁路工程施工组织设计影响因素及内容

铁路施工组织设计是根据铁路建设具体任务特点、工期要求、劳动力数量及技术水平、机械装备能力、材料供应及构件生产、运输能力、地质、气候等自然条件及技术经济条件等因素，对铁路施工组织中的各种问题进行综合考虑，最终选出理想方案所形成的指导项目建设的技术经济文件。通过铁路施工组织的设计，使整个工程项目建设在一定的时间和空间内实现有组织、有计划、均衡地施工，从而实现在施工中时间耗费少、工期短、工程质量高、建设资金省、成本低的目的。

8.1.1 影响因素

1. 施工方案

施工方案的选择是施工组织设计中最重要的环节之一，是决定整个工程全局的关键。因为施工方案一经确定，则整个工程施工的进程、人力和机械的需要和布置、工程质量及施工安全、工程成本、现场的状况等也就随之被规定下来。施工组织的各个方面都与施工方案发生联系而受到重大影响。施工方案的内容很多，概括起来主要包括四项：施工方法的确定、施工机械的选择、施工顺序的安排、流水施工的组织。其中前两个为施工方案的技术方面，后面是组织方面的内容。各个施工过程均可以采用各种不同的方法进行施工，而每一种方法都有其各自的优缺点，如何从若干可行的施工方法中，选择适于本工程的最先进、最合理、最经济的施工方法，从而达到降低工程成本和提高劳动生产率的预期效果，是施工组织设计的重要环节。

2. 人力资源

在铁路施工中，需要合理的管理人员配备，以构成相应的职能机构，从而顺利组织施工。在施工过程中，具有一定素质的劳动力构成的劳动组织，是顺利完成施工任务的前提。劳动组织就是人的组合，它涉及人的各种素质，如技能、专长、经验、文化水平、处理人际关系的能力，宽容度和对激励的反应程度，处理个人与组织关系的能力等。通过合理的劳动组织优化才能充分发挥每个劳动者的作用、提高劳动效率、降低工费成本等。

3. 资金投入

铁路建设的投资是一种国家和社会通过对工程项目的投资活动，建立起交通运输的基本通道，为社会的经济发展和人民的生活提供最根本和最直接的物质条件。因此，在铁路施工中，应对投资进行科学的管理和严格的控制，使其发挥最大的效益。

在投资中，估算、概算、预算、标底、报价和结算，以及决算都以价值形态贯穿于整个投资过程之中，从申请建设项目、确定和控制基本建设投资额、进行基建经济管理和施工单位进行经济核算，到最后以决算形成企业单位的固定资产，构成了一个有机的整体，缺一不可，其中要求各种测算环环相扣，紧密联系，贯穿于投资过程中，作用于施工过程。良好的资金投入对工程建设将起到重要的推动作用，同时也为投资资金的效益最大化提供强有力的保障。

4. 材料物资供应

材料包括原材料、成品、半成品、构配件等，是每一个工程施工的物质前提，材料质量是工程质量的基础，如果材料质量不符合要求，工程质量也就不可能符合标准。因此，加强针对材料的质量控制，是保证工程质量的重要环节。

5. 机械设备选用

正确拟定施工方法和选择施工机械是合理地组织施工的关键，同时，两者又是紧密联系的。施工方法在技术上必须满足保证工程质量、提高劳动生产率，以及充分利用机械的要求，做到技术上先进，经济上合理。故施工机械的选择是否适宜，很大程度上决定了施工方案的优劣。

选择施工机械时，要考虑各种机械的合理组合，这是使选择的施工机械能否发挥效率的重要问题。施工机械的合理组合一方面指主要机械与辅助机械在台数和生产能力上的相互适应，另一方面指作业线上的各种机械互相配套的组合。

在选择施工机械时，应从全局出发统筹考虑，不仅要考虑本项工程，而且需考虑所承担的同一现场上的其他工程的施工机械使用情况。也就是说从局部考虑选择的机械可能不合理，但在全局上来说是合理的。

8.1.2 设计内容

铁路施工组织设计主要包括以下内容。

（1）编制依据及编制范围。

（2）工程概况，应简要介绍项目及工程情况，着重介绍与施工组织有关的工程特点、重难点工程、技术标准和施工条件，区域地理和社会环境因素。

（3）建设项目所在地区特征，简要介绍项目的施工条件，区域地理和社会环境因素等，具体包括：自然特征，交通运输情况，沿线水源、电源、燃料等情况，当地建筑材料的分布情况及其他影响施工的因素。

（4）施工组织（方案）安排，包括建设总体目标、建设组织机构和任务划分、总体施工安排和主要阶段工期、施工准备和建设协调方案、各专业工程施工工期且应明确各专业工程的开竣工时间、工程接口及配合、联调联试及运行试验、施工总平面布置示意图、总体施工组织形象进度图、施工进度计划横道图、网络图等。

（5）大临工程和过渡工程，包括大临工程设置的具体方案、标准、主要工程数量，如铺轨基地、制（存）梁场、预制场及拌和站等。还应说明建设规模、生产能力、供应范围、供应数量，以及主要设备数量。施工过渡方案应在征求产权部门意见后制定。

（6）控制工程及重难点工程（包括高风险工程）的施工方案，包括工程概况，开竣工日期、施工方法，施工装备，施工顺序和作业空间规划，劳动及作业组织方式，关键工序施工工艺及质量控制，施工难点和应注意的问题等。

控制工期的重点隧道工程，应编制工程概况、工程地质和水文地质条件、施工条件、辅助坑道情况、施工工区及任务划分、各工区承担的围岩类别及数量、施工进度指标、主要施工方案和方法、施工辅助措施等，宜采用图表表示。对于不良地质或特殊地质地段，应重点说明地质情况、施工风险情况、施工技术措施及应急预案。

控制工期的桥梁工程，应编制工程概况、工程地质和水文地质条件、施工条件、施工单元的划分，明确连续梁和简支梁现浇的设备配置，确定进度指标。深水区域的桥梁应按照水中墩的分布和施工条件，设置辅助设施，分析进度指标，并重点说明施工风险情况、施工技术措施及应急预案。

当桥梁工程的箱梁预制、运输、铺架处于关键线路上时，为使其制约因素具体化、直观化，应按照首架和次架方向制作架梁分析图，直观地反映架梁通道上的征地、拆迁、三电迁改、连续梁施工等外部环境因素，使工作目标明确，推进有针对性，并做好动态更新和调整。

（7）施工方案，应结合项目特点，分专业说明工程概况、工程数量、施工方法、施工装备、施工顺序和作业组织方式、工期安排、施工难点和应注意的事项。过渡方案应主要说明过渡工程内容、位置、天窗计划等，并绘图说明实施步骤。应重点明确铺架方案，包括铺架口的安排、铺架方向，与既有线、既有车站的接轨方案。

（8）资源配置方案，包括主要工程材料设备采购供应方案、分年度主要材料设备计划、关键施工装备的数量及进场计划、劳动力计划、投资计划等，特别是钢轨、道岔、道砟、轨枕等材料供应方案。

（9）管理措施，包括标准化管理、质量管理措施、安全管理措施、工期控制措施、投资控制措施、环境保护措施、水土保持措施、文物保护措施、文明施工措施、节约用地措施、冬季施工措施、夏季施工措施、雨季施工措施、路基桥梁沉降控制及观测措施、预警机制和应急预案、信息化管理等。

（10）施工组织图表，包括施工总平面布置示意图、施工组织形象进度图、施工进度计划横道图、网络图等。

8.1.3 专业施工之间的影响及制约

1. 路基与涵洞、桥梁工程施工的相互关系

1）路涵、路桥过渡段

路基本体与涵洞及桥梁两端桥台工程同步实施，路涵及路桥过渡段待涵洞及桥台主体完工后开始施工，基床部分待路基本体、涵洞主体、过渡段全部施工完成后，一次实施。

2）箱梁运输通路对路基和桥梁工程的施工要求

路基工程与桥梁下部工程同步实施，先期施工架梁起点及架梁方向起点附近桥梁下部工程，同时先期施工控制工期及控制架梁运输路径的大跨度梁下部工程，为大跨度梁尽早开工、

及时建成提供条件。架梁期间，运梁车通过的路基、桥梁地段，路基工程、桥梁下部工程、大跨度梁工程应在运梁车通过前提前完工。需要堆载预压路基地段，路基基床及本体工程更需进一步提前填筑完成，保障 6 个月以上堆载预压沉降观测期，在路基基床底层表面放置堆载预压物，在箱梁运输车通过前需要清空堆载预压物，完成路基基床表层填筑，为箱梁运输提供顺畅的通路。

2. 隧道进口短路基与隧道工程施工的相互关系

隧道工程施工前，在洞口清理、边坡砌筑防护的同时，完成洞口段路堑工程施工，形成隧道施工场地和运输通路。对于软质岩石、强风化硬质岩石，以及土质路堑基床表层可以待隧道仰拱填充施工时，同期施工，为隧道工程施工提供平顺施工场地和运输通路。

3. 隧道与桥梁工程施工相互关系

隧道工程与桥梁工程的下部工程可以同期施工；非箱梁运输通道范围内隧道工程可以在箱梁架设施工期间同期施工；箱梁运输通道范围内隧道工程，该隧道必须在箱梁运输架设到达前贯通，保证运架梁通道的畅通。

4. 隧道进出口附近桥梁首末孔箱梁施工方案

对于困难山区桥隧特别密集地段，需要特别关注进出隧道出入口处首末孔箱梁架设条件。受一般架桥机施工空间限制要求，隧道进口处桥梁末孔箱梁架设要求隧道口处具备满足架桥机工作时主梁及导梁结构空间尺寸要求。隧道出口处需要具备架桥机小解体运输通过隧道后，重新恢复架桥机工作状态的组装空间。

对于一般架桥机，隧道进口处桥梁、隧道间所夹路基段长度不小于 20 m 可满足架桥机恢复正常工作状态空间要求；隧道出口处桥梁、隧道间所夹路基段长度不小于 50 m，可满足架桥机恢复正常工作状态空间要求。对于隧道出入口处桥梁、隧道间所夹路基段长度不满足要求的情况，则需要改变桥梁首末孔箱梁施工组织方案，由预制架设方式改为现浇施工方式。此种情况下桥下地面坡度一般很陡，桥面距地面较高，满布脚手现浇施工方式难度很大，需引起注意。

对于运架一体式架桥机，其机械结构特征决定了该种机械特别适用于困难山区客运专线铁路桥梁箱梁架设的特点，在不增加其他施工措施的前提下，可以完成隧道出入口零距离箱梁预制架设任务。

5. 轨道与站前其他工程施工相互关系

有砟轨道工程待站前轨道以下工程全部完工后，经过一定沉降观测后，即可以采用单枕法或轨道换铺法开始轨道铺设工程施工。

无砟轨道受下部结构沉降控制及施工精确度要求高的影响，轨道以下站前工程完工与无砟轨道开始铺设施工之间的时间间隔，应根据工程实际进行结构物沉降变形评估，满足无砟轨道铺设技术要求后方可进行铺设。原则上施工组织设计要考虑轨道以下站前工程完工后应预留以下沉降变形观测调整时间。

一般路基的观测和调整期不少于 3 个月；岩石地基等良好地质地段可不少于 2 个月；桥涵的沉降观测期不少于 6 个月；隧道主体完工后变形观测期不少于 3 个月。在实际实施时以沉降评估结果为准并对剩余工程施工组织设计进行适当调整。

6. 站前工程与站后工程施工相互关系

接触网基础预留应结合路基及梁体制作同步完成。沿线过轨及沟、槽、管、孔等站前与站后相关接口预留工程应随路基、桥梁、隧道等主体工程同步实施完成。

防灾安全监控系统：防灾安全监控系统涉及的基础预留工程应与路基、桥梁主体工程同步实施完成，设备安装工程在铺轨贯通后，工期宜为1～2个月。

综合接地：综合接地涉及贯通地线敷设、隧道和桥梁接地钢筋连接处理、预留接地引出端子等应与路基、桥梁、隧道等主体工程同步实施完成。

声屏障工程：结合路基、桥梁主体工程，先期做好基础预留，安装工程应在联调联试前完成。

8.2 流水施工原理

由于铁路工程施工的产品是线路工程结构物，所以流水施工也是铁路工程施工最有效的科学组织方法。

8.2.1 基本概念

铁路工程施工作业的组织方式与其他土木工程一样，有顺序作业法、平行作业法和流水作业法3种基本方式。在实际工程应用中，经常会根据拟建对象的特点采用各种基本作业方式的优点而形成的组合作业方式。

1. 顺序作业法（也称依次作业法）

顺序作业法是指当施工班组完成一个工程对象后，再接着进行下一个工程对象施工，依次进行直至所有工程对象全部施工完毕的施工作业组织方法。该方法一般适用于规模较小、工作面有限的工程。其具有以下特点。

（1）由于没有充分地利用工作面去争取时间，所以工期长。

（2）工作队不能实现专业化施工，不利于改进工人的操作方法和施工机具，不利于提高工程质量和劳动生产率。

（3）工作队工人不能连续作业。

（4）单位时间内投入的资源量比较少，有利于资源供应的组织工作。

（5）施工现场的组织、管理比较简单。

2. 平行作业法

平行作业法是指所有工程对象同时开工，齐头并进直至全部完成的施工作业组织方法。平行作业法一般适用于拟建工程任务十分紧迫，工作面允许及资源保证供应的工程。平行作业法具有以下特点。

（1）充分地利用了工作面，争取了时间，可以缩短工期。

（2）工作队不能实现专业化生产，不利于改进工人的操作方法和施工机具，不利于提高工程质量和劳动生产率。

（3）工作队工人不能连续作业。

（4）单位时间内投入施工的资源量成倍增长，现场临时设施也相应增加。

（5）施工现场的组织、管理复杂。

3. 流水作业法

流水作业法是将所有工程对象按一定的时间间隔依次投入施工，各个专业班组的施工是连续不断地依次从一个工程对象转移到下一个工程对象完成相同的工作，直至所有工程对象全部完工。流水施工组织方式具有以下特点。

（1）科学地利用了工作面，争取了时间，工期比较合理。

（2）工作队工人能够实现专业化施工，可使工人的操作技术熟练，更好地保证工程质量，提高劳动生产率。

（3）专业工作队工人能够连续作业，使相邻的专业队之间实现了最大限度的合理搭接。

（4）单位时间内投入施工的资源量较为均衡，有利于资源供应的组织工作；为施工现场的科学管理创造了条件。

4. 平行流水作业法

平行流水作业法是流水作业法和平行作业法的一种组合形式。它综合了平行作业法和流水作业法的优点，在铁路工程建设中更具普遍性。当所有工程对象按一组进行流水作业，其总工期比规定的工期要长时，可将全部工程对象根据工程类型、工程数量分为几个组进行施工，每个组内的工程对象采用流水作业法施工，而组与组之间则采用平行作业法施工。

8.2.2 分级和表述方式

1. 流水施工的分级

根据流水施工组织的范围，流水施工通常可分为以下几种。

1）分项工程流水施工

分项工程流水施工也称为细部流水施工，它是在一个专业工种内部组织起来的流水施工。在施工进度表上，它是一条标有施工段或施工队编号的水平进度指示线段或斜向进度指示线段。

2）分部工程流水施工

分部工程流水施工也称专业流水施工，它是在一个分部工程内部、各项工程之间组织起来的流水施工。在施工进度计划表上，它由一组标有施工段或工作队编号的水平进度指示线段或斜向进度指示线段表示。

3）单位工程流水施工

单位工程流水施工也称综合流水施工，它是在一个单位工程内部、各分部工程之间组织起来的流水施工。在施工进度计划表上，它是若干分部工程的进度指示线段，并由此构成一张单位工程施工进度计划。

4）群体工程流水施工

群体工程流水施工亦称大流水施工，它是在若干单位工程之间组织起来的流水施工，反映在施工进度计划表上，是一张施工总进度计划。

2. 流水施工的表达方式

铁路工程建设中流水施工常采用线条式进度图的表达方式；线条式进度图又分为横道图、形象进度图和纵横坐标进度图三种类型。横道图方式又分为水平指示图表和垂直指示图表两种。

1）水平指示图

在流水施工水平指示图中，横坐标表示流水施工的持续时间；纵坐标表示开展流水施工的施工过程、专业工作队的名称、编号和数目；呈梯形分布的水平线段表示流水施工的开展情况，如图 8-1 所示。

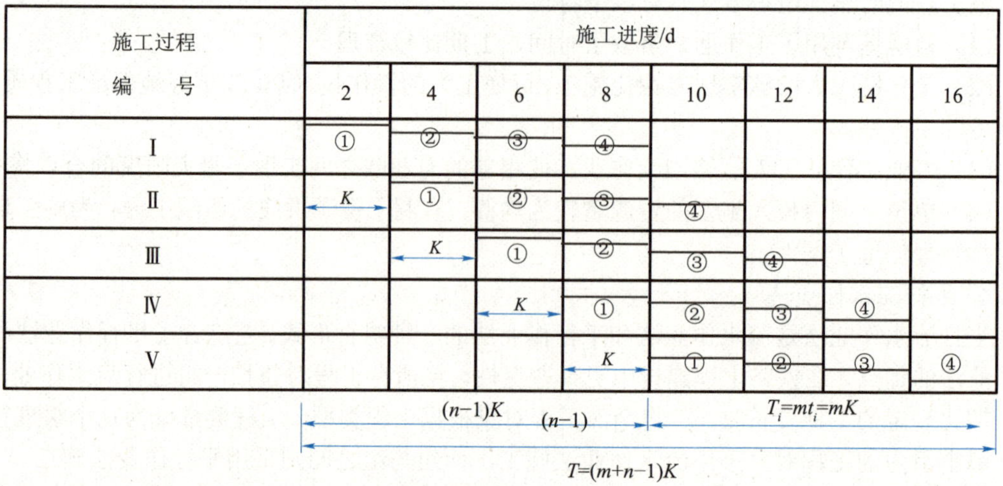

施工过程编号	施工进度/d							
	2	4	6	8	10	12	14	16
Ⅰ	①	②	③	④				
Ⅱ	K	①	②	③	④			
Ⅲ		K	①	②	③	④		
Ⅳ			K	①	②	③	④	
Ⅴ				K	①	②	③	④

$(n-1)K$　$(n-1)$　$T_i=mt_i=mK$

$T=(m+n-1)K$

图 8-1　水平指示图

图中：T——流水施工计划总工期；

T_i——一个专业工作队或施工过程完成其全部施工段的持续时间；

n——专业工作队数或施工过程数；

m——施工段数；

K——流水步距；

t_i——流水节拍，本图中 $t_i=K$；

Ⅰ，Ⅱ，…——专业工作队或施工过程的编号；

①，②，③，④——施工段的编号。

2）垂直指示图

在流水施工垂直指示图中，横坐标表示流水施工的持续时间；纵坐标表示展开流水施工所划分的施工段编号；n 条斜线段表示各专业工作队或施工过程开展流水施工的情况，如图 8-2 所示，图中符号的含义同图 8-1。

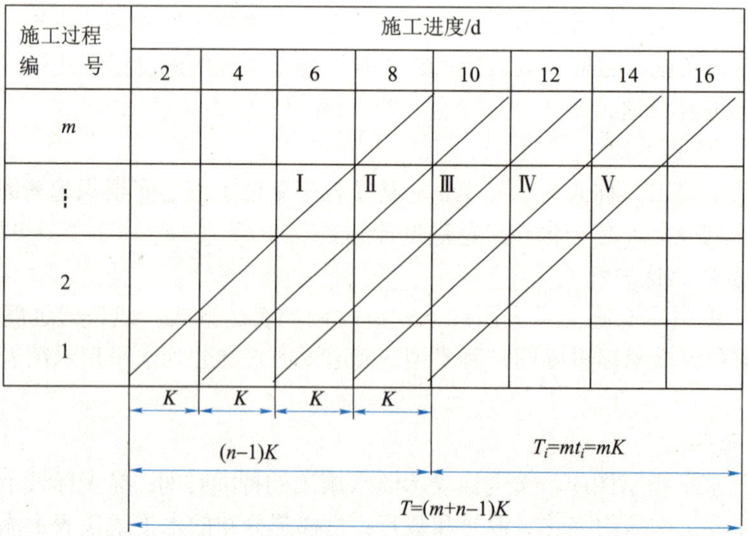

施工过程编号	施工进度/d							
	2	4	6	8	10	12	14	16
m								
⋮			Ⅰ	Ⅱ	Ⅲ	Ⅳ	Ⅴ	
2								
1								

K　K　K　K

$(n-1)K$　$T_i=mt_i=mK$

$T=(m+n-1)K$

图 8-2　垂直指示图

3）形象进度图

形象进度图，可以用来表示某种专业工程在不同区段或不同层次上的施工进度。它可直接将施工计划日期或完成日期标注在相应施工部位上，非常形象、直观，调整也很方便，只需修改计划日期或完成日期即可。

4）纵横坐标进度图

纵横坐标进度图，是铁路、公路等大型线型工程所常用的施工进度图的表示形式。它以纵坐标表示时间，横坐标表示各项工程所在位置的里程，用竖直柱、斜线等表示工程施工进度。这种施工进度图集中反映了线型工程各种工程沿长度方向的延伸情况。

8.2.3 主要参数

在组织拟建工程项目流水施工时，用以表达流水施工在工艺流程、空间布置和时间排列等方面开展状态的参数，称为流水参数。

1. 工艺参数

在组织流水施工时，用以表达流水施工在施工工艺上开展顺序及其特征的参数，称为工艺参数。通常，工艺参数包括施工过程和流水强度两种。

在组织流水时，用以表达流水施工在工艺上开展层次的有关过程，统称为施工过程。施工过程的数目以 n 表示。在流水施工中，务必使各专业施工队组连续施工，所以各施工过程应分别由一个固定的施工专业队组来承担。专业队组数等于施工过程数。

流水强度又称流水能力、生产能力，某一施工过程在单位时间内所完成的工程量，称为该施工过程的流水强度，一般用 V_i 表示。一般分为机械操作流水强度和人工操作流水强度。

机械操作流水强度计算方法如下：

$$V_i=\sum_{i=1}^{x}R_iS_i \tag{8-1}$$

式中：R_i——投入施工过程 i 的某种施工机械台数；

S_i——投入施工过程 i 的某种机械产量定额；

x——投入施工过程 i 的施工机械种类数。

人工操作流水强度计算方法如下：

$$V_i=R_iS_i \tag{8-2}$$

式中：R_i——投入施工过程 i 的专业工作队工人数；

S_i——投入施工过程 i 的专业工作队平均产量定额。

2. 空间参数

在组织流水施工时，用以表达流水施工在空间布置上所处状态的参数，称为空间参数。空间参数主要有：工作面和施工段两种。

工作面又称工作前线，是指某种专业工种的工人在从事建筑产品施工生产过程中，所必须具备的活动空间。铁路工程中施工项目、新技术较多，相应地，其工作面也具有不同特点，在施工组织设计时必须考虑其相互之间的协调关系。

为了有效地组织流水施工，通常把拟建工程项目在平面上划分成若干个劳动量大致相等的施工段落，这些施工段落称为施工区段。施工区段的数目，通常以 m 表示。

一般来说，铁路工程施工区段划分的总体要求如下。

（1）标段的划分要根据沿线工程分布、工程量大小，结合施工单位劳力、机械配备情况综合考虑；标段划分宜大不宜小，有利于集中力量和集中施工资源，以适应大规模铁路建设迅速、有序、高效展开。

（2）按照施工组织设计工期安排、工程特点，统筹兼顾、系统策划，有利于各工程的施工在工序、时间、空间和管理等各环节的统筹安排和合理衔接，有利于资源合理配置和均衡利用，有利于工程质量、施工安全和进度控制。

（3）推行工程总承包。可合理利用和充分发挥专业装备优势，体现工程承包规模优势和减少管理协调，有利于施工技术管理、施工队伍、工装设备（包括运架制梁、铺轨基地、施工机具等重要施工机械设备和相关产品、构件的经济运距）等有效资源的合理调配，发挥规模效益。

（4）除控制工期的重点工程及地段（大型站房、特长隧道、特大桥梁、四电集成）由专业施工队承担外，一般均以独立经济核算的综合工程处为划分单元。从全线及总工期考虑，各处的工作任务要平衡饱满，并考虑在本建设项目内流动，避免施工队伍频繁转移。

（5）最好与地方行政区域划分相结合，考虑省、市、自治区所管辖的范围，在此基础上进行设计里程分界及现场平面布置。施工区段划分应有利于土石方调配，有利于合理组织材料运输，有利于大型临时设施、过渡工程和辅助工程的合理配置。

（6）有利于减少招标工作量，控制招标成本。

（7）以铺架工程为主线，综合考虑铺轨基地、制（存）梁场和轨道板预制场的位置、所管辖的范围和工程分布情况，以及沿线地形、地貌、交通运输等周围环境和工程的作业量，但一般应将邻近铺轨基地的线路列为重点控制区段，同时应将各区段内影响预制梁（无砟轨道）架设（铺设）作业的路基、桥梁和隧道列为控制工程项目，尽量减少过隧道架梁和架桥机调头转场作业，如有困难时应安排掉头转场作业场地。

（8）铁路的区段划分，一般是按照土建工程、轨道工程、四电工程分别划分的。

土建工程划分时，应根据区段内桥梁、隧道和路基工程数量的多少，尽量做到任务均衡、饱满。在长大隧道和特大桥梁重点工程较多的地段，可以适当缩短划分区段的长度，以满足最后统一铺轨的需要。

轨道工程的划分与铺轨方案有很大关系，多半是以铺轨基地为中心向两边划分的，区段划分应在铺轨基地的辐射范围内。

通信、信号、电力、电气化等站后工程（包括综合调试）应结合工程特点、工期要求进行系统集成。原则上可按通信、信号工程组成一个系统，电力、电气化工程组成一个系统进行系统集成，并对系统集成单位、综合调试工作统筹考虑。标段可按系统划分，其长度要根据各专业接入、接口等要求而定。四电工程中凡需在站前施工过程中预埋或施工的，如综合接地、接触网立柱基础、电缆沟槽、连通管道等，也一并划入相应的站前工程标段在土建工程中进行。

（9）施工区段和施工里程的分界还应注意以下几点。

① 标段控制的重点工程和专业性较强的工程项目可按专业划分外，一般应以路基、桥梁和隧道等工程，结合轨道结构施工综合划分分界里程为宜。

② 为有利于土石方的调配，有利于桥涵与路基过渡段的施工和提高其工程质量，桥梁的两端，隧道出入口两端应有一定长度的路基工程作为分界里程。

③ 桥隧相连困难的地段一般不宜划分分界里程。若必须设分界里程时，在隧道洞口端

至少应留有架桥机拼装和架设箱梁的基本作业长度。

④ 长大隧道或桥梁中间可作为分界里程。

3. 时间参数

在组织流水施工时，用以表达流水施工在时间排列上所处状态的参数，称为时间参数。它主要包括：流水节拍和流水步距两种。

在组织流水施工时，每个专业工作队在各个施工段上完成相应的施工任务所需要的工作延续时间，称为流水节拍，通常用 t_i 表示。确定流水节拍一般应注意以下几点：考虑最小工作面、考虑最小劳动组合、考虑最优劳动组合和取一个工日一天或半天的整数倍。

在组织流水施工时，相邻两个专业工作队在保证施工顺序、满足连续施工、最大限度地搭接和保证工程质量要求的条件下，相继投入施工的最小时间间隔，称为流水步距，流水步距以 $K_{j,\ j+1}$ 表示。确定流水步距的一般原则是：流水步距要满足相邻两个专业工作队，在施工顺序上的相互制约关系；流水步距要保证各专业工作队都能连续作业；流水步距要保证相邻两个专业工作队，在开工时间上最大限度地、合理地搭接；流水步距的确定要保证工程质量，满足安全生产。

流水步距的确定方法：根据专业工作队在各施工段上的流水节拍，求累加数列；根据施工顺序，对所求相邻工序的两累加数列，错位相减；根据错位相减的结果，确定相邻专业工作队之间的流水步距，即相减结果中数值最大者。

【例 8-1】某铁路路基工程项目由四个施工过程组成，分别由 A、B、C、D 四个专业工作队完成，在平面上划分成四个施工段，各专业工作队在各施工段上的流水节拍如表 8-1 所示，试确定相邻专业工作队之间的流水步距。

表 8-1　各专业工作队在各施工段上的流水节拍　（时间：月）

工作队	①	②	③	④
A	4	2	3	2
B	3	4	3	4
C	3	2	2	3
D	2	2	1	2

【解】

（1）求各专业工作队流水节拍的累加数列：

A：4，6，9，11　　B：3，7，10，14

C：3，5，7，10　　D：2，4，5，7

（2）相邻专业工序的错位相减：

A 与 B：

```
   4，6，9，1
−）   3，7，10，  14
───────────────────
   4，3，2，  1，−14
```

B 与 C：

```
   3，7，10，14
−）   3，  5，  7，  10
───────────────────
   3，4，  5，  7，−10
```

C 与 D

```
   3，5，7，10
−）    2，4，5，  7
───────────────────
   3，3，3，5，−7
```

（3）求各专业工作队之间的流水步距：

因流水步距等于错位相减所得结果中数值最大者，故有：

$$K_{A,B}=\max\{4,3,2,1,-14\}=4（月）$$

$$K_{B,C}=\max\{3,4,5,7,-10\}=7\text{（月）}$$

$$K_{C,D}=\max\{3,3,3,5,-7\}=5\text{（月）}$$

8.2.4 流水施工的组织原理

在组织工程项目流水施工时，根据各施工过程时间参数的不同特点，流水施工可分为：等节拍流水、异节拍流水和无节奏流水等几种组织形式。根据铁路工程的特点，以下主要介绍等节拍流水和无节奏流水。

1. 等节拍流水

在组织流水施工时，如果所有的施工过程在各个施工段上的流水节拍彼此相等，这种流水施工组织方式称为等节拍专业流水，也称为固定节拍流水或全等节拍流水或同步距流水。其具有以下特点。

（1）流水节拍彼此相等。如有 n 个施工过程，流水节拍为 t，则

$$K_{1,2}=K_{2,3}=\cdots=K_{n-1,n}=K=t(\text{常数}) \tag{8-3}$$

（2）流水步距彼此相等，而且等于流水节拍，即：

$$t_1=t_2=\cdots=t_{n-1}=t_n=t(\text{常数}) \tag{8-4}$$

（3）每个专业工作队都能够连续施工，施工段没有空闲。

（4）专业工作队数（n_1）等于施工过程数（n）。

等节拍流水组织步骤如下。

（1）确定项目施工起点流向，分解施工过程。

（2）确定施工顺序，划分施工段。划分施工段时，其数目 m 的确定如下。

① 无技术和组织间歇时，取 $m=n$；

② 有技术和组织间歇时，为了保证各专业工作队能连续施工，应取 $m>n$。

（3）根据等节拍专业流水要求，计算流水节拍数值。

（4）确定流水步距，$K=t$。

（5）计算流水施工的工期，可按下式进行计算：

$$T=(m+n-1)\times K+\sum Z_{j,j+1}+\sum G_{j,j+1}-\sum C_{j,j+1} \tag{8-5}$$

式中：T——流水施工总工期；

m——施工段数；

n——施工过程数；

K——流水步距；

j——施工过程编号，$j=1,2,\cdots,n$；

$Z_{j,j+1}$——j 与 $j+1$ 两施工过程间的技术间歇时间；

$G_{j,j+1}$——j 与 $j+1$ 两施工过程间的组织间歇时间；

$C_{j,j+1}$——j 与 $j+1$ 两施工过程间的平行搭接时间。

（6）绘制流水施工指示图。

2. 无节奏流水

无节奏流水是组织流水作业的各个施工过程在各施工段上的流水节拍均不相等。组织无节奏流水施工的基本要求同前述一样，即保证各施工过程的工艺顺序合理和各专业工作队的

工作不间断，它是流水施工的主要形式，其特点如下。

（1）每个施工过程在各个施工段上的流水节拍，不尽相等。

（2）在多数情况下，流水步距彼此不相等。

（3）各专业工作队都能连续施工，个别施工段可能有空闲。

（4）专业工作队数等于施工过程数，即 $n_1=n$。

其组织步骤如下。

（1）确定施工起点流向，分解施工过程。

（2）确定施工顺序，划分施工段。

（3）计算各施工过程在各个施工段上的流水节拍。

（4）按一定的方法确定相邻两个专业工作队之间的流水步距。

（5）按下式计算流水施工的计划工期：

$$T=\sum_{j=1}^{n-1}K_{j,j+1}+\sum_{i=1}^{m}t_i^{zh}+\sum Z+\sum G-\sum C_{j,j+1} \tag{8-6}$$

式中：T——流水施工的计划工期；

$K_{j,\ j+1}$——j 与 j+1 两专业工作队之间的流水步距；

t_i^{zh}——最后一个施工过程在第 i 个施工段上的流水节拍；

$\sum Z$——技术间歇时间总和；

$\sum G$——组织间歇时间总和；

$\sum C_{j,j+1}$——相邻两专业工作队 j 与 j+1 之间的平行搭接时间之和 $j=1,2,\cdots,n-1$；

（6）绘制流水施工进度表。

【例 8-2】某拟建铁路工程由 A、B、C、D 四个施工过程组成；该工程在平面上划分成四个施工段，各施工过程在各施工段上的流水节拍如表 8-2 所示。根据施工要求，施工过程 B 完成后其相应施工段至少要养护 2 天，试编制该工程流水施工进度图。

表 8-2　各施工过程在各施工段上的流水节拍　（时间：天）

施工过程	施工段			
	1	2	3	4
A	2	6	5	4
B	4	9	6	3
C	3	3	7	3
D	1	6	5	4

【解】

（1）求各专业流水节拍的累加数列：

A:	2	8	13	17
B:	4	13	19	22
C:	3	6	13	16
D:	1	7	12	16

（2）求各专业流水步距：

$$\begin{array}{rrrrrr} & 2, & 8, & 13, & 17 & \\ -) & & 4, & 13, & 19, & 22 \\ \hline & 2, & 4, & 0, & -2, & -22 \end{array}$$

所以 $K_{A,\ B}=\max\{2,\ 4,\ 0,\ -2,\ -22\}=4$（天）

$$\begin{array}{rrrrrr} & 4, & 13, & 19, & 22 & \\ -) & & 3, & 6, & 13, & 16 \\ \hline & 4, & 10, & 13, & 9, & -16 \end{array}$$

所以 $K_{B,\ C}=\max\{4,\ 10,\ 13,\ 9,\ -16\}=13$（天）

$$\begin{array}{rrrrrr} & 3, & 6, & 13, & 16 & \\ -) & & 1, & 7, & 12, & 16 \\ \hline & 3, & 5, & 6, & 4, & -16 \end{array}$$

所以 $K_{C,\ D}=\max\{3,\ 5,\ 6,\ 4,\ -16\}=6$（天）

（3）确定计划工期。

由题设条件可知：

$$T=\sum K_{j,j+1}+\sum t_n-\sum C+\sum Z+\sum G=(4+13+6)+(1+6+5+4)+2=41\text{（天）}$$

（4）绘制流水施工计划图，如图 8-3 所示。

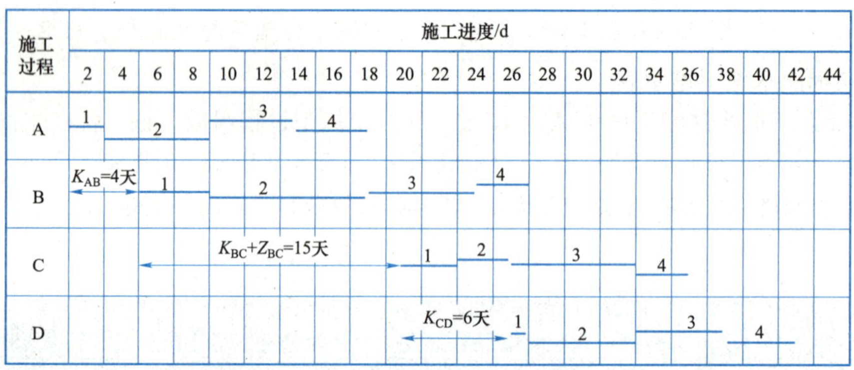

图 8-3　流水施工计划图

8.3　网络计划技术

工程施工作业计划的横道图法表达方式具有直观易懂、简单明了的优点，但缺点是不能反映各项工作之间的衔接关系，看不出某一工作的变化对整个工程的影响。网络计划法可以分析各个施工过程（或工序）在网络图中的地位，找出关键工序和关键线路，然后按照一定的目标（或约束条件）不断调整网络图，最后得到最优的施工进度方案。同时，在计划的执行过程中，还可利用网络图进行有效的控制与监督，从而确保最大的工程效益，是适用于客运专线铁路工程施工组织设计的一种合适方法。

8.3.1 网络计划的特点及分类

1. 网络计划的特点

网络计划技术的基本模型是网络图。网络图由箭线和节点组成，是用以表示工作流程的有向、有序网状图形。网络计划则是用网络图表达任务构成、工作顺序，并加注工作时间参数的进度计划。

与横道计划相比较，网络计划的特点及优点为：各工序之间逻辑关系清晰；重点突出，便于管理和控制；便于优化和调整；便于计算机管理。

例如：有一项分三个施工段的钢筋混凝土工程项目施工，用横道计划和网络计划表达出来，内容一样，但形式各不相同。横道计划图、网络计划图分别如图 8-4 和图 8-5 所示。从两图的对比可看出，采用网络计划图的方式能清晰地反映各工作之间的逻辑关系，揭示关键线路和关键工作，其具有显著的优势。

工作	进度计划/d										
	1	2	3	4	5	6	7	8	9	10	11
支模板	一		二			三					
绑钢筋				一			二		三		
浇注混凝土									一	二	三

图 8-4 横道计划图

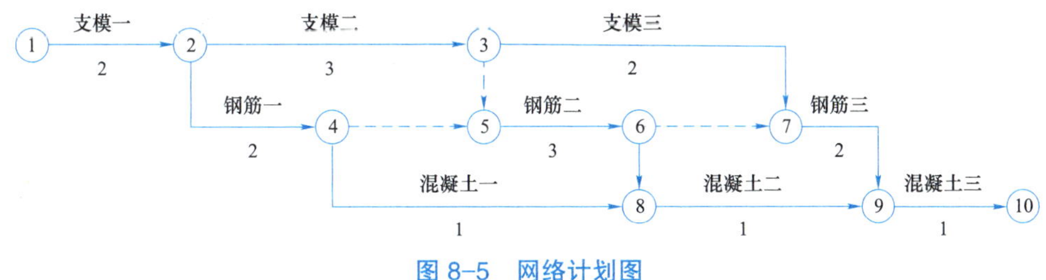

图 8-5 网络计划图

网络计划技术的基本原理可归纳如下。

（1）把一项工程的全部建造过程分解为若干项工作，并按其开展顺序和相互制约、相互依赖的关系，绘制网络图。

（2）进行时间参数计算，找出关键工作和关键线路。

（3）利用网络计划最优化原理，改进初始方案，寻求最优网络计划方案。

（4）在网络计划执行过程中，进行有效监督与控制，力求以最少的消耗，获得最佳的经济效果。

2. 网络计划的分类

按照不同的分类原则，可以将网络计划分成不同的类别。

1）按性质分类

（1）肯定型网络计划，指工作与工作之间的逻辑关系及工作持续时间都确定的网络计划。在这种网络计划中，各项工作的持续时间都是确定的单一的数值，整个网络计划有确定的计划总工期。

（2）非肯定型网络计划，指工作与工作之间的逻辑关系和工作持续时间中一项或多项不肯定的网络计划。在这种网络计划中，各项工作的持续时间只能按概率方法确定三个值，整个网络计划无确定的计划总工期。

2）按表示方法分类

（1）单代号网络计划，指以单代号表示法绘制的网络计划。在网络图中，每个节点表示一项工作，箭线仅用来表示各项工作间相互制约、相互依赖的关系。

（2）双代号网络计划，指以双代号表示法绘制的网络计划。网络图中，箭线用来表示工作，并用箭线两端的代号来标记该项工作。

3. 按目标分类

（1）单目标网络计划，指只有一个终点节点的网络计划，即网络图只具有一个最终目标。

（2）多目标网络计划，指终点节点不止一个的网络计划，即它具有若干个独立的最终目标。

4. 按有无时间坐标分类

（1）时标网络计划，指以时间坐标为尺度绘制的网络计划。在网络图中，每项工作箭线的水平投影长度，与其持续时间成正比。如编制资源优化的网络计划即为时标网络计划。

（2）非时标网络计划，指不按时间坐标绘制的网络计划。在网络图中，工作箭线长度与持续时间无关，可按需要绘制。通常绘制的网络计划都是非时标网络计划。

5. 按层次分类

（1）总网络计划，指以整个计划任务为对象编制的网络计划，如群体网络计划或单项工程网络计划。

（2）局部网络计划，指以计划任务的某一部分为对象编制的网络计划，如分部工程网络图。

6. 按工作衔接特点分类

（1）普通网络计划，指其工作间的关系均按首尾衔接，即紧前工作完成之后才能开始工作关系绘制的网络计划，如单代号、双代号和概率网络计划。

（2）搭接网络计划，指按照各种规定的搭接关系和搭接时距绘制的网络计划。搭接关系是指在实际中有时紧后工作的开始并不以紧前工作的完成为前提，而是只要紧前工作开始一段时间并能为紧后工作开始提供一定的条件后，紧后工作便可以开始并与紧前工作平行进行的工作衔接关系。

8.3.2 双代号网络计划

双代号网络图由工作、节点、线路三部分组成，其表示方法如图 8-6 所示。

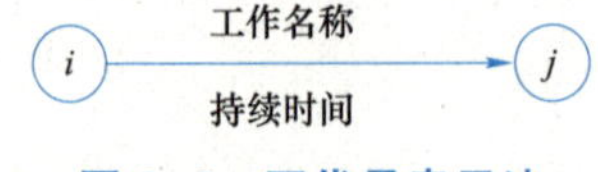

图 8-6 双代号表示法

1. 工作

工作又称工序、活动，是指计划任务按需要粗细程度划分而成的一个消耗时间或也消耗资源的子项目或子任务。

按照工作是否需要消耗时间或资源，工作通常可以分为：需要消耗时间和资源的工作（如浇筑基础混凝土)；只消耗时间而不消耗资源的工作（如混凝土的养护）；既不消耗时间，也不消耗资源的工作，如为了表示逻辑关系而设定的虚工作。

按照网络图中工作之间的相互关系，可将工作分为：紧前工作；紧后工作；平行工作；起始工作；结束工作；先行工作；后续工作。双代号网络中各工作之间的关系如图 8-7 所示。

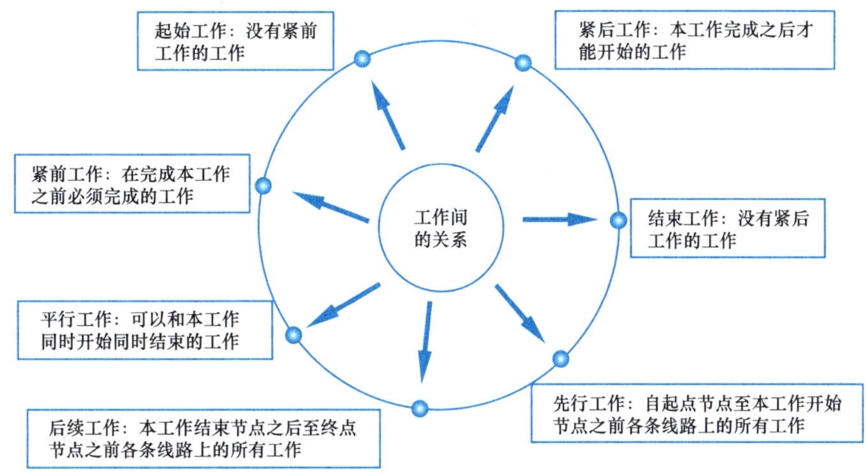

图 8-7　双代号网络中各工作之间的关系

2. 节点

在网络图中箭线的出发和交汇处通常画上圆圈，用以标志该圆圈前面一项或若干项工作的结束和允许后面一项或若干项工作的开始的时间称为节点（也称为事件）。

在双代号网络图中，节点不同于工作，它只标志着工作的结束和开始的瞬间，具有承上启下的衔接作用，而不需要消耗时间或资源。

箭线出发的节点称为开始节点，箭线进入的节点称为完成节点，表示整个计划开始的节点称为网络图的起点节点，表示整个计划最终完成的节点称为网络图的终点节点，其余称为中间节点。所有的中间节点都具有双重的含义，既是前面工作的完成节点，又是后面工作的开始节点，如图 8-8 所示。

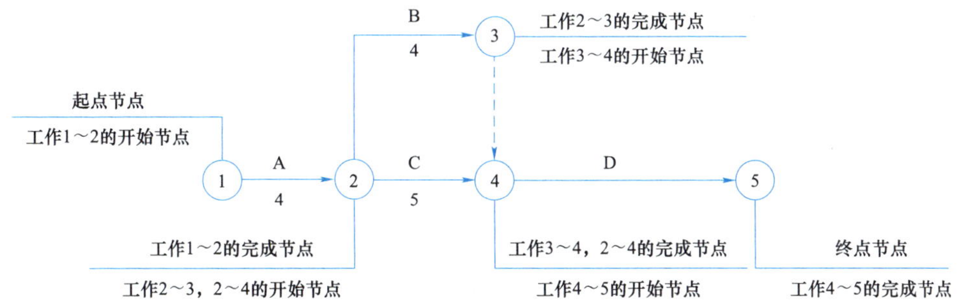

图 8-8　节点关系示意图

3. 线路

网络图中从起点节点开始，沿箭线方向连续通过一系列箭线与节点，最后到达终点节点所经过的通路称为线路。每一条线路都有自己确定的完成时间，它等于该线路上各项工作持续时间之和，称为线路时间。

在网络图中线路时间最长的线路称为关键线路，位于关键线路上的工作称为关键工作。关键工作完成的快慢直接影响整个计划工期的实现。在网络图中关键线路有时不止一条，可能同时存在几条关键线路，即这几条线路上的线路时间相同且是线路时间的最大值。关键线路并不是一成不变的，在一定的条件下，关键线路和非关键线路可以相互转化。

位于非关键线路上的工作除关键工作外，其余为非关键工作，它具有机动时间（即时差），非关键工作也不是一成不变的，它可以转化为关键工作，利用非关键工作的机动时间可以科学地、合理地调配资源和对网络计划进行优化。

4. 双代号网络图各种逻辑关系

逻辑关系，是指工作进行时客观上存在的一种相互制约或依赖的关系，也就是先后顺序关系。在表示工程施工计划的网络图中，根据施工工艺和施工组织的要求，应正确反映各项工作之间的相互依赖和相互制约的关系，这也是网络图与横道图的最大不同点。各工作间的逻辑关系是否表达得正确，是网络图能否反映工程实际情况的关键。

要画出一个正确反映工程逻辑关系的网络图，首先要搞清各项工作之间的逻辑关系，也就是要具体解决每项工作的三个方面问题：该工作必须在哪些工作之前进行；该工作必须在哪些工作之后进行；该工作可以与哪些工作平行进行。

5. 双代号网络图绘制的基本原则

绘制双代号网络图时，要正确地表示工作之间的逻辑关系和遵循有关绘图的基本原则。绘制双代号网络图一般必须遵循以下一些基本原则。

（1）双代号网络图必须正确表达已定的逻辑关系。

（2）双代号网络图中，严禁出现循环网络。

（3）双代号网络图中，在节点之间严禁出现带双向箭头或无箭头的连线。

（4）在双代号网络图中，严禁出现没有箭头节点或没有箭尾节点的箭线。

（5）当双代号网络图的某些节点有多条内向箭线或多条外向箭线时，可使用母线法绘图。

（6）绘制网络图时，箭线不宜交叉，当交叉不可避免时，可用过桥法或指向法。

（7）双代号网络图中应只有一个起点节点；在不分期完成任务的网络图中，应只有一个终点节点；而其他所有节点均应是中间节点。

按照各项工作的逻辑顺序将网络图绘就之后，即可进行节点编号。节点编号的目的是赋予每项工作一个代号，便于对网络图进行时间参数的计算。网络图节点编号时，一条箭线（工作）的箭头节点的编号“j”，一般应大于箭尾节点“i”，即 $i<j$；编号时号码应从小到大，箭头节点编号必须在其前面的所有箭尾节点都已编号之后进行；在一个网络计划中，所有的节点不能出现重复的编号。

8.3.3 双代号网络计划时间参数的计算

网络图时间参数计算的目的在于确定网络图上各项工作和各个节点的时间参数，为网络计划的优化、调整和执行提供明确的时间概念。

网络图时间参数计算的内容主要包括：各个节点的最早时间（ET_i）和最迟时间（LT_i）；各项工作的最早开始时间（ES_{i-j}）、最早完成时间（EF_{i-j}）、最迟开始时间（LS_{i-j}）和最迟完成时间（LF_{i-j}）；各项工作的总时差（TF_{i-j}）和自由时差（FF_{i-j}），以及关键线路的持续时间（T）。

网络图时间参数计算的方法有多种，一般常用的有分析计算法、图上计算法、表上计算法、矩阵计算法和电算法等。在此仅对分析计算法加以介绍。

1. 工作持续时间的计算

工作持续时间的计算方法通常有三种：一是“定额计算法”，二是“三时估算法”，三是工期计算法。

（1）“定额计算法”的计算公式是：

$$D_{i-j}=\frac{Q_{i-j}}{RS} \tag{8-7}$$

式中：D_{i-j}——i–j 工作的持续时间；

Q_{i-j}——i–j 工作的工程量；

R——投入 i–j 工作的人数或机械台班数；

S——产量定额。

（2）当工作持续时间不能用定额计算法计算时，便采用“三时估算法”，其计算公式为：

$$D_{i-j}=\frac{a+4c+b}{6} \tag{8-8}$$

式中：D_{i-j}——i–j 工作的持续时间；

a——工作的乐观（最短）持续时间估算值；

b——工作的悲观（最长）持续时间估计值；

c——工作的最可能持续时间估算值。

虚工作必须视同工作进行计算，其持续时间为零。

（3）工期计算法就是对于规定工期内必须完成的工程项目，往往采用倒排进度法，具体步骤如下。

① 根据规定的项目工期，确定单位工程工期 T；

② 由单位工程工期，确定各分部工程、分项工程工期 T_i；

③ 由分项工程工期，确定施工过程的工作时间 T_l；

④ 确定某施工过程在某施工段上的工作时间，即 $t_i=T_l/m$（m 为施工段数）；

⑤ 复核每班人数及机械台数，看是否满足施工工作面的要求。

当施工段数确定后，工作时间越长，则相应的工期越长。因此，从理论上讲，工作时间越短越好，但由于实际上受工作面的限制，每一个施工过程在各施工段上都有最小的施工时间，其可按下式计算：

$$t_i=\frac{Q_i}{SR_{\max}N_{\max}}=\frac{Q_i}{S\dfrac{A_i}{A_{\min}N_{\min}}}=\frac{A_{\min}Q_i}{SA_iN_{\max}} \tag{8-9}$$

式中：Q_i——第 i 施工段的工程量；

A_i——第 i 施工段的总工作面；

$A_{\min}$——每个工人所需的最小工作面；

S——产量定额；

t_i——某工班在第 i 施工段的最短工作时间；

$R_{\max}$——每班投入的最多人数或机械台数；

$N_{\max}$——每班的最多工作班次。

2. 分析计算法

分析计算法是根据各项时间参数计算公式，列式计算时间参数的方法。

1）节点最早时间的计算

节点最早时间是指双代号网络计划中，以该节点为开始节点的各项工作的最早开始时间。节点 i 的最早时间 ET_i 应从网络计划的起点节点开始，顺着箭线方向，依次逐项计算，并应符合下列规定。

（1）起点节点 i 若未规定最早时间 ET_i 时，其值应等于零，即

$$ET_i=0\ (i=1) \tag{8-10}$$

（2）其他节点的最早时间 ET_j 为：

$$ET_j=\max\{ET_i+D_{i-j}\}\ (i<j) \tag{8-11}$$

式中：ET_j——工作 $i-j$ 的完成节点 j 的最早时间；

ET_i——工作 $i-j$ 的开始节点 i 的最早时间。

2）网络计划工期的计算

（1）网络计划的计算工期。网络计划的计算工期（T_c），是指根据时间参数计算得到的工期，它应按下式计算：

$$T_c=ET_n \tag{8-12}$$

式中：ET_n——终点节点 n 的最早时间。

（2）网络计划的计划工期的确定。网络计划的计划工期（T_p），指按要求工期和计算工期确定的作为实施目标的工期。其计算应遵循下述规定。

当已规定了要求工期（T_r）时，$T_p \leqslant T_r$；

当未规定要求工期时，$T_p=T_c$。

3）节点最迟时间的计算

节点最迟时间指双代号网络计划中，以该节点为完成节点的各项工作的最迟完成时间。其计算应符合下述规定。

（1）节点 i 的最迟时间 LT_i 应从网络计划的终点节点开始，逆着箭线方向依次逐项计算；

（2）终点节点 n 的最迟时间 LT_n 应按网络计划的计划工期 T_p 确定，即

$$LT_n=T_p \tag{8-13}$$

③ 其他节点 i 的最迟时间 LT_i 应为

$$LT_i=\min\{LT_j-D_{i-j}\} \tag{8-14}$$

式中：LT_i——工作 $i-j$ 的开始节点 i 的最迟时间；

LT_j——工作 $i-j$ 的完成节点 j 的最迟时间。

4）工作时间参数的计算

（1）工作最早开始时间和最早完成时间计算。工作最早开始时间 ES_{i-j} 和最早完成时间 EF_{i-j} 反映工作 $i-j$ 与其紧前工作的时间关系，受开始节点 i 的最早时间控制，ES_{i-j} 和 EF_{i-j} 的计算应以开始节点的时间参数为基础，计算公式为：

$$\left.\begin{aligned} ES_{i-j} &= ET_i \\ EF_{i-j} &= ES_{i-j}+D_{i-j} \end{aligned}\right\} \tag{8-15}$$

（2）工作最迟完成时间和最迟开始时间的计算。工作最迟完成时间 LF_{i-j} 和最迟开始时

间 LS_{i-j} 反映工作 i–j 与其紧后工作的时间关系，受其完成节点 j 的最迟时间限制。LF_{i-j} 和 LS_{i-j} 的计算应以其完成节点的时间参数为基础，计算公式为：

$$\left.\begin{aligned}LF_{i-j} &= LT_j \\ LS_{i-j} &= LF_{i-j} - D_{i-j}\end{aligned}\right\} \tag{8-16}$$

（3）总时差的计算。工作总时差是指在不影响总工期的前提下，本工作可以利用的机动时间。工作 i–j 的总时差计算公式如下：

$$TF_{i-j} = LT_j - ET_i - D_{i-j} = LF_{i-j} - EF_{i-j} = LS_{i-j} - ES_{i-j} \tag{8-17}$$

（4）工作自由时差的计算。工作自由时差是指在不影响其紧后工作最早开始时间的前提下，本工作可以利用的机动时间，计算公式为：

$$FF_{i-j} = ET_j - ET_i - D_{i-j} = \min(ES_{j-k} - ES_{i-j} - D_{i-j}) = \min(ES_{j-k} - EF_{i-j}) \tag{8-18}$$

其中，工作 j–k 为工作 i–j 的紧后工作。

5）关键工作和关键线路的确定

（1）关键工作是指网络计划中总时差最小的工作。当计划工期与计算工期相等时，这个“最小值”为 0；当计划工期大于计算工期时，这个“最小值”为正；当计划工期小于计算工期时，这个“最小值”为负。

（2）关键线路是指自始至终全部由关键工作组成的线路，或线路上总的工作持续时间最长的线路。

（3）关键工作和关键线路的标注。关键工作和关键线路在网络图上应当用粗线或双线或彩线标注其箭线。

3. 图算法

图算法是按照各项时间参数计算公式的程序，直接在网络图上计算时间参数的方法。由于计算过程在图上直接进行，不需列计算公式，既快又不易出错，计算结果直接标注在网络图上，一目了然，同时也便于检查和修改，故比较常用。

各时间参数在图上的表示方法：节点时间参数通常标注在节点的上方和下方，其标注方法如图 8-9（a）所示。工作时间参数通常标注在工作箭线的上方或左侧，如图 8-9（b）所示。图算法的计算方法与顺序、分析计算法相同，计算时随时将计算结果填入图中相应位置。

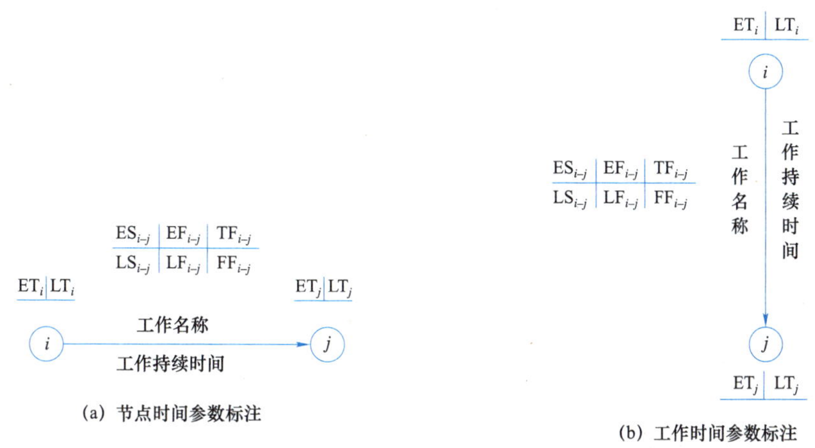

图 8-9　双代号网络图时间参数标注方法

【例 8-3】为了进一步理解和应用以上计算公式，现以图 8-10 所示为例，说明分析计算法的各个步骤；图中箭线下的数字是工作的持续时间，以天为单位。

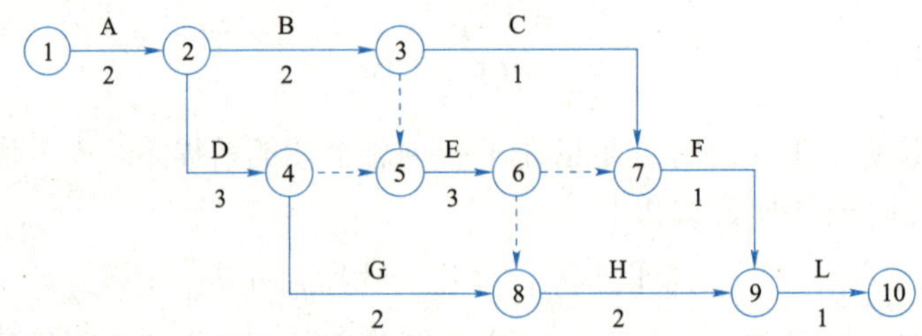

图 8-10 双代号网络图

【解】（1）计算 ET_i，确定 ET_1=0，按式（8-10）得

$$ET_2 = ET_1 + D_{1-2} = 0+2=2；\quad ET_3 = ET_2 + D_{2-3} = 2+2=4；\quad ET_4 = ET_2 + D_{2-4} = 2+3=5$$

$$ET_5 = \max\begin{Bmatrix} ET_3 + D_{3-5} \\ ET_4 + D_{4-5} \end{Bmatrix} = \max\begin{Bmatrix} 4+0 \\ 5+0 \end{Bmatrix} = 5；\quad ET_6 = ET_5 + D_{5-6} = 5+3=8$$

$$ET_7 = \max\begin{Bmatrix} ET_3 + D_{3-7} \\ ET_6 + D_{6-7} \end{Bmatrix} = \max\begin{Bmatrix} 4+1 \\ 8+0 \end{Bmatrix} = 8；\quad ET_8 = \max\begin{Bmatrix} ET_4 + D_{4-8} \\ ET_6 + D_{6-8} \end{Bmatrix} = \max\begin{Bmatrix} 5+2 \\ 8+0 \end{Bmatrix} = 8$$

$$ET_9 = \max\begin{Bmatrix} ET_7 + D_{7-9} \\ ET_8 + D_{8-9} \end{Bmatrix} = \max\begin{Bmatrix} 8+1 \\ 8+2 \end{Bmatrix} = 10；\quad ET_{10} = ET_9 + D_{9-10} = 10+1=11$$

按式（8-12）可得：T_c=ET_{10}=11。

因为未规定要求工期，因此取其计划工期等于计算工期，即：T_p=T_c=11。

计算 LT_i，按式（8-13）得 LT_{10}=T_p=11。

$$LT_9 = LT_{10} - D_{9-10} = 11-1=10；\quad LT_8 = LT_9 - D_{8-9} = 10-2=8；\quad LT_7 = LT_9 - D_{7-9} = 10-1=9$$

$$LT_6 = \min\begin{Bmatrix} LT_7 - D_{6-7} \\ LT_8 - D_{6-8} \end{Bmatrix} = \min\begin{Bmatrix} 9-0 \\ 8-0 \end{Bmatrix} = 8；\quad LT_5 = LT_6 - D_{5-6} = 8-3=5$$

$$LT_4 = \min\begin{Bmatrix} LT_5 - D_{4-5} \\ LT_8 - D_{4-8} \end{Bmatrix} = \min\begin{Bmatrix} 5-0 \\ 8-2 \end{Bmatrix} = 5；\quad LT_3 = \min\begin{Bmatrix} LT_5 - D_{3-5} \\ LT_7 - D_{3-7} \end{Bmatrix} = \min\begin{Bmatrix} 5-0 \\ 9-1 \end{Bmatrix} = 8$$

$$LT_2 = \min\begin{Bmatrix} LT_3 - D_{2-3} \\ LT_4 - D_{2-4} \end{Bmatrix} = \min\begin{Bmatrix} 8-2 \\ 5-3 \end{Bmatrix} = 2；\quad LT_1 = LT_2 - D_{1-2} = 2-2=0$$

计算工作时间参数 ES_{i-j}，EF_{i-j}，LF_{i-j} 和 LS_{i-j} 分别按式（8-15）和式（8-16）计算得：

工作 1-2：ES_{1-2}=ET_1=0　EF_{1-2}=ES_{1-2}+D_{1-2}=0+2=2；LF_{1-2}=LT_2=2
LS_{1-2}=LF_{1-2}−D_{1-2}=2−2=0

工作 2-3：ES_{2-3}=ET_2=2　EF_{2-3}=ES_{2-3}+D_{2-3}=2+2=4；LF_{2-3}=LT_3=5
LS_{2-3}=LF_{2-3}−D_{2-3}=5−2=3

工作 2-4：ES_{2-4}=ET_2=2　EF_{2-4}=ES_{2-4}+D_{2-4}=2+3=5；LF_{2-4}=LT_4=5
LS_{2-4}=LF_{2-4}−D_{2-4}=5−3=2

工作 4-5：ES_{4-5}=ET_4=5　EF_{4-5}=ES_{4-5}+D_{4-5}=5+0=5；LF_{4-5}=LT_5=5
LS_{4-5}=LF_{4-5}−D_{4-5}=5−0=5

工作 4-8：ES_{4-8}=ET_4=5　EF_{4-8}=ES_{4-8}+D_{4-8}=5+2=7；LF_{4-8}=LT_8=8
LS_{4-8}=LF_{4-8}−D_{4-8}=8−2=6

工作 3–5：$ES_{3-5}=ET_3=4$　　$EF_{3-5}=ES_{3-5}+D_{3-5}=4+0=4$；$LF_{3-5}=LT_5=5$

$LS_{3-5}=LF_{3-5}-D_{3-5}=5-0=5$

工作 3–7：$ES_{3-7}=ET_3=4$　　$EF_{3-7}=ES_{3-7}+D_{3-7}=4+1=5$；$LF_{3-7}=LT_7=9$

$LS_{3-7}=LF_{3-7}-D_{3-7}=9-1=8$

工作 5–6：$ES_{5-6}=ET_5=5$　　$EF_{5-6}=ES_{5-6}+D_{5-6}=5+3=8$；$LF_{5-6}=LT_6=8$

$LS_{5-6}=LF_{5-6}-D_{5-6}=8-3=5$

工作 6–7：$ES_{6-7}=ET_6=8$　　$EF_{6-7}=ES_{6-7}+D_{6-7}=8+0=8$；$LF_{6-7}=LT_7=9$

$LS_{6-7}=LF_{6-7}-D_{6-7}=9-0=9$

工作 6–8：$ES_{6-8}=ET_6=8$　　$EF_{6-8}=ES_{6-8}+D_{6-8}=8+0=8$；$LF_{6-8}=LT_8=8$

$LS_{6-8}=LF_{6-8}-D_{6-8}=8-0=8$

工作 7–9：$ES_{7-9}=ET_7=8$　　$EF_{7-9}=ES_{7-9}+D_{7-9}=8+1=9$；$LF_{7-9}=LT_9=10$

$LS_{7-9}=LF_{7-9}-D_{7-9}=10-1=9$

工作 8–9：$ES_{8-9}=ET_8=8$　　$EF_{8-9}=ES_{8-9}+D_{8-9}=8+2=10$；$LF_{8-9}=LT_9=10$

$LS_{8-9}=LF_{8-9}-D_{8-9}=10-2=8$

工作 9–10：$ES_{9-10}=ET_9=10$　　$EF_{9-10}=ES_{9-10}+D_{9-10}=10+1=11$；$LF_{9-10}=LT_{10}=11$

$LS_{9-10}=LF_{9-10}-D_{9-10}=11-1=10$

计算总时差 TF_{i-j} 和自由时差 FF_{i-j}，根据式（8–17）和式（8–18）可得

工作 1–2：$TF_{1-2}=LS_{1-2}-ES_{1-2}=0-0=0$；　$FF_{1-2}=ET_2-EF_{1-2}=2-2=0$

工作 2–3：$TF_{2-3}=LS_{2-3}-ES_{2-3}=3-2=1$；　$FF_{2-3}=ET_3-EF_{2-3}=4-4=0$

工作 2–4：$TF_{2-4}=LS_{2-4}-ES_{2-4}=2-2=0$；　$FF_{2-4}=ET_4-EF_{2-4}=5-5=0$

工作 4–5：$TF_{4-5}=LS_{4-5}-ES_{4-5}=5-5=0$；　$FF_{4-5}=ET_5-EF_{4-5}=5-5=0$

工作 4–8：$TF_{4-8}=LS_{4-8}-ES_{4-8}=6-5=1$；　$FF_{4-8}=ET_8-EF_{4-8}=8-7=1$

工作 3–5：$TF_{3-5}=LS_{3-5}-ES_{3-5}=5-4=1$；　$FF_{3-5}=ET_5-EF_{3-5}=5-4=1$

工作 3–7：$TF_{3-7}=LS_{3-7}-ES_{3-7}=8-4=4$；　$FF_{3-7}=ET_7-EF_{3-7}=8-5=3$

工作 5–6：$TF_{5-6}=LS_{5-6}-ES_{5-6}=5-5=0$；　$FF_{5-6}=ET_6-EF_{5-6}=8-8=0$

工作 6–7：$TF_{6-7}=LS_{6-7}-ES_{6-7}=9-8=1$；　$FF_{6-7}=ET_7-EF_{6-7}=8-8=0$

工作 6–8：$TF_{6-8}=LS_{6-8}-ES_{6-8}=8-8=0$；　$FF_{6-8}=ET_8-EF_{6-8}=8-8=0$

工作 7–9：$TF_{7-9}=LS_{7-9}-ES_{7-9}=9-8=1$；　$FF_{7-9}=ET_9-EF_{7-9}=10-9=1$

工作 8–9：$TF_{8-9}=LS_{8-9}-ES_{8-9}=8-8=0$；　$FF_{8-9}=ET_9-EF_{8-9}=10-10=1$

工作 9–10：$TF_{9-10}=LS_{9-10}-ES_{9-10}=10-10=0$；　$FF_{9-10}=ET_{10}-EF_{9-10}=11-11=0$

根据关键工作的定义，图 8–11 中的关键工作为 1–2、2–4、4–5、5–6、6–8、8–9 和 9–10 共 7 项工作，关键线路是 1–2–4–5–6–8–9–10。

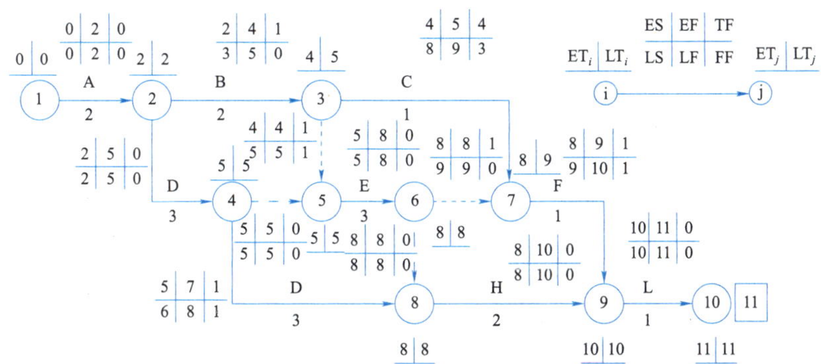

图 8–11　双代号网络图时间参数计算结果

8.4 网络计划的优化

要使工程计划如期实施，获得工期缩短、质量优良、资源消耗少、工程成本低的效果，必须对网络计划进行优化。网络计划优化，就是在满足既定的约束条件下，按某一目标，通过不断调整，寻找最优网络计划方案的过程。网络计划优化包括工期优化、资源优化及费用优化。

8.4.1 网络计划优化的作用

工期优化的作用在于当网络计划计算工期不能满足要求工期时，通过不断压缩关键线路上的关键工作的持续时间，达到缩短工期，满足工期要求的目的。

在资源计划安排时有两种情况：一种情况是网络计划需要的资源受到限制，如果不增加资源数量（例如劳动力）会迫使工程的工期过长，或者不能进行（例如材料供应不及时）；另一种情况是在一定时间内如何安排各个工作活动时间，使可供使用的资源均衡地消耗。资源消耗是否均衡，将影响企业管理的经济效果。资源优化的作用在于，在资源有限条件下，寻求完成计划的最短工期，或者在工期规定条件下，力求资源消耗均衡。

完成一项工作可采用多种施工方法和组织方法，不同施工方法和组织方法，对完成同一工作会有不同的持续时间与费用。由于一项工程是由很多工作组成，所以安排一项工程计划时，就可能出现多种方案，它们的总工期和总成本也因此而有所不同。如何在多种方案中确定一个最优或较优方案，需要用费用优化方法解决。

8.4.2 工期优化

网络计划编制后，最常遇到的问题是计算工期大于要求的工期。因此需要改变计划的施工方案或组织方案，缩短某一个或几个工作来缩短工期。

工期优化方法有“顺序法”“加权平均法”“选择法”等。“顺序法”是按关键工作开工时间来确定，先干的工作先压缩。“加权平均法”是按关键工作持续时间长度的百分比压缩。这两种方法没有考虑需要压缩的关键工作所需的资源是否有保证及相应的费用增加幅度；而“选择法”更接近于实际需要。

“选择法”工期优化时，一般应选择可缩短持续时间的关键工作，主要考虑以下几个因素：缩短持续时间不影响质量的工作；有充分备用资源的工作；缩短持续时间所需增加的费用最少的工作。其步骤如下。

（1）计算并找出网络计划的计算工期、关键线路及关键工作。

（2）按要求工期计算应缩短的持续时间。

（3）确定各关键工作能缩短的持续时间。

（4）按上述因素选择关键工作，压缩其持续时间，并重新计算网络计划的计算工期。

（5）当计算工期仍然超过要求工期时，则重复以上步骤，直到计算工期满足要求工期为止。

（6）当所有关键工作的持续时间都已达到其能缩短的极限而工期仍不能满足要求时应对原组织方案进行调整或对要求工期进行重新审定。

思 考 题

1. 在编制铁路工程施工组织设计时应考虑哪些因素的影响?
2. 简述编制铁路工程施工组织设计的内容。
3. 在编制铁路工程施工组织时，站前工程之间有哪些互相影响及制约关系?
4. 在编制铁路工程施工组织时，应如何考虑站前工程与站后工程之间的互相影响关系?
5. 土木工程施工作业组织中，顺序作业法、平行作业法和流水作业法各有什么特点?
6. 流水施工的横道图表达方式有什么特点?
7. 流水施工的工艺参数有哪些，如何确定?
8. 流水施工的空间参数有哪些，有什么特点?
9. 流水施工的时间参数有哪些，有什么特点?
10. 在铁路工程施工组织设计时，一般施工区段的划分有哪些要求?
11. 在组织工程项目流水施工时，什么是等节拍流水施工?
12. 在组织工程项目流水施工时，什么是无节奏流水施工?
13. 某拟建工程由 A、B、C、D、E 五个施工过程组成；该工程在平面上划分成四个施工段，各施工过程在各施工段上的流水节拍如表 8-3 所示。规定：为赶施工进度，施工过程 B、C 之间搭接 2 天，施工过程 D 完成后其相应施工段留 1 天的准备时间。确定流水步距、计算工期，采用水平横道图法表示流水施工进度表。

表 8-3　各施工过程在各施工段上的流水节拍

施工过程	施工段			
	施工段 1	施工段 2	施工段 3	施工段 4
A	4	3	5	4
B	3	2	4	3
C	4	6	5	3
D	3	5	4	4
E	2	5	4	5

14. 相对于横道图表达的流水施工来说，采用网络图表达有何优缺点?
15. 简述网络计划技术的基本原理。
16. 双代号网络图由哪三部分组成？有什么特点?
17. 双代号网络图中，什么是紧前工作、紧后工作、虚工作?
18. 简述双代号网络图绘制的基本原则。
19. 在双代号网络图中，什么是关键线路和关键工作。
20. 假如计算工期等于计划工期，计算图 8-12 所示网络图各工序的时间参数，求出总工期并找出关键线路。图中箭头线下的数字是工作的持续时间，以天为单位。

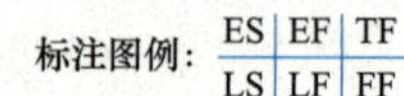

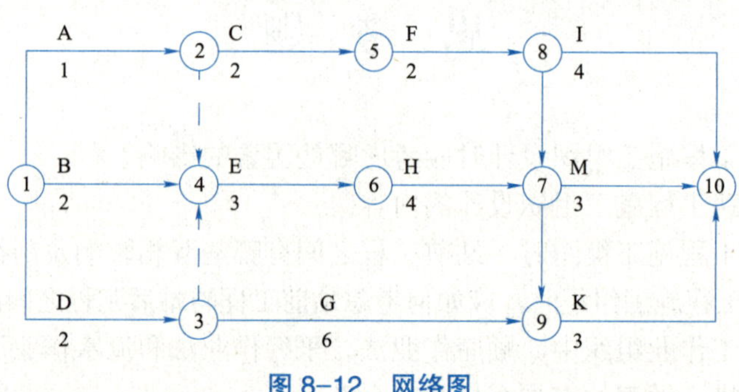

图 8-12 网络图

21. 在网络计划编制中，如何进行工期优化？其基本步骤是什么？

9 工 程 定 额

铁路工程定额是为规范铁路工程建设管理，明确施工范围，最终实现建设目标而制定的一种标准化工作计量规范。该定额主要用于铁路工程的施工设计、施工管理及工程建设成本的计算。铁路工程定额主要包括以下内容：基础工程、桥梁工程、隧道工程、路基工程、供水排水工程、通信工程、电气化工程等，其中涉及的施工项目包括挖方、填方、路基、桥梁建设、路基工程等。通过正确使用铁路工程定额，能够有效地规范施工操作，提高工程建设质量，降低建设成本，为铁路工程建设提供可靠的依据。

9.1 工程定额的概念及应用

9.1.1 定额的概念

1. 定额的定义

定额是指在一定的技术和正常的组织条件下，生产质量合格的单位产品所消耗的人力、物力、财力和时间等的数量标准。即在合理的劳动组织和合理地使用材料和机具的条件下，预先规定完成单位合格产品所消耗的资源数量的标准，它反映一定时期的社会生产力水平的高低。对于每一个施工项目，都测算出用工量，包括基本用工和其他用工。测算出这个项目的材料，包括基本用料和其他材料。对于用工的单价，是当地根据当时不同工种的劳动力价值规定的，材料的价值是根据前期的市场价格制定出来的预算价格。

定额是一种规定的额度，广义地说，也是处理特定事物的数量界限。工程建设是物质资料的生产活动，物质资料的生产过程，必然也是生产的消费过程。生产和消费是一个事物的两个方面，生产过程直接就是一种消费，但是生产消费和生活消费是两种不同性质的消费。

2. 定额的特性

1）定额的科学性

定额的科学性是指制定定额有其科学理论基础和科学技术方法。定额的制定是在充分考虑了客观施工生产技术和管理的条件，在分析各种影响工程施工生产消耗因素的基础上，力求定额水平与生产力发展水平相适应，反映工程建设中生产消费的客观规律。

工程建设定额的科学性，首先表现在用科学的态度制定定额，尊重客观实际，力求定额水平合理。其次表现在制定定额的技术方法上，利用现代科学管理的成就，形成一套系统的、完整的、在实践中行之有效的方法。最后表现在定额制定和贯彻的一体化。在制定定额的技术方法上，充分利用现代管理科学的理论、方法和手段，通过严密的测定、统计和分析整理而制定。定额制定的过程，就是理论联系实际的过程。找出影响劳动消耗和材料消耗的各种主客观因素，提出合理的方案，可以大大地降低资源消耗（包括人力和时间），提高生产效率，增进收益。

2）定额的权威性

定额是国家或授权部门通过一定程序审批颁发的，是在一定范围内有效地统一施工生产的消费指标，它同工程建设中的其他规范、规程、标准一样，具有很强的权威性。这种权威性在一般情况下具有经济法规的性质，因此其执行过程中带有强制性的特点。凡是属于执行范围内的建设、设计、施工、生产、银行等单位，都必须严格遵照执行。虽然定额是反映生产消费的客观规律，但在市场经济条件下，其涉及各有关方面的经济关系和利益关系。赋予定额以权威性，使其具有强制性的特点，有利于理顺工程建设有关各方的经济关系和利益关系。

3）定额的群众性

定额的制定过程由定额技术管理人员（具有理论和技术的专门人员）主持，有熟练工人和技术人员参加，以科学手段和方法进行分析、测定和实验，消除资源（包括人力和时间）的浪费和不合理的现象，确立合理的操作方法及新的时间标准、新的材料和机具消耗指标——新的定额。由于新的定额是在工人群众的参与下产生的，群众易于掌握和推广。同时，定额的执行也离不开工人群众。因此，定额具有广泛的群众性。

4）定额的时效性（相对稳定性）

每个时期的定额都代表着这一时期的施工技术和施工管理的水平，在时间上是相对稳定的。随着施工技术的发展和管理水平的提高，定额的内容也不断地更新和充实，即定额的水平也不断提高。但社会生产力的发展有一个量变到质变的过程，而且定额的执行也有一个时间过程，所以每一次制定的定额必须是相对稳定的，决不可朝令夕改，否则会伤害群众的积极性，也不利于定额的执行和管理。

5）定额的系统性

工程建设定额是相对独立的系统。它是由多种定额结合而成的有机整体。它的结构复杂，有鲜明的层次，有明确的目标。

工程建设定额的系统性是由工程建设的特点决定的。按照系统论的观点，工程建设就是庞大的实体系统。工程建设定额是为这个实体系统服务的。因而工程建设本身的多种类、多层次就决定了以它为服务对象的工程建设定额的多种类、多层次。从整个国民经济来看，进行固定资产生产和再生产的工程建设，是一个有多项工程集合体的整体。其中包括农林水利、轻纺、机械、煤炭、电力、石油、冶金、化工、建材工业、交通运输、邮电工程，以及商业物资、科学教育文化、卫生体育、社会福利和住宅工程，等等。这些工程的建设都有严格的项目划分，如建设项目、单项工程、单位工程、分部分项工程；在计划和实施过程中有严密的逻辑阶段，如规划、可行性研究、设计、施工、竣工交付使用，以及投入使用后的维修。与此相适应必然形成工程建设定额的多种类、多层次。

6）定额的统一性

工程建设定额的统一性，主要是由国家对经济发展的有计划的宏观调控职能决定的。为了使国民经济按照既定的目标发展，就需要借助某些标准、定额、参数等，对工程建设进行规划、组织、调节、控制。而这些标准、定额、参数必须在一定的范围内作为一种统一的尺度，才能实现上述职能，才能利用它对项目的决策、设计方案、投标报价、成本控制进行比选和评价。

工程建设定额的统一性按照其影响力和执行范围来看，有全国统一定额，地区统一定额和行业统一定额等；按照定额的制定、颁布和贯彻使用来看，有统一的程序、统一的原则、统一的要求和统一的用途。

9.1.2 定额的作用

定额是科学管理的基础，也是现代管理科学中的重要内容和基本环节。首先，定额是节约社会劳动、提高劳动生产率的重要手段，其次定额是组织和协调社会化大生产的工具，同时是宏观调控的依据，在实现分配、兼顾效率与社会公平方面有巨大的作用。

工程建设定额是经济生活中诸多定额中的一类。工程建设定额是一种计价依据，也是投资决策依据，又是价格决策依据，能够从这两方面规范市场主体的经济行为，对完善我国固定资产投资市场和建筑市场都能起到作用。

根据工程招投标信息传递模型，造价管理部门一方面要制定统一的工程量清单中的项目和计算规则，另一方面要加强工程造价信息的收集与发布。同时，还要加快建立企业内部定额体系，并把是否具备完备的私人信息作为企业的市场准入条件。施工企业内部定额既可以作为企业进行成本控制和自主报价的依据，还可以发挥企业实力的信号传递功能。

具体来说，定额具有以下几方面的作用。

（1）编制计划的基本依据。在计划管理中需编制施工进度计划、年度计划、月旬作业计划，以及下达生产任务单等，都要按照定额合理地平衡和调配人力、物力、财力等各项资源，以保证提高经济效益，把计划落到实处。

（2）确定工程造价的依据。建筑工程的造价是由设计内容决定的，而设计内容又是由工程所需要的劳动力、材料、机具设备等的消耗来决定的。这里的劳动力、材料和机具设备等，都是根据定额计算出来的。因此，从设计的角度看，定额是确定基本建设投资和建筑工程造价的依据。

（3）提高生产效率的工具。企业以定额作为促使工人节约社会劳动（工作时间、原材料等）和提高劳动效率、加快工作进度的手段，把社会劳动的消耗控制在合理的限度范围内，同时定额使项目投资者合理而有效地利用和分配社会劳动，从而节约社会劳动和优化资源配置，提高生产效率。

（4）国家宏观调控和管理的手段。市场经济并不排斥宏观调控，即使在资本主义国家，政府也要利用各种手段影响和调控经济的发展。利用定额对工程建设进行宏观调控和管理，主要表现在：对工程造价进行管理和调控；对资源配置和流向进行预测和平衡；对经济结构，包括企业结构和所有制结构进行合理的服务调控，也包括对技术结构和产品结构的调整。

（5）对市场行为进行规范。定额既是投资决策的依据，又是价格决策的依据。对投资者来说，可以利用定额来权衡自己的财务状况和支付能力、预测资金投入和预期回报，还可以充分利用有关定额的大量信息，有效提高其项目决策的科学性，优化其投资行为。对于建筑企业来说，由于有关定额在一定程度上制约着工程中人工、物资的消耗，因此会影响建筑产品的价格水平。企业在投标报价时，只有充分考虑定额的要求，做出正确的价格决策，才能占有市场竞争优势，才能获得更多的工程合同。

（6）有利于推广先进的施工技术和工艺。定额水平中包含着某些已成熟的、先进的施工技术和经验，工人要达到和超过定额，就必须掌握和应用这些先进技术；如果工人要大幅度超过定额水平，他就必须创造性地劳动。第一，在自己的工作中注意改进工具和改进技术操作方法，注意原材料的节约，避免原材料和能源的浪费。第二，贯彻定额意味着推广先进技术。第三，企业或主管部门为了推行定额，往往要组织技术培训，以帮助工人达到或超过定额。这样，新技术、新工艺、新材料、新经验就很容易推广而极大地提高全社会的劳动生产效率。

（7）编制工程量计算规则、项目划分、计量单位的依据。定额制定出来以后，它的使用必须遵循一定的规则，在众多规则中，工程量计算规则是一项很重要的规则，而工程量计算规则的编制，必须依据定额进行。工程量计算规则的确定、项目划分、计量单位，以及计算方法都必须依据定额。

9.2 定额的种类

工程定额的形式与内容是根据生产需要决定的。因此，工程定额的分类也是多样化的，这里进行简要介绍。

1. 按定额反映的物资消耗量分类

（1）劳动消耗定额：简称劳动定额，指在正常的生产技术和生产组织条件下，为完成单位合格产品规定活劳动消耗的数量标准。

（2）材料消耗定额：简称材料定额，是在节约和合理使用材料的条件下，生产单位合格产品所必需消耗一定品种规格的材料、半成品、配件，以及水、电、燃料等的数量标准，包括材料的净用量和必要的工艺性损耗及废料数量。

（3）机械台班消耗定额：简称机械定额，它规定了在正常施工条件下，合理地组织生产与合理地利用何种机型完成单位合格产品所必需的机械台班消耗标准，或在单位时间内机械完成的产品数量。

2. 按定额的编制程序和作用分类

（1）工序定额：以个别工序为测定的对象，它是组成一切工程定额的基本元素，在施工中除了计算个别工序的用工量外很少采用，但却是劳动定额形成的基础。

（2）施工定额：以同一性质的施工过程为标定对象，并以工序定额为基础，由工序定额综合成工作过程定额和复合过程定额，表示某一施工过程中的人工、主要材料和机械消耗量，可直接用于施工生产中。工序定额是以个别工序（或操作）为标定对象，比较细碎，除用作编制个别工序的施工任务单外，一般不再直接用于施工生产，也不出现在施工定额中。例如，石方开挖施工定额的标定对象包括钻眼，爆破、清理等工作过程，因此石方开挖施工定额是一个由钻眼工作过程定额，爆破工作过程定额、清理工作过程定额综合而成的复合过程定额。而每一工作过程是由若干工序组成，如钻眼工作过程包括选炮位，检查钻具，钻眼，取送钢钎等工序，并由这些工序定额综合成钻眼工作过程定额。其作用如下。

① 施工定额是施工单位编制施工组织设计和施工作业计划的依据。

② 施工定额是组织和指挥施工生产的有效工具。

③ 施工定额是计算工人劳动报酬的根据，也是激励工人的条件。

④ 使用施工定额有利于推广先进技术。

⑤ 施工定额是编制施工预算，加强成本管理和经济核算的基础。

⑥ 施工定额是投标报价的基础。

（3）预算定额：在编制施工图预算或投资检算时，计算工程造价和计算工程中劳动量、机械台班、材料需要量而使用的一种定额。它是编制施工图预算（设计预算）的依据，也是编制概算定额、估算指标的基础。预算定额在施工企业内部被广泛用于编制施工组织计划，编制工程材料预算，确定工程价款，考核企业内部各类经济指标等方面。因此，预算定额是用途最广的一种定额。预算定额主要以施工定额中的劳动定额部分为基础，经汇列、综合、归并而成。

预算定额是一种计价性的定额。在工程委托承包的情况下，它是确定工程造价的评分依据。在招标承包的情况下，它是计算标底和确定报价的主要依据。所以，预算定额在工程建设定额中占有很重要的地位。从编制程序看，施工定额是预算定额的编制基础，而预算定额则是概算定额或估算指标的编制基础。可以说预算定额在计价定额中是基础性定额。

① 预算定额是编制施工图预算，确定和控制项目投资、建筑安装工程造价的基础。

② 预算定额是对设计方案进行技术经济比较，进行技术经济分析的依据。

③ 预算定额是编制施工组织设计的依据。

④ 预算定额是工程结算的依据。

⑤ 预算定额是施工企业进行经济活动分析的依据。

⑥ 预算定额是编制概算定额和估算指标的基础。

⑦ 预算定额是合理编制标底，投标的基础。

（4）概算定额：在预算定额基础上，依据现行标准设计图或选择有代表性的设计图纸、施工详图，以主体结构分部工程为主，适当综合考虑有关项目，扩大计量单位编制而成。其作用如下。

① 概算定额是初步设计阶段编制设计概算的依据。

② 概算定额是对设计项目进行技术经济分析和比较的基础资料之一。

③ 概算定额是编制建设项目主要材料计划的参考依据。

④ 概算定额是编制概算指标或估算指标的依据。

⑤ 在不具备施工图和详细施工组织时，概算定额是编制招标控制价和投标报价的依据。

（5）投资估算指标：在项目建议书可行性研究和编制设计任务书阶段编制投资估算、计算投资需要量时使用的一种定额。它非常概略，往往以独立的单项工程和完整的工程项目为计算对象。它的概略程度与可行性研究阶段相适应。其主要作用是为项目决算和投资控制提供依据。

投资估算指标虽然往往根据历史决算资料和价格变动等资料编制，但其编制基础同样离不开预算定额、概算定额。

3. 按投资的费用性质分类

（1）建筑工程定额：建筑工程一般理解为房屋和构筑物工程。具体包括一般土建工程、电气照明工程、卫生技术（水、暖、通风）工程、工业管道工程、特殊构筑物工程等。广义上也被理解为其他各类工程，如道路、铁路、桥梁、隧道、运河、堤坝、港口、电站、机场等所有土木工程。

（2）设备安装工程定额：设备安装工程是对需要安装的设备进行定位、组合、校正、调试等作业的工程。

4. 按主管部门及执行的范围分类

（1）全国统一定额：由国务院有关部门制定和颁发的定额。

（2）地方统一定额：由各省、自治区、直辖市在国家有关部门统一指导下，结合本地区特点编制的定额，只在本地区范围内执行。

（3）行业统一定额：考虑各行业专业工程技术特点，以及施工生产和管理水平编制的定额，如公路工程定额、铁路工程定额，等等。

（4）企业定额：由企业自行编制，只限于本企业内部使用的定额。

（5）补充定额：设计、施工技术大发展，现行定额不能满足需要的情况下，为了补充缺项所编制的定额。

工程定额分类如图 9-1 所示。

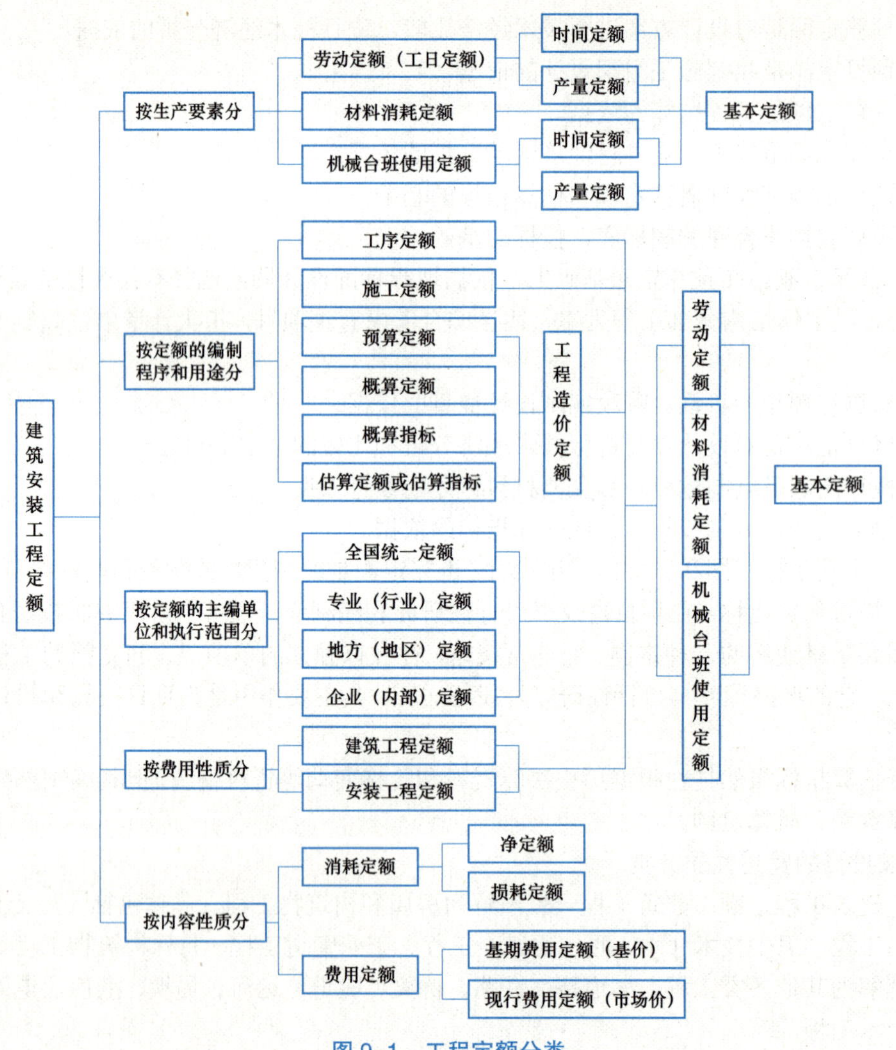

图 9-1 工程定额分类

9.3 定额的基本内容及构成

从定额的分类可以看出，无论何种定额的内容都包含着“三要素”，即劳动定额、材料消耗定额和机械台班使用定额，这三种定额要求也是制定其他各种定额的基础，因此，称其为基本定额。

9.3.1 劳动定额

劳动定额亦称人工定额、工时定额或工日定额。它蕴含着生产效益和劳动力合理运用的标准，反映建筑安装工人劳动生产率的平均先进水平，不仅体现了劳动与产品的关系，还体现了劳动配备与组织的关系。它是计算完成单位合格产品或单位工程量所需人工的依据。

1. 劳动定额的表现形式

劳动定额以时间定额或产量定额表示，如表 9-1 所示。

表 9-1 劳动定额

工作内容：挖运（挖装运 20 m，卸土，空回）。增运（平运 10 m，空回）。 1 m^3 的劳动定额

项目	第一个 20 m 挖运						每增运 10 m	
	槽 外			槽 内				
	松土	普土	硬土	松土	普土	硬土	挑运	手推车
时间定额	0.158	0.231	0.33	0.177	0.269	0.379	0.025	0.01
产量定额	6.329	4.329	3.03	5.65	3.717	2.639	40	100
编号	1	2	3	4	5	6	7	8

注：因铁路没有公开出版相应施工定额，此表摘自 2009 年度《公路工程施工定额》。

（1）时间定额。时间定额是指某种专业、某种技术等级工人（班组或个人），在正常施工条件下，完成单位合格产品或单位工程量所需的工作时间。它包括准备工作与结束工作时间、基本生产时间、辅助生产时间和生产工人所需的休息时间。时间定额的计算方法如下：

$$单位产品时间定额（工日定额）=\frac{必须消耗的工日数}{生产量或工程量}$$

$$班组单位产品时间定额=\frac{必须消耗的班组成员工日数总和}{班组产量}$$

$$时间定额=\frac{工作人数\times工作时间}{工作时间内完成的产量或工程量}$$

或

$$时间定额=\frac{劳动时间}{工作时间内完成的产量或工程量}$$

式中：工作人数——从事本项工作的人数，人工（工或人）；

工作时间——从事本项工作的工作时间 s、min、h、d；

劳动时间——在技术条件正常、生产工具使用合理和劳动组织正确的条件下，工人为

生产单位合格产品或完成一定工作任务的劳动消耗时间，工秒、工分、工时、工日（工天）。

我国现行工作制度，每一工日（工天）按 8 h 计算，即 1 工日（工天）=8 工时=8×60 工分=8×60×60 工秒。

生产量或工程量的单位，以单位产品或工程量的计量单位计算，如 m^3、m^2、m、t、块、根等。时间定额的计量单位以每单位产品或工程量所消耗的工日数表示，如工日/m^3、工日/m^2、工日/t、工日/块等。

（2）产量定额。产量定额是指在正常使用条件下，某种专业、某种技术等级工人（班组或个人），在单位时间内所完成的合作产品数量和工程量。产量定额的计量单位以单位工日完成合格产品或工程量的计量单位表示，如 m^3/工日、m^2/工日、t/工日、块/工日等。其计算方法如下：

$$\text{单位时间产量定额（每工日定额）}=\frac{\text{生产量或工程量}}{\text{必须消耗的工日数}}$$

$$\text{班组单位时间产量定额}=\frac{\text{班组产量}}{\text{必须消耗的班组成员工日数总和}}$$

$$\text{产量定额}=\frac{\text{工作时间内完成的产量或工程量}}{\text{工作人数}\times\text{工作时间}}$$

或

$$\text{产量定额}=\frac{\text{工作时间内完成的产量或工程量}}{\text{劳动时间}}$$

$$\text{班组产量}=\frac{\text{必须消耗的班组成员工日数总和}}{\text{班组单位产品时间定额}}$$

2. 时间定额与产量定额的关系

（1）时间定额与产量定额互为倒数。它们的关系如下：

$$\text{时间定额}\times\text{产量定额}=1$$

$$\text{时间定额}=\frac{1}{\text{产量定额}}$$

$$\text{产量定额}=\frac{1}{\text{时间定额}}$$

由此可见，知道了时间定额就很容易求出产量定额。

（2）时间定额与产量定额成反比关系。时间定额降低，产量定额相应增加，反之亦然。它们的关系如下：

$$\text{时间定额降低百分率}=\frac{\text{产量定额增加百分率}}{1+\text{产量定额增加百分率}}$$

$$\text{产量定额提高百分率}=\frac{\text{时间定额降低百分率}}{1+\text{时间定额降低百分率}}$$

例如，人力挖运松土，时间定额降低 10%，则产量定额提高 $\frac{0.1}{1-0.1}\times100\%=11.1\%$。

那么，每工日应多挖运松土 0.703 m^3。也就是说，人力挖松土由于时间定额降低了 10%，每工日产量定额由 6.33（1 m^3/工日）提高到 7.03（1 m^3/工日）。

时间定额的降级或产量定额的提高，对劳动生产率的提高起着重大影响，这需要通过加强企业管理，采用先进的施工组织和技术措施来实现。

9.3.2 材料消耗定额

1. 材料消耗定额的组成

材料消耗定额是指在合理使用材料的条件下，完成单位产品或单位工程量所必须消耗一定规模的建筑材料、半成品或构配件的数量标准。所谓合格产品或工程量是指质量、规格等方面符合国家标准、部颁标准或省、自治区、直辖市的标准。材料消耗定额的计量单位以生产单位产品或工程量所需材料的计量单位表示，如片石混凝土所需水泥、砂子、石子、片石的计量单位分别为“t”和“m^3”。

材料消耗定额包括直接用于产品生产或工程施工的材料净用量及不可避免的工艺和非工艺性的材料损耗（包括料头、装卸车散失）。前者称为材料的净消耗定额（D_j），亦称净定额。这是生产某产品或完成某一施工过程的有效消耗量。后者称为材料的损耗定额（D_s），但不包括可以避免的浪费和损失的材料。这是非有效消耗量。二者之和称为材料消耗总定额（D_z），也叫材料消耗定额，用公式 $D_z=D_j+D_s$ 表示。

例如，浇筑混凝土构件，所需混凝土材料在搅拌、运输、浇筑过程中产生不可避免的零星损耗，以及因振动体积变得密实，凝固后体积发生收缩等，因此，每立方米混凝土产品实际需耗用 1.01～1.02 m^3 的混凝土材料。

2. 材料损耗量

1）材料损耗分类

（1）运输损耗，指材料在运输过程中所发生的自然损耗。这种从生产厂或供料基地运输到工地料库所发生的损耗不包括在材料消耗定额中，应列入材料采购保管费内。

（2）保管损耗，指材料在保管过程中所发生的自然损耗。这种损耗也不包括在材料消耗定额中，应列入材料采购保管费内。

（3）施工损耗，指在施工过程中，现场搬运、堆存及施工操作中不可避免的材料损耗及残余材料和废料损耗等，这些损耗应包括在材料消耗定额内。

2）材料损耗量

施工过程中材料损耗一般用损耗率表示。材料损耗率有两种计算方法：

$$材料损耗率\ K_{总}=\frac{材料损耗量D_s}{材料总损耗量D_z}\times 100\%$$

$$材料损耗率\ K_{净}=\frac{材料损耗量D_s}{材料净用量D_j}\times 100\%$$

因此，材料损耗量也有两种计算方法：

$$D_s=D_zK_{总}$$

$$D_s=D_jK_{净}$$

两种计算方法的损耗量相等。

实际上，$K_{总}$和 $K_{净}$相差甚微，可以认为 $K_{总}=K_{净}=K$，则 K 称为材料损耗率，可从预算定额或材料消耗定额中查出。

3. 材料总消耗量

根据结构物或构筑物施工图纸计算出或根据实验确定出材料净用量 D_j，再按公式 $D_z=(1+K)D_j$ 计算材料总消耗量 D_z。

建筑材料种类繁多，数量庞大。在基本建设中，材料费在建筑工程造价中占35%～40%。材料消耗量是节约或是浪费，对产品价值和工程造价有决定性影响。在一定的产品数量和材料质量的情况下，材料的需用量和供应量主要取决于材料消耗定额。先进合理的材料消耗定额，可以起到对物资消耗的控制和监督作用，保证材料的合理供应和使用。同时材料消耗定额还是制定概、预算定额中材料数量及其费用的基础数据。

9.3.3 机械台班使用定额

机械台班使用定额亦称机械设备使用定额。它标志着机械生产率的水平，可计算出完成合格产品或工程量所需用的机械台班数量。

1. 机械台班使用定额的表示形式

机械台班使用定额以机械时间定额和机械产量定额两种形式表示（机械定额示例见表 9–2）。

表 9–2　机械定额示例

工作内容：铲土、20 m 内装车或弃土，调位，清理工作面。　　100 m³ 的机械定额

项　目	装载机斗容量/m³		
	1 以内	2 以内	3 以内
时间定额	0.216	0.14	0.108
台班产量	4.63	7.143	9.259
编号	1	2	3

注：推土机配合推松集土时，推土机的时间定额按推土机推挖土方运距 20 m 的定额乘系数 0.8 计。此表摘自 2009 年度《公路工程施工定额》。

（1）机械时间定额（也称机械台班时间定额）是指在正常施工条件下，规定某种机械设备完成质量合格的单位产品或单位工程量所需消耗的机械工作时间，包括有效工作时间、不可避免的空转时间和不可避免的中断时间。其计算公式如下：

$$\text{机械时间定额}=\frac{\text{机械台数}\times\text{机械工作时间}}{\text{工作时间内完成的产品数量或工程量}}$$

式中：机械台数——施工现场或某一部门所拥有的从事特定作业的动力机械数量，计量单位为台或机组；

机械工作时间——机械设备进行生产或工作的时间，计量单位为班、h、min、s。

机械台数与机械工作时间相乘之积为机械工作时间消耗量，计量单位为台班、机组班、台时、台分、台秒。一个台班表示一台机器工作一个工作班（8 h），一个机组班表示一组机械工作一个工作班（8 h），一个台时表示一台机器工作 1 h，其余类推。

$$1\text{ 台班}=8\text{ 台时}=8\times60\text{ 台分}=8\times60\times60\text{ 台秒}$$

产品数量或工程量的计量单位应能具体、正确地表示产品或工程量的形体特征，如 m^3、m^2、km、t 等。

机械时间定额一般以台班（或台时）/产品或工程的计量单位表示，如台班/m^3、台时/m^3、台班/km 等。

（2）机械产量定额（也称机械台班产量定额）是指在正常施工条件下，规定某种机械设

备在单位时间（台班或台时）内应完成质量合格的产品数量或工程量。其计算方法如下：

$$机械产量定额=\frac{工作时间内完成的产品数量或工程量}{机械台数\times 机械工作时间}$$

机械产量定额的计量单位，以产品或工程的计量单位/台班（或台时）表示。例如，挖掘机挖土产量定额的计量单位为 m^3/台班或 m^3/台时。

2. 机械时间定额与机械产量定额两者的关系

机械时间定额与机械产量定额两者互为倒数，即：

$$机械时间定额\times 机械产量定额=1$$

9.3.4 定额内容构成

1. 铁路工程定额体系

目前铁路工程定额体系由估算指标（2000 年）、概算指标（1998 年）（含通信、信号、电力、电力牵引供电、房屋建筑、给排水及机械设备安装）、概算定额（2010 年）、预算定额（2017 年）、基价表、建筑材料价差系数、概（预）算编制办法（2017 年）、主要材料价格信息、工程量清单指南（2010 年）、工程量计算规则（2010 年）及相关补充文件等组成。概算定额和预算定额的组成情况如下。

铁路工程预、概算定额分为十三个专册，各专册定额既有专业分工、有多种专业使用的定额，又可跨册、跨阶段使用。为方便使用，还另行发行了《铁路基本建设工程设计概（预）算费用定额》《铁路工程材料基期价格》《铁路工程施工机具台班费用定额》《铁路工程基本定额》《铁路估算指标》等专册定额。当定额中基价不适合现场使用时，另外发行与原定额配套使用的基价表。

其中概算定额分别是：第一册路基工程、第二册桥涵工程、第三册隧道工程、第四册轨道工程、第五册通信工程、第六册信号工程、第七册电力工程、第八册电力牵引供电工程、第九册房屋工程、第十册给水排水工程、第十一册机务车辆机械工程、第十二册站场工程、第十三册信息工程。

预算定额分别是：第一册路基工程、第二册桥涵工程、第三册隧道工程、第四册轨道工程、第五册通信工程、第六册信号工程、第七册信息工程、第八册电力工程、第九册电力牵引供电工程、第十册房屋工程、第十一册给水排水工程、第十二册机务车辆机械工程、第十三册站场工程。

另外预算定额还编制了《铁路工程基本定额》（以下简称《基本定额》），这里的《基本定额》不是前面所指的“基本定额”，它是指在合理的条件下，为生产单位数量半成品、中间产品所规定的各种资源的消耗量标准，分 11 章，包括：① 各种辅助结构所用材料、半成品使用次数表；② 模板制作、安装及拆除；③ 钢筋制作与绑扎；④ 钢、木结构制作、安装及拆除；⑤ 混凝土拌制、浇筑；⑥ 拌制水泥砂浆；⑦ 养护；⑧ 混凝土及水泥砂浆配合比用料表；⑨ 砌筑工程；⑩ 工地范围内材料、成品、半成品运输；⑪备料工程等内容。它是编制铁路工程预算定额的基础，适用于路基、桥涵、隧道、轨道、信号、电力牵引供电、站场建筑设备，以及给排水工程预算定额中混凝土、砂浆用料等有关部分。而通信、电力、机械设备安装、房屋建筑及给排水工程定额，因基本上系分别按全国统一安装市政工程预算定额等编制，相关内容未纳入。

《基本定额》的主要内容有各种辅助结构所用材料、半成品使用次数，模型板制作、安装及拆除，钢筋制作及绑扎，深水复杂桥钢木结构制作、安装及拆除，混凝土拌制、灌筑及振捣，拌制水泥砂浆，养护，混凝土及水泥砂浆配合比用料，砌筑工程石料、砂浆消耗量，工地范围内材料、成品、半成品运输定额，备料工程等。

《基本定额》的主要作用是制定定额，定额换算和补充定额，也可以利用其分析分项工程或半成品所需的人工、材料、机械等消耗量。

2. 预算定额

预算定额是在正常的施工条件下，完成一定计量单位合格分项工程和结构构件所需消耗的人工、材料、机具台班数量及相应费用标准。预算定额是工程建设中重要的技术经济文件，是编制施工图预算的主要依据，是确定和控制工程造价的基础。

1）预算定额的编制原则

（1）按社会平均水平确定预算定额的原则。预算定额是确定和控制建筑安装工程造价的主要依据。因此，必须遵照价值规律的客观要求，即按生产过程中所消耗的社会必要劳动时间确定定额水平。所以预算定额的平均水平，是在正常的施工条件下，合理的施工组织和工艺条件、平均劳动熟练程度和劳动强度下，完成单位分项工程基本构造要素所需要的劳动时间。

（2）简明适用原则。

① 编制预算定额时，对于那些主要的，常用的、价值量大的项目，分项工程划分宜详细；次要的、不常用的、价值量相对较小的项目则可以粗略一些。

② 预算定额要注重项目齐全，要注意补充因采用新技术、新结构、新材料而出现的新的定额项目。如果项目不全面，缺项较多，会导致计价工作缺少充足的可靠依据。

③ 要合理确定预算定额的计算单位，简化工程量的计算，尽可能地避免同一种材料用不同的计量单位和“一量多用”，尽量减少定额附注和换算系数。

2）铁路工程预算定额手册的组成

定额通常由法定批文、总说明、各工程分册说明和项目表组成。以预算定额为例，其具体组成如下。

（1）法定批文。预算定额为具有经济立法性质的技术规定，它必须经过授权审批机关的确认。扉页通常刊印有关批文，宣布定额的作用，开始执行时间，以及发现问题之后，归口上报的单位。

（2）总说明。总说明包括编制预算定额的原则、依据、大致内容、适用范围等，有关共同性问题的处理意见和预算定额的使用方法。

2017 年修订的预算定额手册分为十三册（按工程专业划分），另有《基本定额》与预算定额配套使用。

（3）各工程分册说明。各工程分册说明包括综合说明和分章说明，在综合说明部分主要包括预算定额的适用范围、工程量计算规定、预算定额使用方法及其他说明等。分章说明主要对所描述的工程项目进行必要说明，如本章定额包含的内容、具体使用方法和注意事项。

（4）项目表。各项目以分部工程为章，以分项工程为节，以工程结构、性质为项目，并进一步划分子目，以项目排序号。表中内容除表头外，由四部分组成。

① 工作内容与计量单位对定额表中数据所包含的内容进行描述，查定额时须认真阅读与理解。

② 工料机消耗标准：一定计量单位的分部分项工程或结构件的人工、材料和机具台班数量标准。

③ 基价：一定计量单位的分部分项工程或结构构件指按基期单价计算的人工费、材料费和机具使用费的合计。

“基价”意即基期合计价格，是指在定额编制时，以某一年为基期年，以该年某一地区（如北京）工、料、机单价为基础计算的完成定额计量单位的合格产品所需要的人工费、材料费、机具使用费的合计价值。定额使用一定时期后，由定额编制单位发行更新的《基价表》配合原定额使用，以确保定额的相对稳定性。

④ 重量：一定计量单位的分部分项工程或结构构件所消耗的主要材料的重量。“重量”是指完成某一定计量单位合格产品所需要的全部建筑安装材料的重量，但不包括列入其他材料费的材料、水及施工机械的动力消耗（油料及燃料）的重量，以吨为计量单位，主要用于计算材料运杂费。

3）预算定额总说明要点

铁路工程预算定额的总说明属于定额运用的共性问题，要首先熟悉定额总说明才能更好地使用各分册定额。

（1）总说明主要内容。

① 该定额适用于铁路基本建设工程设计概（预）算编制。

② 该定额以现行的铁路工程设计规范、施工规范、施工质量验收标准等国家标准和行业标准为依据，按正常的施工条件、合理的施工组织编制。

③ 该定额是完成规定计量单位分项工程所需的人工、材料、施工机具台班的消耗量标准。

④ 人工。人工消耗量包括：基本用工、辅助用工、工地小搬运用工，单位人工工日，隧道工程按 7 h 编制，其余工程按 8 h 编制。

⑤ 材料。材料的消耗量包括净用量和损耗量，周转性材料按基本定额规定摊销，材料抽换在消耗量不变的前提下进行，采用“基本定额”混凝土拌制、运输、配合比子目时，按设计实体体积，乘消耗量体积与实体体积的换算系数。

⑥ 施工机械和仪器仪表。将零星使用和费用很小的列入“其他材料费”。

⑦ 设备。安装工程定额子目中不含设备费。

⑧ 人工、材料、机具台班单价。说明其执行的标准。

⑨ 其他说明事项。

（2）共性问题。

① 工地小搬运范围。按工厂化施工编制的定额子目为临时场站内，其余定额子目为 50 m 以内，另有说明者除外。超过 50 m 的，一般在定额子目工作内容中说明。工地小搬运以外的运输费用，一是按运杂费计列；二是采用运输定额计列。按工厂化施工编制的定额，自大临场站至各工点的运输一般均可套用相关定额子目。如：现浇混凝土、混凝土预制构件、预制梁、现浇结构用成型钢筋（钢筋笼）、轨道板、双块式轨枕、集中制备的填料等。其中：单独设置的钢筋加工场虽不属大临工程，但成型钢筋的运输业可根据钢筋加工场的分布情况确定平均运距，套用运输定额。

② 主材抽换。当设计采用的主要材料与对应定额子目中的材料不符时，可在消耗量不变的前提下抽换。

③ 跨册使用。专业间通用的子目一般不再重复编制，在各册说明中明确了跨册使用的定额内容，且指向具体目标。

④ 混凝土换算系数。《基本定额》中混凝土拌制与运输定额的单位“10 m^3”是指构成实体的设计数量，不含损耗及扩孔等因素。应与路基、桥涵、给水排水、站场、四电工程预算定额中，电算代号为HT-0的混凝土浇筑子目配套使用。根据该子目所对应的设计实体体积，输入定额时应乘对应的换算系数（消耗量体积与实体体积的比值）。如一般现浇混凝土和小型预制构件混凝土为1.02，大型预制构件混凝土为1.01，钻孔桩浇筑混凝土为1.122（旋挖钻孔）、1.183（回旋钻孔）、1.260（冲击钻孔）等。房屋工程混凝土及砂浆配合比执行《铁路工程预算定额（第十册　房屋工程）》（TZJ 2010—2017）。

⑤ 商品混凝土。当根据规定采用商品混凝土时，混凝土按当地含运输费用的市场价格计算，不再计算混凝土拌制与运输的费用。

⑥ 非预应力钢筋。工程数量按钢筋设计长度乘理论单位质量计算；应计入架立钢筋、定位钢筋数量。定额中，按非套筒连接编制的子目，钢筋已含搭接量，按套筒连接编制的子目，已含连接套筒，不再考虑搭接量。

⑦ 预应力钢筋（钢丝、钢绞线）。其重量按设计下料长度乘理论单位质量计算。不得将锚具、管道、锚板及联结钢板、封锚、捆扎、焊接材料等计入工程数量。定额中不再包含工作长度，预应力筋工作长度应由设计计入工程数量。

⑧ 小型预制构件及成型钢筋运输子目。混凝土构件预制、钢筋制作等子目是按工厂化生产考虑的，不含场外运输。增加了小型预制构件和成型钢筋场外运输定额子目，与构件预制、钢筋集中加工子目配套使用。

⑨ 预制构件成品损耗。轨道板、双块式轨枕和其他小型预制构件及预制场成品损耗已包含在定额中，不再另行计算。

⑩ 锅炉抽换。轨道板、双块式轨枕和其他小型构件预制及蒸汽养护采用的锅炉系按燃煤锅炉编制，当工程所在地有明文规定不允许采用燃煤锅炉时，可抽换为燃油锅炉。

⑪ 主材量价分离。通信、信号、电力、电力牵引供电、给水排水工程定额中，其电杆、支柱、铁塔、缆线、给排水管材及管件等主要材料价格未计入基价，仅在相应子目按带括号的材料数量代表完成定额单位工程该类材料的消耗量，这些主要材料应根据设计采用的规格、型号及价格另计。

⑫ 既有线封锁线路（天窗点）施工增加费。将其纳入概（预）算编制办法特殊施工增加费项下，但路基工程第二章的石方控制爆破、隧道工程第九章改扩建、轨道工程第七章封锁线路作业工程，新版定额中已考虑了封锁线路施工降效因素，使用时不再另计既有线封锁线路（天窗点）施工增加费。

4）预算定额分册说明要点

（1）路基工程。

① 适用范围。铁路路基工程、改移道路、平交道、改沟及其他土石方工程。

② 土石方工程定额单位，挖方为天然密实方，填方为压（夯）实方。当以填方压实体积为工程量，采用以天然密实方为计量单位的定额时，所采用的定额应乘表9-3中的系数。

③ 土方工程和石方工程中汽车增运定额仅适用于运距10 km及以内运输，超过10 km部分应乘0.85的系数。

④ 挡土墙、护墙、护坡的基坑开挖、支护等，应采用桥涵预算定额相应子目。

表 9-3 岩土天然密实方与压实方换算系数表

速度等级		岩土类别			
		土方			石方
		松土	普通土	硬土	
设计速度＞160 km/h	区间	1.258	1.156	1.115	0.941
	站场	1.230	1.130	1.090	0.920
120 km/h＜设计速度≤160 km/h	区间	1.225	1.133	1.092	0.921
	站场	1.198	1.108	1.068	0.900
设计速度≤120 km/h	区间	1.125	1.064	1.023	0.859
	站场	1.100	1.040	1.000	0.840

注：表中系数已考虑路堤施工要求两侧加宽的土石方，无砟轨道路基换算系数按设计速度＞160 km/h 执行。

⑤ 填筑砂石定额适用于构筑物基底、后背填筑。抛填片石定额适用于人工配合抛石挤淤。

⑥ 路堑开挖按照设计开挖线计算土石方数量，侧沟的土石方数量计入挖方数量，不再单独计算。

⑦ 路堤填筑按照设计填筑线计算土石方数量，护道土石方、需要预留的沉降数量计入填方数量。

（2）桥涵工程。

① 适用于内陆铁路桥梁、涵洞工程。

② 定额按陆上、水上分别编制。水上定额适用于设计采用船舶施工的工程，水上如采用栈桥、栈桥加平台或筑堤等，则混凝土工程采用陆上定额，其他水上工程采用相应定额，但应取消定额中的船舶，另列栈桥或筑堤等费用。河滩、水中筑岛施工采用陆上定额。水上定额已含材料（成品、半成品）的水上短途运输。

③ 混凝土的体积，按混凝土设计尺寸，以实体体积计算，不扣除混凝土中钢筋（钢丝、钢绞线）、预埋件和预留压浆孔道所占的体积。

④ 非预应力钢筋的重量按钢筋设计长度乘理论单位重量计算。不得将焊接料、绑扎料、接头套筒、垫块等材料计入工程数量。

⑤ 预应力钢筋（钢丝、钢绞线）的重量按设计下料长度乘理论单位重量计算。不得将锚具、管道、锚板及连接钢板、封锚、捆扎、焊接材料等计入工程数量。

⑥ 各种桩基如需试桩，其数量由设计确定，纳入工程数量。

（3）隧道工程。

① 适用于采用钻爆法施工的新建和改（扩）建隧道工程。

② 正洞有效断面。隧道洞身衬砌后的内轨顶面以上净空横断面面积。

③ 当路基、桥涵等专业定额用于洞内工程时，人工应乘 1.257 的系数。

④ 隧道长度。隧道长度指隧道进出口（含与隧道相连的明洞）洞门端墙面之间的距离，以端墙面与内轨顶面的交线同线路中线的交点计算。双线隧道按下行线长度计算；位于车站上的隧道以正线长度计算。

⑤ 按独立工区模式编制各项与隧道长度相关子项目，如开挖、出渣、混凝土运输、通

风线路等，按施工组织设计、确定独立工区设置个数与范围。定额工区长度范围按基础长度（运距）及每增长度（运距）叠加选用，不足部分按进整计算。

⑥ 工区长度是指按施工组织设计安排独立工区分界点距洞口或辅助坑道口的最大独头长度，分为正洞进出口工区、通过辅助坑道施工正洞工区。

（4）轨道工程。

① 适用于新建和改建铁路的轨道工程。

② 若设计采用 43 kg/m 轨，需按 50 kg/m 轨定额抽换使用。

③ 铺轨包括大型机械安拆与调试、无缝线路、标准轨线路、弹性支承块式无砟道床人工铺轨、钢梁桥面人工铺轨、道岔尾部无枕地段铺轨等。

④ 新铺线路换铺法铺设长钢轨定额应与轨节拼装、铺设轨节及长钢轨运输定额配套使用。

⑤ 钢轨铺设定额仅适用于 20‰以下坡度地段和 1 km 以下隧道内。若用于 20‰以上坡度地段，定额人工和机械消耗量乘 1.5 的系数；若用于 1 km 以上隧道内，定额人工和机械消耗量乘 1.25 的系数。（当以上两种情况同时存在，定额人工和机械消耗量乘 1.75 的系数。）

⑥ 轨料运输定额仅适用于坡度 12‰以下地段，若用于有 12‰以上坡度的地段，根据施工组织设计确定的铺轨方向，自出现 12‰以上坡度的区间起，至该区段终点范围内，其定额中的机车消耗量乘相应系数。

3. 概算定额

概算定额是在预算定额基础上，确定完成合格的单位扩大分项工程或单位扩大结构构件所需消耗的人工、材料和施工机械台班的数量标准及其费用标准，是在预算定额基础上根据有代表性的通用设计图和标准图等资料，以主要工序为准，综合相关工序，进行综合、扩大和合并而成的定额。

1）概算定额的编制原则

概算定额应贯彻“社会平均水平”和“简明适用”的原则。由于概算定额和预算定额都是工程计价依据，所以应符合价值规律和反映现阶段大多数企业的设计、生产及施工管理水平，但在概、预算定额水平之间应保留必要的幅度差。概算定额的内容和深度是以预算定额为基础的综合和扩大。在合并中不得遗漏或增加项目，需保证其严密性和正确性。概算定额务必简化、准确和适用。

2）概算定额的编制依据

（1）现行的预算定额。

（2）过去的预算定额。

（3）有关施工图的预算和结算资料。

（4）选择的具有代表性的标准设计图纸和其他设计资料。

（5）人工工资标准、材料预算价格和机具台班预算价格。

3）概算定额的编制要求

概算定额的编制深度要适应设计深度的要求，概算定额是在初步设计阶段使用的，受设计深度的限制；定额水平的确定应与基础定额、预算定额的水平一致。

4）概算定额的编制方法

概算定额是在预算定额基础上综合而成的，每一项概算定额项目都包括了数项预算定额的项目，是直接利用综合预算定额，在预算定额基础上再合并其他次要项目，改变计量单位或简化工程量计算而成的。

5）与预算定额的区别

概算定额的结构和形式与预算定额基本一样。概算定额是以预算定额为基础，适当地将预算定额中分部分项工程或结构构件中有关的几个项目，综合扩大成一个项目。概算定额的内容组成与预算定额类似。

概算定额与预算定额的相同之处在于它们都是以建（构）筑物各个结构部分和分部分项工程为单位表示的，内容也包括人工、材料和机具台班使用量定额三个基本部分，并列有基价。概算定额表达的主要内容、主要方式及基本使用方法都与预算定额相近。

概算定额与预算定额的不同之处在于项目划分和综合扩大程度上的差异，同时，概算定额主要用于估算或设计概算的编制。由于概算定额综合了若干分项工程的预算定额，因此概算工程量计算和概算表的编制，都比编制施工图预算简单一些。

4. 概算指标

概算指标是以整个建筑或整个分部工程为单位而规定的人工、材料和机具台班消耗指标及其基数费用标准。它是在概算定额和预算定额的基础上编制的。

概算指标是基本建设管理部门编制投资估算和编制基本建设计划，估算主要材料用量计划的依据，是设计单位编制初步设计概算、选择设计方案的依据，也是考核基本建设投资效果的依据。

概算指标按平均水平确定概算指标的原则，其内容和表现形式，要贯彻简明适用的原则，其编制依据也必须具有代表性。

概算指标可以作为编制投资估算的参考，其指标中的主要材料指标可作为匡算主要材料用量的依据；是设计单位进行设计方案比较，建设单位选址的一种依据；是编制固定资产投资计划，确定投资额的主要依据。

目前，铁路工程因为“站前”工程设计概算需用概算定额或预算定额编制，只是在初步设计阶段，“站后”工程设计概算仍需用概算指标编制。因此，只需制定“站后”工程概算指标。

概算指标与概算定额相比，其综合性能更强，对“站后”工程进行原则性方案的经济比较更加方便。例如，铁路房屋工程，概算定额分基础、墙体、金属结构、钢筋混凝土柱、梁、楼地面、屋面、门窗，以及其他工程，各分部工程又分为若干分项工程。预算定额则分得更细更具体。概算指标是以成形的房屋建筑面积 100 m^2 为单位编制，将上述分部分项工程综合在内，只要根据房屋设计建筑面积，即可按概算指标算出房屋工、料、机费用及所需工天、主要材料、机具台班数量，但精确性较差。

5. 估算指标

估算指标亦称投资估算指标，估算指标是在编制项目建议书可行性研究报告和编制设计任务书阶段编制投资估算，计算投资需要量时使用的一种定额。

它具有较强的综合性、概括性，往往以独立的单项工程或完整的工程项目为计算对象。它的概略程度与可行性研究阶段相适应。它的主要作用是为项目决策和投资控制提供依据，是一种扩大的技术经济指标。投资估算指标虽然往往根据历史的预、决算资料和价格变动等资料编制，但其编制基础仍离不开预算定额、概算定额。

投资估算指标是确定和控制建设项目全过程各项投资支出的技术经济指标。其范围涉及建设前期、建设实施期和竣工验收交付使用期等各个阶段的费用支出，内容因行业不同而各异，一般可分为建设项目综合指标、单项工程指标和单位工程指标 3 个层次。建设项目综合指标一般以项目的综合生产能力单位投资表示。单项工程指标一般以单项工程生产能力单位投资表示。单位工程指标按专业性质的不同采用不同的方法表示。

9.4 定额的应用

9.4.1 应用技巧

要使定额在基本建设中发挥作用，除定额本身先进合理外，还必须正确应用定额。定额的查用步骤是：确定定额种类—确定定额编号—阅读说明—定额抽换。

（1）首先要学习和理解定额的总说明和分部工程说明，以及附注、附录、附表的规定。这是定额的核心部分。因为它们指出了定额编制的指导思想、原则、依据、适用范围、使用方法、调整换算、已考虑和未考虑的因素，以及其他有关问题。对因客观条件需据实调整换算也做了规定。

（2）掌握分部分项工程定额所包括的工作内容和计量单位。在使用定额前，必须弄清一个工程由哪些工作项目组成，每个项目的工作内容是否与定额的工作内容一致，定额的计量单位是否采用扩大计量单位，如 10 m^3、100 m^2 等，只有当每个项目的工作内容与定额包含的工作内容一致，才能直接使用相应定额。

（3）弄清定额项目表中各子目栏工作条目的名称、内容和步骤划分。然后以定额的计量单位为标准，将该工程各个项目按定额子目栏的工作条目逐项列出，做到完整齐全，不重不漏。

例如，在铁路路基工程预算定额中，挖掘机装车是按≤0.6 m^3、≤1.0 m^3、≤2.0 m^3、≤2.5 m^3 挖掘机装车，装松土、普通土、硬土划分的。

（4）了解定额项目表中人工、材料、机具台班名称、耗用量、单价和计量单位。

（5）熟悉工程量计算规定及适用范围。按规定和适用范围计算工程数量，有利于统一口径。

在计算工作数量时，工作条目与定额条目要对口，计量单位要一致，以保证正确使用定额，避免计算错误。

（6）对于分项工程的内容，应通过深入施工现场和工作实践，理解其实际意义，只有对定额内容了解透彻，在确定工程条目，套用、换算定额或编制补充定额时，才会快而准确。

（7）定额运用要点如下。

① 正确选择子目，不多不漏。

② 子目名称简练直观。

③ 核对工作内容，防止漏列、重列。

④ 看清计量单位。

⑤ 详细阅读说明和小注。

⑥ 图纸要求与定额子目或序号项目要一致，否则可能要抽换。

⑦ 施工方法要依施工组织设计而定。

⑧ 多实践，多练习，熟能生巧。

9.4.2 定额套用

当设计要求与定额条件相符时，可直接套用定额（即直接查找定额）。套用时应注意以下几点。

（1）正确选用定额条目。根据设计图纸要求及说明，选择与工作项目内容相符的定额条目，并对其工作内容、技术特点和施工方法仔细核对，做到内容不漏、不重、不错。

（2）核对计量单位。条目选用后，核对并调整所列工程项目的计量单位，使之与定额条目的计量单位相一致。

（3）明确定额中的用语、符号及定额表中数据的意义，区分“以内”“以外”和“以上”“以下”的含义。

（4）注意定额的换算。当工程设计与定额内容部分不相符，而定额允许换算时，要先对套用的定额进行必要的换算后才能使用。

9.4.3 定额的换算（抽换）

定额按照合理的施工组织和正常的施工条件编制，定额中所采用的施工方法和质量标准，是根据现行的铁路设计规范、施工规范、技术安全规则、质量评定验收标准等确定的。除另有说明外，一般不得对定额进行调整或换算。

定额中的材料消耗量，均已包括工地搬运及施工操作损耗。其中周转性材料（如模板、支撑、脚手杆、脚手板、挡土板等）的消耗量，均按其正常摊销次数摊入定额内，使用时不得因实际摊销次数不同而调整。

定额中混凝土和水泥砂浆的数量（表中圆括号内的数字），仅用于根据混凝土和砂浆配合比计算水泥、砂子、碎石的消耗量，使用时不得重复计算。其水泥消耗量系按中粗砂编制，当设计采用细砂时，应按基本定额有关项目进行调整。当其设计强度等级与定额不同时，应按基本定额有关配合比用料表调整消耗量。

混凝土和水泥砂浆的砂子消耗量，系按天然湿度砂编制，已考虑了其膨胀率。

定额中的施工机具类型、规格型号，系按正常情况综合选定。如施工实际采用的类型、规格型号与定额不同时，除另有说明外，均不得调整。

当工作项目与定额内容部分不相符时，不能直接套用定额，应在定额规定的范围内根据不同情况加以换算。

1. 设计要求的规格、品种与定额不相符的换算

当设计要求的规格、品种与定额规定不同时，须先换算使用量，再按其单价换算价值。由此看来，预、概算定额的换算实际上是预、概算价格的换算。

（1）砂浆或混凝土强度，设计与规定不符时，应根据砂浆或混凝土设计强度在《基本定额》“混凝土、钢筋混凝土、水泥砂浆用料表”中，查出应换入的用料数，并考虑工地搬运、操作损耗量及混凝土凝固后体积收缩等，或在《预算定额》中查与设计强度相同项目的混凝土、钢筋混凝土、水泥砂浆的用料数（已考虑了损耗量等）。

换算后砂浆或混凝土预（概）算定额单价=原预、概算定额基价−［$\sum$（应换出的用料数×相对应的材料单价）］+［$\sum$（应换入的用料数×相对应的材料价格）］

（2）砂浆或混凝土的骨料粒径，设计与定额规定不符时，须按砂浆或混凝土强度调整水

泥用量。例如，铁路工程预、概算定额中，混凝土、钢筋混凝土、浆砌石及砂浆的水泥用量，系按中粗砂编制的，如实际使用细砂时，应按基本定额调整水泥用量。

（3）钢筋混凝土定额中的钢筋数量、规格，当设计与定额规定不符，使实际钢筋含量与定额中钢筋含量相差超过±5%，应先按设计要求调整定额钢筋数量，再用钢筋制作及绑扎定额调整定额工日、有关材料、机具台班数，并用定额单价计算其价值。非因设计原因造成不符，如钢筋由粗代细，螺纹钢筋代替圆钢铁或型号改变，由此而增加的钢筋费用，不能编入定额价值内。

2. 运距换算

（1）运距超过定额项目表中子项目基本运距。

【例 9-1】 计算≤3 m^3 装载机挖运普通土，运距 25 m 的定额基价。

【解】 查《铁路工程预算定额（第一册　路基工程）》（TZJ 2001—2017），装载机挖运普通土，运距≤10 m（基本运距），基价 116.51 元/100 m^3；LY-19，增运 10 m，基价 12.12 元/100 m^3。则此定额基价为：

$$116.51+12.12\times\frac{25-10}{10}=134.69\ （元/100\ m^3）$$

（2）运距超过定额项目表中工作内容规定的运距。

【例 9-2】 分析计算机械钻眼开挖石质基坑，基坑深 3 m 以内，无水，双轮车运 250 m 外堆弃的定额基价。

【解】 查《铁路工程预算定额（第二册　桥涵工程）》（TZJ 2002—2017），机械钻眼开挖石质基坑机械吊运，工作内容中规定，机械吊运至坑口外 10 m。因实际施工需用双轮架子车运往离基坑 250 m 外堆弃，基坑土壤为软石，开挖后视为硬土，需考虑土方增运费用，增加运距的定额为 LY-51 和 LY-52，即

2 196.48+266.64×（250−50−10）/50=3 209.712（元/100 m^2）=320.97（元/10 m^2）则定额基价为 QY-17、LY-51 和 LY-52 组合：406.42+320.97=727.39（元/10 m^3）。

（3）断面换算。定额中确定的构件断面，是根据选择有代表性的不同设计标准，经分析、研究、综合、加权计算确定的，称为定额断面。如实际设计断面与定额断面不符时，应按定额规定进行换算。

（4）周转次数换算。当材料的实际周转次数达不到规定的周转次数时，定额表中周转材料的定额用量应予抽换，即按照实际的周转次数重新计算其实际定额用量，即

$$实际定额用量=\frac{规定的周转次数}{实际的周转次数}\times规定的定额用量$$

如防护层的厚度（沥青混凝土、沥青砂浆的厚度），抹灰层厚度，道砟桥面人行道宽，有的定额表中划分为基本厚度或宽度和增减厚度或宽度定额，但设计厚度或宽度与定额不符时，可按设计要求和增减定额对基本厚度或宽度的定额基价进行调整换算。

（5）系数换算。当实际施工条件与定额规定不符时，应按定额规定的系数进行调整。

例如隧道衬砌机械化施工，沟槽模板按双侧编制，当设计采用单侧沟槽时定额应乘系数 0.7，又如桥梁钻孔定额适用于孔深 50 m 以内，若钻孔深度大于 50 m 时，超过部分每增加 10 m（含不足 10 m 部分），定额中人工和机械台班消耗量以 50 m 为基数相应规定系数进行调整。

9.4.4 补充定额

随着基本建设事业的不断发展，新结构、新技术、新工艺、新材料、新设备不断出现，设计不断更新，因此会出现设计要求与定额条件不一致或完全不符或缺项的情况，这就需要制定补充定额，即补充单价分析，并随同设计文件一并送审。

制定补充定额的方法有两种，一种是按前面讲的定额制定原则，用测定或综合分析等方法制定。通常材料用量是按设计图纸的构造、做法及相应的计算公式进行计算，并加入规定的材料损耗，人工工天是按劳动定额或类似定额计算，并合理考虑劳动定额中未包括而在一般正常施工情况下又不可避免的影响因素和零星用工等；机械台班数量是按机械台班使用定额或类似定额计算，并考虑定额中未包括而在合理的施工组织条件下，尚存在的机械停歇因素所造成的机械台班损失。经有关技术、定额人员和工人分析讨论，确定其工作项目的工、料、机耗用量，然后分别乘人工工资标准、材料预算价格及机械台班单价，即得到补充定额基价。另一种方法是套用或换算相近的定额项目。一般人工和机械台班数量及费用和其他材料费可套相近的项目，而材料消耗量可按设计图纸进行计算，再加入规定的材料损耗，或通过测定确定。

思 考 题

1. 简述工程定额的特点、作用。
2. 简述定额的分类方法，列举定额种类。
3. 概算定额与预算定额的作用有哪些区别？
4. 简述现行铁路定额体系组成。
5. 什么是基本定额？其主要包括哪些内容？
6. 什么是定额换算？为什么要进行定额换算？

10 概（预）算基本知识

概（预）算是编制基建方案，确定和控制基建投资的依据。批准概算后，工程可列入基建方案，概（预）算总额控制基建的投资额，同时作为设计与施工方案优选的依据，不同的设计，不同的施工方法，会得到不同的造价，从中选择最优方案。通过概（预）算进一步实行招投标，签订合同，办理工程拨款，贷款和结算。概（预）算对施工企业加强经营管理，搞好经济核算，对分析工程进展和统计工程进度等诸多方面都将起到十分重要的作用。

10.1 基本建设投资额测算体系

10.1.1 工程投资与概（预）算

投资控制就是为尽可能好地实现建设项目既定的投资目标而进行的一系列工作，其基本要求是使投资目标不被突破，或在已不可避免的情况下，使投资目标突破的幅度尽可能小。我国基本建设投资的管理和控制基本上分为三个层次。

第一个层次是国家。国家通过基本建设计划和有关政策、法律从宏观上对基本建设投资进行管理和控制。如制定基本建设程序，要求每一个基本建设项目严格遵守基本建设程序。计划部门代表国家根据建设项目可行性研究报告的评审意见来进行项目审批，并按项目的设计概算来控制投资总额。

第二个层次是项目申报单位，即项目建设单位（业主）。项目建设单位（业主）具体对建设项目的造价进行控制，自己或委托设计单位编制可行性研究报告，提出项目建议书，并根据批准的可行性研究报告组织设计，根据批准的设计概算（或施工图预算）编制标底，组织施工招标，确定施工单位、委托监理单位。在施工过程中，委托监理工程师对工程费用进行严格管理。通过这一系列工作对建设成本（或造价）进行控制。

第三层次是施工单位（或承包单位）。建设项目由施工单位具体实施，并在施工前编制施工预算，对工程成本进行严格控制。

以上三个层次涉及计划、建设、设计、监理和施工各部门，他们都必须以维护国家利益为原则，从各自的工作和需要出发，对基本建设项目进行严格和科学的管理，为国家把好经济关。要达到上述目的，其基本手段就是制定概（预）算定额。

基本建设项目要实行全过程、全方位的投资管理，按项目立项决策、勘察设计、工程实施和竣工验收四个阶段进行投资控制。

目标值的确定是控制的一个关键工作。投资本身是一个逐步开展和不断深化的过程，因此，在其运动过程的不同阶段便有不同的测算工作，形成不同的投资额和不同的测算种类。随着投资活动的不断深化，要求对投资额进行不同深度和精度的测算，相应地形成了一个完整反映投资在数量上变化的投资额测算体系，即从项目决策到竣工交付使用的整个过程中，根据在不同阶段投资额的作用和精度要求的不同，形成了投资估算、设计概算、施工图预算（投资检算）、施工预算、标底、投标报价、结算和决算等多种测算方式，并由此构成了建设项目投资额的测算体系。

在各种测算方式中，工程概（预）算具有特别重要的意义和作用，是基本建设工程投资管理的基本环节，是编制建设工程经济文件的主要依据，也是其他测算方式（投资估算除外）的基础。

基本建设工程（或称建设项目）设计概算和施工图预算（投资检算），是指在执行基本建设程序过程中，根据不同设计阶段设计文件的具体内容和国家规定的定额、指标及各项费用的取费标准，预先计算和确定每项新建、扩建、改建和迁建工程所需要的全部投资额的文件，它从经济上反映建设项目在不同建设阶段的特点，是按照国家规定的特殊计划程序，预先计算和确定基本建设工程价格的计划文件，是基本建设程序的重要组成部分。由于概（预）算的重要性，故在投资额测算体系中居于主导地位。

10.1.2 我国工程造价管理的历史

从 20 世纪 50 年代起，我国借鉴苏联经验，逐步建立起适应当时计划经济需要的概（预）算定额制度，人工、材料、机械等价格均由国家统一规定，传统的概、预算定额作为建设工程造价定价依据，对我国加强计划管理，减少投资浪费，多、快、好、省地建设国家起到了积极的作用。进入 20 世纪 90 年代，我国逐步由计划经济向市场经济过渡，经济发展水平不断提高，经济结构也日益复杂，原有的计价方式已不能满足市场经济发展的需要，为此，我国对建设工程造价定价办法进行了一系列的改革，如调整工程价格的费用项目，修订有关的费用、利润、税金计算标准，取费按工程类别计取，等等。所有这些改革，使建设工程造价逐步反映其内在的商品属性，但随着社会主义市场经济的不断发展，建设工程造价定价方法仍存在许多问题，仍需要进行深化改革。

我国工程造价早在唐朝就有记载，但发展缓慢，自中华人民共和国成立后，有很大的发展，但未形成一个独立的系统。20 世纪 50—70 年代，我国的建设工程造价管理制度是政府的计划模式。建设产品价格是通过计划分配建设工程任务而形成的计划价格，概、预算定额基价是量价合一的价格。1984 年，建设工程招投标制开始施行，建筑工程造价管理体制开始突破传统模式，虽形式有变，但内容实质照旧。1985 年成立了中国工程建设概预算定额委员会，1990 年成立了中国建设工程造价管理协会，1996 年国家人事部和建设部确定并行文建立注册造价工程师制度，对学科的建设与发展起到了重要作用，标志着该学科已具备一个独立的、完整的学科体系。20 世纪 90 年代初，国家建设主管部门提出“政府宏观指导，企业自主报价，竞争形成价格，加强动态管理”和“控制量，指导价，竞争费”的改革思路，但改革进程十分缓慢，改革也迟迟不见成效。20 世纪 90 年代中后期，《中华人民共和国建筑法》《中华人民共和国合同法》《中华人民共和国招标投标法》的相继出台，定额体系开始出现一系列变化。部分材料价格渐渐放开，已经允许工程结算时的材料价格调整，但仍不能满足市场经济发展的要求。2001 年年初，国家宣布年内国有建筑施工企业将逐渐改制，面向市场，全国大多数省区市的定额管理模式将出现历史性的改变，量价分离，单项报价提上日程，使材料价格走向市场化，定额的法定性变为指导性。

目前，各行业对工程造价的探索与管理也在不断地向前推进，例如，2017 年版铁路工程造价标准就突出了整体性，将专业预算定额、工料机价格、编制办法作为一个整体统筹考虑，“全面修订、一次发布，系统性强”，这在工程造价标准管理史上，尚属首次，同时，适应了政策，除了调整工费标准外，还按照国家“营改增”税制改革要求，研究确定了造价标准调整方案，对材料价格、施工机具台班费用定额、各项取费标准扣除可抵扣进项税额。

10.1.3 投资额测算体系

为了对基本建设工程进行全面而有效的工程经济管理，在项目建设的各阶段都必须编制有关的经济文件，这些不同经济文件的投资额则要根据其主要内容要求，由不同测算工作来完成。投资额按工程的建设程序进行分类，有以下几种。

1. 投资估算

投资估算，一般是指在投资前期（预可行性研究报告、可行性研究报告）阶段，建设单位（业主）向国家申请拟定项目或国家对拟定项目进行决策时，根据建设项目在规划、项目建议书、可行性研究报告等不同阶段的相应投资额而编制的经济文件。

国家对任何一个拟建项目，都要在对可行性研究报告进行全面评审后，才能确定是否正式立项。在可行性研究中，除考虑国家经济发展的需要和技术上的可行性外，还要考虑经济上的合理性。投资估算为投资决策提供数量依据，也是建设项目经济效益分析中确定成本的主要依据，因此，它是建设项目在初步设计前各阶段工作中，作为论证拟建项目在经济上是否合理的重要文件，它具有以下几个方面的作用。

（1）它是国家决定拟建项目是否继续进行研究的依据。

（2）它是国家审批项目建议书的依据。

（3）它是国家审批项目建议书可行性研究报告的依据。可行性研究报告被批准后，投资估算就作为控制初步设计概算、预算的依据，也是国家对建设项目所下达的投资限额，并作为资金筹措计划的依据。

（4）它是国家编制中长期规划和保持合理投资结构的依据。

根据投资估算的作用不同，其内容的深浅程度也各不相同。

2. 总概算

总概算是指在初步设计阶段由设计单位根据设计图纸、概算定额、各类费用定额、建设地区的自然条件和经济条件的资料，预先计算和确定建设项目从筹建至竣工验收的全部建设费用的经济文件。实施招投标后，设计阶段一般实行两阶段设计，即初步设计和施工图设计，概算在初步设计阶段编制，它具有以下几个方面的作用。

（1）它是编制建设项目投资计划、确定和控制建设项目投资的依据。

经批准的建设项目设计总概算的投资额，是该工程建设投资的最高限额，是签订建设工程合同和贷款合同的依据，是银行拨款或签订贷款合同的最高限额，建设项目的全部拨款或贷款及各单项工程的拨款或贷款的累计总额，不能超过设计概算。

（2）它是控制施工图设计和施工图预算的依据。

（3）它是衡量设计方案经济合理性和选择最佳设计方案的依据。

（4）它是工程造价管理及编制招标标底和投标报价的依据。

（5）它是考核建设项目投资效果的依据。

3. 总预算

总预算是在施工图设计阶段，设计单位根据施工图设计、计算工程量，结合施工组织设计、预算定额、现行编制办法编制反映工程造价的经济文件。其所采用的编制依据、原则、编制范围及单元等，应与批准的总概算一致，它是考核施工图设计经济合理性的依据，对于按施工图预算承包的工程，它又是签订工程合同，实行建设单位和施工单位投资包干和办理工程结算的依据。

4. 标底（控制价）编制

实行招标的工程项目，一般由招标单位对发包的工程，按发包工程的工程内容（通常由工程量清单来明确）、设计文件、合同条件，以及技术规范和有关定额等资料进行编制。标底（控制价）是一项重要的投资额测算，是评标的一个基本依据，也是衡量投标人报价水平高低的基本指标，在招投标工作中起着关键作用。其编制一方面应遵守国家的有关规定和要求，另一方面应力求准确。

5. 报价

报价是由投标单位根据招标文件及有关定额（有时往往是投标单位根据自身的施工经验与管理水平所制定的企业定额），并根据招标项目所在地区的自然、社会和经济条件及施工组织方案、投标单位的自身条件，计算完成招标工程所需各项费用的经济文件。报价是投标文件最重要的组成部分，是投标工作的关键和核心，也是决定能否中标的主要依据。报价过高，中标率就会降低；报价过低，尽管中标率增大，但可能无利可图，甚至承担工程亏本的风险。因此，能否准确计算和合理确定工程报价，是施工企业在投标竞争中能否获胜的前提条件。中标单位的报价，将直接成为工程承包合同价的主要基础，并对将来的施工过程起着严格的制约作用。承包单位和业主均不能随意更改报价。

报价与标底有着极为密切的关系，标底同概（预）算的性质很相近，编制方式也相同，都有较为严格的要求。报价则比标底编制灵活，虽然二者有着很明显的差别，并且是从不同角度来对同一工程的价值进行预测，计算结果很难相同，但又有极密切的相关关系。随着我国投标体制的进一步改革（如项目业主责任制的推行），招投标制度的进一步完善和施工监理制度的推广，将会进一步加强和完善标底与报价这两种测算工作，也必然会使各方和更多的人认识这两种测算工作的重要性，从而把它们做得更好。

报价同施工预算虽然比较接近，但不同于施工预算。报价的费用组成和计算方法同概（预）算类似，但其编制体系和要求均不同于概（预）算。尤其是目前招投标工作中，一般采用单价合同，因而使报价时的费用分摊同概（预）算的费用计算方式有很大的差别。总的看来，报价和概（预）算的差别主要体现在以下方面。

1）项目划分不同

概（预）算的项目划分是按规定的项目表的形式划分，而报价（或标底）的项目划分是按招标文件中的工程量清单划分。

2）编制依据不同

概（预）算编制是根据国家、地区颁发的定额、价格表、编制办法及各种政策编制的，具有一定强制性，是一种计划行为。报价则是投标人按照“统一量、市场价、竞争费”的原则，根据对招标文件的理解，依据工程量清单、技术规范的要求，结合本单位具体情况、市场价格，灵活套用定额、取费办法进行编制的，是一种市场行为。报价强调的是合理性，概（预）算强调的是合法性。

3）编制程序和方法不同

概（预）算中根据费用划分原则，先计算各分项工程的定额直接工程费、直接工程费，据此逐步计算其他各项费用，最后汇总得出概（预）算总金额。而报价则是将直接工程费与各项费用捆在一起，先计算出综合单价，最后汇总各综合单价与工程数量的乘积得出总报价。

4）编制内容不同

概（预）算除了按规定计算建筑安装工程费外，还要计算设备、工具、器具及家具购置费、工程建设其他费用、预留费用和回收金额，进而计算得出工程的总造价。而报价则主要计算建安费另考虑保险费（工程险和第三者责任险）、工程造价增长费、预备费中的施工图预算包干费及其他风险因素增加费。

5）审批程序不同

概（预）算必须经过上级主管部门的审核批准。而报价不需上级批准，只要本企业领导同意即可。

6）费用项目的归属不同

（1）报价中，工人的各种津贴、奖金可列入工人工资单价中去，进入直接工程费中的直接费，而概（预）算中只列国家规定的津贴和补贴，其他津贴和奖金则不能列入。

（2）概（预）算中将新购置的机具列入施工技术装备费中，而报价中则将机具购置费按施工年限摊销，本工程该摊销的部分进入综合单价之中。

（3）编制报价的指导思想是：施工方案拟定要技术上先进，经济上合理；施工计划要切实可行；估算工程成本要准确，且包含各种不可预见因素。编制概（预）算时，根据设计图纸和施工方案，按照规定的定额、取费标准、工资单价、材料预算价格和机具台班单价，依编制办法进行程序式编制。

6. 施工预算

施工预算是施工单位在投标时或其基层单位（如项目经理部）在签订合同后，按企业实际定额水平编制的预算，在施工图预算的控制下，根据施工图计算分项工程量，依据施工定额、实施性施工组织设计或分部分项工程施工过程的设计及其他有关技术资料，通过工料机分析、计算，确定完成一个工程项目或一个单位工程或其中的分部分项工程所需的人工、材料、机械台班消耗量及其他相应费用的经济文件。施工预算所采用的定额为企业定额，取费依据为投标策略或内部管理水平或实际项目赢利期望值，是施工企业对具体项目测算的实际成本，是施工企业进行成本控制与成本核算的依据，也是进行劳动组织与安排，以及进行材料和机具管理的依据，对施工组织和施工生产有着极其重要的作用。

7. 工程结算

工程项目的建设是一个复杂的过程，涉及的单位都是一些相对独立的经济实体，有着各自的经济利益，在项目建设过程中承担着不同的工程内容，因此，无论工程项目采用何种方式进行建设，在建设过程中，各经济实体之间必然会发生货币收支行为。这种在项目建设过程中由于器材采购、劳务供应、施工单位已完工程点的移交和可行性研究、设计任务的完成等经济活动而引起的货币收支行为，就是项目结算。在市场经济条件下，基本建设项目的建设过程也是一种商品的生产过程，其间所发生的一系列工作和活动最后都要通过结算来做最后评价。因此，正确而及时地组织项目结算，全面做好项目结算的各项工作，对于加速资金周转，加强经济核算，促进建设任务的完成，保证建设项目的顺利进行，以及加强对项目建设过程的财政信用监督等都有着十分重要的意义。

项目的结算过程，实际上是组织基本建设活动，实行基本建设拨、贷款的投资过程，也是及时掌握项目投资活动中的动态及其变化情况的过程。项目结算是国家组织基本建设经济活动，及时掌握经济活动信息，实现固定资产再生产任务的重要手段。同时，通过结算，可以协助建设单位有计划地组织一切货币收支活动，使各企业、各单位的劳动耗能及时得到补偿。

项目结算的主要内容包括货物结算、劳务供应结算、工程（费用）结算及其他货币资金的结算等。货物结算指建设单位同其他经济建设单位之间，由于物资的采购和转移而发生的结算；劳务供应结算指建设单位同其他单位之间，由于互相提供劳务而发生的结算；工程费用结算指建设单位同施工单位之间，由于拨付各种预付款和支付已完工程费用而发生的结算；其他货币资金结算指基本建设各部门、各企业和各单位之间由于资金往来及它们同银行之间，因存、贷款业务而发生的结算。

工程费用结算习惯上又称为工程价款结算即验工计价，是项目结算中最重要和最关键的部分，是项目结算的主体内容，占整个项目结算额的 75%～80%。工程价款结算，一般以实际完成的工程量和有关合同单价及施工过程中现场实际情况的变化资料（如工程变更通知，计日工使用记录等）计算当月应付的工程价款。施工单位将实际完成的工作内容、工程量填入各种报表，按月送交驻地监理工程师验收签认，然后向建设单位提交当月工程价款结算。应付的工程价款经总监理工程师签认出具支付证书，财务部门才能转账。目前，由于各地区施工单位流动资金供应方式的差别和具体工程项目的不同，工程价款的结算方法有多种形式。结算办法执行 2004 年发布的《建设工程价款结算暂行办法》（财建〔2004〕369 号），可以根据不同情况采取多种方式：① 按月计算；② 分段结算；③ 竣工后一起结算；④ 约定的其他结算方式。而实行 FIDIC 条款的合同，则明确规定了计量支付条款，对结算内容、结算方式、结算时间、结算程序给了明确规定，一般是按月申报，期中支付，分段结算，最终清算。

8. 竣工决算

竣工决算是在建设项目完工后竣工验收阶段，由建设单位编制的建设项目从筹建到建成投产或使用的全部实际成本的技术经济文件。它是工程建设投资管理的重要环节，是工程竣工验收、交付使用的重要依据。也是进行建设项目财务总结，银行对其实行监督的必要手段。其内容由文字说明和计算报表两部分组成。文字说明主要包括：工程概况；设计概算和基本建设规划执行情况；各项技术经济指标完成情况；各项拨款（或贷款）使用情况；建设成本和投资效果的分析及建设过程中的主要经验，存在的问题和解决意见。

应当注意，施工单位往往也是根据工程结算结果，编制单位工程竣工成本决算，核算单位工程的预算成本、实际成本和成本降低额。工程结算作为企业内部成本分析、反映经营效果、总结经验、提高经营管理水平的手段，它与建设项目的竣工决算在概念上是不同的。

投资活动的进展顺序及相关工作内容和投资额测算的相互关系如图 10-1 所示。

从图 10-1 可以看出，估算，概算、预算、标底、报价和结算，以及决算都是以价值形态贯穿整个投资过程中的，从申请建设项目，确定和控制基本建设投资额，进行基建经济管理和施工单位经济核算，到最后以决算形成企（事）业单位的固定资产，构成了一个有机的整体，缺一不可。因此，从一定意义上说，它们是基本建设投资活动的血液，也是联结参与项目建设活动各经济实体的纽带。申报项目要编制投资估算，设计要编制总概算和总预算，招标要编制标底，投标要编制报价，施工前要编制施工预算，施工过程中要进行结算，施工

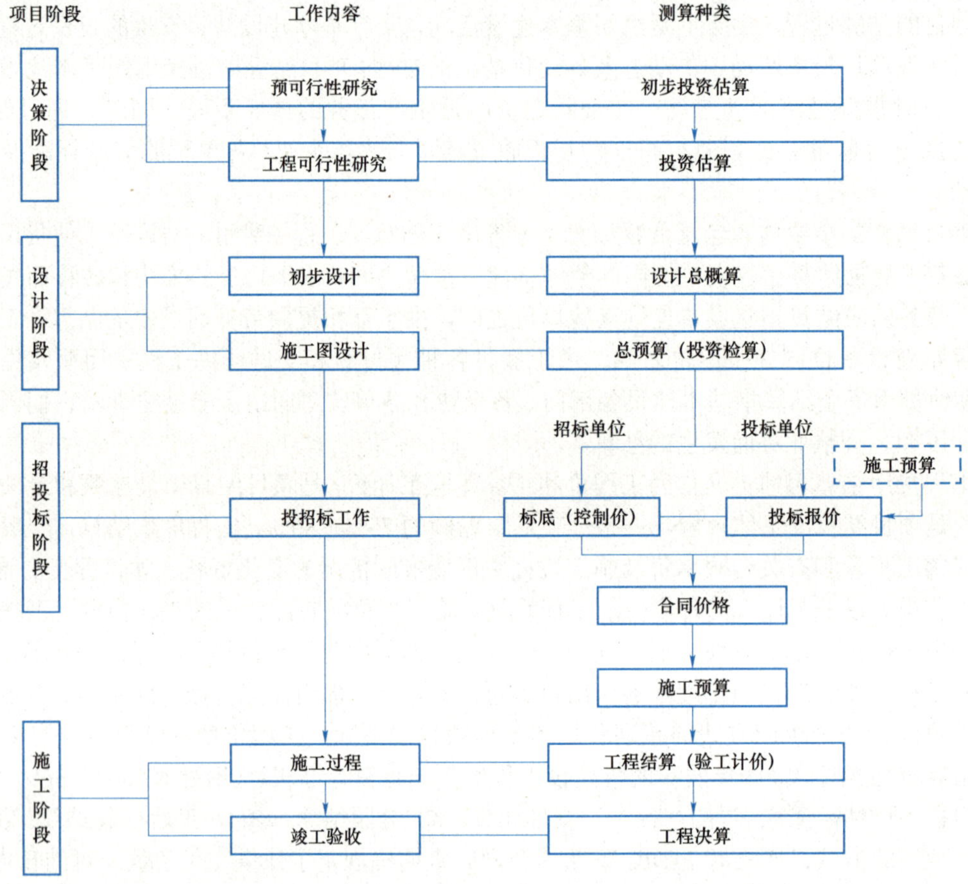

图 10-1 投资活动的进展顺序及相关工作内容和投资额测算的相互关系

完成要编制决算，并且一般还要求决算不能超过预算，预算不能超过概算，概算则不能超出估算所容许的幅度范围，合同价不能偏离报价与标底太多，而报价（指中标价）则不能超出标底规定幅度范围，并且标底不允许超概算。总之，各种测算环环相扣，紧密联系，共同对投资额进行有效控制。

10.2 概（预）算的概念及编制文件组成

10.2.1 概（预）算概念

工程概（预）算，是根据工程各个阶段的设计内容，具体计算其全部建设费用的文件，是国家或业主对基本建设实行科学管理和监督的一种重要手段。

1. 总概算

总概算是指为保质、保量、按期完成所批准建设项目，从筹建到竣工验交所实施的全部费用，它是初步设计文件的重要组成部分。

2. 总预算

总预算是拟建工程设计概算的具体化文件，也是单项工程综合预算的基础文件。总预算的编制对象为单位工程，因此也称单位工程预算，是由设计单位根据施工图设计的工程量和施工方案，按预算定额和各种费用定额，编制的反映工程造价的具体文件。

值得注意的是该阶段工作在铁路系统原来称为“投资检算”，现在称为“总预算”，而在公路等其他系统则称为“施工图预算”。总预算的主要目的是检验施工图设计是否控制在概算之内，而施工图预算还是确定工程造价、签订工程合同、实行投资包干、办理工程结算及考核工程成本的依据。

总预算是施工图设计文件的重要组成部分，是设计阶段控制工程造价的主要指标。总预算经审定后，是确定工程造价、编制或调整固定资产投资计划和考核工程成本的依据。预算应根据施工图设计的工程量和施工方法，按照规定的定额、取费标准、工资单价、材料设备预算价格依据编制办法在开工前编制并报请批准。

以施工图设计进行施工招标的工程，经审定后的总预算是编制标段清单预算、工程标底或造价控制值的依据，也是分析、考核施工企业投标报价合理性的参考；对不宜实行招标而采用施工图预算加调整价结算的工程，经审定后的施工图预算可作为确定合同价款的基础或作为审查施工企业提出的施工预算的依据。

总预算是考核施工图设计经济合理性的依据。施工图设计应控制在批准的初步设计及其概算范围之内。如单位工程预算突破相应概算时，应分析原因，对施工图设计中不合理部分进行修改，对其合理部分应在总概算投资范围内调整解决。

3. 施工预算

施工预算是施工企业在工程投标时或工程开工之前，根据施工图、施工定额、实施性施工组织设计、降低工程成本的技术组织措施，并结合施工现场的实际情况，在施工图预算的控制下编制的经济文件。施工预算通常以单位工程为编制对象。

施工预算可作为施工企业尤其是其基层单位进行企业内部经济核算，实行内部经济承包责任制，进一步组织生产，编制施工作业计划，准备现场材料，签发施工任务书和限额领料卡，考核生产工人工效，计算超额奖，审评奖励的依据。

10.2.2 概算和预算的区别与联系

概算和预算是两个不同的概念，它们有区别也有联系，具体见表 10-1。

表 10-1 概算和预算的区别与联系

异同		内容	总概算	总预算	施工预算
不同之处	1	编制单位不同	设计单位编制	设计单位编制	施工单位编制
	2	编制阶段不同	初步设计或一阶段设计时编制	施工图设计阶段编制	投标时或其基层单位（如项目经理部）签订合同后编制
	3	主要作用不同	作为国家确定和控制建设规模，编制基本建设计划，实行建设项目投资包干，签订承包合同和招标项目编制标底，以及银行拨贷款的依据，也是控制施工图预算，考核设计经济合理性和建设成本的依据	作为签订施工合同，进行价款结算的依据，也是施工企业下达施工计划，内部财务拨款，考核工程成本，进行经济核算的依据，还是控制施工预算的依据	是确定投标报价的依据；是项目经理部组织生产，编制施工组织，签发施工任务书和限额领料卡，考核工效，计算超额奖和计件工资，进行班组核算的依据；是施工企业基本的成本计划文件
	4	依据的定额不同	站前工程：预算定额 站后工程：概算定额、预算定额	预算定额	施工定额

续表

异同		内容	总概算	总预算	施工预算
不同之处	5	依据的图纸资料不同	初步设计图纸及施工组织设计方案意见	施工图设计资料及施工组织设计（合适的施工方法，周密的技术措施）	详细的施工图纸和工程数量，以及周密、合理的施工组织设计，施工单位自身能力，施工现场实际情况
	6	编制的范围不同	建设项目的全部内容，即从筹建开始到竣工验交所需的一切费用	只编制单位工程或单项工程预算和综合预算建安工程费	根据施工单位的不同目的而不同，在投标时根据招标文件确定，在进行项目管理时，根据不同需要确定
联系之处	1	都不能突破控制额	经批准的概算是建设项目投资的最高限额	控制在概算总额之内	在合同价的控制下
	2	费用组成、采用的费率，使用的表格、编制的步骤方法	基本相似		

10.2.3 概（预）算文件的组成

1. 封面

概、预算文件的封面和扉页应按编制办法中的规定制作，扉页的次页应有建设项目名称，编制单位，编制、复核人员姓名并加盖执业（从业）资格印章，编制日期，第几册，共几册等内容。

2. 目录

按概（预）算表的内容顺序或表号顺序编排。

3. 编制说明

（1）编制范围。设计范围及工程概况：建设项目名称，起讫里程，全长（如正、站线公里或桥、隧长），总建筑体积（如总圬工数量、总土石方数量），总建筑面积，主要结构（如桥跨结构）地貌特征，主要工程数量等。

（2）主要编制依据。建设项目设计资料的依据及有关文号：如建设项目可行性研究报告文号、初步设计和概算批准文号（编制、修正概算及预算时），以及根据何时的测设资料及比选方案进行编制的等。

① 施工组织设计。施工期限，主要施工方法和所用机械设备，临时工程的设置，施工场地布置等。

② 施工调查资料。当地资源可利用情况、交通情况，主要材料价格、来源、运输及供应方法的安排，地质、气候、水文条件等。

③ 与概（预）算有关的委托书、协议书、会谈纪要的主要内容（或将抄件附后）。

（3）采用的定额、费用标准，人工、材料、机具台班单价的依据和来源，补充定额及编制依据的详细说明。

（4）总造价、指标，以及工、料、机等差价说明，各设计方案的经济比较，编制中存在的问题。

（5）其他与概（预）算有关但不能在表格资料中反映的事项。

4. 概（预）算表格

铁路工程概（预）算应按统一的概（预）算表格计算。概算表格与预算表格的式样相同，只是表头字样有别。

设计概（预）算应按统一表格编制，表格样式详见编制办法。使用时不得对表格样式及表格内序号排列顺序进行修改，主要有以下表格。

（1）总概（预）算汇总表。

（2）总概（预）算（汇总）对照表。

（3）总概（预）算表。

（4）综合概（预）算（汇总）表。

（5）综合概（预）算（汇总）对照表。

（6）单项概（预）算表。

（7）补充单价分析汇总表。

（8）补充单价分析表。

（9）补充材料单价表。

（10）主要材料预算价格表。

（11）补充设备单价表。

（12）设备单价汇总表。

（13）外资总概（预）算表。

（14）内外资总概（预）算对照表。

（15）外资综合概（预）算表。

（16）外资采购设备单项概（预）算表。

（17）外资采购材料单项概（预）算表。

（18）外资采购设备数量清单。

（19）外资采购材料数量清单。

（20）技术经济指标统计表。

5. 附件

（1）有关计算资料。如电价分析资料；特殊条件和地区施工增加费计算资料；冬、雨季施工增加费计算资料等。

（2）有关协议、纪要、公文及合同等。

（3）其他与概（预）算有关但不能在表格中反映的事项。

10.3 概（预）算的编制层次与范围

10.3.1 编制层次

建设项目设计概（预）算按单项概（预）算、综合概（预）算、总概（预）算三个层次编制。

10.3.2 编制范围及单元

1. 总概（预）算的编制范围

总概（预）算是用以反映整个建设项目投资规模和投资构成的文件，一般应按整个建设项目的范围进行编制。若遇到以下情况，应分别编制总概（预）算，并汇编该建设项目的汇总总概（预）算。

（1）两端引入工程，与项目有关的联络线、疏解线等可根据需要单独编制总概（预）算。

（2）铁路枢纽、编组站、物流中心、动车段、动车运用所、综合物业开发相关内容应单独编制总概（预）算。

（3）采用工程所在地区统一定额的旅客站房及站房综合楼应单独编制总概（预）算。

（4）跨越省（自治区、直辖市）或铁路局（公司）者，除应按各自所辖范围编制总概（预）算外，尚需以铁路枢纽为界，分别编制总概（预）算。

（5）分期建设的项目，应按分期建设的工程范围，分别编制总概（预）算。

（6）一个建设项目，如由两个及以上设计单位共同设计，则各设计单位按各自承担的设计范围编制总概（预）算。该建设项目的汇总总概（预）算应由总体设计单位负责汇编。

如有其他特殊情况，可结合项目需要划分总概（预）算的编制范围。施工图总预算编制单元原则上应与初步设计总概（预）算编制单元一致。

2. 综合概（预）算的编制范围

综合概（预）算是具体反映一个总概（预）算范围内的工程投资总额及其构成的文件，其编制范围应与相应的总概（预）算一致。

3. 单项概（预）算的编制内容及单元

单项概（预）算是编制综合概（预）算、总概（预）算的基础，是详细反映各工程类别和重大、特殊工点概（预）算费用的主要文件。

建筑安装工程单项概（预）算的编制内容包括人工费、材料费、施工机具使用费、价外运杂费、价差、填料费、施工措施费、特殊施工增加费、间接费和税金。设备单项概（预）算的编制内容包括设备费、设备运杂费和税金。

编制单元应按总概（预）算的编制范围划分，结合综合概（预）算章节表的要求，分工程类别编制。其中技术复杂的特大、大、中桥（指最大基础水深在 10 m 以上的桥梁或有 100 m 以上大跨度梁的桥梁或有正交异性板钢梁等特殊结构的桥梁）及高桥（最大墩高 50 m 及以上），4 000 m 以上或有辅助坑道的单、双线隧道，多线隧道及 I 级风险隧道，机车库、县级及以上旅客站房（含站房综合楼）等大型房屋，以及投资较大、工程复杂的新技术工点等，应按工点分别编制单项概（预）算。

10.3.3 编制原则

（1）编制办法。为统一基本建设项目设计概（预）算编制方法、费用组成及计费标准，国家制定并发布了《铁路基本建设工程设计概（预）算编制办法》（国铁科法〔2017〕30 号）（以下简称《编制办法》30 号文），其适用于铁路基本建设工程大中型项目。

（2）编制总概算原则。

① 应全面了解工程所在地的建设条件，掌握各项基础资料。

② 正确引用规定的定额、取费标准、工资单价和材料设备价格。

③ 按《编制办法》30 号文的各项规定进行编制。

④ 总概算能完整、准确地反映设计内容。

⑤ 以批准的初步设计进行施工招标的工程，其标底应在批准的总概算范围内。

⑥ 设计概算应控制在已批准的建设项目可行性研究报告投资估算允许的幅度（不大于

10%）范围内。

（3）编制总预算（施工图预算）原则。

① 根据施工图设计的工程量和施工方法编制。

② 按照规定的定额、取费标准、工资单价、材料设备预算价格编制。

③ 按照《编制办法》30 号文的规定，在开工前编制并报请批准。

④ 以施工图设计进行施工招标的工程，施工图预算经审定后，是编制工程标底的依据。

⑤ 总预算的编制必须正确，以使其成为考核施工图设计经济合理性的依据。

⑥ 施工图设计应控制在批准的初步设计及其概算范围内。如单位工程预算突破相应概算时，应分析原因，对施工图中不合理部分进行修改，对其合理部分应在总概算投资范围内调整解决。

（4）必须严格执行党和国家的方针、政策和有关制度，符合工程设计、施工技术规范。

（5）概（预）算文件应达到的质量要求是：符合规定，结合实际，经济合理，提交及时，不重不漏，计算正确，字迹打印清晰，装订整齐完善。

（6）设计单位应加强基本建设经济管理工作，配备和充实工程经济专业人员，切实做好概、预算的编制工作。

（7）工程经济专业人员应具备本专业的业务能力，掌握设计、施工情况，做好设计方面的经济比较，使技术工作和经济工作结合起来，全面、有效地提高设计质量。

（8）概（预）算编制工作要符合市场经济的规律和特点，要切实反映实际，投资要给足、不留缺口。估算要“包住”概算，概算要“包住”预算，预算要“包住”决算。

10.3.4 编制依据

（1）批准的建设项目的任务书和主管部门的有关规定及设计项目一览表。

（2）施工设计文件包括设计说明书、设计图表、工程数量或审查意见，设计过程中有关各方签订的涉及费用的协议、纪要。

（3）基本建设概（预）算编制办法。

（4）各种定额，包括消耗定额和费用定额。

（5）施工组织设计。

（6）施工调查资料包括地质，水文，气象，资源，津贴标准，政策性收费标准，土地征、租用及道路改移协议，设置交通道路的各种协议，既有线运行情况等。

（7）有关设计规划、施工技术规划、工程质量验收标准、安全操作规程。

（8）工程施工方案。

（9）有关合同、协议等。

（10）其他有关资料。

10.3.5 编制深度及要求

设计概（预）算的编制深度应与设计阶段及设计文件组成内容的深度、细度一致。

1. 单项概（预）算

根据不同设计阶段，各类工程的单项概（预）算编制深度见表 10-2。

表 10-2 单项概（预）算编制深度

序号	工程类别设计阶段	初步设计	施工图设计
1	路基土石方	根据工程数量，采用预算定额编制	根据土石方调配数量，采用预算定额编制
2	路基附属工程	根据工程数量，采用预算定额编制	根据工程数量，采用预算定额编制
3	桥涵	根据工程数量，采用预算定额编制	根据工程数量，采用预算定额编制
4	隧道及明洞	根据工程数量，采用预算定额编制	根据工程数量，采用预算定额编制
5	轨道	根据工程数量，采用预算定额编制	根据工程数量，采用预算定额编制
6	房屋	根据工程数量，采用概算定额或预算定额编制	根据工程数量，采用预算定额编制
7	通信、信号、信息、灾害监测、电力、电力牵引供电	根据设计标准和数量，采用概算定额或预算定额编制	根据设计标准和数量，采用预算定额编制
8	给排水、机务、车辆、动车、工务、站场、其他建筑及设备等	根据设计规模、结构类型、设备能力及工程数量，采用概算定额或预算定额编制	根据设计规模、结构类型、设备能力及工程数量，采用预算定额编制
9	其他工程	按详细工程项目及施工组织设计确定的规模与数量采用概算定额或预算定额编制	按详细工程项目及施工组织设计确定的规模与数量采用预算定额编制

2. 综合概（预）算

根据单项概（预）算，按“综合概（预）算章节表”的顺序进行汇编，没有费用的章，其章号及名称应保留，各节中的细目结合具体情况可以增减调整。一个建设项目有多个综合概（预）算时，应汇编综合概（预）算汇总表。

3. 总概（预）算

根据综合概（预）算，分章汇编。没有费用的章，在输出总概（预）算表时其章号及名称一律保留。一个建设项目有几个总概（预）算时，应汇编总概（预）算汇总表。

10.3.6 额定的采用

（1）根据不同设计阶段各工程类别的编制深度要求，采用相应的定额体系编制。

（2）旅客站房及站房综合楼的房屋工程等可采用工程所在地的地区统一定额编制，其工料机单价及单项概（预）算中的各项费用定额应配套采用。

（3）对于现行定额未涵盖或不适用而建设项目急需的工程，应根据该工程施工工艺要求等编制补充单价分析。

10.4 工程概（预）算费用分类与组成

10.4.1 章节划分

铁路基本建设工程的概（预）算费用，按不同工程和费用类别划分为四部分，共 16 章 36 节，编制设计概（预）算应采用统一的章节表，如表 10-3 所示。

表 10-3 章节表

第一部分 静态投资	
第一章 拆迁及征地费用	0101 第 1 节 拆迁及征地费用
第二章 路基	0202 第 2 节 区间路基土石方 0203 第 3 节 站场土石方 0204 第 4 节 路基附属工程
第三章 桥涵	0305 第 5 节 特大桥 0306 第 6 节 大桥 0307 第 7 节 中桥 0308 第 8 节 小桥 0309 第 9 节 涵洞
第四章 隧道及明洞	0410 第 10 节 隧道 0411 第 11 节 明洞
第五章 轨道	0512 第 12 节 正线 0513 第 13 节 站线 0514 第 14 节 线路有关工程
第六章 通信、信号、信息及灾害监测	0615 第 15 节 通信 0616 第 16 节 信号 0617 第 17 节 信息 0618 第 18 节 灾害监测
第七章 电力及电力牵引供电	0719 第 19 节 电力 0720 第 20 节 电力牵引供电
第八章 房屋	0821 第 21 节 旅客站房 0822 第 22 节 其他房屋
第九章 其他运营生产设备及建筑物	0923 第 23 节 给排水 0924 第 24 节 机务 0925 第 25 节 车辆 0926 第 26 节 动车 0927 第 27 节 站场 0928 第 28 节 工务 0929 第 29 节 其他建筑及设备
第十章 大型临时设施和过渡工程 第十一章 其他费用 第十二章 基本预备费	1030 第 30 节 大型临时设施和过渡工程 1131 第 31 节 其他费用 1232 第 32 节 基本预备费
第二部分 动态投资	
第十三章 价差预备费 第十四章 建设期投资贷款利息	1333 第 33 节 价差预备费 1434 第 34 节 建设期投资贷款利息
第三部分 机车车辆（动车组）购置	
第十五章 机车车辆购置费	1535 第 35 节 机车车辆（动车组）购置费
第四部分 铺底流动资金	
第十六章 铺底流动资金	1636 第 36 节 铺底流动资金

10.4.2 静态投资费用种类

1. 建筑工程费（费用代号：Ⅰ）

建筑工程费指路基、桥涵、隧道及明洞、轨道、通信、信号、信息、灾害监测、电力、电力牵引供电、房屋、给排水、机务、车辆、动车、站场、工务、其他建筑工程等和属于建筑工程范围内的管线敷设、设备基础、工作台等，以及拆迁工程、大型临时设施和过渡工程中应属于建筑工程费内容的费用。

2. 安装工程费（费用代号：Ⅱ）

安装工程费指各种需要安装的机电设备的装配、装置工程，与设备相连的工作台、梯子等的装设工程，附属于被安装设备的管线敷设，以及被安装设备的绝缘、刷油、保温和调试等所需的费用。

3. 设备购置费（费用代号：Ⅲ）

设备购置费指一切需要安装与不需要安装的生产、动力、弱电、起重、运输等设备（包括备品备件）的购置费，以及构成固定资产的工器具（包括备品备件）、专用工具（包括备品备件）等购置费。

4. 设备购置费（费用代号：Ⅳ）

其他费指土地征（租）用及拆迁补偿费、项目建设管理费、建设单位印花税及其他税费、建设项目前期费、施工监理费、勘察设计费、设计文件审查费、其他咨询服务费、营业线施工配合费、安全生产费、研究试验费、联调联试等有关费用、利用外资有关费用、生产准备费、其他等。

5. 基本预备费

基本预备费为应对建设阶段各种不可预见因素的发生而预留的可能增加的费用。

10.4.3 概（预）算费用组成

铁路工程概（预）算费用组成如图 10-2 所示。

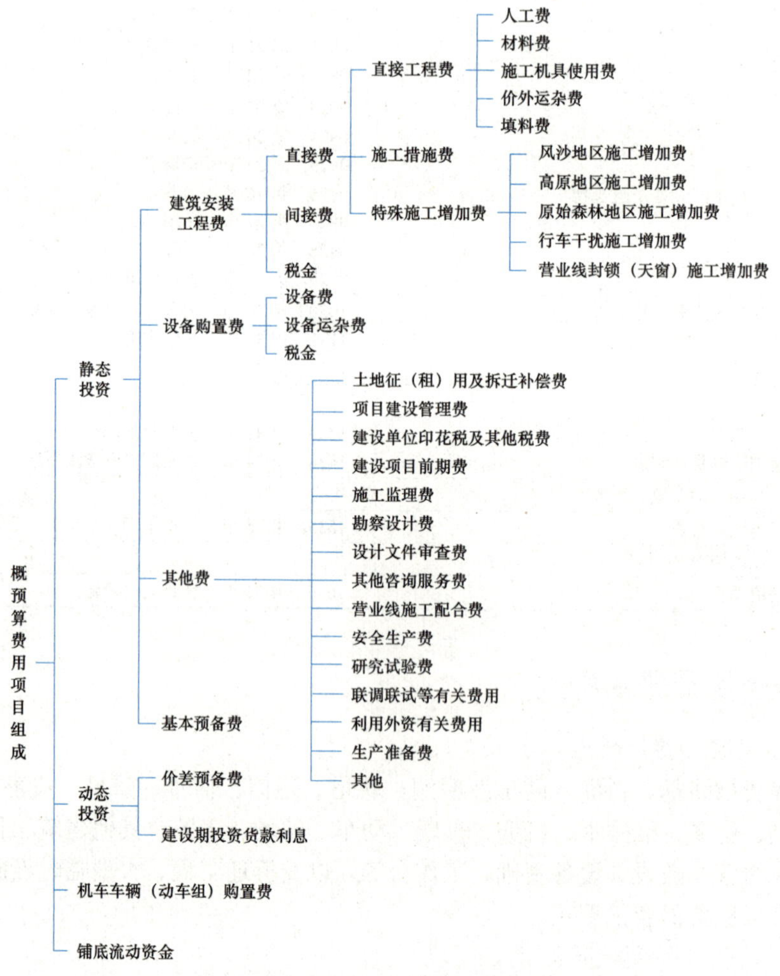

图 10-2 铁路工程概（预）算费用组成

思 考 题

1. 简述我国工程投资额的测算体系。
2. 简述总概算、总预算及施工预算的区别与联系。
3. 简述概（预）算文件的组成。
4. 简述铁路工程概（预）算的编制层次、编制范围及编制深度。
5. 简述铁路工程概（预）算的编制过程中定额的采用要求。
6. 简述铁路工程概（预）算费用组成。
7. 什么是建筑工程费？什么是安装工程费？二者的主要区别是什么？

11 概（预）算费用计算方法

概（预）算费用计算内容主要包括：建筑安装工程费、设备购置费、其他部分静态投资费、基本预备费、动态投资及其他。

11.1 建筑安装工程费

建筑安装工程费包括直接费、间接费和其他三个部分。

11.1.1 直接费

1. 直接工程费

1）人工费

（1）概念。人工费指列入概（预）算定额的直接从事建筑安装工程施工的生产工人（包括现场内水平、垂直运输等辅助工人）和附属辅助生产单位的工人开支的各项费用，但不包括以下部分。

① 材料采购及保管人员工资。

② 材料到达工地以前的搬运、装卸工人等人员的工资。

③ 驾驶施工机械、运输工具的工人的工资。

④ 由管理费支付工资人员的工资。

（2）费用组成。

① 基本工资。

② 津贴和补贴，指按规定标准发放的流动施工津贴、施工津贴、隧道津贴、副食品价格补贴，煤燃气补贴，交通费补贴，住房补贴及特殊地区津贴、补贴。

③ 生产工人辅助工资，指生产工人年有效施工天数以外非作业天数的工资，包括开会和执行必要的社会义务时间的工资，职工学习、培训，调动工作、探亲、休假期间的工资，因气候影响停工期间的工资，女工哺乳时间的工资，病假在六个月以内的工资，以及产、婚、丧假期的工资。

④ 职工福利费，指按国家规定标准计提的职工福利基金和医药费基金。

⑤ 生产工人劳动保护费，指按国家有关部门规定标准发放的劳动保护用品的购置费及修理费，工作服装补贴，防暑降温费，在有碍身体健康环境中施工的保健费用。

（3）综合工费标准。

铁路工程综合工费标准见表 11-1，编制期综合工费单价按有关部门颁布的调整文件执行。

表 11-1 铁路工程综合工费标准

综合工费类别	工 程 类 别	基期综合工费单价（元/工日）
Ⅰ类工	路基（不含路基基床表层及过渡段的级配碎石、砂砾石），涵洞，一般生产房屋和附属、给排水，站场（不包括旅客地道、天桥、雨棚）等的建筑工程，取弃土（石）场处理，临时工程	66
Ⅱ类工	路基基床表层及过渡段的级配碎石、砂砾石	68
Ⅲ类工	桥梁（不含箱梁的预制、运输、架设、现浇、桥面系），通信、信号、信息、灾害监测、电力、电力牵引供电、机务、车辆、动车、工务、其他建筑及设备等的建筑工程	70
Ⅳ类工	设备安装工程（不含通信、信号、信息、灾害监测、电力、电力牵引供电的设备安装工程）	71
Ⅴ类工	箱梁（预制、运输、架设、现浇）、钢梁，钢管拱架设、桥面系、粒料道床、站房（含站房综合楼）、旅客地道、天桥、雨棚	73
Ⅵ类工	轨道（不含粒料道床），通信、信号、信息、灾害监测、电力、电力牵引供电的设备安装工程	77
Ⅶ类工	隧道	82

注：① 表中的综合工费单价为基期综合工费标准，不包含特殊地区津贴、补贴，特殊地区津贴、补贴按国务院及有关部门和省（自治区、直辖市）的规定计算，按人工费价差计列，海拔 3 000 m 及以上高原地区工资补贴以基本工资为计算基数，按表 11-2 列出的补贴比例计算。基本工资按综合工费单价的 40%计算。计列高原地区工资补贴后，不再计列该地区生活费补贴和艰苦边远地区津贴。

② 掘进机、盾构机施工的隧道综合工费单价结合其实际情况另行分析确定。

③ 过渡工程执行同类正式工程综合工费单价。

④ 表中工程类别外的其他工程。

表 11-2 铁路工程综合工费标准

海拔/m	工资补贴比例/%
3 000～3 500	70
>3 500～4 000	100
>4 000～4 500	140
>4 500	165

综合工费标准仅作为编制概（预）算的依据，不作为施工企业实发工资的依据。

（4）人工费计算。

$$\begin{aligned}人工费 &= \sum(工程数量 \times 工日定额 \times 综合工费标准) \\ &= \sum(定额人工消耗量 \times 综合工费标准)\end{aligned}$$

其中：工程数量指编制对象的按工程量计算规则计算的单项、单位工程或分部分项工程的工程数量；工日定额指完成相应工程在相关定额中规定所需的人工工日；综合工费标准则由表 11-1 得出。

编制期人工费与基期人工费差额按人工费价差计列。

2）材料费

（1）概念。材料费指按施工过程中耗用的构成工程实体的原材料、辅助材料、构配件、零件和半成品、成品的费用，以及不构成工程实体的一次性材料消耗费用和周转材料摊销费用等。

按国家关于直接费划分的规定，材料预算价格包括材料原价及材料从发货点至用料点的运杂费，称价内运架费（包括材料供销部门的手续费及包装费、全过程运费及采购保管费）。全国各行业基建主管部门基本上是根据国家这一规定，也就是说地方建筑概（预）算材料费除材料本身的出厂价、进料运杂费外，还包括所有的运输费用，而铁路工程由于线长点多，分布区域广，大部分工程地处荒僻地区，交通不便，材料来源广，品种杂，运输方法多，建设周期长，材料的运杂费占直接费比重比较大，很难统一将运杂费纳入料价中。因此，长期以来铁路工程的材料费和运杂费是分别列项的。

随着市场经济的逐步深化，招标投标制度的不断完善，过去那种以工程局或相关机构集中设置材料厂的管理模式已经逐渐被淘汰，许多材料已经直接送至工地料库。因此，目前的编制办法已对铁路工程材料费的内容做了较大调整，其包括大部分材料的运杂费，而单列的价外运杂费概念仅指少数材料的运杂费了。

（2）建筑材料的分类。

① 按材料列算范围分类。

a）工程本身材料，指直接用于工程上，并构成建筑或结构本体的材料，可按定额计算用量，如水泥、砂、石等。

b）辅助材料，指在施工中必需的，但不构成建筑物或结构本体的材料。如路基石方、隧道石方开挖所需的炸药、引线、雷管等一次性消耗材料，可按定额计算其用量。

c）周转性材料，指在施工过程中，为完成建筑物或结构本体而周转使用的材料，并不构成建筑物或结构本体，按倒用次数摊于定额计算。

d）零星材料，由于定额中只列主要材料数量，至于零星材料均未详列，故综合为其他材料费，以“元”表示。

② 按供应渠道分类。

a）外来供应材料，指由材料供应部门供应的材料。按不同供应方式其又分为厂发料和直发料两种。

（a）厂发料：铁路工程中由施工组织设计所拟定的材料厂、供料基地或既有线卸料地点前方办理货运业务的营业站发运的材料，这是过去铁路工程材料的主要供应方式，但现在该方式使用情况在逐步减少。

（b）直发料：由用料单位直接从料源地组织运回的材料。

b）当地自备材料，指不属材料供应部门供应范围而由施工部门自行组织采购、开采或制作的材料、构配件等。一般有以下几种情况。

（a）向其他企业采购的砖、瓦、石灰、砂、石等地方材料。

（b）由施工部门自行开采的砂、石或设厂预制的钢筋混凝土成品（包括半成品）等。

（3）材料预算价格的组成。

铁路工程材料预算价格由材料原价、价内运杂费、采购及保管费组成。

预算价格=（材料原价+价内运杂费）×（1+采购及保管费率）

① 材料原价，指材料的出厂价或指定交货地点的价格，对同一种材料，因产地、供应

渠道不同而出现几种原价时，其综合原价可按其供应量的比例加权平均确定。

② 价内运杂费，指材料自料源地（生产厂或指定交货地点）运至工地所发生的有关费用，包括运输费、装卸费及其他有关运输的费用等。

③ 采购及保管费，指材料在采购、供应和保管过程中所需要的各种费用，包括采购费、仓储费、工地保管费、运输损耗费、仓储损耗费，以及办理托运所发生的费用（如按规定由托运单位负担的包装、捆扎、支垫等的料具损耗费，转向架租用费和托运签条）等。采购及保管费率见表 11-3。

表 11-3 采购及保管费率

序号	材料名称	费率/%	其中运输损耗费率/%
1	水泥	3.78	1.00
2	碎石（包括道砟及中、小卵石）	3.45	1.00
3	砂	4.47	2.00
4	砖、瓦、石灰	4.98	2.50
5	钢轨、道岔、轨枕、钢梁、钢管拱、斜拉索、钢筋混凝土梁、铁路桥梁支座、电杆、铁塔、钢筋混凝土预制桩、接触网支柱、机柱	1.10	—
6	其他材料	2.65	—

（4）铁路工程材料预算价格的确定。

按照材料预算价格的组成及材料供应方式的划分，各项工程材料预算价格随各建设项目所在地区、修建年代的不同而不同。为统一概算编制工作，编制设计概算时一般采用统一发布的《铁路工程材料基期价格》（TZJ 3003—2017）作为基期材料价格。确定材料预算价格是计算材料费的关键，也是分析概（预）算单价的依据。正确确定材料预算价格，是为了正确合理地确定工程造价，材料预算价格是根据价格的组织及材料供应方式的不同，按下述方式分别确定。

① 水泥、木材、钢材、砖、瓦、砂、石、石灰、粉煤灰、风沙路基防护用稻草（芦苇）、黏土、花草苗木、土工材料、钢轨、道岔、轨枕扣件（混凝土枕用）、钢梁、钢管拱、斜拉索、桥梁高强螺栓、钢筋混凝土梁、铁路桥梁支座、桥梁防水卷材、桥梁防水涂料、钢筋混凝土预制桩、隧道防水板、火工品、电杆、铁塔、机柱、接触网支柱、接触网及电力线材、光电缆线、给水排水管材、钢制防护栅栏等主要材料的基期价格采用现行的《铁路工程材料基期价格》（TZJ 3003—2017），编制期价格采用未含可抵扣进项税额的价格，由设计单位实地调查分析确定。若调查价格中，未含采购及保管费，要计算其不含可抵扣进项税额的调查价格计取的采购及保管费，若调查价格为指定交货地点（非工地）的价格，还需要在单项概（预）算中单独计算由指定交货地点运至工地所发生的价外运杂费。

② 设计单位自行补充材料的预算价格比照主要材料预算价格的确定方法确定。

③ 施工机械用燃油料的预算价格为包含该材料全部运杂费，以及采购和保管费的价格。基期价格按《铁路工程材料基期价格》（TZJ 3003—2017）执行，编制期价格采用不含可抵扣进项税额的价格，由设计单位调查分析确定。编制期价格与基期价格的差额按价差计列，计入施工机具使用费价差中。

④ 除上述材料以外的其他材料（辅助材料）的预算价格为包含该材料全部运杂费，以及采购及保管费的价格，基期价格采用现行的《铁路工程材料基期价格》（TZJ 3003—2017），其编制期与基期的价差按有关部门颁布的辅助材料价差系数调整。

（5）铁路工程材料基期价格。

《铁路工程材料基期价格》（TZJ 3003—2017）已将基期价格调整到 2014 年度水平，按营改增要求，不含材料单价的进项税。

铁路工程材料基于基期价格构成可分为 A、B、C 三类。为概（预）算编制期价差调整和运杂费计算提供了更加清晰的界面。

A 类包括当地料、花草苗木及直发料；B 类外来料包括三大材（钢材、木材、水泥）和除火工品（爆破材料）及汽柴油外其他允许按编制期价格调整的材料；C 类包括火工品，汽油、柴油和所有不允许按编制期价格实调（按系数调整）的材料。

计算运杂费时，三类材料的起运点不同：A 类材料一般从生产厂家起算；B 类材料从指定交货地点起算，指定交货地点根据建设项目所在地情况和施工组织设计确定的材料供应计划，可能是能办理货运业务的车站、水运码头等；C 类材料由于其特性及来源的复杂性，价格中已含至工地的运杂费，不再另计运杂费。

计算公式如下。

① A 类材料基期价格由材料原价、采购及保管费组成，基期价格=材料原价×（1+采购及保管费率）。

② B 类材料基期价格由综合出厂价、采购及保管费组成，基期价格=综合出厂价×（1+采购及保管费率）。

③ C 类材料基期价格由材料原价、价内运杂费、采购及保管费组成，基期价格=（材料原价+价内运杂费）×（1+采购及保管费率）。

（6）材料费的计算。

$$材料费=\sum(某种材料数量\times相应的材料预算价格)$$

式中，某种材料数量=使用此种材料的工程数量×相应的材料消耗定额。

在确定材料数量时，应注意概（预）算定额中工程数量及材料用量的有关说明。

3）施工机具使用费

（1）概念。施工机具使用费指施工作业所发生的施工机械、仪器仪表的使用费或其租赁费，简称机具费。

《铁路工程施工机具台班费用定额》（TZJ 3004—2017）将施工机具使用费预算价格调整到 2014 年度水平，按营改增要求扣除进项税。修改了施工机械及施工仪器仪表单价组成中的部分项目名称。将施工机械台班单价中“大修理费”修改为“检修费”，“经常修理费”修改为“维护费”；将施工仪器仪表台班单价中“维修费”修改为“维护费”；取消了“一班制”“二班制”“三班制”的概念；机械安装拆卸费按三种情况标识：① 无需计列；② 已计入台班单价（有数值）；③ 需按安装拆卸（安拆）定额另行计列。

（2）施工机械台班费用的组成。

施工机械台班费用由折旧费、检修费、维护费、安装拆卸费、人工费、燃料动力费、其他费组成。其中前 4 项为不变费用，其余为可变费用。

① 不变费用（又称第一类费用或固定费用）。不变费用是指不因施工机械的归属单位、

施工地点和条件不同而变化的费用，其包括以下四项费用。

a）折旧费：机械在规定的使用期限（耐用总台班）内，陆续收回其预算价格的费用。

b）检修费：施工机械在规定的耐用总台班内，按规定的检修间隔台班进行必要的检修，以恢复其正常功能所需的费用。

c）维护费：施工机械在规定的耐用总台班内，按规定的维护间隔进行各级维护和临时替换设备与随机配备工具附具的摊销费用、机械运转及日常维护所需润滑与擦拭材料费用及机械停滞期间的维护费用等。

d）安装拆卸费：施工机械在现场进行安装与拆卸所需的人工、材料、机械和试运转费用，以及辅助设施的折旧、搭设、拆除等费用。

② 可变费用（又称二类费用）。可变费用指机械工作过程中直接发生的费用，随工作地区的不同和物价的浮动而变化。其包括以下三项内容。

a）人工费：机上司机（司炉）和相关操作人员的人工费。

b）燃料动力费：施工机械在作业中所耗用的燃料及水、电等费用。

c）其他费：施工机械按照国家规定应缴纳的车船税、保险费及检测费等。

（3）施工仪器仪表台班费用的组成。

施工仪器仪表台班费用由折旧费、维护费、校验费、动力费组成。

① 折旧费：施工仪器仪表在规定的耐用总台班内，陆续收回其预算价格的费用。

② 维护费：施工仪器仪表各级维护、临时故障排除所需的费用及为保证仪器仪表正常使用所需的备件（备品）的维护费用。

③ 校验费：施工仪器仪表按规定进行标定与检验的费用。

④ 动力费：施工仪器仪表在使用过程中所耗用的电费。

（4）施工机械台班单价及施工仪器仪表台班单价的确定。

编制设计概（预）算以《铁路工程施工机具台班费用定额》（TZJ 3004—2017）作为计算施工机械台班单价及施工仪器仪表台班单价的依据，对《铁路工程施工机具台班费用定额》（TZJ 3004—2017）中没有的施工机具，应补充编制相应台班费用定额，作为计算施工机具台班单价的依据。

以《铁路工程材料基期价格》（TZJ 3003—2017）中的油燃料价格及《铁路工程施工机具台班费用定额》（TZJ 3004—2017）的基期综合工费单价、基期水电单价等计算出的台班单价作为基期施工机械台班单价及施工仪器仪表台班单价；以编制期的折旧费、综合工费单价、油燃料价格、水电单价等计算出的台班单价作为编制期施工机械台班单价及编制期施工仪器仪表台班单价。编制期的折旧费以基期折旧费为基数乘表 11-4 的系数计算。

表 11-4 施工机具折旧费调差系数表

施工组织设计的建设项目开工日期	施工机具折旧费调差系数
2017 年 5 月 1 日—2018 年 4 月 30 日	1.111
2018 年 5 月 1 日—2019 年 4 月 30 日	1.094
2019 年 5 月 1 日—2020 年 4 月 30 日	1.077
2020 年 5 月 1 日—2021 年 4 月 30 日	1.060
2021 年 5 月 1 日—2022 年 4 月 30 日	1.043

续表

施工组织设计的建设项目开工日期	施工机具折旧费调差系数
2022 年 5 月 1 日—2023 年 4 月 30 日	1.026
2023 年 5 月 1 日—2024 年 4 月 30 日	1.013
2024 年 5 月 1 日—2025 年 4 月 30 日	1.004
2025 年 5 月 1 日以后	1.000

（5）工程用水、电单价。

① 工程用水单价。工程用水基期单价为 0.35 元/t。该单价仅为扬程 20 m 及以下的抽水费用。一般地区编制期工程用水单价就在基期单价基础上另加按国家或工程所在地区的省（自治区、直辖市）政府有关规定计取的水资源费。

特殊缺水地区（指区域地表水及地下水资源匮乏的地区）或取水困难的工程（指区域浅层地下水缺乏且地表水水源远离线路的工程），可按施工组织设计确定的供水方案；分析不含可抵扣进项税额编制期工程用水单价，并计列相关大型临时工程（如给水管路，深水井等）等费用，必须使用自来水的，应按当地规定的自来水价格分析不含可抵扣进项税额的编制期工程用水单价。

② 工程用电单价。工程用电基期单价为 0.47 元/（kW · h）。编制期单价分析方法如下。

a）采用地方电源的电价算式：

$$Y_{地} = Y_{基}(1+c) + f_1$$

式中：$Y_{地}$——采用地方电源的电价，元/（kW · h）；

$Y_{基}$——不含可抵扣进项税额的地方县级及以上供电部门基本电价，元/（kW · h）；

c——变配电设备和配电线路的损耗率，7%；

f_1——变配电设备的修理、安装、拆除、设备和线路的运行维修的摊销费等，0.03 元/（kW · h）。

b）采用内燃发电机临时集中发电的电价算式：

$$Y_{集} = \frac{Y_1 + Y_2 + Y_3 + \cdots + Y_n}{W(1-R-c)} + S + f_1$$

式中：$Y_{集}$——临时内燃集中发电站的电价，元/（kW · h）；

$Y_1, Y_2, Y_3, \cdots, Y_n$——各型发电机的台班费，元；

R——发电机的用电率，5%；

S——发动机的冷却水费，0.02 元/（kW · h）；

W——各型发电机的总发电量，kW · h，其值为 $W=(N_1+N_2+N_3+\cdots+N_n)\times 8\times B\times M$。其中 N_1，N_2，N_3，…，N_n，为各型发电机的额定能力（kW）；B 为台班小时的利用系数，0.8；M 为发电机的出力系数，0.8。

其余符号同前式。

c）采用分散发电的电价算式：

$$Y_{分} = \frac{Y_1 + Y_2 + Y_3 + \cdots + Y_n}{(W_1 + W_2 + W_3 + \cdots + W_n)(1-c)} + S + f_1$$

式中：$Y_{分}$——分散发电的电价，元/（kW·h）；

$Y_1,Y_2,Y_3,\cdots,Y_n$——各型发电机的台班费，元；

$W_1,W_2,W_3,\cdots,W_n$——各型发电机的台班产量，kW·h，其值为 $W_i=8\times B_i\times M\times N_i$。其中 B_i 为某种型号发电机台班小时的利用系数，由设计确定，N_i 为各型发电机的额定能力（kW），由设计确定。

其余符号同前算式。

（6）施工机具使用费的计算。

① 计算各种机具台班消耗量。

施工机具台班消耗量=使用该种机械的工程数量×该种机械的台班定额

② 按规定分析机具台班单价。

③ 计算施工机具使用费。

施工机具使用费=施工机械使用费+施工仪器仪表使用费

施工机械使用费=$\sum$（定额施工机械台班消耗量×施工机械台班单价）

施工仪器仪表使用费=$\sum$（定额施工仪器仪表台班消耗量×施工仪器仪表台班单价）

编制期施工机具使用费与基期施工机具使用费差额按施工机具使用费差价计列。

【例 11-1】某路基填筑土方工程，需用自行式振动压路机（≤8 t）碾压路基，已知当地人工费单价为 120 元/工日，柴油单价为 6.80 元/kg，试求该机械的基期台班单价和编制期台班单价。

【解】自行式振动压路机属于土石方机械，查《铁路工程施工机具台班费用定额》（TZJ 3004—2017），得知该机械的电算代号为 9100314。该机械基期台班单价为 430.66 元，并查得折旧费为 42.73 元，检修费为 16.03 元，维护费为 53.06 元，人工工日为 1 工日，工费为 70 元，柴油用量 47.58 kg，单价为 5.23 元/kg。由此可得：

不变费用=42.73+16.03+53.06=111.82（元）

可变费用=1×120+47.58×6.80=443.544（元）

故知：

编制期台班单价=不变费+可变费=111.82+443.544=555.364（元）

【例 11-2】某桥梁工程基础采用水上冲击式钻孔桩施工，试计算浇筑 462 m³ 混凝土所需的施工机具使用费（假设基价水平为 2014 年度水平）。

【解】① 查《铁路工程预算定额（第二册 桥涵工程）（TZJ 2002—2017）。

② 计算施工 462 m³ 混凝土桩基础所用的机械台班数。

内燃拖轮≤230 kW-150 t　　0.060×46.2=2.722（台班）

运输驳船≤300 t　　0.120×46.2=5.544（台班）

混凝土泵≤80 m³/h　　0.09×46.2=4.158（台班）

工程驳船≤400 t　　0.120×46.2=5.544（台班）

其他机具使用费　　9.639×46.2=445.322（元）

③ 分析机械台班单价。

因基价水平为 2014 年度水平，因此可直接查《铁路工程施工机具台班费用定额》（TZJ 3004—2017），上述各类型的机械台班单价为：

内燃拖轮≤230 kW−150 t　　1 777.57 元

运输驳船≤300 t　　465.92 元

混凝土泵≤80 m³/h　　931.75 元

工程驳船≤400 t　　444.86 元

④ 计算施工机具使用费。

2.722×1 777.57+5.544×465.95+4.158×931.75+5.544×444.86+445.322=14 207.615（元）

4）价外运杂费

按直接费划分的规定，运杂费应计入材料费中，但铁路工程由于线长点多，分布区域广，大多数工程地处荒僻地区，交通不便，材料来源广，品种杂，运输方法多，建设周期长，材料的运杂费占直接费比重比较大，很难统一将运杂费纳入料价中。因此，铁路工程的部分材料费的运杂费是分别列项的，其中材料单以内的运杂费称为价内运杂费或业务费提成，材料单以外的运杂费称为价外运杂费。

（1）概念。价外运杂费指根据设计需要，在编制单项概（预）算时，需在材料费之外单独计列的材料运杂费，包括材料自指定交货地点运至工地所发生的运输费、装卸费、其他有关运输的费用，以及为简化概（预）算编制，以该运输费、装卸费、其他有关运输费用之和为基数计算的采购及保管费。

价外运杂费=$\sum$［（运输费+装卸费+其他有关运输的费用）×（1+采购及保管费率）］

运输费、装卸费、其他有关运输的费用根据施工组织设计的材料供应方案计算，运输单价、装卸单价、其他有关运输费用的确定及采购保管费率按《费用定额》30 号文执行。

（2）价外运杂费的内容。

① 运输费：各种运输工具运送各种材料物品所发生的运费。

② 装卸费：运输过程中装车和卸车的费用。材料运到工地料库或堆料地点，可能不止一次发生装卸，应有一次计算一次。如有的运输工具的装卸费已包括在运输费中，就不能另计装卸费了，避免重复。

③ 材料采购及保管费：由施工单位负责采购、运输、保管和供应的材料、成品、半成品、构配件和机电设备等，在采购、运输、保管和供应过程中所发生的一切有关费用（不包括材料供应部门所发生的费用），包括采买、办理托运所发生的费用（如按规定由托运单位负担的包装、捆扎、支垫等的料具耗损费，转向架租用费和托运签条），押运、运输途中的损耗，料库盘存，天然毁损和材料的验收、检查、保管等有关各项管理费，以及看料工的工资。

④ 其他有关运输的费用（如火车运输的取送车费、过轨费，汽车运输的渡船费等）。

⑤ 运输损耗费：砂、碎石（包括道砟及中、小卵石）、黏土砖、黏土瓦、石灰等 5 种材料，由于运输过程中损耗较大，需增加的运输损耗费。

⑥ 工地小搬运费：工地范围内的材料、成品、半成品、构配件和机电设备等，由工地料库或堆料地点至操作地点的短途搬运费。因新的铁路工程概（预）算定额中，人工用量除另有说明者外，均已包括了工地小搬运用工，故运杂费中不另计工地小搬运费了。

材料从供应地点至操作工点所发生的业务费提成（价内运杂费）、价外运杂费和工地小搬运费三者之间的划分范围如图 11-1 所示。

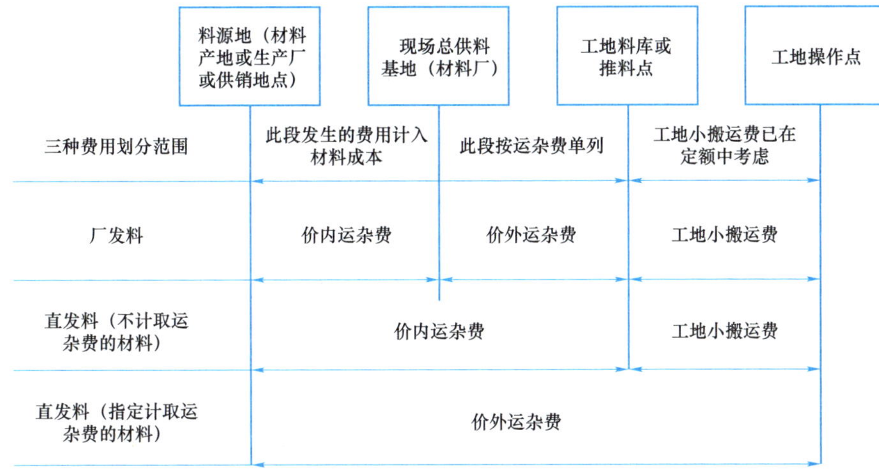

图 11-1 业务费提成（价内运杂费）、价外运杂费和工地小搬运费三者之间的划分范围

（3）运输方法及运输单价计算规定。

① 火车运输及运价。火车运量大，速度快，费用低，因此施工中，是否采用火车运输，要根据工程的具体情况，进行施工组织方案比选，充分论证。

火车运输分为营业线火车、临管线火车、工程列车、其他铁路四种。

a）营业线火车。

营业线火车运价，按编制期《铁路货物运价规则》的有关规定进行，计算公式如下：

营业线火车运价=K_1×（基价$_1$+基价$_2$×运价里程）+附加费运价

其中：附加费运价=K_2×（电气化附加费费率×电气化里程+新路新价均摊运价率×运价里程+铁路建设基金费率×运价里程）。

单片梁重大于等于 120 t 的 32 m T 梁：

营业线火车运价=K_1×（基价$_1$+基价$_2$×运价里程）+K_2×（电气化附加费费率×电气化里程+新路新价均摊运价率×运价里程+铁路建设基金费率×运价里程+D 型长大货车使用费单价×运价里程）+D 型长大货车空车回送费

计算公式中的有关因素说明如下。

（a）各种价格、费率等，均为不含可抵扣进项税额的价格与费率。

（b）火车运输综合系数 K_1、K_2 见表 11-5。

表 11-5 火车运输综合系数 K_1、K_2

序号	分类名称	综合系数 K_1	综合系数 K_2
1	砖、瓦、石灰、砂石料	1.00	1.00
2	道砟	1.20	1.20
3	钢轨（≤25 m），道岔、轨枕、钢梁、电杆、机柱、钢筋混凝土管桩、接触网圆形支柱	1.08	1.08
4	100 m 长定尺钢轨	1.80	1.80
5	500 m 长钢轨、25 m 轨排	1.43	1.43
6	单片梁重大于等于 120 t 的 32 mT 梁	3.01	1.47

续表

序号	分类名称	综合系数 K_1	综合系数 K_2
7	其他钢筋混凝土 T 梁	3.48	1.64
8	接触网方形支柱、铁塔、硬横梁	2.35	2.35
9	接触网及电力线材、光电缆线	2.00	2.00
10	其他材料	1.05	1.05

注：① K_1 包含了游车、超限、限速和不满载等因素，K_2 只包含了不满载及游车因素。

② 火车运土的运价号和综合系数 K_1、K_2，比照“砖、瓦、石灰、砂石料”确定。

③ 各类材料的运价号按《铁路货物运价规则》的有关规定计算。

（c）电气化附加费按该批货物经由国家铁路正式营业性和实行统一运价的运营临管线电气化区段的运价里程合并计算。

（d）货物运价、电气化附加费费率、新路新价均摊运价率、铁路建设基金费率、D 型长大货车使用费单价、D 型长大货车空车回送费等按《铁路货物运价规则》的有关规定执行，如表 11-6 所示。

表 11-6 铁路货物运价规则

（1）铁路货物运价率表（发改价格〔2015〕183 号）					
办理类别	运价号	基价 1		基价 2	
		单位	标准	单位	标准
整车	2	元/t	9.50	元/（t • km）	0.086
	3	元/t	12.80	元/（t • km）	0.091
	4	元/t	16.30	元/（t • km）	0.098
	5	元/t	18.60	元/（t • km）	0.103
	6	元/t	26.00	元/（t • km）	0.138
	7			元/轴公里	0.525
	机械冷藏车	元/t	20.00	元/（t • km）	0.14
零担	21	元/10 kg	0.22	元/（10 kg • km）	0.001 11
	22	元/10 kg	0.28	元/（10 kg • km）	0.001 55
集装箱	20 英尺箱	元/箱	500	元/箱公里	2.025
	40 英尺箱	元/箱	680	元/箱公里	2.754

（2）D 型长大货物使用费				
办理类别	标重不足 180 t		标重 180 t 以上	
	单位	标准	单位	标准
不超重	元/（t • km）	0.25	元/（t • km）	0.30
一级超重	元/（t • km）	0.30	元/（t • km）	0.35
二级超重	元/（t • km）	0.35	元/（t • km）	0.40
特级超重	元/（t • km）	18.6	元/（t • km）	0.60
D 型长大货物车空车回送费			元/轴	300.00

电气化附加费费率：（整车）0.012 元/（t • km）

铁路建设基金费率：（整车）0.033 元/（t • km）

新路新价均摊运价率：（整车）0.001 1 元/（t • km）。

（e）计算货物运输费用的运价里程，由发料地点起算，至卸料地点止，按《铁路货物运价规则》有关规定计算。其中，区间（包括区间岔线）装卸材料的运价里程，应由发料地点的后方站算起，至卸料地点的前方站（均系指办理货运业务的营业站）止。

b）临管线火车。

临管线火车运价应执行批准的运价，扣除可抵扣进项税额后确定。运价里程应按发料地点起算，至卸料地点止，区间卸车算至区间工地。

c）工程列车。

工程列车运价包括机车、车辆的使用费，乘务员及有关行政管理人员的工资、津贴和差旅费，线路及有关建筑物和设备的养护维修费、折旧费，以及有关运输的一切管理费用。运价进程应按发料地点起算，至卸料地点止。区间卸车算至区间工地。工程列车运价按不可抵扣进项税额的营业线火车运价（不含铁路建设资金、电气化附加费和超限、限速加成等）的 1.4 倍计算。

计算公式为：

$$工程列车运价（元/t）=1.4\times K_2\times（基价_1+基价_2\times运价里程）$$

其中单片梁重大于等于 120 t 的 32 m 的 T 形梁。

营业线火车运价（元/t）=1.4×K_2×（基价$_1$+基价$_2$×运价里程+D 型大货车使用费单价×运价里程）

上述运价均应为不可抵扣进项税额的价格。

d）其他铁路。

其他铁路运价应按铁路运输主管部门的相关价格执行。在编制设计概（预）算时应扣除其中包含的可抵扣进项税额。

② 汽车运价。汽车综合运价率按《汽车运价规则》或市场调查资料确定。为简化概（预）算编制工作，按下列计算公式分析汽车运价。

汽车运价（元/t）=公路综合运价率×公路运距+汽车运输便道综合运价率×汽车运输便道运距

计算公式中有关因素说明如下。

（a）公路综合运价率［元/（t • km）］：材料运输道路为公路时，考虑过路过桥费等因素，以建设项目所在地不可抵扣进项税额的汽车运输单价乘 1.05 的系数计算。

（b）汽车运输便道综合运价率［元/（t • km）］：材料运输道路为汽车运输便道时，结合地形、道路状况等因素，按当地不可抵扣进项税额的汽车运输单价乘 1.2 的系数计算。

（c）公路运距：应按发料地点起算，至卸料地点止所途经的公路长度计算。运距以公里为单位，尾数不足 1 km 的，四舍五入。

（d）汽车运输便道运距：应按发料地点起算，至卸料地点止所途经的汽车运输便道长度计算。运距以公里为单位，尾数不足 1 km 的，四舍五入。

【例 11-3】某线工程所在地汽车运输单价为 0.8 元/t，每吨货物每运一次按 1.3 元计列，求每吨货物运输 150.3 km（其中便道 25 km）的运价。

【解】每吨货物运输 150.3 km 的运价=公路综合运价率×公路运距+汽车运输便道综合运

价率×汽车运输便道运距=0.8×1.05×（150.3−25）+0.8×1.2×25=129.25（元/t）

③ 船舶运价及渡口等收费标准。按工程所在地的有关市场价格执行，在编制设计概（预）算时应扣除其中包含的可抵扣进项税额。

④ 双（单）轮车、单轨车、大平车、轻轨斗车、轨道平车、机动翻斗车等单价。材料在运输过程中，因确需短途接运而采用的双（单）轮车、单轨车、大平车、轻轨斗车、轨道平车、小型运输车、人力挑抬等运输方法的运价，可另行分析确定，但应扣除其中包含的可抵扣进项税额。

（4）各种装卸费单价。

① 火车、汽车的装卸单价，按表 11−7 所列综合单价进行。

表 11−7 火车、汽车装卸费单价 单位：元/t

一般材料	钢轨、道岔、接触网支柱	其他 1 t 以上的构件
3.4	12.5	8.4

注：其中装占 60%，卸占 40%。

② 水运等的装卸费单价，按工程所在地的有关市场价格执行，在编制设计概（预）算时应扣除其中包含的可抵扣进项税额。

③ 双（单）轮车、单轨车、大平车、轻轨斗车、轨道平车、小型运输车、人力挑抬等的单价，可另行分析确定，但应扣除其中包含的可抵扣进项税额。

（5）其他有关运输费用。

① 取送车费（调车费）。用铁路机车往专用线、货物支线（包括站外出岔）或专用铁路的站外交接地点调送车辆时，核收取送车费。计算取送车费的里程应自车站中心线起算，到交接地点或专用线最长线路终端止，进程往返合计（以公里计）。取送车费按《铁路货物运价规则》计列，在编制设计概（预）算时应扣除其中包含的可抵扣进项税额。

② 汽车运输的渡船费。按工程所在地的有关市场价格执行，在编制设计概（预）算时应扣除其中包含的可抵扣进项税额。

③ 长钢轨供应有关费用按有关费用定额分析计列，但不应包含可抵扣进项税额。

（6）价外运杂费计算的其他规定。

① 单项材料价外运杂费单价的编制范围，原则上应与总概（预）算编制单元相对应。单独编制单项概（预）算的桥隧工程等应按工点材料供应方案计算价外运杂费；其他桥隧工程可先按工点材料供应计算运距，然后按单项概（预）算的编制单元（同类型结构）加权平均计算价外运杂费；路基，涵洞、轨道等工程（含站后工程），可按正线每公里用料量相等供应方案来求算各类材料的平均运距，计算价外运杂费。

② 运输方式和运输经路要经过调查、比选，综合分析确定。以经济合理，并且符合工程要求的材料来源地作为计算价外运杂费的起运点。

③ 分析各单项材料价外运杂费单价，应按施工组织设计所拟定的材料供应计划，对不同的材料品类及不同的运输方法分别计算平均运距。

④ 长钢轨供应有关费用，是特指在合理的施工组织和正常的施工条件下，单根长度 200 m 及以上长钢轨从焊轨基地供应到铺轨基地所发生的部分费用，包含：长钢轨供应过程

中的座架使用、维修维护费，座架倒装费，长钢轨装车费，取送车费，焊轨基地场内机车使用费，管理费等。

⑤ 旧轨件的价外运杂费，其重量应按设计轨型计算。如设计轨型未确定，可按代表性轨型的重量，其运距由调拨地点的车站起算。如未明确调拨地点者，可按以下原则编列。

a）已明确调拨的铁路局，但未明确调拨地点者，由该铁路局所在地的车站起算。

b）未明确调拨的铁路局，按工程所在地区的铁路局所在地的车站起算。

（7）价外运杂费的编制依据。

① 施工组织设计。

② 材料成品、半成品、构件和机电设备等的来源地点及工程分布。

③ 沿线交通运输条件的平面示意图。

④ 各种运输方法和费率。

⑤ 概（预）算的编制单元。

（8）价外运杂费的编制原则。

① 按工点编制的单项概（预）算，其外来料由供料总仓库运至工地；当地料应根据料源分布情况，经合理确定供应范围后，确定运输方法和运距，然后计算各类材料的价外运杂费。

② 按同类型结构汇总编制的单项预算，以各工点的用料量及运至各工点的运距，分析计算综合加权平均运距、然后再据以计算价外运杂费。

（9）运输距离的确定。

材料运距是指从材料的供应地点到工地料库或堆料场地的实际距离。实际运距应考虑规定的起码运距和进级。编制概（预）算，运距的确定是依据工程公布情况，运输方法和料源而定。厂发料的发料运费应以施工组织设计确定的材料供应基地（总承包单位材料厂）为起算点。当地料的发料运费应按调查属实的生产厂家或料源地为起算点。根据材料供应起算点和工程分布情况，参考当地交通状况，有关铁路、公路、水路运输里程资料，或实际丈量确定从起算点到工地料库或堆料场地的距离。

往往一个施工单位在一段线路上施工，该施工区段内工点多，且又分散，各工业用料多少也不一样，所用的材料又分当地料和外来料。为了计算简便，对多工点用料，应综合求算出各类材料的运输重心的运距，即平均运距。那么，计算多工点范围内材料运输费中的运距都采用平均运距，也就是用平均运距来分析平均价外运杂费单价。

必须注意，在计算平均运距前，各类材料起算点至工地料库或堆料点的距离已考虑起码运程并按规定进级，则计算的平均运距不应再进级；如计算前各规定距离未按规定进级，则计算结果后再进级。

作为一个编制单元的施工段若干工点，由一个料源供料，或特大桥、长隧道的两端进料，均可用加权平均法计算平均运距。

$$平均运距=\frac{\sum\left[各种所运材料的重量(t)\times该种材料的运距(km)\right]}{\sum各种所运材料的重量(t)}$$

【例 11-4】某单项概（预）算工程包括了甲、乙、丙、丁四个工地，各工点 A 片石产地的距离及各工点需要片石数量见表 11-8，采用汽车运输，求算平均运距。

【解】片石单位重为 1.8 t/m^3，汽车运输起码运程为 1 km，并按 1 km 进级。平均运距计算过程可参考表 11-8。

表 11-8 片石产地的距离及各工点需要片石数量

工地	各工点至 A 片石产地的实际距离/km	片石数量/m^3	货运量/t	周转量/（t·km）
甲	9.3	200	200×1.8=360	360×10=3 600
乙	14.6	150	270	270×15=4 050
丙	27.8	100	180	180×28=5 040
丁	34.8	80	144	144×35=5 040
合计			954	17 730

片石产地至运输重心的运距（即平均运距）$\frac{17\ 730}{954}=18.6$（km）

也就是说，片石从 A 产地运往甲、乙、丙、丁工地的距离都按 18.6 km 计算运输费用。

【例 11-5】某段路基附属工程和小桥涵工程作为一个概（预）算编制单位。由于工点多，砂子、碎石来源，运距及运输方法各不相同，以砂、石场供应范围划段，按供应数量，采用加权平均法计算平均运距。

砂子、碎石供应范围的划分、供应数量、运输方法、运距见表 11-9。

【解】通过表 11-9 计算出在供应范围内，碎石总运量 8 360 t，其中汽车运 7 200 t，平均运距 16.8 km；大平车运 1 160 t，平均运距 4.4 km。砂子总运量 4 800 t，先用火车运，后用汽车运至堆砂场，火车的平均运距为 131.3 km：汽车的平均运距为 9.4 km。

表 11-9 砂子、碎石供应范围的划分、供应数量、运输方法、运距

<table>
<tr><th rowspan="3">材料名称</th><th rowspan="3">供应范围</th><th rowspan="3">数量</th><th rowspan="3">单位</th><th colspan="6">运输方法</th></tr>
<tr><th colspan="2">火车</th><th colspan="2">汽车</th><th colspan="2">大平车</th></tr>
<tr><th>运距（km）/运量（t）</th><th>运量×运距/（t·km）</th><th>运距（km）/运量（t）</th><th>运量×运距/（t·km）</th><th>运距（km）/运量（t）</th><th>运量×运距/（t·km）</th></tr>
<tr><td rowspan="5">碎石</td><td>0～15 km</td><td>1 850</td><td></td><td></td><td></td><td>13/1 150</td><td>14 950</td><td>4/700</td><td>2 800</td></tr>
<tr><td>15～23 km</td><td>3 210</td><td></td><td></td><td></td><td>17/2 750</td><td>46 750</td><td>5/460</td><td>2 300</td></tr>
<tr><td>23～29 km</td><td>3 300</td><td></td><td></td><td></td><td>18/3 300</td><td>59 400</td><td></td><td></td></tr>
<tr><td>小计</td><td>8 360</td><td></td><td></td><td></td><td>16.8/7 200</td><td>121 100</td><td>4.4/1 160</td><td>5 100</td></tr>
<tr><td colspan="5">运输方法比重</td><td colspan="2">7 200/8 360=86.1%</td><td colspan="2">1 160/8 360=13.9%</td></tr>
<tr><td rowspan="4">砂子</td><td>0～23 km</td><td>3 000</td><td></td><td>120/3 000</td><td>360 000</td><td>9/3 000</td><td>27 000</td><td></td><td></td></tr>
<tr><td>23～29 km</td><td>1 800</td><td></td><td>150/1 800</td><td>270 000</td><td>10/1 800</td><td>18 000</td><td></td><td></td></tr>
<tr><td>小计</td><td>4 800</td><td></td><td>131.3/4 800</td><td>630 000</td><td>9.4/4 800</td><td>45 000</td><td></td><td></td></tr>
<tr><td colspan="3">运输方法比重</td><td colspan="2">100%</td><td colspan="2">100%</td><td></td><td></td></tr>
</table>

如果一个施工段范围内有两个或两个以上料源供应，要先计算出各料源供应分界点，然后分别计算其供应材料的平均运距，最后计算几个料源供应全段时的加权平均运距。

（10）全程平均价外运杂费单价分析。

平均价外运杂费单价分析的编制范围，原则上应与单项概（预）算的编制单元相适应。各种运输方法的比重，以施工组织设计确定的运输方案为依据。如有条件，可根据积累的资料，经分析归纳制定综合价外运杂费指标，据此编制概（预）算。

全程平均价外运杂费单价分析是根据施工组织设计确定的"材料供应计划"的材料来源、运输方法，在统一表格"主要材料（设备）平均价外运杂费单价分析表"上逐项分析计算，其内容包括运费、装卸费、材料管理费等，一般有两种形式。

① 分析出每种单项材料的全程平均价外运杂费单价后，直接用于价外运杂费的计算。

② 在第一种形式的基础上（即先分析出各类材料每吨全程综合运价），再按各类材料的比重或各类材料的重量加权计算该工程所运材料全程平均价外运杂费单价。一般常用第二种形式进行分析。

【例 11-6】已知某标段线路涵洞工程（16 座 240 m）使用材料如下：材料总重 13 422 t，其中砂 1 437 m^3，碎石 404 m^3，片石 5 437 m^3，黏土 67 m^3，其余为外来料（如水泥等），求平均价外运杂费单价。

运输有关资料如下。

① 外来料：由料源地至项目经理部料库用工程列车运输 203 km，再由项目经理部料库至工地用汽车运输 80 km（公路）。

② 砂由两个砂场供应，甲砂场供应 60%，汽车运输 12 km；乙砂场供应 40%，汽车运输 15 km（便道）。

③ 碎石由多个石场供应，汽车运输平均运距 12 km（便道）。

④ 片石由多个石场供应，汽车运输平均运距 104 m（压道）。

⑤ 黏土就地取土，不计运费。

⑥ 当地汽车运输单价为 0.85 元/t。

⑦ 其他按定额及编制办法规定计算。

【解】① 根据砂、碎石、片石、黏土的单位重（可查《铁路工程材料基期价格》费用定额）。将上述材料体积分别换算成重量，并求出外来料重量，同时计算各类材料所占比重。

砂重量=1 437×1.6=2 299（t） 占 17.13%，其中甲砂场供应 10.28%

碎石重量 =404×1.5=606（t） 占 4.51%

片石重量=5 437×1.8=9 787（t） 占 72.92%

黏土重量=67×1.8=121（t） 占 0.9%

外来料重量=13 422−12 813=609（t） 占 4.54%

② 根据材料供应计划及有关规定费率填写（计算）主要材料平均价外运杂费单价分析表（见表 11-10）。

表 11-10 主要材料平均价外运杂费单价分析表

<table>
<tr><td colspan="2">适用范围</td><td colspan="10">涵洞工程</td><td colspan="3">编号</td><td>01</td></tr>
<tr><td rowspan="4">材料名称</td><td colspan="11">各种运输方法的全程运价/（元/t）</td><td colspan="4">全程综合运价（元/t）</td></tr>
<tr><td colspan="6">运输费</td><td colspan="2">杂费</td><td rowspan="3">小计/元</td><td rowspan="3">采购及保管费率/%</td><td rowspan="3">采购及保管费/元</td><td rowspan="3">共计/元</td><td rowspan="3">运输方法比重/%</td><td rowspan="3">运杂费/元</td><td rowspan="3">合计/元</td></tr>
<tr><td rowspan="2">运输方法</td><td colspan="2">起讫点</td><td rowspan="2">运距/（km）</td><td rowspan="2">单价/元</td><td rowspan="2">小计/元</td><td rowspan="2">装卸次数</td><td rowspan="2">装卸单价/元</td></tr>
<tr><td>起点</td><td>终点</td></tr>
<tr><td rowspan="2">水泥等其他材料</td><td>火车</td><td>料厂</td><td>车站</td><td>203</td><td>0.19</td><td>38.57</td><td>1</td><td>3.4</td><td>41.97</td><td>3.78</td><td>1.59</td><td>43.56</td><td rowspan="2">4.54</td><td>1.98</td><td>1.98</td></tr>
<tr><td>汽车</td><td>车站</td><td>工地</td><td>80</td><td>0.892 5</td><td>71.40</td><td>1</td><td>3.4</td><td>74.8</td><td>3.78</td><td>2.83</td><td>77.63</td><td>3.52</td><td>3.52</td></tr>
<tr><td rowspan="2">砂</td><td>汽车</td><td>砂厂</td><td>工地</td><td>12</td><td>1.02</td><td>12.24</td><td>1</td><td>3.4</td><td>15.64</td><td>4.47</td><td>0.59</td><td>16.23</td><td>10.28</td><td>1.67</td><td>1.67</td></tr>
<tr><td>汽车</td><td>砂厂</td><td>工地</td><td>15</td><td>1.02</td><td>15.30</td><td>1</td><td>3.4</td><td>18.7</td><td>4.47</td><td>0.71</td><td>19.41</td><td>6.85</td><td>1.33</td><td>1.33</td></tr>
<tr><td>碎石</td><td>汽车</td><td>石厂</td><td>工地</td><td>12</td><td>1.02</td><td>12.240</td><td>1</td><td>3.4</td><td>15.64</td><td>3.45</td><td>0.59</td><td>16.23</td><td>4.51</td><td>0.73</td><td>0.73</td></tr>
<tr><td>片石</td><td>汽车</td><td>石厂</td><td>工地</td><td>10</td><td>1.02</td><td>10.20</td><td>1</td><td>3.4</td><td>13.6</td><td>2.65</td><td>0.51</td><td>14.11</td><td>72.92</td><td>10.29</td><td>0.29</td></tr>
<tr><td>黏土</td><td colspan="12">不计运费</td><td>0.9</td><td></td><td></td></tr>
<tr><td></td><td></td><td></td><td></td><td></td><td></td><td></td><td></td><td></td><td></td><td></td><td></td><td></td><td>100</td><td colspan="2">19.52</td></tr>
</table>

工程列车运价=1.4×K_2×（基价 $_1$+基价 $_2$×运价里程），水泥等其他材料火车运价=1.4×1.05×（18.60+0.103×203）=58.08（元/t）。

火车单价=58.08/203=0.29 元/（t·km）。

（11）运输重量的确定及价外运杂费的计算。

在实际运输中，整车货物运输，除《铁路货物运价规则》规定的情况外，一律按照货车标记载重量计算运费，而编制概（预）算价外运杂费，一律按工程材料（设备）实际重量计算确定。

运输重量和价外运杂费计算分两种形式。

按单项材料的平均价外运杂费单价计算价外运杂费时，该项材料运输重量按《铁路工程建设材料预算价格》中的单项材料的单位重（如片石单位重量 1.8 t/m^3）乘该项材料的数量，即为该项材料的运输重量，则

该工程价外运杂费=$\sum$（各类材料各自的全程平均价外运杂费单价×各类材料运输重量）

按工程全部材料的综合平均价外运杂费单价计算价外运杂费时，该工程材料重按工程项目的概（预）算定额重量乘该工程项目的工程数量即为该工程项目的材料重量，求其和即为该工程材料总重。则该工程价外运杂费=该工程全部材料综合平均价外运杂费单价×该工程材料总重。

5）填料费

填料费指购买不作为材料对待的土方、石方、渗水料、矿物料等填筑用料所支出的费用。若设计为临时占地取填料，其发生的租用土地、青苗补偿、拆迁补偿，复垦及其他所有与生产有关的费用等纳入第一章临时用填料费项下。

$$填料费=\sum（填料消耗量×填料价格）$$

填料价格采用不含可抵扣进项税额的价格，由设计单位调查分析确定。

以上五种费用组成直接工程费，即施工过程中耗费的构成工程实体的有助于工程形成的各项费用，其中的价外运杂费包括列入材料成本的价外运杂费和部分单列的价外运杂费。

直接工程费是计算工程概（预）算一切费用的基础，必须确保其准确。

2. 施工措施费

施工措施费指为完成铁路建设工程施工，发生于该工程施工前和施工过程中的需综合计算的费用。

1）施工措施费包括的内容

（1）冬雨季施工增加费，指建设项目的某些工程需在冬季、雨季施工，为保证工程质量，按相关规范、规程中的冬雨季施工要求，需采取的防寒、保温、防雨、防潮和防护措施，不需改变技术作业过程的人工与机械的功效降低等，所需增加的有关费用。

（2）夜间施工增加费，指必须在夜间连续施工或在隧道内铺砟、铺轨，敷设电线、电缆，架设接触网等工程，所发生的工作效率降低、夜班津贴，以及增设照明设施（包括所需照明设施的装拆、摊销、维修，以及油燃料、电等增加的有关费用。

（3）小型临时设施费，指施工企业为进行建筑安装工程施工，所必须修建的生产和生活用的一般临时建筑物、构筑物和其他小型临时设施所发生的费用，费用内容如下。

① 小型临时设施的场地土石方、地基处理、硬化面、圬工等的工程费用，以及小型临时设施的搭设、移拆、维修、摊销及拆除恢复等费用。

② 因修建小型临时设施而发生的租用土地、青苗补偿、拆迁补偿、复耕及其他所有与土地有关的费用等，不含大型临时设施中临时场站生产区的土地有关费用。

（4）工具、用具及仪器、仪表使用费，指施工生产所需不属于固定资产的生产工具、检验用具及仪器、仪表等的购置、摊销和维修费，以及支付给生产工人自备工具的补贴费。

（5）工程定位复测、工程点交、场地清理费。

（6）文明施工及施工环境保护费，指现场文明施工费用及防噪声、防粉尘、防振动、生活垃圾清运排放等费用。

（7）已完工程及设备保护费，指竣工验收前，对已完工程及设备进行保护所需费用。

2）施工措施费的计算

施工措施费分不同工程类别按下式计算：

施工措施费=（基期人工费+基期施工机具使用费）×施工措施费费率

施工措施费费率根据施工措施费地区划分表（见表 11-11）按表 11-12 所列费率选用。

表 11-11 施工措施费地区划分表

地区编号	地域名称
1	上海，江苏，河南，山东，陕西（不含榆林市，延安市），浙江，安徽，湖北，重庆，云南（不含昭通市、迪庆藏族自治州、贡山独龙族怒族自治县、宁蒗彝族自治县）、贵州（不含毕节市），四川（不含凉山彝族自治州西昌市以西地区、阿坝藏族羌族自治州、甘孜藏族自治州、雅安市宝兴县、绵阳市的平武县和北川羌族自治县）
2	广东，广西，海南，福建，江西，湖南

续表

地区编号	地域名称
3	北京，天津，河北（不含张家口市、承德市），山西（不含大同市、朔州市、忻州市原平以西各县），陕西延安市，甘肃（不含酒泉市、嘉峪关市、张掖市、金昌市、武威市、甘南藏族自治州、临夏回族自治州积石山保安族东乡族撒拉族自治县、临夏县、和政县、定西市岷县及漳县、陇南市文县），宁夏，贵州毕节市，云南昭通市、迪庆藏族自治州（不含德钦县）、贡山独龙族怒族自治县、宁蒗彝族自治县，四川凉山彝族自治州西昌市以西地区、阿坝藏族羌族自治州（不含壤塘县、阿坝县、若尔盖县）、甘孜藏族自治州（不含石巢县、德格县、甘孜县、白玉县、色达县、理塘县），雅安市宝兴县、绵阳市平武县和北川羌族自治县，新疆和田地区、喀什地区（含图木舒克市）、吐鲁番地区、巴音郭楞蒙古族自治州（不含若羌县、且末县）
4	河北张家口市（不含康保县）、承德市（不含围场满族蒙古族自治县），山西大同市、朔州市、忻州市原平以西各县，陕西榆林市，辽宁，内蒙古呼和浩特市、包头市、乌海市、巴彦淖尔市、鄂尔多斯市、阿拉善盟
5	新疆阿克苏地区（含阿拉尔市）、克孜勒苏柯尔克孜自治州、伊犁哈萨克自治州、哈密地区，甘肃酒泉市（不含阿克塞哈萨克族自治县、肃北蒙古族自治县马鬃山镇以外地区）、嘉峪关市、张掖市（不含肃南裕固族自治县皇城镇、山丹县及民乐县南部山区）、金昌市、武威市（不含天祝藏族自治县）
6	河北张家口市康保县、承德市围场满族蒙古族自治县，内蒙古赤峰市、乌兰察布市、通辽市，兴安盟、锡林郭勒盟锡林浩特以南各旗（县），甘肃甘南藏族自治州、酒泉市阿克塞哈萨克族自治县及肃北蒙古族自治县马鬃山镇以外地区、张掖市肃南裕固族自治县皇城镇和山丹县及民乐县南部山区、武威市天祝藏族自治县、临夏回族自治州积石山保安族东乡族撒拉族自治县、临夏县及和政县、定西市岷县及漳县、陇南市文县，吉林，青海西宁市、海东地区、黄南藏族自治州、海南藏族自治州、海北藏族自治州（不含祁连县、门源回族自治县），海西蒙古族藏族自治州格尔木一都兰及以北地区（不含大柴旦一德令哈一天峻以北地区），新疆乌鲁木齐市（含石河子市），昌吉回族自治州（含五家渠市）、博尔塔拉蒙古自治州（不含温泉县）、塔城地区、克拉玛依市、巴音郭楞蒙古族自治州若羌县及且末县，西藏林芝地区雅鲁藏布江以南地区、山南地区错那县，云南迪庆藏族自治州德钦县，四川甘孜藏族自治州石渠县、德格县、甘孜县、白玉县、色达县、理塘县，阿坝藏族羌族自治州壤塘县、阿坝县、若尔盖县
7	黑龙江（不含大兴安岭地区），内蒙古呼伦贝尔市阿尔山一图里河一线以东各旗（县）、锡林郭勒盟锡林浩特及以北各旗（县），新疆阿勒泰地区（含北屯市）、博尔塔拉蒙古自治州温泉县，青海海西蒙古族藏族自治州格尔木一都兰以南地区（不含唐古拉山镇）及大柴旦一德令哈一天峻以北地区、玉树藏族自治州（不含曲麻莱县及其以西地区）、果洛藏族自治州（不含玛多县），西藏拉萨市（不含当雄县）、昌都地区、林芝地区雅鲁藏布江及以北地区、山南地区（不含错那县）、日喀则地区（不含萨嘎县、仲巴县、昂仁县、谢通门县）
8	内蒙古呼伦贝尔市阿尔山一图里河及以西各旗（县），黑龙江大兴安岭地区，青海玉树藏族自治州曲麻莱县及其以西地区、海北藏族自治州祁连县、门源回族自治县、果洛藏族自治州玛多县、海西蒙古族藏族自治州格尔木市辖的唐古拉山镇，西藏拉萨市当雄县、阿里地区、那曲地区、日喀则地区的萨嘎县、仲巴县、昂仁县、谢通门县

表 11-12 施工措施费率

类别代号	地区编号 工程类别	1	2	3	4	5	6	7	8	附注
		费率/%								
1	人力施工土石方	8.0	8.3	10.2	11.2	11.3	12.6	12.9	13.5	包括人力拆除工程，绿色防护，各类工程中单独挖填的土石方，石方爆破工程
2	机械施工土石方	5.7	6.1	9.2	10.1	10.3	12.5	13.0	13.8	包括机械拆除工程，调配细碎石、砂砾石、渗水土，公路路基路面，各类工程中单独挖填的土石方、综合维修通道、大临土石方工程

续表

类别代号	地区编号 工程类别	1	2	3	4	5	6	7	8	附注
		费率/%								
3	汽车运输土石方采用定额“增运”部分	3.6	3.5	3.8	4.4	4.5	4.8	4.9	5.4	仅指区间路基土石方及站场土石方，包括隧道出渣洞外运输
4	特大桥、大桥下部建筑	6.7	5.9	8.3	9.2	9.7	9.7	9.8	10.0	含附属工程
5	预制混凝土梁	13.6	10.7	19.1	21.0	22.8	22.9	23.2	23.7	含各种桥梁桥面系、支座、梁的横向连接和湿接缝
6	现浇混凝土梁	10.3	8.0	14.5	16.0	17.4	17.5	17.7	18.1	包括分段预制后拼接的混凝土梁
7	运架混凝土简支箱梁	4.1	4.1	4.2	4.5	4.6	4.8	4.9	5.1	
8	隧道、明洞、棚洞，自采砂石	6.8	6.6	7.1	7.7	7.8	7.8	7.9	7.9	不含隧道的照明、通风与空调等工程，不含掘进机、盾构施工的隧道
9	路基附属工程（不含附属土石方）	7.4	6.9	8.2	8.8	8.9	9.0	8.9	8.9	含区间线路防护栅栏、与路基同步施工的接触网支柱基础等
10	框架桥、公路桥、中小桥下部（含附属工程）、涵洞，轮渡、码头，一般生产房屋和附属、给排水、工务、站场、其他建筑物等建筑工程	7.2	6.7	8.2	8.9	9.2	9.2	9.3	9.3	含除大临土石方、大临轨道、临时电力、临时通信以外的大临工程，环保降噪工程
11	铺轨、铺岔，架设其他混凝土梁、钢梁、钢管拱、钢结构站房（含站房综合楼）、钢结构雨棚、钢结构车库等	12.7	12.6	13.1	14.1	14.4	15.7	16.7	20.6	简支箱梁除外，包括轨道附属工程，线路备料及大临轨道；钢管拱包括钢管、钢管内混凝土、系杆、吊杆、梁及桥面板
12	铺砟	6.1	5.3	7.6	8.4	8.6	9.1	9.4	10.2	包括道床清筛、沉落整修，有砟轨道调整等
13	无砟道床	16.3	13.4	21.4	23.8	25.5	25.6	25.9	26.3	包括道床过渡段
14	通信、信号、信息、电力、牵引变电、供电段、机务、车辆、动车的建筑工程，所有安装工程	10.9	11.0	11.2	12.0	12.1	12.3	12.5	13.0	含桥梁、隧道的照明工程，隧道通风与空调工程、临时电力、临时通信、管线防护、管线迁改
15	接触网建筑工程	14.5	13.6	16.0	17.1	17.2	17.4	17.7	17.9	含不与路基同步施工的接触网支柱基础

注：过渡工程按表列同类正式工程的费率计列。大型临时设施按表列同类正式工程的费率乘 0.45 的系数计列；掘进机、盾构施工的隧道施工措施费费率另行分析计列。

3. 特殊施工增加费

特殊施工增加费指在特殊地区及特殊施工环境下进行建筑安装工程施工时，所需增加的费用。

（1）风沙地区施工增加费，指在非固定沙漠或戈壁地区，月（或连续 30 天）平均风力达到四级以上（平均风速＞5.5 m/s）的风季，在相应的风沙区段进行室外建筑安装工程时，由于受风沙影响应增加的费用，内容包括防风、防沙的措施费，材料费、人工、机械降效增加的费用，风力预警观测设施费用，以及风沙、风蚀的清理修复等费用。

本项费用以风沙区段范围内室外建筑安装工程的编制期人工费与施工机具使用费之和为基数，乘风沙地区施工增加费费率 2.6%计算。

大风高发月（或连续 30 d）平均风力达到四级以上（平均风速＞5.5 m/s）且 1 h 极大风速大于 13.9 m/s 的风力累计 85 h 以上的风沙、大风地区，可以根据调查资料另行分析、计算本项费用。

（2）高原地区施工增加费，指设计线路高程在海拔 2 000 m 以上的高原地区施工时，由于人工和机械受气候、气压的影响而降低工作效率，所增加的费用。

本项费用根据工程所在地的不同海拔，按下列算法计列：

高原地区施工增加费=定额工天×编制期综合工费单价×高原地区工天定额增加幅度+定额机械（仪器仪表）台班量×编制期机械（仪器仪表）台班单价×高原地区机械台班定额增加幅度。

高原地区施工定额增加幅度如表 11-13 所示。

表 11-13　高原地区施工定额增加幅度

海拔/m	定额增加幅度/%	
	工天定额	机械台班定额
2 000～3 000	12	20
＞3 000～4 000	22	34
＞4 000～4 500	33	54
＞4 500～5 000	40	60
＞5 000 以上	60	90

注：通过辅助坑道施工的隧道工程，按辅助坑道最高海拔确定高原地区施工定额增加幅度；海拔范围内的长大隧道（隧道长＞4 km），其高原地区施工定额增加幅度提高一个档别计算。

（3）原始森林地区施工增加费，指在原始森林地区进行新建或增建二线铁路施工，由于受环境影响，其路基土方工程应增加的费用。本项费用按下列算法计列：

原始森林地区施工增加费=（路基土方工程的定额工天×编制期综合工费单价+路基土方工程的定额机具台班量×编制期机具台班单价）×30%。

（4）行车干扰施工增加费，指在不封锁的营业线上，在维持通车的情况下，或本线封锁施工，临线维持通车的情况下，进行建筑安装工程施工时，由于受行车影响造成局部停工或妨碍施工而降低工作效率等所需增加的费用。

① 行车干扰施工增加费的计费范围。

行车干扰施工增加费计费范围见表 11-14。

表 11-14 行车干扰施工增加费计费范围

名称	受行车干扰范围	受行车干扰项目	包括	不包括
路基	在行车线上或与行车线中心水平距离在 12.5 m 及以内	填挖土方、填石方，地基处理工程	路基抬高落坡全部工程	
	在行车线的路堑内	土石方工程及路堑内的挡土墙、护墙、护坡、侧沟、吊沟的全部砌筑工程数量		控制爆破开挖石方
	平面跨越行车线运土石方	跨越运输的全部土石方	隧道弃渣	
桥涵	在行车线上或与行车线中心水平距离在 12.5 m 及以内	涵洞的主体圬工，桥梁工程的下部建筑主体圬工，桥梁架设、现浇	桥梁的锥体护坡及桥头填土	桥梁其他附属工程及桥面系等，框架桥、涵管的挖土、顶进，框架桥内、涵洞内的路面、排水等工程
隧道及明洞	在行车线的隧道、明洞内施工	改扩建隧道或增设通风、照明设备的全部工程	明洞、棚洞的挖基及衬砌工程	明洞、棚洞拱上的回填及防水层、排水沟等
轨道	在行车线上或与行车线两侧中心水平距离在 12.5 m 及以内或与行车线的线间距≤12.5 m 的邻线上施工	全部工程	拆铺、改拨线路 更换钢轨、轨枕及线路整修作业	线路备料
电力牵引供电	在行车线上或与行车线两侧中心水平距离在 12.5 m 及以内或在行车线的线间距≤12.5 m 的邻线上施工	在既有线上非封锁线路作业的全部工程和邻线未封锁而本线封锁线路作业的全部工程		封锁线路作业的项目（邻线未封锁的除外）；牵引变电及供电段的全部工程
其他室外建筑安装及拆除	在行车线上或在行车线两侧中心水平距离在 12.5 m 及以内	全部工程	靠行车线较近的基本站台、货物站台，天桥、跨线站房、灯桥、雨棚地道的上下楼梯	站台土方不跨线取土者

在未移交运营的线路上施工和在避难线、安全线、存车线及其他段管线施工均不计列行车干扰施工增加费。

② 行车干扰施工增加费。

行车干扰施工增加费包含施工期间人工、机械受行车影响降效增加的费用，因行车而做的整理和养护工作费用，以及在施工时为防护所需的信号工、电话工、看守工等的人工费用及防护用品的维修、摊销费用。

本项费用，根据每昼夜的行车次数（以编制期铁路局集团公司运输部门的计划运行图为准，所有计划外的小运转、轨道车、补机、加点车的运行等均不计算），以及受行车干扰范围内的工程项目的工程数量，按以下方法计算。

a）土石方施工及跨股道运输的行车干扰施工增加费，不论施工方法如何，均按下列算法计列：

土石方施工及跨股道运输的行车干扰施工增加费=受施工干扰的工天×编制期综合工费单价×受干扰土石方数量×每昼夜行车次数×0.40%

土石方施工及跨股道运输计行车干扰的工天定额见表 11-15。

表 11-15 土石方施工及跨股道运输计行车干扰的工天定额

单位：工日/100 m² 天然密实体积

序号	工作内容	土方	石方
1	仅挖、装（爆破石方仅为装）在行车	15.7	7.7
2	仅卸在行车干扰范围内	3.1	4.6
3	挖、装、卸（爆破石方为装、卸）均在行车干扰范围内	18.9	12.3
4	平面跨越行车线运输土石方，仅跨越一股道或跨施双线，多线股流的第一股道	15.7	23.1
5	平面跨越行车线运输土石方，每增跨一股道	3.1	4.6

b）接触网工程的行车干扰施工增加费按下列算法计列：

行车干扰施工增加费=受行车干扰范围内的工程数量×（所对应定额的应计行车干扰的工天×编制期综合工费单价+所对应定额的应计行车干扰的施工机具台班量×编制期施工机具台班单价）×每昼夜行车次数×0.48%

c）其他工程的行车干扰施工增加费按下列算法计列：

行车干扰施工增加费=受行车干扰范围内的工程数量×（所对应定额的应计行车干扰的工天×编制期综合工费单价+所对应定额的应计行车干扰的施工机具台班量×编制期施工机具台班单价）×每昼夜行车次数×0.40%

d）邻线或在列车速度大于 200 km/h 的营业线上施工时，原则上不考虑按行车间隔施工的方案。

（5）营业线封锁（天窗）施工增加费，指为确保营业线行车和施工安全，需封锁线路施工而造成的施工效率降低等所发生的费用。

根据相关规定及施工组织设计确定的需封锁线路施工或利用天窗时间施工的工程数量，以编制期人工费和施工机具使用费之和为计算基数，乘表 11-16 所列的工天与施工机具台班定额增加幅度计算。

表 11-16 营业线封锁（天窗）施工定额增加幅度

序号	工程类别	工天与施工机具台班定额增加幅度/%
1	人力拆铺轨	340
2	机械拆铺轨	180
3	拆铺道岔	170
4	粒料道床	180
5	线路有关工程	120
6	接触网恒张力架线	130
7	接触网非恒张力架线	250
8	接触网其他工程	250
9	架设预应力混凝土 T 梁	150
10	架设预应力混凝土箱梁及其他上跨结构	100
11	其他工程	260

4. 大型临时设施和过渡工程费

1）概念

大型临时设施和过渡工程费是指施工企业为进行建筑安装工程施工及维持既有线正常运营，根据施工组织设计确定所需的大型临时建筑物和过渡工程修建及拆除恢复所发生的费用。

2）项目及费用内容

（1）大型临时设施（简称大临）及过渡工程项目。

（2）大临费用内容如下。

① 铁路便线，汽车运输便道，运梁便道，临时给水设施，临时电力线，临时通信基站，渡口、码头、浮桥、吊桥、天桥、地道等的工程费用及养护维修费用。

② 轨道板预制场、轨枕预制场、管片预制场的主体厂房工程费用。

③ 临时场站，集中发电站、集中变电站，隧道污水处理站等的场地土石方、地基处理、生产区硬化面、圬工、吨位不小于 10 t 且长度不小于 100 m 的龙门吊走行线等的工程费用。

④ 修建“大临”而发生的租用土地、青苗补偿、拆迁补偿、复垦及其他所有与土地有关的费用等。其中临时场站中应计列的所有与土地有关的费用列入第一章临时用地费项下。

（3）过渡工程费用内容包括临时性便线、便桥、过渡性站场设施等及其相关的配套工程，以及由此引起的临时养护、租用土地、青苗补偿、拆迁补偿、复垦及其他所有与土地有关的费用等。

3）费用计算规定

（1）大型临时设施和过渡工程，应根据施工组织设计确定的项目、规模及工程量，采用定额按单项概（预）算计算程序计算或按类似指标计列。

（2）大型临时设施和过渡工程，均应结合具体情况，充分考虑借用本建设项目正式工程的材料，以尽可能节约投资，其有关费用的计算规定如下。

① 借用正式工程的材料。

a）钢轨、道岔计列一次铺设的施工损耗，钢轨配件、轨枕、电杆计列铺设和拆除各一次的施工损耗（拆除损耗与铺设同），便桥枕木垛所用的枕木，计列一次搭设的施工损耗。

b）该类材料一般应计列由材料堆存地点至使用地点和使用完毕由材料使用地点运至指定归还地点的运杂费。

c）该类材料在设计概（预）算中一般不计使用费，材料工地搬运及损耗率按《铁路工程基本定额》执行。

② 使用施工企业的工程器材。使用施工企业的工程器材，按表 11-17 所列的临时工程施工器材年使用费率计算使用费。

表 11-17 临时工程施工器材年使用费率

序号	材料名称	年使用费率/%
1	钢轨、道岔	10
2	钢筋混凝土电杆	10
3	铁横担	10
4	铸铁管、钢管、万能杆件、钢铁构件	16

续表

序号	材料名称	年使用费率/%
5	木制构件、油浸电杆	16
6	素材电杆、木横担	20
7	通信、信号及电力线材（不包括光缆、电杆及横担）	30
8	过渡工程用设备	25

注：① 不论按摊销还是折旧计算，均一律按表列费率作为编制概（预）算的依据。其中通信、信号及电力器材的使用年限超过 3 年时，超过部分的年使用费率按 10%计。困难山区使用的钢筋混凝土电杆，不论其使用年限多少，均按 100%摊销。

② 光缆、接触网混凝土支柱不论其使用年限多少，均按 100%摊销。

③ 计算单位为季，不足一季度，按一季度计。

③ 利用旧道砟，除计运杂费外，还应计列必要的清筛费用。

④ 不能倒用的材料，如圬工用料、道砟（不能倒用时），计列全部价值。

（3）铁路便线、便桥的养护费计费定额。为使铁路便线、便桥经常保持完好状态，其养护费按表 11-18 规定的标准计算。

表 11-18　便线、便桥养护费定额

项目	人工	零星材料费	道砟/［m^3/（月・km）］		
			3 个月以内	3～6 个月	6 个月以上
便线	32/［工日/（月・km）］	—	20	10	5
便桥	11/［工日/（月・百换算米）］	1.25（元/月・延长米）	—	—	—

注：① 人工费按编制期 I 类综合工费单价计算。

② 便线长度不满 100 m 者，按 100 m 计；便桥长度不满 1 m 者，按 1 m 计；计算便线长度，不扣除道岔及便桥长度。

③ 便桥换算长度的计算：钢梁桥 1 m=1 换算米；木便桥 1 m=1.5 换算米；圬工及钢筋混凝土梁桥 1 m=0.3 换算米。

④ 养护的期限，根据施工组织设计确定，按月计算，不足一个月者，按一个月计算。

⑤ 道砟数量采用累计法计算（例：1 km 便道当其使用期为一年时，所需道砟数量=3×20+3×10+6×5=120 m^3）。

⑥ 定额内包括冬季积雪清除和雨季养护等一切有关养护费用。

⑦ 通行工程列车或临管列车的便线，并需计列运费者，因运价中已包括了养护费用，不应另列养护费；如运土、运料等临时便线，只计取送车费或机车、车辆租用费者，可计列养护费。

⑧ 营业线上施工，为保证不间断行车面修建通行正式列车的便线，在未办理交接前，其养护费按照表列规定加倍计算。

（4）汽车便道养护费计费标准。为使通行汽车的运输便道经常保持完好的状态，其养护费按表 11-19 规定的标准计算。

表 11-19　汽车变道养护费定额

项目		人工	碎石或粒料
		工日/（月・km）	m^3/（月・km）
土路		15	—
粒料路（包括泥结碎石路面）	干线	25	2.5
	引入线	15	1.5

注：① 人工费按编制期概算综合工费标准计算。

② 计算便道长度，不扣除便桥长度。不足 1 km 者，按 1 km 计。

③ 养护的期限，根据施工组织设计确定，按月计算，不足一个月者，按一个月计。

④ 费用含冬季清除积雪和雨季养护等一切有关养护费用。

⑤ 便道中的便桥不另计养护费。

11.1.2 间接费

间接费指施工企业为完成承包工程而组织施工生产和经营管理所发生的费用。

1. 间接费组成

（1）企业管理费，指建筑安装企业组织施工生产和经营管理所需的费用，具体内容如下。

① 管理人员工资，指管理人员的基本工资、津贴和补贴、辅助工资、职工福利费、劳动保护费等。

② 办公费，指办公用的文具、纸张、账表、印刷、邮电、书报、宣传、通信、会议、水、电、煤（燃气）等费用。

③ 差旅交通费，指职工因公出差、调动工作的差旅费，助勤补助费，市内交通费和误餐补助费，职工探亲路费，劳动力招募费，职工退休、退职一次性路费，工伤人员就医路费，以及管理部门使用的交通工具的油料、燃料及牌照费。

④ 固定资产使用费，指管理和试验部门及附属生产单位使用的属于固定资产的房屋，车辆、设备仪器等的折旧、大修、维修或租赁费。

⑤ 工具用具使用费，指管理部门使用的不属于固定资产的生产工具、器具、家具、交通工具和检验、试验、测绘、消防用具的购置、维修和摊销费。

⑥ 检验试验费，指施工企业按照规范和施工质量验收标准的要求，对建筑安装的设备、材料，构件和建筑物进行一般鉴定、检查所发生的费用，包括自设试验室进行试验所耗用的材料和化学药品费用等，以及根据需要由施工单位委外检验、试验的费用。不包括应由研究试验费和科技三项费用支出的新结构、新材料的试验费；不包括建设单位要求对具有出厂合格证明的材料进行试验，对构件破坏性试验及其他特殊要求检验、试验的费用；不包括由建设单位委外检验、试验的费用；不包括施工质量验收标准以外设计要求的检验、试验费用。

⑦ 财产保险费，指施工管理用财产、车辆保险费用。

⑧ 税金，指企业缴纳的房产税、车船使用税、土地使用税、印花税、城市维护建设税、教育费附加、地方教育附加等各项税费。

⑨ 施工单位进退场及工地转移费，指施工单位根据建设任务需要，派遣人员和机具设备从基地迁往工程所在地或从一个项目迁至另一个项目所发生的往返搬迁费用及施工队伍在同一建设项目内，因工程进展需要，在本建设项目内往返转移，以及劳动工人上、下路所发生的费用，具体包括：承担任务职工的调遣差旅费，调遣期间的工资，施工机械、工具、用具、周转性材料及其他施工装备的搬运费用；施工队伍在转移期间所需支付的职工工资、差旅费、交通费、转移津贴等；劳动工人的上、下路所需车船费、途中食宿补贴及行李运费等。

⑩ 劳动保险费，指由企业支付离退休职工的易地安家补助费、职工退职金、6 个月以上病假人员的工资，以及支付给离休干部的各项经费等。

⑪ 工会经费，指企业按照职工工资总额计提的工会经费。

⑫ 职工教育经费，指企业为职工学习先进技术和提高文化水平，按职工工资总额计提的费用。

⑬ 财务费用，指企业为筹集资金而发生的各种费用，包括企业经营期间发生的短期贷款利息净支出，金融机构手续费，担保费，以及其他财务费用。

⑭ 工程排污费，指施工现场按规定缴纳的工程排污费用。

⑮ 其他，包括技术转让费，技术开发费，业务招待费、绿化费、广告费、公证费、法律顾问费、审计费、咨询费、无形资产摊销费、投标费、企业定额测定、企业信息化管理系统建设及使用费、工程验收配合费等。

（2）规费，指政府和有关部门规定必须缴纳的社会保障费用（简称规费），具体内容如下。

① 社会保险费，指企业按规定缴纳的基本养老保险费、失业保险费、基本医疗保险费、工伤保险费、生育保险费。

② 住房公积金，指企业按规定缴纳的住房公积金。

（3）利润，指施工企业完成所承包的工程应获得的盈利。

2. 间接费计算

间接费分不同工程类别按下式计算

间接费=（基期人工费+基期施工机具使用费）×间接费费率

间接费费率按表 11-20 执行。

表 11-20 间接费费率

类别代号	工程类别	费率/%	附注
1	人力施工土石方	47.4	包括人力拆除工程，绿色防护，绿化；各类工程中单独挖填的土石方，爆破工程的土石方
2	机械施工土石方	21.9	包括机械拆除工程，填级配碎石、砂砾石、渗水土，公路路面各类工程中单独挖填的土石方，综合维修通道、大临土石方工程
3	汽车运输土石方采用定额“增运”部分	10.9	仅指区间路基土石方工程及站场土石方，包括隧道出渣洞外运输
4	特大桥、大桥下部建筑	26.4	含附属工程
5	预制混凝土梁	56.7	含各种桥梁桥面系、支座、梁的横向连接和湿接缝
6	现浇混凝土	43.6	包括分段预制后拼接的混凝土梁
7	运架混凝土简支箱梁	29.9	
8	隧道、明洞、棚洞，自采砂石	33.9	不含隧道的照明、通风与空调等工程，不含掘进机、盾构施工的隧道
9	路基附属工程（不含附属土石方）	33.5	含区间线路防护栅栏，与路基同步施工的接触网支柱基础等
10	框架桥、公路桥、中小桥下部（含附属工程）涵洞，轮渡，码头，一般生产房屋和附属给排水、工务、站场、其他建筑物等建筑工程	44.2	含除大临土石方、大临轨道、临时电力、临时通信以外的大临工程，环保降噪工程
11	铺轨、铺岔，架设其他混凝土梁、钢梁、钢管拱，钢结构站房（含站房综合楼钢结构雨棚、钢结构车库等	89.5	简支箱梁除外，包括轨道附属工程，线路备料及大临轨道；钢管拱包括钢管、钢管内混凝土、系杆、吊杆、梁及桥面板
12	铺砟	40.4	包括线路沉落整修、道床清筛、轨道调整等
13	无砟道床	67.1	包括道床过渡段

续表

类别代号	工程类别	费率/%	附注
14	通信，信号，信息，灾害监测、电力、牵引变电、供电段、机务、车辆、动车，所有安装工程	59.8	含桥梁，隧道的照明工程，隧道通风与空调等工程，临时电力、临时通信、管线防护、管线迁改
15	接触网建筑工程	59.4	含不与路基同步施工的接触网支柱基础

注：① 采用大型机械化施工开挖定额的隧道工程，间接费费率按 25.9%计，掘进机、盾构机施工的隧道间接费费率另行分析计列。

② 过渡工程按表列同类正式工程的费率计列，大型临时设施按表列同类正式工程的费率乘 0.8 的系数计列。

11.1.3 税金

1. 税金的概念

税金指按照设计概（预）算构成及国家税法等有关规定计算的增值税额。

2. 税金的计算

建筑安装工程费税金按下式计算：

税金=（基期人工费+基期材料费+基期施工机具使用费+价外运杂费+价差+填料费+施工措施费+特殊施工增加费+间接费）×税率=直接费+间接费×税率（建筑安装工程费税金税率为 11%。

11.2 设备购置费

设备购置费主要有设备费、设备运杂费及设备购置费税金。

11.2.1 设备费

凡是经过加工制造，由多种材料和部件按各自用途组成独特结构，积累功能、容量传递和转换性能的机器、容器和其他机械、成套装置（达到固定资产标准），以及虽未达到固定资产标准而必须列入设备清单者，统称为设备。

1. 分类

（1）按使用形式分类，设备分为需要安装的设备与不需要安装的设备。

（2）按制造方法分类，设备分为标准设备与非标准设备。标准设备是指有国家统一规定的名称、规格、型号的机电设备。非标准设备是指国家尚无定型标准，制造厂不批量生产，又不易通过贸易关系购买，由使用单位提供设计图纸，再委托制造厂制造或由施工单位就地制造生产的设备，此类设备无统一标准。

（3）按购入渠道分类，设备分为国内设备与进口设备。

（4）按结构组成分类，设备分为单机与机组。

2. 设备购置费的计算

设备购置费指购置的达到固定资产标准的设备、工器具、生产家具和虽低于固定资产标准，但属于设计明确列入设备清单的设备等所需的费用。购买计算机硬件设备时所附带的软件若不单独计价，其费用应随设备硬件一起列入设备购置费中。设备购置费包括设备费，设备运杂费和税金。

设备费指根据设计确定的设备规格、型号、数量，按相应的设备原价计算的费用。

$$设备费=\sum（设备数量\times设备原价）$$

编制期设备费与基期设备费差额按设备费价差计列。

（1）设备原价，指标准设备的出厂价（含按专业标准要求的保证在运输过程中不受损失的一般包装费，以及按产品设计规定携带的工具、附件和易损件的费用）或非标准设备的加工订货价（包括材料费、加工费及加工厂的管理费等）。

（2）基期设备原价按《铁路工程建设设备预算价格》执行，若《铁路工程建设设备预算价格》为含可抵扣进项税额后的价格，则应以扣除可抵扣进项税额后的价格作为基期设备原价。

（3）编制期设备原价采用不可抵扣进项税额后的价格。标准设备原价可根据生产厂家的出厂价及国家机电产品市场价格目录和设备信息价等资料综合分析确定，非标准设备原价可按厂家加工订货等价格资料，并结合设备信息价格，经分析论证后确定。

（4）设计单位自行补充设备的价格应为不含可抵扣进项税额后的价格。

11.2.2 设备运杂费

设备运杂费指设备自生产厂家（来源地）运至施工安装地点所发生的运输费、装卸费、手续费、采购及保管费等费用的总称。

$$设备运杂费=基期设备费\times设备运杂费费率$$

设备运杂费费率一般地区按6.5%计列，新疆、西藏、青海按8.4%计列。

11.2.3 设备购置费税金

设备购置费税金按下式计算：

$$税金=（基期设备费+设备运杂费+设备费价差）\times税率$$

建筑安装工程费税金与设备购置费税金税率为11%。

11.3 其他费

其他费指应由基本建设投资支付并列入建设项目投资内，除建筑安装工程费、设备购置费、基本预备费之外的有关静态投资费用。不包括政府有关部门对建设项目实施审批、核准或备案管理，委托专业服务机构等中介提供评估评审等服务所发生的费用。

11.3.1 土地征（租）用及拆迁补偿费

土地征（租）用及拆迁补偿费指按照《中华人民共和国土地管理法》等规定，为进行铁路建设所需的土地征（租）用及拆迁补偿等费用。

1. 费用内容

（1）土地征用补偿费，指土地补偿费，安置补助费，必须缴纳或发生的失地农民保险，被征用土地地上附着物及青苗补偿费，征用城市郊区菜地缴纳的菜地开发建设基金，征用耕地缴纳的耕地开垦费，耕地占用税等。

（2）拆迁补偿费，指被征用土地上的房屋及附属构筑物、城市公共设施等迁建补偿费等；既有管线路迁改、改沟（渠、河），导流设施、消防设施、水坝修建及河道加固防护等所发生的补偿性费用；项目建设造成封井，农田、水利设施、水系损坏及房屋损坏修复费或补偿费等。

（3）临时用地费，指取弃土（石）场（含隧道弃渣场）及大型临时设施中的临时场站等工程的临时占地费用，包括租用土地、青苗补偿、拆迁补偿、复垦及其他所有与土地有关的费用等。

（4）征地拆迁工作经费，指在征地拆迁过程中，工程所在地有关部门配合征地拆迁工作所发生的相关人员的工作经费、资产评估费及土地登记管理费等。

（5）用地勘界费，指委托有资质的土地勘界机构对铁路建设用地界进行勘定所发生的费用。

（6）土地预审费，指铁路工程建设项目用地预审工作的组织协调、技术方案制定、组卷汇总，各级的材料核查初审及上报自然资源部等工作所需的费用，内容包括图件费、咨询费、听证费及差旅费等。

（7）森林植被恢复费，指为保护森林资源，促进我国林业可持续发展，按照《中华人民共和国森林法》和《中华人民共和国森林法实施条例》等规定缴纳的所征用林地的植被恢复费用。

（8）临时用地复垦方案报告编制费，指在铁路工程建设申请用地之前，依据土地开发整理相关规范和要求，对铁路工程临时用地复垦开展设计、提出具体工程措施，编制详细的土地复垦方案，计算土地复垦费用，编制临时用地复垦方案报告等所需的费用。

（9）压覆矿藏评估与补偿费，指按照有关规定，为了解铁路建设工程所在地区的矿产资源分布和开采情况，由建设单位组织对压覆矿藏进行评估与补偿所需的费用。

2. 费用计列

（1）土地征用补偿费、拆迁补偿费；临时用地费等应根据设计提出的建设用地面积和补偿动迁工程数量，按国家有关部门及工程所在地区的省（自治区、直辖市）政府有关规定和价格计列。

（2）征地拆迁工作经费、用地勘界费、土地预审费、森林植被恢复费、临时用地复垦方案报告编制费、压覆矿藏评估与补偿费等按国家和工程所在地区的省（自治区、直辖市）政府有关规定和价格计列。

11.3.2 建设项目管理费

（1）概念。建设项目管理费指项目建设单位从项目筹建之日起至办理竣工财务决算之日止发生的管理性质开支。

（2）内容。建设项目管理费包括不在原单位发工资的工作人员工资及相关费用、办公费、办公场地租用费、差旅交通费、劳动保护费、工具用具使用费、固定资产使用费、招募生产工人费、技术图书资料费（含软件）、业务招待费、施工现场津贴、竣工验收费和其他管理性质开支。

（3）计算。本项费用以建设项目静态投资、价差预备费和建设期投资贷款利息总额扣除土地征（租）用及拆迁补偿费为基数，按表 11-21 所列费率采用累进法计算。

表 11-21　项目建设管理费费率

第二章～第十章费用总额/万元	费率/%	算例/万元	
		总概算	建设单位管理费
1 000 及以下	2.0	1 000	1 000×2.0%=20
1 001～5 000	1.5	5 000	20+（5 000−1 000）×1.5%=80
5 001～10 000	1.2	10 000	80+（10 000−5 000）×1.2%=140
10 001～50 000	1.0	50 000	140+（50 000−10 000）×1.0%=540
50 001～100 000	0.8	100 000	540+（100 000−50 000）×0.8%=940
100 000 以上	0.4	200 000	940+（200 000−100 000）×0.40%=1 340

建设项目管理费按上述方法计算确定后，再对因建设项目管理费计入概算而引起的相关章节费用变化做一次调整。

由多个建设单位承担的建设项目（代建除外），按各建设单位管理范围计算。

11.3.3　建设单位印花税及其他税费

建设单位印花税及其他税费指项目建设单位发生的各类与建设相关的合同印花税、资本金印花税、房产税、车船税、契税及按规定缴纳的其他税费等。

本项费用的计算按第一～十章费用总额扣除土地征（租）用及拆迁补偿费为基数，乘0.07%的费率计列。

11.3.4　建设项目前期费

建设项目前期费指建设项目在预可行性研究及可行性研究阶段，由建设单位组织进行项目论证评估、立项批复、申报核准等工作所发生的有关费用，主要包括可行性研究费、建设项目选址报告编制费、社会稳定风险评估报告编制费、环境影响报告编制与评估费、水土保持方案报告编制与评估费、节能评估报告书编制与评审费、洪水影响评价报告编制费、职业病危害预评价费、地质灾害危险性评估费、地震安全性评估费、通航论证费、文物保护费等。

（1）可行性研究费，指编制项目建议书（或预可行性研究报告）、可行性研究报告（含初测）所需的费用。

（2）建设项目选址报告编制费，指按照国家有关规定，就项目规划选址报批编制建设项目选址意见书等所需的费用。

（3）社会稳定风险评估报告编制费，指按照国家有关规定，就项目建设方案，建设用地及征地拆迁补偿，生态环境、文物保护及对沿线生产生活的其他影响等编制社会稳定风险评估报告等所需的费用。

（4）环境影响报告编制与评估费，指按照有关规定编制建设项目环境影响报告，以及由建设单位组织的评估等所发生的费用。

（5）水土保持方案报告编制与评估费，指按照有关规定编制建设项目水土保持方案报告，以及由建设单位组织的评估等所发生的费用。

（6）节能评估报告书编制与评审费，指根据国家有关规定，由国家发展和改革委核报国务院审批或核准及由国家发展和改革委审批或核准的新建、改建铁路建设项目（含独立枢纽大型客站等）的节能评估报告书的编制，以及由建设单位组织的评审等发生的费用。

（7）洪水影响评价报告编制费，指按照有关规定，就洪水对建设项目可能产生的影响和建设项目对防洪可能产生的影响做出评价，并编制洪水影响评价报告所需的费用。

（8）职业病危害预评价费，指建设项目因可能产生职业病危害，而编制职业病危害预评价报告及由建设单位组织的报告评审所需的费用。

（9）地质灾害危险性评估费，指为避免和减轻地质灾害对铁路工程建设运营造成的损失，对建设项目所在地区的地质灾害危险性进行评估所需的费用。

（10）地震安全性评估费，指按照有关规定对建设项目进行地震安全性评估所需的费用。

（11）通航论证费，指根据有关规定，对修建的与通航有关的铁路工程设施进行安全论证和尺度论证等工作所需的费用。

（12）文物保护费，指按照有关规定，建设单位在进行大型基本建设工程前，请从事考古发掘的单位，在工程范围内有可能埋藏文物的地方进行考古调查、勘探，以及对受建设项目影响的文物进行原址保护、迁移、拆除所需的费用。

建设项目前期工作费的计算按项目预可行性研究和可行性研究阶段的实际发生金额计列。

11.3.5 施工监理费

施工监理费指由建设单位委托具有相应资质的单位，在铁路建设项目的施工阶段实施监理的费用。

考虑设计概（预）算编制需要，制定了施工监理费的费用定额。本项费用的计算按工程概（预）算投资额分档定额计费法计算后，纳入设计概（预）算，工程实际发生的费用应按国家有关规定实行市场调节价。

1. 计算公式

施工监理费=计算基数×施工监理费费率×施工监理费复杂程度调整系数×高度调整系数×工期调整系数

2. 公式中的有关因素

（1）本项费用以总概算编制范围的第一～十章建筑安装工程费用总额为计算基数。

（2）施工监理费费率。根据总概算编制范围的第一～十章建筑安装工程费用总额，按表11-22所列费率采用直线内插法计列。

（3）施工监理费复杂程度调整系数，根据工程特征按表11-23所列系数选用。

表 11-22 施工监理费费率

序号	第一～十章建筑安装工程费用/万元	施工监理费费率/%
1	5 000	2.42
2	10 000	2.19
3	50 000	1.70
4	100 000	1.51
5	500 000	1.17
6	1 000 000	1.04

注：第一～十章建筑安装工程费用总额大于 1 000 000 万元的，施工监理费费率按 1.04%计列。

表 11-23 施工监理费复杂程度调整系数表

复杂程度等级	工程特征	施工监理费复杂调整系数
Ⅰ级	新建Ⅱ、Ⅲ、Ⅳ级铁路	0.85
Ⅱ级	1. 新建时速 200 km 客货共线铁路 2. 新建Ⅰ级铁路 3. 货运专线 4. 独立特大桥 5. 独立隧道 6. 改扩建和技术改造铁路	新建双线 0.85 其他 1.0
Ⅲ级	1. 客运专线 2. 技术特别复杂的工程	0.95

（4）施工监理费高度调整系数。根据设计线路海拔，按表 11-24 所列系数选用。

（5）施工监理费工期调整系数。工期调整系数根据设计施工工期，按表 11-25 所列系数选用。

表 11-24 施工监理费高度调整系数表

序号	海拔/m	高度调整系数
1	≤2 000	1.0
2	>2 000～3 000	1.1
3	>3 000～3 500	1.2
4	>3 500～4 000	1.3
5	>4 000	由发包人和监理人协商确定

表 11-25 施工监理费工期调整系数表

序号	设计施工工期/月	工期调整系数
1	≤60	0.8
2	60～72	0.9
3	73～84	1.0
4	85～96	1.1
5	≥97	1.2

11.3.6 勘察设计费

考虑设计概（预）算编制需要，制定了勘察设计费的费用定额。勘察设计费按下列方法计算后，纳入设计概（预）算，工程实际发生的费用应按国家有关规定实行市场调节价。

1. 勘察费

勘察费指勘察人根据发包人的委托，收集已有资料，现场踏勘、制定勘察纲要，进行测绘、勘探、取样、试验、测试、检测、监测等勘察作业，以及编制工程勘察文件和岩土工程设计文件等收取的费用。

铁路工程勘察费采用实物工作量法计算。

1）计算公式

勘察费=（勘察费定额+七项费用定额）×实物工作量×勘察费附加调整系数×（1+主体勘察协调费等系数）

2）公式中的有关因素

（1）勘察费定额。根据铁路工程勘察复杂程度，按表 11–26 所列定额采用直线内插法计列勘察费定额。

表 11–26 铁路工程勘察费定额表

建设项目类型	工作阶段	计费单位	勘察费定额/万元				
			勘察复杂程度				
			Ⅰ	Ⅱ	Ⅲ	Ⅳ	Ⅴ
新建单线非电气化铁路	初测	正线公里	2.46	3.16	4.64	6.30	8.50
	定测		3.00	3.86	5.66	8.67	11.67
	合计		5.46	7.02	10.30	14.97	20.17

注：① 铁路工程勘察复杂程度按表 11–27 划分，根据表 11–28 所列勘察因素的赋分值计算确定。
② 铁路工程全线复杂程度按里程加权平均确定。
③ 若可行性研究费中已经包含初测费用，则不应重复计算。
④ 施工图设计阶段的补充定测勘察费定额按定测勘察费定额的 0.6 倍计算。
⑤ 在铁路线路工程勘察正线公里范围内引起的其他铁路改建的工程勘察不再计算费用。
⑥ 正线长度在 30 km 以下的独立项目的勘察费定额按本表相应定额的 1.5 倍计算。
⑦ 枢纽内正线，1 km 以上的联络线（包括干线与干线、干线与支线、专用线之间的联络线）、环到线、环发线、疏解线，1 km 以上专用线的工程勘察费定额，按本表相应定额计列。
⑧ 本勘察费定额对应的基本钻探含量见表 11–29，相邻复杂程度之间的基本钻探含量采用直线内插法计算。超出表 11–29 钻探量的，或者需要做工程地质加深勘察，或者需要进行专项工程勘察的，由发包人与勘察人根据市场价格另行计算需增加的费用。

表 11–27 铁路工程勘察设计复杂程度表

复杂类型	Ⅰ	Ⅱ	Ⅲ	Ⅳ	Ⅴ
类别分值	4	10	15	20	≥25

注：复杂程度分值处于两档之间，采用直线内插法确定勘察设计复杂程度。

表 11–28 铁路工程勘察设计复杂程度赋分值表

复杂程度	Ⅰ		Ⅱ		Ⅲ		Ⅳ		Ⅴ	
因素分类	因素	分值	因素	分值	因素	分值	因素	分值	因素	分值
地形	地形平坦或稍有坡度	1	地形起伏小，高差≤20 m 的缓丘地区	3	地形起伏较大，高差≤80 m 的重丘地区	5	地形起伏变化大，高差 150 m 的山区	7	地势起伏变化很大，高差>150 m 的山区	9

续表

通视通行	地形开阔，通视良好；通行方便的平原或草原	1	高草、高农作物、树林、竹林隐蔽地区面积≤20%；有部分杂草和低矮农作物或高差较小的梯田地区	2	高草、高农作物、树林、竹林隐蔽地区面积≤40%；容易通过的沼泽水网、高差较大的梯田地区	4	高草、高农作物、树林、竹林隐蔽地区面积≤50%；沙漠、较难通行的水网、沼泽、较深的冲沟、石峰石林及难以通行的岩石露头地区	6	高草、高农作物、树林、竹林隐蔽地区面积≥50%；岭谷险峻、地形切割剧烈、攀登艰难的山区、很难通行的沼泽、密集的荆棘灌木丛林区	8
地物	房屋、矿洞、地质勘探点（线）、沟坎、道路、水系，灌网及各种管线等面积≤5%	1	房屋、矿洞、地质勘探点（线）、沟坎、道路、水系、灌网及各种管线等面积≤10%	2	房屋、矿洞、地质勘探点（线）、沟坎、道路、水系、灌网及各种管线等面积≤25%	3	房屋，矿洞、地质勘探点（线）、沟坎，道路、水系、灌网及各种管线等面积≤40%	4	房屋、矿洞、地质勘探点（线）沟坎、道路、水系、灌网及各种管线等面积＞40%	5
工程地质	地质构造简单、地层岩性单一	1	地质构造、地层岩性较简单，不良地质及特殊地质现象较少	3	地质构造、地层岩性较复杂，不良地质现象较发育，特殊地质现象较多	5	地质构造复杂、地层岩性变化大，不良地质现象发育，特殊地质现象多	7	地质构造很复杂、地层岩性种类繁多，变化复杂，不良地质、特殊地质现象规模大且复杂	9

表 11–29　铁路工程勘察基本钻探含量表

复杂类别	Ⅰ	Ⅱ	Ⅲ	Ⅳ	Ⅴ
初测/（m/km）	27.0	36.0	45.0	54.0	63.0
定测/（m/km）	37.8	50.4	63.0	79.4	93.4

（2）七项费用定额。七项费用定额指办理铁路工程勘察相关许可及购买有关资料费；拆除障碍物，开挖及修复地下管线费；修通作业现场道路，接通电源，水源，以及平整场地费；勘察材料及加工费；水上作业用船、排、平台及水监费；勘察作业大型机具搬运费；青苗，树木及水域养殖物赔偿费等。

本项费用根据铁路工程勘察复杂程度，按表 11–30 所列定额采用内插法计算。

表 11–30　铁路工程勘察基本钻探含量表

费用名称	工作阶段	计费单位	七项费用定额/万元				
			勘察复杂程度				
			Ⅰ	Ⅱ	Ⅲ	Ⅳ	Ⅴ
七项费用	初测	正线公里	0.56	0.88	1.22	1.66	2.20
	定测		1.16	1.42	1.76	2.38	2.68
	合计		1.72	2.30	2.98	4.04	4.88

（3）实物工作量。计算铁路工程勘察费的实物工作量为铁路线路长度，以正线公里计，

但下列情况需特殊考虑。

① 枢纽内的大站（包括编组站、工业站、含客技站的客站）的勘察费在计算时，除其贯通正线按线路长度作为实物工作量外，另应增列大站长度2倍的实物工作量。

② 枢纽内进出大站上、下行分开的疏解线，其实物工作量按照上下行线路长度之和计算。其他方向引入正线，环到线、环发线、疏解线，1 km以上联络线和专用线等在大站长度范围以内的部分，其实物工作量按照线路长度的0.5倍计算。

③ 枢纽内的勘察对象为独立复杂的技术设施，如机务段、车辆段，独立货场等，或者上述设施不在大站长度范围内的工程勘察，其实物工作量按基线长度的1～2倍计算。

④ 单独委托勘察的铁路特大桥、长隧道的工程勘察费由发包人与勘察人根据市场价格另行计算。

（4）勘察费附加调整系数，是对工程勘察的自然条件、作业内容和复杂程度差异进行调整的系数。附加调整系数为两个或者两个以上的，附加调整系数不能连乘。将各附加调整系数相加，减去附加调整系数的个数，加上定值1，作为附加调整系数值。铁路工程勘察费附加调整系数包括气温附加调整系数、高程附加调整系数、铁路专业附加调整系数。

① 气温附加调整系数。在气温（以当地气象台、站的气象报告为准）≥35℃或者≤−10℃条件下进行勘察作业时，气温附加调整系数为1.2。

② 高程附加调整系数。在海拔超过2 000 m地区进行工程勘察作业时，高程附加调整系数见表11−31。

表11−31　铁路工程勘察费高程附加调整系数

序号	海拔/m	高程附加调整系数
1	≤2 000	1.0
2	>2 000～3 000	1.1
3	>3 000～3 500	1.2
4	>3 500～4 000	1.3
5	>4 000	由发包人和监理人协商确定

③ 铁路专业附加调整系数参见表11−32。

表11−32　铁路专业附加调整系数

序号	项目	铁路专业附加调整系数	备注
1	一次勘察	0.80	按初、定测勘察费定额之和计算费用
2	v<160 km/h新建电气化单线铁路	1.05	
3	v<160 km/h新建双线非电气化铁路	1.10	
4	v<160 km/h新建双线电气化铁路	1.15	
5	160 km/h≤v≤200 km/h铁路	1.30	不再考虑双线系数
6	200 km/h<v≤250 km/h铁路	初测：1.40 定测：1.54	不再考虑其他铁路专业附加调整系数

续表

序号	项目	铁路专业附加调整系数	备注
7	300 km/h≤v≤350 km/h 铁路	初测：1.60 定测：1.74	不再考虑其他铁路专业附加调整系数
8	非电气化铁路增建第二线	1.00	
9	既有线（含电气化铁路）技术改造	0.60～0.90	根据项目的实际情况，由发包人和勘察人协商确定本系数的取值
10	电气化铁路增二线	1.05	
11	既有线技术改造并电气化	0.80～1.05	根据项目的实际情况，由发包人和勘察人协商确定本系数的取值
12	既有线现状电气化	0.70	
13	永久砟场专用线	1.00	

（5）主体勘察协调费系数。铁路建设项目工程勘察由两个或两个以上勘察人承担的，可根据需要计算主体勘察协调费。主体勘察协调费系数按不超过 5%计列。

2. 设计费

设计费指设计人根据发包人的委托，提供编制建设项目初步设计文件、施工图设计文件等服务所收取的费用。

铁路工程设计费采用按照工程概算投资额分档定额计费方法计算。

1）计算公式

设计费=计算基数×设计费费率×设计复杂程度调整系数×设计费附加调整系数×（1+其他设计费系数）

2）公式中有关因素

（1）计算基数。本项费用以建设项目初步设计概算第二～十章费用总额为计算基数。

（2）设计费费率。根据建设项目初步设计概算第二～十章费用总额，按表 11-33 所列定额采用直线内插法计算。

（3）设计复杂程度调整系数。根据工程特征，按表 11-34 所列系数选用。

表 11-33　设计费费率表

序号	建设项目初步设计概算第二～十章费用总额/万元	设计费费率/%
1	5 000	1.18
2	10 000	1.10
3	50 000	0.92
4	100 000	0.86
5	500 000	0.73
6	1 000 000	0.68
7	2 000 000	0.58

注：① 建设项目初步设计概算第二～十章费用总额大于 2 000 000 万元的，设计费费率按 0.58%计列；

② 设计费费率中，初步设计费占比为 45%，施工图设计费占比为 55%。

表 11-34 设计复杂程度调整系数表

复杂程度等级	工程特征	施工监理费复杂调整系数
Ⅰ级	新建单线铁路	0.85
Ⅱ级	1. 新建时速 200 km 及以下双线铁路 2. 改扩建和技术改造铁路	1.0
Ⅲ级	1. 新建时速 200 km 及以下双线铁路 2. 技术特别复杂的工程	1.15

（4）设计费附加调整系数。根据铁路建设工程的设计速度目标值，设计费附加调整系数如下：

v≤200 km/h 时，取 1.0；

200 km/h<v≤250 km/h 时，取 1.11；

300 km/h≤v≤350 km/h 时，取 1.22。

（5）其他设计费系数。根据工程设计实际需要或发包人要求所发生的总体设计费，主体设计协调费等其他设计费，按不超过 5%计列。

11.3.7 设计文件审查费

设计文件审查费指为保证铁路工程勘察设计工作质量，由建设单位组织有关专家或委托有资质的单位，对设计单位提交的建设项目预可行性研究（项目建议书）、可行性研究、初步设计、Ⅰ类变更设计及调整概算文件进行审查（核）所需要的相关费用。

本项费用以建筑安装工程费为基数，按表 11-35 所列费率计算后，纳入设计概（预）算，工程实际发生的费用应按国家有关规定实行市场调节价。

表 11-35 设计文件审查费费率表

建设项目投资总额/亿元	10 及以下	50	200	500	100 及以上
费率/%	0.22	0.16	0.09	0.06	0.03

注：① 建设项目设计文件审查费应根据建设项目投资总额，采用直线内插法确定费率，并以建设项目投资总额对应的建筑安装工程费为基数计算；

② 根据设计复杂程度，计算本项费用时乘设计复杂程度调整系数，参见表 11-34。

11.3.8 其他咨询服务费

其他咨询服务费指由建设单位委托具有相应资质的单位，在铁路项目建设过程中实施咨询服务的相关费用，包括招标咨询费、勘察监理与咨询费、设备（材料）采购监造费、施工图审查（核）费、第三方审价费、环境保护专项监理费、水土保持监测费、无砟轨道铺设条件评估费、环境保护和水土保持设施验收报告编制费、职业病危害控制效果评价费、第三方检测费、计算机软件开发与购置费等。

（1）招标咨询费，指具有相应资质的单位接受建设单位委托，提供代理工程、货物，服务招标、编制招标文件、确定最高投标限价，审查投标人资格，组织投标人踏勘现场并答疑，组织开标、评标、定标，以及提供招标前期咨询、协调合同的签订等服务收取的费用。

（2）勘察监理与咨询费，指具有相应资质的单位接受建设单位委托，在铁路建设项目勘察阶段，对勘察工作中的相关规程、规范和勘察合同的符合性进行检查，对工程地质，水文地质勘探、钻探、原位测试、室内试验的全过程进行监理等工作所收取的费用。

（3）设备（材料）采购监造费，指具有相应资质的单位接受建设单位委托，按照有关法规和价格。对铁路建设工程中出现的新材料、新设备（或非标材料、非标设备）制造过程的质量实施监督服务所发生的费用。

（4）施工图审查（核）费，指具有相应资质的单位接受建设单位委托，按照有关法律、法规、规范、标准，对施工图涉及公共利益、公共安全和工程建设强制性标准进行审查，对施工图的图纸及总预算等进行审核所发生的费用。

（5）第三方审价费，指具有相应资质的单位接受建设单位委托，对铁路建设项目的征地拆迁、岩溶处理、材料价差等进行专项审价所发生的费用。

（6）环境保护专项监理费，指为控制铁路工程施工阶段的环境污染和生态破坏，由建设单位委托具有工程环境监理资质的单位对铁路工程施工进行环境监测、检查、监理所发生的费用。

（7）水土保持监测费，指有水土流失防治任务的铁路建设项目，按照有关规定，设立专项监测点对水土流失状况进行监测，并定期向项目所在地县级监测管理机构报告监测成果所需的费用。

（8）无砟轨道铺设条件评估费，指根据铁路建设需要，在无砟轨道铺设之前，受建设单位委托的评估单位对观测数据抽检检查，建立沉降变形观测数据库，对观测数据及无砟轨道铺设条件进行评估等所需的费用。

（9）环境保护和水土保持设施验收报告编制费，指在铁路建设工程验收之前，对工程中的环境保护设施、水土保持设施进行验收报告编制所需的费用。

（10）职业病危害控制效果评价费，指对建设项目的职业病危害控制效果进行评价，编制评价报告及由建设单位组织的报告评审所需的费用。

（11）第三方检测费，指为保证工程质量，由建设单位委托具有相应资质的单位对根据要求必须进行第三方检测的工程项目进行检测所需的费用。

（12）计算机软件开发与购置费，指购买计算机硬件所附带的单独计价的软件，或需另行开发与购置的软件所需的费用。不包括项目建设、设计、施工、监理、咨询工作所需软件。

本项费用按第一～十章费用总额扣除土地征（租）用及拆迁补偿费为基数，乘 0.5% 的费率计算后，纳入设计概（预）算，工程实际发生的费用应按国家有关规定实行市场调节价。

11.3.9 营业线施工配合费

营业线施工配合费指施工单位在营业线上或邻近营业线进行建筑安装工程施工时，需要运营单位在施工期间参加配合工作所发生的费用（含运营单位安全监督检查费用）。

营业线施工配合费情况较复杂，编制设计概（预）算时，可按不同工程类别的计算范围，以编制期人工费与编制期施工机具使用费之和为基数，乘表 11-36 所列参考费率计列。

表 11-36 营业线施工配合费费率表

工程类别	费率/%	计算范围
一、路基		
1. 石方爆破	4.1	在铁路线路路堤坡脚、路堑坡顶、铁路桥梁外侧起向外各 1 000 m 范围内，以及在铁路隧道上方中心线两侧各 1 000 m 范围内
2. 邻近营业线路基工程	1.3	距离铁路路堤坡脚、路堑坡顶、设备或设施外缘，向外延伸 20 m 范围，含涵洞配合费
3. 营业线路基工程	1.7	路基改建工程（不含土方的运输）
二、桥涵		
1. 邻近营业线桥梁（含上跨营业线）	3.9	距离铁路路堤坡脚、路堑坡顶、设备或设施外缘，向外延伸 20 m 范围
2. 营业线桥涵改建	4.8	桥涵改建工程
3. 顶进框架桥、顶进涵洞	2.5	包括主体预制、工作坑、引道及框架桥、涵洞的路面、排水工程
三、隧道及明洞		
1. 邻近营业线隧道	4.4	距离铁路路堤坡脚、路堑坡顶，设备或设施外缘，向外延伸 20 m 范围，及距离洞口 1 000 m 范围内的爆破工程
2. 营业线隧道改建	5.0	隧道改建工程
四、轨道		
1. 邻近营业线轨道（包括有砟轨道、无砟轨道）	3.1	距离铁路路堤坡脚、路堑坡顶、设备或设施外缘，向外延伸 20 m 范围
2. 邻近营业线铺道岔	5.6	
3. 营业线铺轨	5.3	轨道改建工程
4. 营业线铺道岔	7.9	
5. 营业线铺道床	3.6	
五、通信（含信息、灾害监测）		
1. 邻近营业线	4.8	距离铁路路堤坡脚、路堑坡顶，设备或设施外缘，向外延伸 20 m 范围内的建安工程
2. 营业线	5.4	改建建安工程
六、信号		
1. 邻近营业线	22.0	距离铁路路堤坡脚、路堑坡顶，设备或设施外缘，向外延伸 20 m 范围内的建安工程
2. 营业线	25.0	改建建安工程
七、电力		
1. 邻近营业线	4.6	距离铁路路堤坡脚，路堑坡顶，设备或设施外缘，向外延伸 20 m 范围内的建安工程
2. 营业线	5.2	改建建安工程
八、接触网		
1. 邻近营业线	5.5	距离铁路路堤坡脚、路堑坡顶，设备或设施外缘，向外延伸 20 m 范围内的建安工程

续表

工程类别	费率/%	计算范围
2. 营业线	6.2	改建建安工程
九、牵引变电所		
1. 邻近营业线	4.1	距离铁路路堤坡脚，路堑坡顶、设备或设施外缘，向外延伸 20 m 范围内的建安工程
2. 营业线	4.6	改建建安工程
十、给排水		
1. 邻近营业线	2.1	距离铁路路堤坡脚、路堑坡顶、设备或设施外缘，向外延伸 20 m 范围内的建安工程
2. 营业线	2.3	改建建安工程
十一、站场		
1. 邻近营业线	8.7	距离铁路路堤坡脚、路堑坡顶、设备或设施外缘，向外延伸 20 m 范围内的建安工程
2. 营业线	9.9	改建建安工程

注：本表费率为参考费率，供设计概（预）算编制时参考使用。具体设计概（预）算编制时，设计单位应调查并综合考虑相关铁路运营企业的规定及市场在资源配置中的作用。

11.3.10 安全生产费

安全生产费指施工企业按照规定标准提取在成本中列支，专门用于完善和改进施工企业安全生产条件的资金。铁路工程安全生产费使用范围见表 11-37，表 11-37 内的安全生产项目在设计概（预）算其他部分中不应再重复计列相关费用。

本项费用按费率计算部分，以建筑安装工程费的 2.0%计列，加强超前地质预报费用，以设计数量按相关定额计算。

表 11-37 铁路工程安全生产费使用范围

一、完善、改造和维护安全防护设施设备支出（不含“三同时”要求初期投入的安全设施）
1.“洞口”（楼梯口、电梯井口、预留洞口、通道口等）“临边”（未安装栏杆的平台临边、无外架防护的层面临边、升降口临边、基坑沟槽临边、上下斜道临边等）、挖井、挖孔沉井、泥浆池等防护、防滑设施
2. 施工场地安全围挡设施
3. 施工供配电及用电安全防护设施（漏电保护、接地保护、触电保护等装置，变压器、配电盘周边防护设施，电器防爆设施，防水电缆及备用电源等）
4. 各类机电设备安全装置
5. 隧道及孔洞开挖过程中有毒有害气体监测、通风设备设施，隧道内粉尘监测设备设施
6. 地质灾害监控防护设备设施
7. 防火、防爆、防尘、防毒、防雷、防台风等设备设施及备品
8. 机械设备（起重机械、提升设备、锅炉、压力器、压缩机等）上的各种保护、保险装置及安全防护措施
9. 爆破及交叉作业（穿越村镇、公路，河流、地下管线进行施工、运输等作业）所增设的防护、隔离、栏挡等防护措施
10. 防治边坡滑坡设备

续表

11. 高处作业中防止物体、人员坠落设置的安全带、棚、护栏等防护设施
12. 各种安全警示、警告标志
13. 航道临时防护及航标设置等
14. 安全防护通信设备
15. 其他临时安全防护设备、设施
二、配备、维护、保养应急救援器材、设备支出和应急演练支出
1. 应急电源、照明、通风、抽水、提升设备及锹镐铲、千斤顶等
2. 防洪、防坍塌、防山体落石、防自然灾害等物资设备
3. 急救药箱及器材
4. 应急救援设备，器械（包括救援车等）
5. 救生衣、圈、船等，船只靠帮设备
6. 各种消防设备和器材
7. 安全应急救援及预案演练
8. 其他救援器材、设备
三、开展重大危险源和事故隐患评估、监控和整改支出［含临近既有线或建（构）筑物施工所产生的影响等］
1. 超前地质预报（不含Ⅰ级风险隧道中极高风险段落的加强超前地质预报：超前钻孔、加深炮孔、地震波反射法物理探测），重大危险源评估、监控费用
2. 水上及高空作业评估、整改
3. 危险源辨识与评估（高路堑开挖、深基坑开挖、瓦斯隧道、既有线隧道评估等）
4. 临近既有线或建（构）筑物施工危险源和事故隐患评估、监控和整改支出
5. 重大事故隐患评估、整改支出
6. 应急预案措施投入
7. 自然灾害预警费用
8. 爆炸物运输、储存、使用时安全监控防护费用及安全检查与评估费用
9. 施工便桥安全检测、评估费用
10. 其他重大危险源、重大事故隐患的评估、整改监控支出
四、安全生产检查、评价（不包括新建、改建、扩建项目安全评价）、咨询和标准化建设支出
1. 聘请专家参与安全检查、评价和咨询费用
2. 各级安全生产检查、督导与评价费
3. 安全生产标准化建设费用
五、配备和更新现场作业人员安全防护用品支出
1. 配备现场作业人员的安全防护用品
2. 更新现场作业人员的安全防护用品
六、安全生产宣传、教育、培训支出
1. 购置编印安全生产书籍、刊物、影像资料等

续表

2. 举办安全生产展览和知识竞赛活动，设立陈列室、教育室等
3. 召开安全生产专题会议等
4. 专职安检人员、生产管理人员安全生产专业培训等
5. 全员安全及特种（专项）作业安全技能培训等
6. 各种安全生产宣传支出
7. 其他安全教育培训费用
七、安全生产适用的新技术、新标准、新工艺、新装备的推广应用支出
八、安全设施及特种设备检测检验支出
1. 各种安全设备设施的检测、检查费
2. 特种机械设备、压力容器、避雷设施等检查、检测费
九、其他与安全生产直接相关的支出
1. 特种作业人员（从事高空、井下、尘毒作业的人员等）体检费用
2. 办理安全施工许可证
3. 办公、生活区的防腐、防毒、防四害、防触电、防煤气、防火患等支出
4. 与安全员有关的费用支出
5. 其他

注：① Ⅰ级风险隧道中极高风险段落的超前钻孔、加深炮孔、地震波反射法物理探测的加强超前地质预报费用按相关定额另计，列入第十一章安全生产费项下。

② 本表所列使用范围均指保障施工企业安全生产的支出，保障施工企业之外的其他安全性支出，需按设计的保障措施另计费用，列入相关正式工程章节中。

11.3.11 研究试验费

研究试验费指为建设项目提供或验证设计数据、资料等所进行的必要的研究试验，以及按照设计规定在施工中必须进行的试验、验证所需的费用，其不包括以下内容。

（1）应由科技三项费用（即新产品试制费、中间试验费和重要科学研究补助费）开支的项目。

（2）应由检验、试验费开支的施工企业对建筑材料、设备、构件和建筑物等进行一般鉴定检查所发生的费用及技术革新的研究试验费。

（3）应由勘察设计费开支的项目。

本项费用应根据设计提出的研究试验内容和要求，经建设主管单位批准后计列。

11.3.12 联调联试等有关费用

联调联试等有关费用包括静态检测费、联调联试费、安全评估费、运行试验费及综合检测列车高级修费用等。

本项费用按有关费用定额计算。

11.3.13 利用外资有关费用

利用外资有关费用指铁路基本建设项目利用国外贷款（用于土建工程或采购材料和设

备）时，发生的有关附加费用。工程实际发生的费用应按国家有关规定实行市场调节价。

1. 附加支出费

附加支出费指外资项目通过招标方式采购材料、设备，引进技术和服务，所需支出的有关费用。

1）手续费

由于贷款方不同，所发生的手续费也不同。目前主要有国内代理银行手续费、建设期国外贷款转贷手续费、采购代理人手续费及商检费。

不同贷款方发生的手续费计列定额如下。

（1）国内代理银行手续费。

根据商务部有关文件规定，国内代理银行为办理进口业务而收取的手续费，以贷款总额按现行汇率折合人民币后的0.1%计列。

（2）建设期国外贷款转贷手续费。

根据转贷协议规定，国内转贷银行收取的转贷手续费，以评估报告的建设期内已提取未偿还部分的贷款额，按有关费用定额计算。

（3）采购代理人手续费。

根据商务部有关文件规定，作为采购代理人的进出口公司，为进行国家招标、合同签约，执行等业务所收取的费用，以材料、设备中标数额，按现行汇率折合人民币后为计算基数，乘下列费率计算。

材料、设备中标数额500万美元以下部分：1.0%。

材料、设备中标数额500万美元以上部分：0.5%。

（4）商检费。

根据国家规定，进口材料、设备，抵达中国口岸、工地后，商检部门进行商检所发生的费用，原则上以进口材料、设备费用，按现行汇率折合人民币后的0.2%计列。

为简化概（预）算编制，设计阶段手续费以外资贷款总额按现行汇率折合人民币后的1.5%计列，实施阶段应按有关合同约定计算。

2）港杂费

港杂费指进口材料和设备海（空）运到达我国指定的口岸起，至港口车站装车前止，所发生的既不属于海（空）运费，又不属于国内运杂费的有关费用。本项费用原则上应按交通部有关规定及采购合同的运货条件计算。为简化概（预）算编制，在设计阶段，无论利用外资采购材料、设备是国内或国外中标，均以外资采购费用按现行汇率折合人民币后为计算基数，设备按0.4%计列，材料按1.4%计列，实施阶段应按有关合同约定计算。

3）国内运杂费

国内运杂费指由港口存货地点运往工地发生的运费，过路费、装卸费、工地保管费等。本项费用按国内采购材料设备运杂费的计算方法计列。

4）汇兑损益

汇兑损益指因采用不同的汇率而产生的会计记账本位币金额的差异。

项目用外资完成后，本项费用按初验完成之日的汇率折算，与实际支付人民币的差值计列。

5）利用外资管理其他费

利用外资管理其他费指对外资项目进行管理所发生的费用，内容包括项目预评估与评估费、标书编译及评标费，竣工报告及后评价费等。本项费用以利用外资贷款总额按现行汇率折合人民币后的 0.13%计列。利用国外贷款实施的土建工程，另以外资土建工程建筑工程费总额的 0.10%计列建设单位利用外资管理费。

2. 利用外资可行性研究报告编译费

利用外资可行性研究报告编译费指编制、翻译和评估项目利用外资可行性研究报告所需的费用。本项费用以利用外资贷款总额按现行汇率折合人民币后的 0.05%计列。

3. 外资设计概（预）算编制费

外资设计概（预）算编制费指承担利用国外贷款项目设计任务的设计单位，完成各阶段外资概（预）算编制所发生的费用。本项费用以利用外资贷款总额按现行汇率折合人民币后的 0.05%计列。

4. 征地拆迁和移民安置实施计划编译费

征地拆迁和移民安置实施计划编译费指按照国外贷款机构的要求，对外资项目征地拆迁和移民安置进行社会调查、建立信息管理系统和实施计划编译等工作所发生的费用。

当国外贷款机构有此要求时，以本项目利用外资贷款总额按现行汇率折合人民币后的 0.05%～0.10%计列。

5. 征地拆迁和移民安置监控费

征地拆迁和移民安置监控费指按照国外贷款机构的要求，对外资项目征地拆迁和移民安置进行监控所发生的费用，包括外部监控和内部监控。

外部监控的内容包括：对移民安置总量 5%的基底调查，每半年一次的现场调查，移民安置监控报告和后评估报告的编译。陪同国外贷款机构检查，参加谈判等。

内部监控的内容包括：每半年编制一份工程进度和移民安置进展情况的报告，配合外部监控单位开展工作，配合国外贷款机构检查等。

当国外贷款机构有此要求时，本项费用根据建设期年限，1 210 元/（年 • 正线公里）计列。

6. 环境监控费

环境监控费指按照国外贷款机构的要求，在外资项目实施过程中对周围环境的影响进行监控所发生的费用。

当国外贷款机构有此要求时，本项费用根据建设期年限，按铁路正线长度计算。400 km 以内按 1 210 元/（年 •正线公里）计列，1 000 km 以上按 605 元/（年 •正线公里）计列，400～1 000 km 按内插法计列。

7. 环境影响评价报告编译费

环境影响评价报告编译费指按照国外贷款机构的要求，对外资项目进行环境影响评价报告编译工作所发生的费用。

当国外贷款机构有此要求时，本项费用以本项目环境影响报告编制与评估费的 40%计列。

8. 引进技术和进口设备项目的其他费用

引进技术和进口设备项目的其他费用指由于利用国外贷款，在执行贷款协议或贷款合同时所发生的有关费用。

本项费用根据贷款协议或贷款合同的要求，分人民币支付和外币支付两部分计列。

9. 进口关税及增值税

进口关税及增值税指利用国外贷款采购的材料、设备，应缴纳的进口关税及增值税。本项费用按以下公式计算：

$$进口关税及增值税=进口货物到岸价格\times[A+(1+A)\times B]\times C$$

式中：A——进口关税税率；

B——增值税税率；

C——现行汇率。

10. 国外贷款承诺费

国外贷款承诺费指国外贷款协议生效后，其贷款余额部分（即未提取部分）必须按其要求支付贷款方一定数额的承诺费。

当国外贷款机构有此要求时，本项费用根据评估报告的支付进度及建设期各年度贷款余额，按有关费率计列。

11. 国外贷款项目启动费

国外贷款项目启动费指国外贷款机构收取的项目启动费，一般从贷款本金中直接扣取。当国外贷款机构有此要求时，本项费用以利用外资贷款总额按现行汇率折合人民币后为计算基数，按有关费率计列。

12. 社会影响评估报告编译费

社会影响评估报告编译费指根据国外贷款机构的规定，有关单位对外资项目进行社会影响评估报告编译工作所发生的费用。

13. 少数民族发展计划编译费

少数民族发展计划编译费指根据国外贷款机构的规定，有关单位对外资项目进行少数民族发展计划编译工作所发生的费用。

14. 生物多样性研究报告编译费

生物多样性研究报告编译费指根据国外贷款机构的规定，有关单位对外资项目进行生物多样性研究报告编译工作所发生的费用。

11.3.14 生产准备费

1. 生产职工培训费

生产职工培训费指新建和改扩建铁路工程，在交验投产以前对运营部门的生产职工进行培训所需要的费用，内容包括培训人员的工资，津贴和补贴、职工福利费、差旅交通费、劳动保护费、培训及教学实习费等。本项费用按表 11-38 所规定的标准计列。

表 11-38 生产职工培训费定额

单位：元/正线公里

线路类型		非电气化铁路	电气化铁路
设计速度＞200 km/h 铁路		—	17 000
设计速度≤200 km/h 铁路	新建双线	11 300	16 000
	新建单线	7 500	11 200
	增建第二线	5 000	6 400
	既有线增建电气化	—	3 200

注：独立建设项目的站房、动车段、专用线、车站改造等项目的生产职工培训费按 1 400 元/定员计列，其中新建项目按设计定员计算，改建项目按新增定员计算。

2. 办公和生活家具购置费

办公和生活家具购置费指为保证新建、改扩建项目初期正常生产、使用和管理，所必须购置的办公和生活家具、用具的费用，范围包括行政、生产部门的办公室、会议室、资料档案室、文娱室、食堂、浴室、单身宿舍、行车公寓等的家具用具，不包括应由企业管理费、奖励基金或行政开支的改扩建项目所需的办公和生活家具购置费。本项费用按表 11-39 所规定的标准计列。

表 11-39　办公和生活家具购置费定额

单位：元/正线公里

<table>
<tr><th colspan="2">线路类型</th><th>非电气化铁路</th><th>电气化铁路</th></tr>
<tr><td colspan="2">设计速度＞200 km/h 铁路</td><td>—</td><td>11 000</td></tr>
<tr><td rowspan="4">设计速度≤200 km/h 铁路</td><td>新建双线</td><td>9 000</td><td>11 000</td></tr>
<tr><td>新建单线</td><td>6 000</td><td>7 000</td></tr>
<tr><td>增建第二线</td><td>3 500</td><td>4 000</td></tr>
<tr><td>既有线增建电气化</td><td>—</td><td>2 000</td></tr>
</table>

注：独立建设项目的站房、动车段、专用线、车站改造等项目的办公和生活家具购置费按 800 元/定员计列，其中新建项目按设计定员计算，改建项目按新增定员计算。

3. 工器具及生产家具购置费

工器具及生产家具购置费指新建、改建项目和扩建项目的新建车间，验交后为满足初期正常运营必须购置的第一套不构成固定资产的设备、仪器、仪表、工卡模具、器具、工作台（框、架、柜）等的费用，不包括构成固定资产的设备工器具和备品、备件；已列入设备购置费中的专业工具和备品、备件。本项费用按表 11-40 所规定的标准计列。

表 11-40　办公和生活家具购置费定额

单位：元/正线公里

<table>
<tr><th colspan="2">线路类型</th><th>非电气化铁路</th><th>电气化铁路</th></tr>
<tr><td colspan="2">设计速度＞200 km/h 铁路</td><td>—</td><td>22 000</td></tr>
<tr><td rowspan="4">设计速度≤200 km/h 铁路</td><td>新建双线</td><td>18 000</td><td>20 000</td></tr>
<tr><td>新建单线</td><td>12 000</td><td>14 000</td></tr>
<tr><td>增建第二线</td><td>7 000</td><td>8 000</td></tr>
<tr><td>既有线增建电气化</td><td>—</td><td>4 000</td></tr>
</table>

注：独立建设项目的站房、动车段、专用线、车站改造等项目的工器具及生产家具购置费按 1 000 元/定员计列，其中新建项目按设计定员计算，改建项目按新增定员计算。

11.3.15　其他

其他指以上费用之外，按国家、相关部委及工程所在省（自治区、直辖市）规定应纳入设计概（预）算的费用，或在设计阶段无法准确核定的特殊工程处理措施估算费用，以及铁路专利专有技术等知识产权使用费。

11.4 基本预备费

1. 概念

铁路工程基本预备费属于静态投资部分，是指为应对建设阶段各种不可预见因素的发生而预留的可能增加的费用。本项费用由建设单位统筹管理。

2. 主要用途

（1）在进行设计和施工过程中，在批准的初步设计范围，必须增加的工程和按规定需要增加的费用。本项费用不含Ⅰ类变更设计增加的费用。

（2）在建设过程中，未投保工程遭受一般自然灾害所造成的损失和为预防自然灾害所采取的措施费用，以及为了规避风险而投保全部或部分工程的建筑、安装工程一切险和第三者责任险的费用。

（3）验收委员会（或小组）为鉴定工程质量，必须开挖和修复隐蔽工程的费用。

（4）由于设计变更所引起的废弃工程，但不包括施工质量不符合设计要求而造成的返工费用和废弃工程。

（5）征地、拆迁的价差。

3. 基本预备费的计费标准

本项费用以第二～十章费用总额为基数，乘5%的费率计列。

11.5 动态投资及其他

11.5.1 价差预备费

价差预备费指为正确反映铁路基本建设工程项目的概（预）算总额在设计概（预）算编制年度到项目建设竣工的整个期限内，因形成工程造价诸因素的正常变动（如材料、设备价格的上涨，人工费及其他有关费用标准的调整等），导致必须对该建设项目所需的总投资额进行合理的核定和调整而需预留的费用。本项费用应根据建设项目施工组织设计安排，以其分年度投资额及不同年限，按国家有关部门公布的工程造价年上涨指数计算。计算公式：

$$E=\sum_{n=1}^{N}F_n[(1+p)^{c+n}-1]$$

式中：E——价差预备费；

N——施工总工期，年；

F_n——施工期第 n 年的分年度投资额；

c——编制年至开工年年限，年；

n——开工年至结（决）算年年限，年；

p——工程造价年增长率。

11.5.2 建设期投资贷款利息

建设期投资贷款利息指建设项目中分年度使用国内贷款，在建设期应归还的贷款利息。

利用国内贷款的建设期投资贷款利息计算公式：

建设期国内投资贷款利息＝∑[（年初利息贷款本金累计＋本年度付息贷款额/2)×年利率]

11.5.3 机车车辆（动车组）购置费

机车车辆（动车组）购置费指根据铁路机车，客车投资有偿占用有关办法的规定，在新建铁路、增建二线和电气化改造等基建大中型项目总概（预）算中计列按初期运量所需新增机车车辆的购置费。本项费用按设计确定的初期运量所需新增机车车辆（动车组）的型号、数量，以及编制期机车车辆（动车组）购置价格计算。

11.5.4 铺底流动资金

铺底流动资金指为保证新建铁路项目投产初期正常运营所需流动资金有可靠来源，而计列的费用。其主要用于购买原材料、燃料、动力，支付职工工资和其他有关费用。

本项费用按下列定额计算。

设计速度＞200 km/h 新建铁路：16.0 万元/正线公里。

设计速度≤200 km/h 新建双线铁路：12.0 万元/正线公里。

设计速度≤200 km/h 新建单线Ⅰ级铁路：8.0 万元/正线公里。

设计速度≤200 km/h 新建单线Ⅱ级铁路：6.0 万元/正线公里。

新建单线Ⅰ级地方铁路：6.0 万元/正线公里。

新建单线Ⅱ级地方铁路：4.5 万元/正线公里。

如初期运量较小，上述指标可酌情核减。

既有线改扩建、增建二线及电气化改造工程等不计列铺底流动资金。

思 考 题

1. 如何计算人工费、材料费、施工机具使用费？
2. 什么叫价外运杂费？如何计算价外运杂费？
3. 填料费主要包括哪些内容？如何计算？
4. 施工措施费有何作用？如何计算？
5. 简述大型临时设施和过渡工程费所包含的内容，如何计算？
6. 何谓间接费？如何计算？
7. 何谓设备？如何计算设备购置费？
8. 税金主要包含哪些内容？如何计算？
9. 基本预备费、价差预备费有何区别？
10. 铺底流动资金有何作用？
11. 何谓定额基价？

12 铁路工程概（预）算

一个铁路工程建设项目，可以是一个单项工程，也可能包括若干个单项工程。随具体建设项目情况而定。单项工程指具有单独的设计文件，建成后能够独立发挥生产能力和效益的工程。单项工程又称为工程项目。它是建设项目的组成部分。

单项工程综合概（预）算是由组成该单项工程的各个单位工程概（预）算汇编而成的，用于确定单项工程工程造价的综合性文件。

12.1 概（预）算编制的基本方法

单项（分项）概（预）算的编制一般采用两种方法，即地区单价分析法和调整系数法。地区单价分析法内容细致，项目具体，条件符合实际，计算比较准确，便于基层开展核算，因此，其是编制概（预）算常用的方法；调整系数法虽然计算时工作量小一些，出成果较快，但内容、项目比较粗，与实际出入较大，不便于基层开展核算，一般只作为编制概（预）算和比较方案时采用。

12.1.1 地区单价分析法

1. 地区定额单价分析

（1）根据汇总工程量内的工作项目，查阅有关的定额。

（2）从定额中查得的工、料、机单位定额数量乘该建设项目所分析出的工、料、机地区单价，即可算出该项目的地区定额单价及重量（利用单价分析表分析）。

（3）将全部工作项目的地区定额单价分析成果，填入“单价汇总表”以便编制单项（分项）概（预）算时查用，加快编制速度。

2. 计算人工、材料、机械台班数量

（1）根据汇总工程量中的工作项目，查单项定额得工、料、机的定额数量。

（2）用工作项目工程量分别乘相应的工、料、机的定额数量，即得出该工作项目所需的人工工天、消耗材料数量及使用机械台班数量。

（3）将各工作项目的人工工天、材料数量及使用机械台班数量分别相加就可求出该单项工程所需的总劳力，各种材料消耗数量及各种机械使用的台班数量（利用工、料、机数量表计算）。

计算工、料、机数量，其作用就是为分析平均运杂费，提供各种材料所占运量的比重；为计算各种备用机械台班，提供台班数量；为编制施工计划，进行基层核算提供可靠依据。

3. 运杂费单价分析

(1)根据材料供应计划和运输线路，确定外来材料和各种当地材料的运输方法、运距，以及各种运输方法的联运关系，并在此基础上计算全运输过程每吨材料的运杂费单价。

(2)根据工、料、机数量计算表中材料重量，分析各类材料运输重量比重。

(3)将各类材料的每吨全程运杂费单价分别乘相对应的材料重量比重，然后汇总其价值，即为每吨材料的平均运杂费单价。

平均运杂费单价的计算方法和步骤如下（利用平均运杂费单价分析表分析）：

第一步：取出“主要材料（设备）平均运杂费单价分析表”，填写表头。

第二步：根据各种材料运输方法及运价、装卸次数及装卸单价计算出各种材料每吨的全程运价。

第三步：根据各种材料运输方法所占的比重计算出每吨材料的综合运价。

第四步：计算出各种材料在总运量中所占比重。

第五步：各种材料运杂费等于总运量比重乘综合运杂费。

第六步：将运杂费加总之后，即得出主要材料平均运杂费单价。

12.1.2 调整系数法

用调整系数法编制单项（分项）概（预）算，其方法和地区单价分析方法基本相同，所不同之处是调整系数法不进行单价分析，而直接采用定额基价编制单项（分项）概（预）算，算出工、料、机费用结果后用一个系数进行调整，此系数即为调整系数。

求算调整系数主要有两种方法。

1. 用工、料、机费用分析法计算调整系数

用“地区单价分析法”，分析计算出人工、消耗材料及施工机具台班的总数量，分别乘地区价中的人工单价、各种材料单价及各种施工机具台班单价，加总后求出地区总价值；分别乘地区采用基价中的人工单价、各种材料单价及各种施工机具台班单价，加总后求出基价总价值，地区总价值（设计价）与基价总价值之比即为调整系数。

$$\text{调整系数}=\frac{\text{地区总价值}}{\text{基价总价值}}$$

(1)核算工程数量：核算方法同单价分析法。

(2)按定额基价及工程数量计算各工程项目的合价，加总求出单项（分项）工程的工、料、机总费用。

(3)计算工、料、机数量：统计出该单项（分项）工程的人工、各种材料、各种机械台班的总数量。

(4)用对比法求调整系数：用工、料、机数量表中统计的各级人工、各种材料、各种机械台班，分别乘定额基价及工程所在地的单价，计算出合价，各自加总，求出按定额基价及工程所在地单价（地区价、设计价）的工、料、机总费用，后者与前者之比即为调整系数。

(5)用调整系数乘按定额基价计算的工、料、机总费用，即为工程所在地该单项（分项）工程工、料、机总费用。

(6)按单价分析法的步骤继续完成平均运杂费单价的分析，计算运杂费、其他直接费等单项（分项）工程应计算的费用。

2. 差价系数调整法

差价系数调整法是编制综合概（预）算的另一种方法。其单项（分项）概（预）算的编制，是利用定额基价（如 2014 年基期年价格水平）乘工程数量，得出整个单项工程的工、料、机总费用，然后计算运杂费，其他直接费，现场经费，间接费，计划利润，税金等，列入各章。由基期年度至概（预）算编制年度所发生的差价（尤其是材料差价），则应根据有关部门每年制定、发布的不同地区、不同工程类别的差价系数，在各章、各工程类别工、料、机费用的基础上计算，这种方法是铁路工程概（预）算普遍采用的方法。

12.2 概（预）算的差价调整与其他要求

12.2.1 差价调整

1. 差价调整的概念

设计概（预）算差价调整是指基期至设计概（预）算编制期对价格所做的合理调整，由设计单位在编制概（预）算时，按概（预）算编制办法列出的差价调整方法计算，列入单项概（预）算。

2. 差价调整的阶段

差价调整的阶段，通常分为基期到设计概（预）算编制期和设计概（预）算编制期至工程结（决）算期两个阶段。

（1）基期到设计概（预）算编制期所发生的各项差价，由设计单位在编概（预）算时调整，列入单项概（预）算。

（2）设计概（预）算编制期到工程结（决）算期所发生的各项差价调整，应符合国家有关政策，充分体现市场价格机制，按合同约定办理。

3. 差价调整的方法

本书以人工费、材料费、施工机具使用费、设备费等主要项目基期至设计概（预）算编制期差价调整为例说明差价调整的方法。

1）人工费差价调整方法

按定额统计的人工消耗量（不包括施工机具台班中的人工）乘编制期综合工费单价与基期综合工费单价的差额计算。

2）材料费差价调整方法

① 水，电差价（不包括施工机具台班消耗的水、电），按定额统计的消耗量乘编制期价格与基期价格之间的差额计算。

② 水泥、木材、钢材、砖、瓦、砂、石、石灰、粉煤灰、风沙路基防护用稻草（芦苇）、黏土、花草苗木、土工材料、钢轨、道岔、轨枕、钢轨扣件（混凝土枕用）、钢梁、钢管拱，斜拉索、桥梁高强螺栓、钢筋混凝土梁、铁路桥梁支座、桥梁防水卷材、桥梁防水涂料、钢筋混凝土预制桩、隧道防水板、火工品，电杆、铁塔、机柱、接触网支柱、接触网及电力线材、光电缆线、给水排水管材、钢制防护栅栏网片等材料的差价，按定额统计的消耗量乘编制期价格与基期价格之差计算。

③ 上述材料以外的辅助材料差价以基期辅助材料费（定额辅助材料消耗量乘基期价格）

为计算基数，按有关部门发布的辅助材料差价系数调整，调整公式如下：

辅助材料差价=基期辅助材料费×（辅助材料差价系数−1）

3）施工机具使用费差价调整方法

按定额统计的施工机械台班及施工仪器仪表台班消耗量，乘相对应的编制期台班单价与基期台班单价的差额计算。

4）设备费的差价调整方法

编制设计概（预）算时，以《铁路工程建设设备预算价格》中的设备原价作为基期设备原价。编制期设备原价由设计单位按照国家或主管部门发布的信息价和生产厂家的编制期出厂价分析确定。基期至编制期设备原价的差额，按差价处理，不计取设备运杂费。

12.2.2 铁路工程建设材料差价系数的测算及使用方法

1. 差价系数的由来

改革开放以来，我国的经济体制发生了重大变化，由原来的计划经济体制逐渐向市场经济体制转变，为了适应市场经济的要求，国家逐步放开了物价，特别是进入20世纪90年代以来，各种物价上涨很快，这样，给合理确定工程造价提出了新的课题，即按市场经济规律对铁路工程造价实行动态管理。

由于铁路行业对设计阶段和施工阶段差价的调整工作采用的方法不统一，手续也很繁杂，工作量大，并经常发生扯皮现象，耗费了大量的精力。通过充分的调查研究，利用差价系数调整差价被普遍认为是一种简单可行的方法，因此，原铁道部确定了采用差价系数的方法来调整材料差价。

2. 发布情况

铁路工程定额所（原铁道部建设司工程定额所）从1988年开始探索差价系数的测算工作，从1990年开始，每年均发布相应材料差价系数，现发展为每年分季度发布。

3. 使用要求

材料差价系数适用于国家铁路大、中型建设项目的新建和改扩建铁路工程的新建工程类别。使用材料差价系数时需要注意以下几点。

（1）必须是最新发布的或业主指定的差价系数表。

（2）适用的相关文件，如2012年第4季度材料差价系数，是以《铁路工程建设材料基期价格（2000年度）》（铁建设〔2001〕28号）为基期价格的项目设计概算价格水平由基期年（2000年）调整到编制期（2012年第4季度）的依据。

（3）只适用于水、电差价及水泥、木材、钢材等主要材料以外的辅助材料差价调整。

（4）注意相应的计算基数。以基期辅助材料费（定额辅助材料消耗量乘基期价格）为计算基数。如2012年第4季度材料差价系数，以材料费为计算基数，不含机械台班中的油燃料差价。2012年第4季度机械台班单价和分析运杂费时汽车运输单价中的汽油、柴油价格，按相关规定价格执行。

4. 地区划分

为了反映地区差别，可将全路划分为多个地区，分别测算材料差价系数，不同地区的具体范围以相应铁路局集团公司界为准，地区之间差价系数的差别，主要表现在各地区料价的不同和业务提成的差别，如表12-1（适用于2000年度及之前价格水平，新的地区划分表尚未发布）所示。

表 12-1 铁路工程建设材料差价系数地区划分表

Ⅰ	Ⅱ	Ⅲ	Ⅳ	Ⅴ	Ⅵ
沈阳局、哈尔滨局	北京局、呼和浩特局	上海局、南昌局、济南局	郑州局、广铁（集团）公司	成都局、柳州局、昆明局	乌鲁木齐局、兰州局

12.2.3 计算工程数量应注意的事项

（1）计算前，应熟悉设计文件、资料及有关规范，弄清设计标准、规格，按图计算。

（2）熟悉定额的内容及应用方法，注意计量单位及包括的工作内容等。

（3）了解有关文件、规定及协议。

（4）设计断面以外并为施工规范所允许的工程数量，应计算在内。

（5）由于地质、地形、地貌，以及设计阶段等原因，常出现设计与实际不符情况，计算前应核对。

（6）由于沉落、涨余，压缩而引起的数量变化，应按规范和合同予以计列。

（7）由于施工原因，不可避免而造成的数量增加应予考虑，如给排水工程破坏路基、道砟等。

（8）由于客观原因造成的特殊情况处理所增数量应按规范和合同予以计算，如隧道的坍方、超挖、溶洞等。

（9）有关术语的含义要符合规定，如桥长，桥梁延长米、桥梁单延米、涵渠横延米，正、站线建筑长度与铺轨长度等。

（10）工程数量计列范围要符合规定，如桥、路分界及桥、隧、路分界的相应工程，平交道的土石方应列入路基附属，而铺砌应列入轨道工程。

（11）铺轨的工程数量按设计图示每股道的中心线长度（不含道岔）计算。

（12）铺道岔的工程数量按设计图示数量计算；铺道砟的工程数量按设计断面尺寸计算。

12.2.4 基础资料的收集与确定

（1）确定编制原则、方法和采用的定额。

（2）确定工费：根据所在工资区和编制办法规定的综合工费标准作计费依据，增加的工费部分，计入差价。

（3）确定材料单价。

（4）确定水、电单价。

（5）确定砖、瓦、砂、石、水泥、木材、钢材等材料及成品、半成品、构件、机械设备的来源、供应范围、运输方法、运距、到发站、各种运输取费依据及规定等。

（6）根据施工组织设计安排的工期、方法，确定冬（雨）季施工增加费、夜间施工增加费，以及特殊条件施工的有关费率。

（7）确定临时工程、企业管理费费率。

（8）确定工程数量。

12.2.5 基础资料的分析

（1）根据已审核的施工设计图和施工组织设计确定的施工方法、程序、土石方调配方案，临时工程规模等，按照单项（分项）概（预）算编制范围，汇总各类工程的工程数量。

（2）确定本建设项目所采用的编制方法，预算定额及补充定额。

（3）本建设项目各类工程综合工费类别的工资及津贴的标准。

（4）本建设项目所采用的各种外来材料的标准料价，当地料的调查价及分析料价。

（5）本建设项目内所使用的各种机具台班单价。

（6）各种运输方法的运距、运价、装卸单价及其材料管理费。

（7）工程用电、用水的综合分析单价。

（8）确定冬（雨）季施工的工程量、工期及其费率，以及影响概（预）算编制的各有关系数。

12.2.6 概、预算编制计算精度

1. 人工、材料、施工机具台班单价

单价的单位为“元”，取 2 位小数，第 3 位四舍五入。

2. 定额（补充）单价分析

单价和合价的单位为“元”，取 2 位小数，第 3 位四舍五入；单重和合重的单位为“t”，单重取 6 位小数，第 7 位四舍五入，合重取 3 位小数，第 4 位四舍五入。

3. 运杂费单价分析

汽车运价率的单位为“元/（t · km）”，取 3 位小数，第 4 位四舍五入；大车运价率的单位及运价率按《铁路货物运价规则》执行；装卸费单价单位为“元”，取 2 位小数，第 3 位四舍五入；综合运价单位为“元 · t”，取 2 位小数，第 3 位四舍五入。

4. 单项概（预）算

单价和合价的单位为“元”，单价取 2 位小数，第 3 位四舍五入，合价取整数。

5. 材料重量

材料单重和合重的单位为“t”，均取 3 位小数，第 4 位四舍五入。

6. 人工、材料、施工机具台班数量统计

按定额中的单位，均取 2 位小数，第 3 位四舍五入。

7. 综合概（预）算

概（预）算价值和指标的单位为“元”，概（预）算价值取整，土石方指标取 2 位小数，第 3 位四舍五入，其他指标取整。

8. 总概（预）算

概（预）算价值和指标的单位为“万元”，均取整；费用比例的单位为“%”，取 2 位小数，应检算是否闭合。

9. 工程数量

（1）计量单位为“m^3”“m^2”“m”的取 2 位，第 3 位四舍五入。

（2）计量单位为“km”的，轨道工程取 5 位，第 6 位四舍五入；其他工程取 3 位，第 4 位四舍五入。

（3）计量单位为“t”的取 3 位，第 4 位四舍五入。

（4）计量单位为“个、处、组、座或其他可以明示的自然计量单位”取整。

12.3 概（预）算编制内容要求

12.3.1 拆迁工程

一般以总承包单位或独立工程段（标段）担负的施工范围进行编制。

1. 拆迁建筑物

拆迁建筑物指因施工必须拆除或迁移的房屋、附属建筑物（如围墙、水井）、坟墓、瓦窑、灰窑，水利设施（如水闸），无论属于公产、私产、路产或集体所有，均列本项。其费用，房屋按拆迁数量、种类，根据当地政府有关规定协议及单价编列，其他拆迁可按调查资料编列。

拆迁工作又称动迁工作，通常属于工程前期工作，由业主负责完成，但它是整个建设项目概（预）算的重要组成部分，其编制方法一般根据国家或当地行政主管部门补偿标准及现场测量确定的“量”进行计算。

1）补偿原则

（1）依据政策，合理补偿，充分保护群众利益，既要防止漫天要价，又要防止不合理压价。

（2）涉及国有或集体所有制厂矿企事业单位的拆迁，给予适当补偿。

（3）涉及国有资产的电力、电信、铁路、水利、管道及车用设施等构造物拆迁，按成本价计算补偿。

（4）补偿标准通常按目前社会物价指数测算，并适当考虑市场物价变化因素。

2）一般补偿标准（仅供参考）

（1）征地：征地补偿按征地前 3 年平均年产值的 6 倍计算，安置补偿按征地前 3 年平均年产值的 4 倍计算，合计按 10 倍计算。

（2）房屋：动什么补什么，动多少补多少。

（3）林地：按森林法规定补偿。

（4）电力、邮电、水利等：按成本价计算。

（5）其他：按当地政府规定补偿。

（6）不可预见费：通常按拆迁总费用的 3%考虑。

（7）管理费：通常按拆迁总费用的 2%考虑。

2. 改移道路

原有道路因修建铁路，必须另外修建新路以代替时，所发生的工程均列本项。其费用根据设计的工程数量（包括土石方，路面、桥涵、挡墙，以及其他有关工程和费用）进行定额单价分析编列。

3. 迁移通信、电力线路

由于修建铁路往往与路内外电线路发生干扰，因而需进行迁移。其费用按设计数量和分析单价或有关单位提出的预算资料进行编列。

4. 砍树及挖除树根

一般地区不计列，当线路通过森林地区或遇有树林、丛林，需要砍树、除根，遇有草原，需铲除草皮等，可按调查数量，分析单价计列。如无调查资料可按类似线路综合指标计列。

12.3.2 路基

路基工程一般以总承包单位或独立工程段(标段)担负的施工范围和根据基层核算要求，分别编列各段的区间路基土石方，站场土石方、路基附属工程（附属工程、加固及防护)、挡土墙等项目，要分别编制单项概（预）算。

1. 区间路基土石方、站场土石方的编制内容及要求

（1）土石方工程数量，必须根据土壤的成分按Ⅰ至Ⅵ类划分，遇有填渗水土壤及永久冻土、可增列项目，按土石方调配所确定的施工方法、运输距离等条件进行编制。因土方与石方，机械与人工的各种管理费率不同，所以这几项必须分别编列。

（2）特大桥和大、中桥的桥头锥体土石方桥台台后缺口土石方不包括在本项目内，应列入第三章的桥涵项目中。

（3）填土压实数量为路堤填方数量减去设计中规定的石质路堤数量。无论采用人力或机械施工，均计列填土压实费。利用石方填筑的路堤（非设计的填石路堤)，均计列填土打夯费。

（4）码坡填心路基，按设计要求分别计列码砌边坡和填心费。

2. 路基附属工程编制内容及要求

（1）路基附属工程，包括区间、站场的天沟、吊钩、排水沟、缓流井、防水堰等的土石方和浆、干砌片石工程，以及平交道土石方（含路面、涵管）等数量，其费用根据设计数量，定额单价分析计列。附属土石方无资料时，可按正、站线路基土石方费用的5%估列。

（2）路基的加固及防护，包括区间、站场因加固路基而设计的锚固桩、盲沟、片石垛、反压护道；因修筑路堤引起的改河、河床加固，因防护边坡采取的铺草皮，种草籽、护坡、护墙；为防雪、防沙、防风而设置的设备和防护林带、植树等。其费用按设计工程数量，进行定额单价分析编制。

3. 挡土墙工程编制内容及要求

分浆砌片石挡土墙及混凝土挡土墙，其费用按设计圬工类型，分别计算工程数量，然后进行定额单价分析编列。大型土墙以座编列。一般情况按施工管段范围编列。

12.3.3 桥涵

（1）特大桥、大桥、复杂中桥及50 m以上的高桥，按座编列。

（2）一般小桥、中桥按标段或总承包单位施工范围，汇总工程数量（包括预制成品梁数量)，分析定额单价编列单项概（预）算。如基层核算需要，也可按座编列。

（3）可分为明渠、圆管、盖板箱涵、拱涵、倒虹吸管、渡槽等类，按标段或总承包单位施工范围编列，或根据基层核算单位，分类编列。要根据设计工程数量，进行计算汇总（包括各类预制成品的数量)，分析定额单价编列单项概（预）算。

（4）有挖基应增列基坑抽水费。

（5）要考虑计列围堰筑岛的数量。

（6）上部建筑因桥跨种类和架梁方法繁多，费用标准各不相同，应按下列分类编制。

① 拱桥（分石砌、混凝土)：上部建筑工程数量由拱脚起算。因系现场浇砌，故相关管理费应与下部建筑相同。

② 钢梁（架设钢梁）：钢梁结构及其架设费用，钢梁按出厂价格计算；钢梁的栏杆、支座，以及检查设备的钢构件，如已包括在钢梁价格中则不宜重复计列，未包括者单独计列。

③ 钢筋混凝土梁：就地浇筑钢筋混凝土梁，指在桥位上直接浇筑或在桥边、桥头预先浇筑成梁并架设者，包括制作与架设全部费用。

成品钢筋混凝土梁：在工厂预先制成的成品梁运至工点用架桥机或其他机具架设者，按国家规定价格或调查价计列。施工单位预制钢筋混凝土梁，按预算定额分析单价计列。

④ 架设钢筋混凝土梁：应包括由存梁场或预制成品运至桥梁工点的运杂费，以及架设钢筋混凝土梁的费用，但不包括梁本身的费用。

⑤ 桥面：桥面上的栏杆、人行道、避车台、护轮轨及配件、钢梁上的桥枕、压梁木、步行板等。

（7）桥长在 500 m 以上的特大桥，应编制单独概（预）算。工程细目和数量的确定，除设计图纸及施工组织设计所列的特大桥本身主体建安工程外，还应包括实验墩、实验梁、试验桩、桥梁基础承载试验、钢沉井、钢浮筒的水密试验等费用；在基础施工中的吸泥、抽水、水中封底混凝土凿除浮浆层、清理基坑等工作细目及数量；在洪水期间进行施工的防洪措施费用等。由于特大桥工程复杂，工程细目较多，要注意不要重列或漏列。

12.3.4 隧道及明洞

（1）隧道及明洞均以座编列。

（2）隧道单项概（预）算分别按正洞、压浆、明洞、辅助坑道、洞门附属工程、整体道床、设备器具购置工程细目分别编制，然后再汇总成一个隧道单项概（预）算。

（3）隧道内整体道床工程量列入隧道（包括短枕），但不包括钢轨与扣件，以及过渡段的道砟道床。

（4）隧道正洞开挖数量应按《铁路工程技术规范》计算，允许超挖部分和施工误差的范围与设计部门协商确定。

（5）利用隧道弃渣填筑路堤的运输费用列入隧道内。

（6）隧道内使用的施工机械（如发电机、通风机、抽水机，以及斜井、竖井的卷扬机）要考虑备用机械台班。

（7）设备工器具购置费：隧道永久通风及照明设备，按设计数量、单价计算编列。永久设备安装费用列入隧道安装工程项目内。

12.3.5 轨道

（1）正、站线铺轨长度按设计标准进行计算；正、站线铺砟数量按道床设计断面计算；新铺钢筋混凝土轨枕地段，要考虑预铺道碎数量，一般每公里预铺 400～500 m^2。道砟单价按道砟来源、运输方法，按定额进行分析。

（2）永久石砟线，应连同永久砟厂一起，编制单项概（预）算。

（3）道口、线路标志及正、站线沉落整修等其他有关线路工程，原则上按设计工程数量分析单价编列。资料不全时，可按正线铺轨总值（不含铺砟）的 2%估列，枢纽按站线铺轨总值（不含铺砟）的 1%估列。

（4）线路备料应根据有关要求计列。正线按每公里 25 m 钢轨 2 根，轨枕 2 根，站线按每公里 25 m 钢轨 1 根，轨枕 1 根；每 100 组道岔，配备道岔 1 组。

（5）利用旧轨料时，按有关规定计算。

12.3.6 站后工程

站后工程包括通信、信号、电力、电气化、房屋、其他运营生产设备及建筑物的建筑安装工程及设备，是形成运输能力的配套工程，其内容已详列在概（预）算章节表内。

（1）站后工程的特点是面广、琐碎、复杂、专业性强、设备安装工程量大。应组织各有关业务部门，计算工程数量，编制单项概（预）算，然后进行汇总。编制时要认真查阅核对设计文件，将需要安装和不需要安装的设备、机具、材料汇编成册，以便查阅和结算。

（2）房屋工程包括室内上水、下水、暖气、通风、照明及卫生技术设备。室外上、下水道属于给水工程。变压器以外的电线路属于电力工程。

（3）车站地区建筑物：章节表内容说明的地区照明，包括投光灯塔、灯柱、灯具及配线等；地区道路包括通站公路、站内道路（含路面，桥、涵等）；地区暖气设备、室外暖气管道，单独修建的暖气锅炉等设备。

12.4 概（预）算的编制步骤与方法

12.4.1 基础数据表格的编制

1. 预算基础数据表

（1）单价分析表。其主要分析机具台班单价，自行开采的砂、石或自制成品、半成品单价，工作项目或补充定额单价，主要材料设备平均运杂费单价。

如采用地区单价分析法编制单项概（预）算，应先利用单价分析表逐个分析各个工作项目的地区定额单价。定额缺项时，还需按定额单价编制工作项目或补充定额单价分析表。

（2）工程数量表或工程数量汇总表。

（3）主要工料机数量计算表。

（4）主要工料机数量汇总表。

（5）调整系数计算表。

2. 建筑工程单项概（预）算表

3. 设备及安装工程单项概（预）算表

12.4.2 编制程序

1. 制定编制原则，确定基础资料

（1）确定工料机及运杂费单价；

（2）确定各类费用计算费率和标准；

（3）补充分析定额单价；

（4）计算地区基价表；

（5）编写编制说明与要求。

2. 编制单项概（预）算

3. 编制综合概（预）算

填写综合概（预）算表，计算第十章大型临时设施及过渡工程费，第十一章其他费用，第十二章基本预备费，汇总静态投资；计算第十三章差价预备费，第十四章建设期投资贷款利息，汇总动态投资；计算第十五章机车车辆（动车组）购置费，第十六章铺底流动资金，汇总全部费用。计算汇总全部工料机数量，填写工料机汇总表。

4. 编制总概（预）算表，编写说明书

12.4.3 单项（分项）概（预）算的编制

1. 编制单元

大单元：单独的工程类别如区间路基土石方、大桥、中桥等，或规定要单独编制单项概（预）算的独立工点。

小单元："章节表"上最小的工程子项。如路基土石方中的人力施工、机械施工等。

2. 基期工料机费（定额基价）的计算方法

可采用地区单价编制法，也可采用调整系数法。

3. 工程数量的整理与归纳

统一计量单位；划分工作细目；补充应计费项目。

4. 补充定额，做单价分析表

定额不配套或缺项时的补充需随概（预）算一并送审。

5. 填制单项概（预）算表

（1）取出"建筑工程单项概（预）算表"按规定填好表头。

（2）根据工程项目，划分工作细目，选套定额编号、名称、单位、单价、单位重。把"工、料、机数量计算表"中的定额编号，单位工程数量分别填入"建筑工程单项概（预）算表"相应项目内。

（3）把各工程项目的"定额分析"单价、重量分别填入"单项概（预）算表"中单价和单位重栏内。

（4）用工程数量乘工、料、机单价（基价）及单位重量即可求出工、料、机合价及合重；如采用调整系数法，则填写"调整系数计算表"求算调整系数、调整工料机费用小计。

（5）把单项概（预）算表中各工程项目的合价及合计重累加，即可得出定额直接费用及材料总重。

（6）计算价外运杂费。

① 综合平均运杂费单价计算法：

$$价外运杂费=工程材料总重\times综合平均运杂费单价$$

② 单项平均运杂费单价计算法：

$$价外运杂费=\sum［某种（或类）材料总重量\times该种（或类）材料平均运杂费单价］$$

③ 综合费率计算法：对一些难以估算重量的材料和设备采用综合平均运杂费单价计算。

（7）计算人工费、材料费及施工机具使用费差价。

（8）汇总差价费用。

（9）计算填料费。

（10）汇总直接工程费。
（11）计算施工措施费。
（12）计算特殊施工增加费。
（13）汇总本单元单项概（预）算价值，求算综合指标。
（14）把若干小单元的单项概（预）算总价汇总为大单元单项概（预）算总价。

6. 单项概（预）算计算程序

（1）铁路建筑安装工程单项概（预）算计算程序（见表 12-2）。

表 12-2　铁路建筑安装工程单项概（预）算计算程序

序号	费用名称		计算式
1	基期人工费		按设计工程量和采用的基期价格水平计列
2	基期材料费		
3	基期施工机具使用费		
4	定额直接工程费		（1）+（2）+（3）
5	价外运杂费		指需要单独计列的价外运杂费，按施工组织设计的材料供应方案及编制办法的有关规定计算
6	差价	人工费差价	基期至编制期差价按编制办法规定计列
7		材料费差价	
8		施工机具使用费差价	
9		差价合计	（6）+（7）+（8）
10	填料费		按设计数量和购买价计算
11	直接工程费		（4）+（5）+（9）+（10）
12	施工措施费		[（1）+（3）]×费率
13	特殊施工增加费		（编制期人工费+编制期施工机具使用费）×费率或编制期人工费×费率
14	直接费		（11）+（12）+（13）
15	间接费		[（1）+（3）]×费率
16	税金		[（14）+（15）]×费率
17	单项概（预）算合计		（14）+（15）+（16）

（2）设备单项概（预）算计算程序（见表 12-3）。

表 12-3　设备单项概（预）算计算程序

费用名称	计算式
基期设备费	按设计设备数量和采用基期设备原价计列
设备运杂费	（1）×费率
设备费差价	基期与编制期差价按概（预）算编制办法的有关内容计列
税金	[（1）+（2）+（3）]×税率
单项概（预）算	（1）+（2）+（3）+（4）

12.5 铁路工程概（预）算示例

某铁路专用线位于江西省南昌市，设计为Ⅱ级铁路，全长 1.75 km，不含车站工程，但需考虑一组 12 号单开道岔与车站接轨，设计速度为 100 km/h，主要工程包括拆迁工程、路基、桥梁、涵洞、隧道、轨道等工程。

1. 主要技术标准

线路类别：中型；轨枕：钢筋混凝土枕，1 760 根/km；扣件：W 弹条扣件；道床：双层道床（20 cm/20 cm，边坡 1∶1.75）；正线数目：单线；最小曲线半径：600 m；限制坡度：6‰；机车类型：东风型内燃机车。

2. 主要工程数量情况

线路长度 1.75 km；大桥 1 座计 237.7 延长米（7～32 m 简支梁桥）；涵洞 1 座计 71.45 横延米（1～4.0 m 盖板箱涵）；隧道 1 座计 262 m，路基土石方 32 630 m^3，其中挖方 9 230 m^3，填方 23 400 m^3，路基填挖高度为 6～12 m，具体详见表 12-4。

3. 施工组织方案

区间路基工程：挖方（天然密实断面方）9 230 m^3，采用挖掘机（≤2.0 m^3）配合自卸汽车（≤8 t）运输 3 km。填方（压实后断面方）23 400 m^3，除利用挖方外的，缺口需借土，挖掘机配合自卸汽车运输 5 km。在土石方调配时首先考虑移挖作填，假设路基挖方和借土挖方均为普通土，则路基挖方作为填料压实后的数量为 9 230/1.064=8 674.81（m^3），需外借土方 23 400−8 674.81=14 725.19（m^3）（压实后断面方），所有路基附属土石方运距小于 20 m。

桥梁工程：基础部分先进行栈桥施工，栈桥长 200 m，再搭设简易工作平台，然后进行钻孔桩施工（冲击式钻机），桥梁梁体在该桥附近进行预制后，采用架桥机架设，泥浆及钻渣外运 2 km，T 梁需要进行横向张拉。

隧道工程：采用台阶法开挖，锚喷支护，弃渣需要外运 2.0 km。

轨道工程：采用小型机具配合人工铺轨，道岔采用火车运送至工地。

材料供应方案：除轨道材料外，其他相关材料基本采用汽车运送，外来料由项目经理总部材料库供应（运距 45 km）；当地料就地采购，其中石场距料源地为 15.2 km；砂场距料源地为 10.3 km。

工程总工期计划为 12 个月。

4. 有关设计或协议标准

（1）本段拆迁工程，房屋按 4 850 元/m^2 补贴，水井 5 100 元/个，坟墓 6 000 元/座。

（2）简易公路为车道，采用泥结石路面，按综合价 35 元/m^2 标准修建。

（3）征用土地按 25 000 元/亩标准补偿，用地勘界费按照 350 元/亩考虑，征地拆迁工作经费按 180 元/亩考虑。

（4）填料费填土按照 4.5 元/m^3 计算，片石按照 45 元/m^3 计算。

（5）设计定员按 10 人考虑。

5. 火车运梁运杂费计算

营业线火车运价（元/t）=K_1×（基价$_1$+基价$_2$×运价里程）+附加费运价

其中：附加费运价=K_2×（电气化附加费费率×电气化里程+新路新价均摊运价率×运价里

程+铁路建设基金费率×运价里程)。

6. 主要参考依据

(1) 国铁科法〔2017〕30号——《铁路基本建设工程设计概算编制办法》。

(2) 国铁科法〔2017〕31号——《铁路基本建设工程设计概(预)算费用定额》。

(3) 国铁科法〔2017〕32号——《铁路工程材料基期价格》及《铁路工程施工机具台班费用定额》。

(4) 国铁科法〔2017〕33号——铁路工程造价标准,包括:

① 《铁路工程基本定额》;

② 《铁路工程预算定额(第一册 路基工程)》;

③ 《铁路工程预算定额(第二册 桥梁工程)》;

④ 《铁路工程预算定额(第三册 隧道工程)》;

⑤ 《铁路工程预算定额(第四册 轨道工程)》。

(5) 其他相关文件。

表 12-4 某专用铁路线工程数量表

序号	工程项目	计量单位	数量	备注
一	拆迁与征地			
(一)	改移公路	公里	0.5	只改移路面(泥结石),宽度按 3.5 m 考虑
(二)	征用土地	亩	35	
(三)	拆迁工程			
1	民房	m^2	100	m^2
2	水井	个	2	
3	坟墓	座	10	
二	区间路基土石方	断面方	33 230	
(一)	土方	断面方	32 630	
1	机械挖土方	断面方	9 230	
2	机械填土方	断面方	23 400	
3	机械借土方	断面方	14 725.19	
(二)	石方	断面方	600	
1	抛填片石	断面方	600	
(三)	附属土石方	断面方		
1	侧沟挖土方	断面方	320	
2	天沟挖土方	断面方	530	
3	浆砌石	圬工方	380	天沟、侧沟 M7.5
4	浆砌石	圬工方	120	路肩
(四)	路基加固及防护	断面方		
	干砌石	断面方	100	
	浆砌石	圬工方	150	M7.5
	铺土工网垫	m^2	33 000	

续表

序号	工程项目	计量单位	数量	备注
三	桥梁工程	延长米	237.7	
（一）	基坑开挖	m^3		桥台
1	挖土方	m^3	5 472	坑深 3 m 以上无水，无挡土板
2	基坑回填	m^3	4 033	原土回填
（二）	基础			桥墩
1	C20 钢筋混凝土钻孔桩	m	120	砂砾石 ϕ 1.0 m
2	C20 钢筋混凝土钻孔桩	m	410	次坚石 ϕ 1.0 m
3	钢护筒/凿除桩头混凝土	个	24/24	制作、埋设、拆除 δ=4 mm
4	C20 钢筋混凝土	m^3	324	承台
5	钻孔桩钢筋	kg	10 504	
6	承台钢筋	kg	3 953	
7	C15 混凝土	m^3	616	桥台基础
（三）	墩台身			
1	C20 混凝土	m^3	1 073	墩台身
2	C30 混凝土	m^3	120.5	托盘
3	C30 钢筋混凝土	m^3	58	顶帽、垫石
4	C30 钢筋混凝土	m^3	6.7/5.4	耳墙/道砟槽
5	顶帽、垫石钢筋	kg	3 402	
6	耳墙钢筋	kg	205	
7	道砟槽	kg	109	
（四）	梁部及桥面			
1	后张法预应力混凝土梁	孔	7	跨度 32 m，直线梁
2	盆式橡胶支座	个	14/14	5 000 kN，固定，活动
3	双侧人行道及栏杆	延米	237.7	梁上及台上、人行道宽 1.05 m
（五）	附属工程			
1	护轮轨	延米	259.03	
2	避车台带检查梯	个	3/3	钢立柱、钢栏杆左/右
3	墩台检查设备	座	7	围栏、吊篮、检查梯
4	电缆槽（通信、信号）	延米	243	宽×深=200 mm×200 mm
5	填普通土	m^3	209	
6	干砌片石	m^3	66.8	锥体铺砌厚 0.35 m
7	碎石垫层	m^3	17	厚 0.1m
四	涵洞	横延米	71.45	盖板箱涵
1	基坑挖土	m^3	2 644.8	3 m 以上、无水、人力开挖提升
2	基坑回填	m^3	881.6	
3	C15 混凝土	m^3	334.9	涵身基础、出入口基础

续表

序号	工程项目	计量单位	数量	备注
4	C15 混凝土	m^3	191.5	涵身边墙、出入口边翼墙
5	C15 混凝土	m^3	39.4	身边墙、出入口边墙、上部帽石
6	C25 混凝土	m^3	48.3	预制及安装盖板
7	钢筋	kg	5 355	盖板
8	沉降缝	个	18	
9	防水层	m^2	226	丙种
10	干砌片石	m^3	52	出入口沟床、边坡、锥体
11	M5 浆砌片石	m^3	387	出入口沟床、边坡、锥体垂裙
12	M10 浆砌片石	m^3	11.7	检查台阶
13	沟床开挖	m^3	2 150	土方
五	隧道	m	262	
1	开挖			
（1）	Ⅳ级围岩	m^3	18 060	弃渣运距 2.0 km
（2）	Ⅴ级围岩	m^3	22 283	
2	初期支护			
（1）	喷混凝土			
	C20 素喷混凝土	m^3	541.5	Ⅳ级围岩
	C25 网喷混凝土	m^3	1 750.2	Ⅴ级围岩
	ϕ <10 钢筋网	kg	32 850	
（2）	锚杆			
	L=3.0 m	根/m	1 040/3 120	Ⅳ级围岩
	L=4.0 m	根/m	1 778/7 112	Ⅴ级围岩
3	二次衬砌			
	拱、墙	m^3	3 053.6	C30 钢筋混凝土 1 374.1/1 679.5（Ⅳ/Ⅴ）
	仰拱	m^3	2 195.2	C30 钢筋混凝土 987.8/1 207.4（Ⅳ/Ⅴ）
	钢筋	kg	244 689	洞身 110 110/134 579（Ⅳ/Ⅴ）
	沟槽身混凝土	m^3	518.5	233.3/285.5（Ⅳ/Ⅴ）
	仰拱填充	m^3	3 638.9	1 637.5/2 001.4（Ⅳ/Ⅴ）
	钢筋	kg	9 413	水沟电缆槽盖板钢筋
	混凝土	m^3	152.3	挡砟墙及盖板
	橡胶止水带	m	947.3	ZPJ—4 缓膨型、换向
	防水卷材	m^2	7 977	
	土工布	m^2	7 977	
4	洞门			
	开挖	m^3	3 165	Ⅴ级（土）
	端墙身	m^3	430	C20 混凝土

续表

序号	工程项目	计量单位	数量	备注
	端墙顶帽	m^3	9.5	C20 混凝土
	端墙顶水沟	m^3	28.7	C20 混凝土
	端墙与衬砌链接钢筋	kg	512	
	检查梯	kg	400	
	C20 网喷混凝土	m^3	48.2	边仰坡防护
	钢筋网	kg	3 567	边仰坡防护
	草皮	m^2	582	边仰坡防护
	浆砌片石	m^3	36	边仰坡防护
六	轨道	km	1.75	
1	区间铺新轨	km	1.75	
2	人工铺 50 kg 25 m 轨 1 840 根混凝土枕	km	1.75	
3	12 号单开道岔	组	1	
4	人工铺底砟	m^3	1 300	
5	人工铺面砟	m^3	2 620	

为方便读者了解概（预）算的主要编制思路，加之篇幅所限，本例题只编列单项工程概（预）算表、综合概（预）算表、总概（预）算汇总表，略去总概（预）算（汇总）对照表、综合概（预）算（汇总）对照表、补充单价分析汇总表、补充单价分析表、补充材料单价表，主要材料预算价格表、补充设备单价表、设备单价汇总表、外资总概（预）算表，内外资总概（预）算对照表、外资综合概（预）算表、外资采购设备单项概（预）算表、外资采购材料单项概（预）算表、外资采购设备数量清单、外资采购材料数量清单、技术经济指标统计表；以及主要材料运杂费单价分析表，在正式进行概（预）算编制时，请读者按要求参照编制办法或相关资料予以完善。

本例在计算过程中，因所拟工程项目为虚拟项目，考虑篇幅原因，未列出相应的全部工程数量，部分数据需要根据施工组织设计和设计图纸进行分析。

本例在编制过程中，所采用的定额为 2017 年的定额，因 2017 年后暂未发布更新的基价表和材料差价系数资料，故本例题未对人工费、材料费、施工机具使用费等差价进行调整。在进行实际工程概（预）算编制时，需按编制办法进行相应调差计算。同时，因例题工程项目为虚拟项目，相应以实际发生的相关费用如“建设项目前期费”等予以略去，可能造成有些费用如“项目建设管理费”等计算不准确，请读者正确理解编制办法的内涵。

概（预）算计算见表 12-5～表 12-12。

表 12-5 总概（预）算表

建设名称	南昌某铁路专用线	编号	zg-01
编制范围	站前工程	概（预）算总额	2 746.56 万元
工程总量	1.75 km	技术经济指标	1 569.46 万元/km

章别	各章名称	概（预）算价值/万元					技术经济指标/万元	费用比例/%
		Ⅰ建筑工程费	Ⅱ安装工程费	Ⅲ设备购置费	Ⅳ其他费	合计		
	第一部分静态投资					2 658.92	1 519.3	96.81
一	拆迁及征地费用	6.13			144.88	151.00	86.29	5.50
二	路基	112.73				112.73	64.42	4.10
三	桥涵	623.81				623.81	356.46	22.71
四	隧道及明洞	1 188.41				1 188.41	679.09	43.27
五	轨道	266.03				266.03	152.01	9.69
六	通信、信号、信息及灾害监测							
七	电力及电力牵引供电							
八	房屋							
九	其他运营生产设备及建筑物							
十	大型临时设施和过渡工程							
十一	其他费用				190.33	190.33	108.76	6.93
	以上各项合计	2 197.10			335.20	2 532.30	1 447.03	92.20
十二	基本预备费					126.62	72.35	4.61
	第二部分动态投资					79.77	45.58	2.90
十三	差价预备费					79.77	45.58	2.90
十四	建设期投资贷款利息							
	第三部分机车车辆（动车组）购置费							
十五	机车车辆（动车组）购置费							
	第四部分铺底流动资金					7.88	4.50	0.29
十六	铺底流动资金					7.88	4.50	0.29
	概（预）算总额					2 746.56	1 569.46	100.00

编制　　　　年　月　日　　复核　　　　　　年　月　日

表 12-6 综合概（预）算（汇总）表

建设名称		南昌某铁路专用线	工程总量	1.75 km	编号	Zh-01
编制范围		站前工程	概（预）算总额	27 465 625.27 元	技术经济指标	15 694 643.01 元/km
章别	节号	工程及费用名称	单位	数量	概（预）算价值/元	指标/元
一		第一部分：静态投资	正线公里	1.75	26 589 199	
		第一章 拆迁及征地费用	正线公里	1.75	1 510 000	862 857
	1	Ⅰ.建筑工程费	正线公里	1.75	61 250	35 000
		一、改移道路	km	0.50	61 250	122 500
		（二）泥结碎石路	m^2	1 750.00	61 250	35
		Ⅳ其他费	元		1 448 750	
		一、土地征用及拆迁补偿费	正线公里	1.75	1 448 750	
		（一）土地征用补偿费	亩	35.00	875 000	827 857
		（二）拆迁补偿费	元		555 200	25 000
		（四）征地拆迁工作经费	元		6 300	
		（五）用地勘界费	元		12 250	
二		第二章 路基	路基公里	1.75	1 127 279	644 160
	2	第 2 节 区间路基土石方	m^3	33 230.00	559 547	17
		Ⅰ.建筑工程	m^3	33 230	559 547	17
		一、土方	m^3	33 230	559 547	17
		（二）挖土方（利用方）	m^3	9 230	81 640	9
		（三）利用土填方	m^3	8 675.00	61 405	7
		（四）借土填方	m^3	15 668.00	416 503	27
	4	第 4 节 路基附属工程	路基公里	1.75	567 732	324 418
		Ⅰ.建筑工程费	元		567 732	
		一、区间路基附属工程	区间路基公里	1.75	567 732	324 418
		（二）地基处理	元		78 623	
		（三）平（坡）面防护	元		296 862	
		（四）护坡及冲刷防护	元		38 034	
		（六）沟渠	元		129 362	
		（十）土石方	m^3		24 850	
三		第三章 桥涵	延长米	237.70	6 238 091	26 244
	6	第 6 节 大桥（1 座）	延长米	237.70	5 902 596	24 832
		Ⅰ.建筑工程	延长米	237.70	5 902 596	24 832
		甲、新建（1 座）	延长米	237.70	5 902 596	24 832
		二、一般梁氏大桥（1 座）	延长米	237.70	5 902 596	24 832
		1.下部工程	延长米	3 137.60	2 061 366	657
		（1）基础	圬工方	1 874.00	1 825 376.51	974
		（2）墩台	圬工方	1 263.60	235 990	187

续表

章别	节号	工程及费用名称	单位	数量	概（预）算价值/元	指标/元
三	6	2.上部工程	延长米	237.70	1 956 672	8 232
		（2）制架（钢筋）预应力混凝土T梁	孔	7.00	1 453 611	207 659
		（12）支座	元		81 755	
		（13）桥面系	延长米	237.70	421 306	1 772
		3.附属工程	延长米	237.70	11 097	47
		4.施工辅助设施	元		1 873 460	
	9	第9节　涵洞（1座）	横延米	71.45	335 495	4 696
		Ⅰ.建筑工程	横延米	71.45	335 495	4 696
		甲、新建（1座）	横延米	71.45	335 495	4 696
		三、盖板箱涵（1座）	横延米	71.45	335 495	4 696
		（一）明挖（1座）	横延米	71.45	335 495	4 696
		（1）涵身及附属			187 119	
		（2）明挖基础（含承台）			148 376	
四		第四章　隧道	延长米	262.00	11 884 136	45 359
	10	第10节　隧道（1座）	延长米	262.00	11 884 136	45 359
		Ⅰ.建筑工程	延长米	262.00	11 884 136	45 359
		甲、新建（1座）	延长米	262.00	11 884 136	45 359
		1.正洞（钻爆法施工）	延长米	262.00	11 504 801	43 911
		（4）Ⅳ级围岩	延长米	115.00	4 732 202	41 150
		① 开挖	延长米	115.00	2 085 407	18 134
		② 衬砌	延长米	115.00	1 683 434	14 639
		③ 支护	延长米	115.00	963 361	8 377
		（5）Ⅴ级围岩	延长米	147.00	6 772 600	46 072
		① 开挖	延长米	147.00	2 590 711	17 624
		② 衬砌	延长米	147.00	1 964 594	13 365
		③ 支护	延长米	147.00	2 217 295	15 084
		6.洞门	圬工方	468.20	331 409	708
		7.施工辅助设施	延长米	262.00	47 925	183
五		第五章　轨道	正线公路	1.75	2 660 256	1 520 146
	12	第12节　正线	铺轨公里	1.75	2 310 905	1 320 517
		Ⅰ.建筑工程	铺轨公里	1.75	2 310 905	1 320 517
		一、铺新轨	铺轨公里	1.75	1 794 866	1 025 638
		（二）钢筋混凝土枕	铺轨公里	1.75	1 794 866	1 025 638

续表

章别	节号	工程及费用名称	单位	数量	概（预）算价值/元	指标/元
五	12	三、铺道床	铺轨公里	1.75	516 039	294 879
		（一）粒料道床	m³	3 920.00	516 039	132
	13	第 13 节　站线	铺轨公里		339 188	
		Ⅰ.建筑工程	铺轨公里		339 188	
		三、铺新岔	组	1.00	339 188	339 188
		（一）单开道岔	组	1.00	339 188	339 188
	14	第 14 节　站线	正线公里	1.75	10 163	5 807
		Ⅰ.建筑工程	正线公里	1.75	10 163	5 807
		一、线路附属工程	元		10 163	
合计		第一～十章合计	元		23 419 762	
		第二～十章合计	元		21 909 762	
		建筑安装工程费合计	元		21 971 012	
十一		第十一章　其他费用	正线公里	1.75	1 903 285	1 087 592
	31	第 31 节　其他费用	正线公里	1.75	1 903 285	1 087 592
		Ⅳ. 其他费	元		1 903 285	
		一、建设项目管理费	元		536 141	
		二、建设单位印花税及其他税费	元		16 394	
		三、建设项目前期费	元		略	
		四、施工监理费	元		385 396	
		五、勘察设计费	元		320 275	
		1. 勘察费=（勘察费定额+七项费用定额）×实物工作量×勘察费附加调整系数×（1+主体勘察协调费系数）	元		100 520	
		2. 设计费=计算基数×设计费费率×设计复杂程度调整系数×设计费附加调整系数×（1+其他设计费系数）	元		219 755	
		六、设计文件审查费	元		48 336	
		七、其他咨询服务费	元		109 855	
		八、营业线施工配合费	元		2 843	
		九、安全生产费	元		439 420	
		1. 按规定费率计算部分	元		439 420	
		2. 超前地质预报费用	元			
		十、研究试验费	元		略	
		十一、联调联试等有关费用	元		略	

续表

章别	节号	工程及费用名称	单位	数量	概（预）算价值/元	指标/元
十一	31	十二、利用外资有关费用	元			
		十三、生产准备费	正线公里	1.75	44 625	25 500
		（一）生产职工培训费	正线公里	1.75	13 125	7 500
		（二）办公和生活家具购置费	正线公里	1.75	10 500	6 000
		（三）工器具及生产家具购置费	正线公里	1.75	21 000	12 000
		十四、其他	元			
		以上各章合计	正线公里	1.75	25 323 047	14 470 313
		其中：Ⅰ.建筑工程费	正线公里	1.75	21 971 012	12 554 864
		Ⅱ.安装工程费	正线公里			
		Ⅲ.设备购置费	正线公里			
		Ⅳ.其他费	正线公里	1.75	3 352 035	1 915 449
		第一～十一章合计	元		25 323 047	
十二	32	基本预备费	正线公里	1.75	1 266 152	723 516
		以上总计	正线公里	1.75	26 589 199	15 193 828
		第二部分动态投资	正线公里	1.75	797 676	455 815
十三	33	差价预备费	正线公里	1.75	797 676	455 815
十四	34	建设期投资贷款利息	正线公里			
		一、建设期国内投资贷款利息	正线公里			
		二、建设期国外投资贷款利息	正线公里			
		第三部分机车车辆（动车组）购置费	元			
十五	35	机车车辆（动车组）购置费	正线公里		略	
		第四部分铺底流动资金	正线公里	1.75	78 750	
十六	36	铺底流动资金	正线公里	1.75	78 750	
		概（预）算总额	正线公里	1.75	27 465 625	

编制　　　　年　月　日　　　复核　　　　年　月　日

表 12-7 单项概（预）算表（拆迁）

建设名称	南昌某铁路专用线	编号	GS-0101
工程名称	拆迁及征地费用	工程总量	1.75 km
工程地点	南昌市	概（预）算价值	1 510 000.00 元
所属章节	第一章第 1 节	概（预）算指标	862 857.14 元/km

单价编号	工作项目或费用名称	单位	数量	费用/元	
				单价	合价
	第一章拆迁及征地费用	km			1 510 000
	第 1 节拆迁及征地费用	km			1 510 000
	Ⅰ.建筑工程费	km			61 250
	一、改移道路	km	0.5		61 250
	（二）泥结碎石路	m^2	1 750.0	35.00	61 250
	八、税金	%	61 250.0	11.00	6 738
	九、单项概（预）算价值				67 988
	Ⅳ.其他费	元			1 448 750
	一、土地征用及拆迁补偿费	km			1 448 750
	（一）土地征用补偿费	亩	35	25 000	875 000
	（二）拆迁补偿费	元			555 200
	1.建筑物	元			555 200
	（1）房屋				485 000
	① 民房	m^2	100	4 850	485 000
	（2）其他建筑物				70 200
	① 拆迁水井	个	2	5 100	10 200
	② 拆迁坟墓	座	10	6 000	60 000
	（四）征地拆迁工作经费	元	35	180.00	6 300
	（五）用地勘界费	元	35	350	12 250
	合计				1 448 750

表 12-8　单项概（预）算表（路基）

建设名称	南昌某铁路专用线	编号	GS-0202
工程名称	区间路基土石方	工程总量	23 955.19 施工方
工程地点	南昌市	概（预）算价值	559 547.49 元
所属章节	第二章第 2 节	概（预）算指标	23.36 元/施工方

单价编号	工作项目或费用名称		单位	数量	费用/元	
					单价	合价
	第 2 节区间路基土石方		施工方	1.75		559 547
	Ⅰ.建筑工程费		m^3	33 230.00		559 547
	一、土方		m^3	33 230.00		559 547
	（二）挖土方（利用方）		m^3	9 230.00		81 640
	1.开挖土方（运距≤1 km）		m^3	9 230.00		68 787
	（2）机械施工					
LY-13	挖掘机装车≤2 m^3 挖掘机　普通土		100 m^3	92.30	125.43	11 577
LY-26	≤8 t 自卸汽车运土运距≤1 km		100 m^3	92.30	399.10	36 837
	一、定额直接工程费		元			48 414
	其中：基期人工费		元			1 448 750
	基期材料费		元			1 090
	基期机使费		元			
	二、价外运杂费		t			47 324
	差价	人工费差价	元			
		材料费差价	元			
		施工机具使用费差价	元			
		三、差价合计	元			
	四、填料费		元			
	直接工程费		元			48 414
	五、施工措施费		%	48 414.12	6.10	2 953
	六、特殊施工增加费		元			
	直接费		元			51 367
	七、间接费		%	48 414.12	21.90	10 603
	八、税金		%	61 970.07	11.00	6 817
	九、单项概（预）算价值		元			68 787
	2.增运土方		m^3	9 230.00		
LY-27×2	≤8 t 自卸汽车运土　增运 1 km		100 m^3	92.30	109.66	10 122
	一、定额直接工程费		元			10 122
	其中：基期人工费		元			
	基期材料费		元			
	基期机使费		元			10 122

续表

<table>
<tr><th rowspan="2">单价编号</th><th rowspan="2" colspan="2">工作项目或费用名称</th><th rowspan="2">单位</th><th rowspan="2">数量</th><th colspan="2">费用/元</th></tr>
<tr><th>单价</th><th>合价</th></tr>
<tr><td></td><td colspan="2">二、价外运杂费</td><td>t</td><td></td><td></td><td></td></tr>
<tr><td></td><td rowspan="4">差价</td><td>人工费差价</td><td>元</td><td></td><td></td><td></td></tr>
<tr><td></td><td>材料费差价</td><td>元</td><td></td><td></td><td></td></tr>
<tr><td></td><td>施工机具使用费差价</td><td>元</td><td></td><td></td><td></td></tr>
<tr><td></td><td>三、差价合计</td><td>元</td><td></td><td></td><td></td></tr>
<tr><td></td><td colspan="2">四、填料费</td><td>元</td><td></td><td></td><td></td></tr>
<tr><td></td><td colspan="2">直接工程费</td><td>元</td><td></td><td></td><td>10 122</td></tr>
<tr><td></td><td colspan="2">五、施工措施费</td><td>%</td><td>10 121.62</td><td>3.50</td><td>354</td></tr>
<tr><td></td><td colspan="2">六、特殊施工增加费</td><td>元</td><td></td><td></td><td></td></tr>
<tr><td></td><td colspan="2">直接费</td><td>元</td><td></td><td></td><td>10 476</td></tr>
<tr><td></td><td colspan="2">七、间接费</td><td>%</td><td>10 121.62</td><td>10.90</td><td>1 103</td></tr>
<tr><td></td><td colspan="2">八、税金</td><td>%</td><td>11 579.13</td><td>11.00</td><td>1 274</td></tr>
<tr><td></td><td colspan="2">九、单项概（预）算价值</td><td>元</td><td></td><td></td><td>12 853</td></tr>
<tr><td></td><td colspan="2">（三）利用土填方</td><td>m^3</td><td>8 675.00</td><td></td><td>61 405</td></tr>
<tr><td></td><td colspan="2">压路机压实</td><td>100 m^3</td><td>86.75</td><td>393.86</td><td>34 167</td></tr>
<tr><td></td><td colspan="2">路堤刷坡收边</td><td>100 m^3</td><td>110.00</td><td>85.45</td><td>9 400</td></tr>
<tr><td></td><td colspan="2">一、定额直接工程费</td><td>元</td><td></td><td></td><td>43 567</td></tr>
<tr><td></td><td colspan="2">其中：基期人工费</td><td>元</td><td></td><td></td><td>6 171</td></tr>
<tr><td></td><td colspan="2">基期材料费</td><td>元</td><td></td><td></td><td>1 591</td></tr>
<tr><td></td><td colspan="2">基期机使费</td><td>元</td><td></td><td></td><td>35 785</td></tr>
<tr><td></td><td colspan="2">二、价外运杂费</td><td>t</td><td></td><td></td><td></td></tr>
<tr><td></td><td rowspan="4">差价</td><td>人工费差价</td><td>元</td><td></td><td></td><td></td></tr>
<tr><td></td><td>材料费差价</td><td>元</td><td></td><td></td><td></td></tr>
<tr><td></td><td>施工机具使用费差价</td><td>元</td><td></td><td></td><td></td></tr>
<tr><td></td><td>三、差价合计</td><td>元</td><td></td><td></td><td></td></tr>
<tr><td></td><td colspan="2">四、填料费</td><td>元</td><td></td><td></td><td></td></tr>
<tr><td></td><td colspan="2">直接工程费</td><td>元</td><td></td><td></td><td>43 567</td></tr>
<tr><td></td><td colspan="2">五、施工措施费</td><td>%</td><td>41 975.86</td><td>6.10</td><td>2 561</td></tr>
<tr><td></td><td colspan="2">六、特殊施工增加费</td><td>元</td><td></td><td></td><td></td></tr>
<tr><td></td><td colspan="2">直接费</td><td>元</td><td></td><td></td><td>46 127</td></tr>
<tr><td></td><td colspan="2">七、间接费</td><td>%</td><td>41 975.86</td><td>21.90</td><td>9 193</td></tr>
<tr><td></td><td colspan="2">八、税金</td><td>%</td><td>55 320.10</td><td>11.00</td><td>6 085</td></tr>
<tr><td></td><td colspan="2">九、单项概（预）算价值</td><td>元</td><td></td><td></td><td>61 405</td></tr>
</table>

续表

单价编号	工作项目或费用名称	单位	数量	费用/元	
				单价	合价
	（四）借土填方	m^3	15 668.00		416 503
	1.挖填土方（运距≤1 km）	m^3	15 668.00		323 646
	（2）机械施工	m^3			
LY-13×1.064	挖掘机装车≤2 m^{3}挖掘机 普通土	100 m^3	156.68	133.46	20 910
LY-26×1.064	≤8 t 自卸汽车运土 增运 1 km	100 m^3	156.68	424.64	66 533
LY-162×1.064	压路机压实	100 m^3	156.68	419.07	65 659
LY-178×1.064	路堤刷坡收边	100 m^3	223.00	90.92	20 275
	一、定额直接工程费	元			173 377
	其中：基期人工费	元			14 461
	基期材料费	元			3 057
	基期机使费	元			155 859
	二、价外运杂费	t			
	人工费差价	元			
	材料费差价	元			
	施工机具使用费差价	元			
	三、差价合计	元			
	四、填料费	元	15 668.00	4.50	70 506
	直接工程费	元			243 883
	五、施工措施费	%	170 320.00	6.10	10 390
	六、特殊施工增加费	元			
	直接费	元			254 273
	七、间接费	%	170 320.00	21.90	37 300
	八、税金	%	291 573.01	11.00	32 073
	九、单项概（预）算价值	元			323 646
	2.增运土方（运距＞1 km 的部分）	m^2	15 668.00		92 857
LY-27×4×1.064	≤8 t 自卸汽车运土，增运 4 km	100 m^3	156.68	466.71	73 125
	一、定额直接工程费	元			73 125
	其中：基期人工费	元			
	基期材料费	元			
	基期机使费	元			73 125
	二、价外运杂费	t			
	差价　人工费差价	元			

续表

单价编号	工作项目或费用名称		单位	数量	费用/元	
					单价	合价
	差价	材料费差价	元			
		施工机具使用费差价	元			
		三、差价合计	元			
	四、填料费		元			
	直接工程费		元			73 125
	五、施工措施费		%	73 124.59	3.50	2 559
	六、特殊施工增加费		元			
	直接费		元			75 684
	七、间接费		%	73 124.59	10.90	7 971
	八、税金		%	83 654.53	11.00	9 202
	九、单项概（预）算价值		元			92 857

建设名称	南昌某铁路专用线	编号	GS-0204
工程名称	路基附属工程	工程总量	1.75 km
工程地点	南昌市	概（预）算价值	567 731.96 元
所属章节	第二章 第 4 节	概（预）算指标	324 418.26 元/km

单价编号	工作项目或费用名称		单位	数量	费用/元	
					单价	合价
	第 4 节 路基附属工程		路基公里			567 732
	Ⅰ.建筑工程费		元			567 732
	一、区间路基附属工程		区间路基公里			567 732
	（二）地基处理		元			78 623
	1.基底填筑（垫层）		m^3			
	（1）填砂石料		m^3			21 389
LY-397	抛填片石		10 m^3	60.00	356.48	21 389
	一、定额直接工程费		元			21 389
	其中：基期人工费		元			5 548
	基期材料费		元			15 841
	基期机使费		元			
	二、价外运杂费		t	1 172.88	16.50	19 353
	差价	人工费差价	元			
		材料费差价	元			
		施工机具使用费差价	元			
		三、差价合计	元			

续表

单价编号	工作项目或费用名称		单位	数量	费用/元	
					单价	合价
	四、填料费		元	600.00	45.00	27 000
	直接工程费		元			67 741
	五、施工措施费		%	5 548.20	8.30	461
	六、特殊施工增加费		元			
	直接费		元			68 202
	七、间接费		%	5 548.2	47.4	2 630
	八、税金		%	70 831.67	11.00	7 791
	九、单项概（预）算价值		元			78 623
	（三）平（坡）面防护		元			295 862
	6. 土工合成材料		元			296 862
	（6）土工网垫					
LY-458	路基边坡铺土工网垫		100 m^2	330	704.38	232 445
	一、定额直接工程费		元			232 445
	其中：基期人工费		元			61 311
	基期材料费		元			171 135
	基期机使费		元			
	二、价外运杂费		t			
	差价	人工费差价	元			
		材料费差价	元			
		施工机具使用费差价	元			
		三、差价合计	元			
	四、填料费		元	35.64	23.80	848
	直接工程费		元			233 294
	五、施工措施费		%	61 311	8.30	5 089
	六、特殊施工增加费		元			
	直接费		元			238 382
	七、间接费		%	61 311	47.40	29 061
	八、税金		%	267 444	11	29 419
	九、单项概（预）算价值		元			296 862
	（四）护域及冲刷防护		元			38 034
LY-195	1.千砌石		10 m^3	10.00	823.97	8 240

续表

单价编号	工作项目或费用名称		单位	数量	费用/元	
					单价	合价
LY-197	2.浆砌石		10 m³	15.00	1 338.38	20 076
	一、定额直接工程费		元			28 315
	其中：基期人工费		元			13 883
	基期材料费		元			13 588
	基期机使费		元			844
	二、价外运杂费		t			
	差价	人工费差价	元			
		材料费差价	元			
		施工机具使用费差价	元			
		三、差价合计	元			
	四、填料费		元			
	直接工程费		元			28 315
	五、施工措施费		%	14 727.30	6.90	1 016
	六、特殊辅工增加费		元			
	直接费		元			29 332
	七、间接费		%	14 727.30	33.50	4 934
	八、税金		%	34 265.23	11.00	3 769
	九、单项概（预）算价值		元			38 034
	（六）沟渠		元			129 362
LY-433	1.浆砌石（天沟、侧沟）		10 m³	38.00	1 532.36	58 230
LY-211	2.浆砌石（路肩）		10 m³	12.00	1 531.33	18 376
	一、定额直接工程费		元			76 606
	其中：基期人工费		元			42 328
	基期材料费		元			33 766
	基期机使费		元			511
	二、价外运杂费		t	1 371.50	16.5	22 630
	差价	人工费差价	元			
		材料费差价	元			
		施工机具使用费差价	元			
		三、差价合计	元			
	四、填料费		元			
	直接工程费		元			99 235

续表

<table>
<tr><th rowspan="2">单价编号</th><th rowspan="2" colspan="2">工作项目或费用名称</th><th rowspan="2">单位</th><th rowspan="2">数量</th><th colspan="2">费用/元</th></tr>
<tr><th>单价</th><th>合价</th></tr>
<tr><td></td><td colspan="2">五、施工措施费</td><td>%</td><td>42 839.20</td><td>6.90</td><td>2 956</td></tr>
<tr><td></td><td colspan="2">六、特殊施工增加费</td><td>元</td><td></td><td></td><td></td></tr>
<tr><td></td><td colspan="2">直接费</td><td>元</td><td></td><td></td><td>102 191</td></tr>
<tr><td></td><td colspan="2">七、间接费</td><td>%</td><td>42 839.20</td><td>33.5</td><td>14 351</td></tr>
<tr><td></td><td colspan="2">八、税金</td><td>%</td><td>116 542.43</td><td>11</td><td>12 820</td></tr>
<tr><td></td><td colspan="2">九、单项概（预）算价值</td><td>元</td><td></td><td></td><td>129 362</td></tr>
<tr><td></td><td colspan="2">（十）土石方</td><td>m^3</td><td></td><td></td><td>248 507</td></tr>
<tr><td></td><td colspan="2">1.土方</td><td></td><td></td><td></td><td>14 378</td></tr>
<tr><td>LY-43</td><td colspan="2">（1）侧沟挖土方</td><td>100 m^3</td><td>3.2</td><td>1 691.58</td><td>5 413</td></tr>
<tr><td></td><td colspan="2">（2）天沟挖土方</td><td>100 m^3</td><td>5.3</td><td>1 691.58</td><td>8 965</td></tr>
<tr><td></td><td colspan="2">一、定额直接工程费</td><td>元</td><td></td><td></td><td>14 378</td></tr>
<tr><td></td><td colspan="2">其中：基期人工费</td><td>元</td><td></td><td></td><td>14 378</td></tr>
<tr><td></td><td colspan="2">基期材料费</td><td>元</td><td></td><td></td><td></td></tr>
<tr><td></td><td colspan="2">基期机使费</td><td>元</td><td></td><td></td><td></td></tr>
<tr><td></td><td colspan="2">二、价外运杂费</td><td>t</td><td></td><td></td><td></td></tr>
<tr><td></td><td rowspan="4">差价</td><td>人工费差价</td><td>元</td><td></td><td></td><td></td></tr>
<tr><td></td><td>材料费差价</td><td>元</td><td></td><td></td><td></td></tr>
<tr><td></td><td>施工机具使用费差价</td><td>元</td><td></td><td></td><td></td></tr>
<tr><td></td><td>三、差价合计</td><td>元</td><td></td><td></td><td></td></tr>
<tr><td></td><td colspan="2">四、填料费</td><td>元</td><td></td><td></td><td></td></tr>
<tr><td></td><td colspan="2">直接工程费</td><td>元</td><td></td><td></td><td>14 378</td></tr>
<tr><td></td><td colspan="2">五、施工措施费</td><td>%</td><td>14 378.43</td><td>8.3</td><td>1 193</td></tr>
<tr><td></td><td colspan="2">六、特殊施工增加费</td><td>元</td><td></td><td></td><td></td></tr>
<tr><td></td><td colspan="2">直接费</td><td>元</td><td></td><td></td><td>15 572</td></tr>
<tr><td></td><td colspan="2">七、间接费</td><td>%</td><td>14 378.43</td><td>47.4</td><td>6 815</td></tr>
<tr><td></td><td colspan="2">八、税金</td><td>%</td><td>22 387.22</td><td>11.00</td><td>2 463</td></tr>
<tr><td></td><td colspan="2">九、单项概（预）算价值</td><td>元</td><td></td><td></td><td>24 850</td></tr>
</table>

表 12-9 单项概（预）算表（桥梁）

建设名称	南昌某铁路专用线	编号		GS-0306	
工程名称	××大桥	工程总量		237.70 延长米	
工程地点	南昌市	概（预）算价值		5 902 595.87 元	
所属章节	第三章 第 6 节	概（预）算指标		24 832.12 元/延长米	
单价编号	工作项目或费用名称	单位	数量	费用/元	
				单价	合价
	第 6 节 大桥（1 座）	延长米			5 902 596
	甲、新建（1 座）	延长米			5 902 596
	二、一般梁式大桥	延长米			5 902 595
	（一）一般梁式大桥	延长米			5 902 595
	Ⅰ.建筑工程费	延长米			5 902 595
	1.下部工程	延长米			2 061 366
	（1）基础	圬工方	616.00		1 825 377
	① 明挖	圬工方			
QY-329	混凝土	10 m³	61.60	472.67	29 116
QY-11	人力挖土方	10 m³	547.20	214.35	117 292
QY-363	基坑回填	10 m³	403.30	100.58	40 564
	② 承台				
QY-329	混凝土	10 m³	32.40	472.67	15 315
QY-335	钢筋	t	3.95	3 248.72	12 842
	⑤ 钻孔桩				
QY-91	砂砾石	10 m³	12.00	5 833.90	70 007
QY-106	次坚石	10 m³	41.00	18 437.00	755 917
QY-207	钢筋笼制安、运输	t	10.50	3 314.63	34 817
QY-210	声测管制安	t	1.39	3 623.76	5 023
QY-221	陆上钢护筒	t	151.00	1 138.19	171 867
QY-202	陆上钻孔浇筑水下混凝土	10 m³	48.40	223.19	10 802
QY-213	泥浆外运 1 km 以内	10 m³	43.20	20.44	883
QY-214	泥浆外运增运 1 km	10 m³	43.20	3.72	161
QY-215	钻渣外运 1 km 以内	10 m³	15.22	112.25	1 708
QY-216	钻渣外运增运 1 km	10 m³	15.22	20.96	319
QY-227	去除混凝土桩头	1 根桩	24.00	206.25	950
	一、定额直接工程费	元			1 271 583
	其中：基期人工费	元			484 378
	基期材料费	元			170 835
	基期机使费	元			616 370

续表

单价编号	工作项目或费用名称		单位	数量	费用/元	
					单价	合价
	二、价外运杂费		t	814.98	21.30	17 359
	差价	人工费差价	元			
		材料费差价	元			
		施工机具使用费差价	元			
		三、差价合计	元			
	四、填料费		元			
	直接工程费		元			1 288 942
	五、施工措施费		%	1 100 748	5.90	64 944
	六、特殊施工增加费		元			
	直接费		元			1 353 886
	七、间接费		%	1 100 748	26.40	290 597
	八、税金		%	1 644 483	11.00	180 893
	九、单项概（预）算价值		元			18 253 773
	（2）墩台		圬工方			235 990
QY-339	墩台身混凝土		10 m^3	107.30	1 161.87	124 991
QY-390	托盘混凝土		10 m^3	12.05	1 714.44	20 659
QY-363	顶帽混凝土		10 m^3	5.80	2 433.44	14 114
QY-395	耳墙混凝土		10 m^3	0.67	1 676.49	1 123
QY-393	道砟槽混凝土		10 m^3	0.54	2 310.48	1 248
QY-371	顶帽钢筋			3.40	4 135.71	14 070
QY-398	耳墙钢筋		t	0.21	3 512.91	720
QY-397	道砟槽钢筋		t	0.12	3 465.32	378
	一、定额直接工程费		元			177 302
	其中：基期人工费		元			62 361
	基期材料费		元			69 191
	基期机使费		元			45 750
	二、价外运杂费			16.04	23.80	382
	差价	人工费差价	元			
		材料费差价	元			
		施工机具使用费差价	元			
		三、差价合计	元			
	四、填料费		元			
	直接工程费		元			177 684
	五、施工措施费		%	108 110.76		6 379

续表

单价编号	工作项目或费用名称	单位	数量	费用/元	
				单价	合价
	六、特殊施工增加费	元			
	直接费	元			184 062
	七、间接费	%	108 110.76	25.40	28 541
	八、税金	%	212 603.50	11.00	23 386
	九、单项概（预）算价值	元			235 990
	2.上部工程				1 956 672
	（2）制架（钢筋）预应力混凝土 T 梁	孔	7.00		1 453 611
	① 预制	孔	7.00		
QY−430	混凝土	10 m^3	38.50	2 339.74	90 080
QY−431	钢筋制安		69.02	3 342.94	230 730
QY−432	场内移梁	片	14.00	772.47	10 815
QY−463	纵向预应力筋制安	10 t	2.10	55 143.89	115 802
QY−464	纵向预应力筋张拉	10 束	88.20	4 051.88	357 376
QY−475	梁体预埋普通螺栓	t	0.47	6 740.18	3 158
QY−476	梁体预埋普通钢件	t	0.86	5 837.68	5 020
	② 运架				
QY−477	架桥机安拆、调试	一次	1.00	21 842.25	218 421
QY−486	架桥机架设 T 形梁	单线孔	7.00	10 927.80	76 495
QY−503	桥头线路加固	一座桥	1.00	2 321.92	2 322
	③ 横向连接				
QY−455	横向预应力筋制安	10 t	0.08	99 614.89	8 368
QY−456	横向预应力筋张拉	10 束	37.8	2 283.78	86 327
QY−504	梁间防水铁盖板制安	t	17.47	4 543.31	79 381
QY−505	横隔板钢料制安	t	0.87	4 357.25	3 805
QY−506	横隔板混凝土	10 m^3	0.25	2 411.05	603
QY−507	横隔板钢筋制安	t	0.16	3 990.56	638
QY−508	现浇翼缘板及横向连接湿接缝混凝土	10 m^3	1.34	2 195.40	2 951
QY−509	现浇翼缘板及横向连接湿接缝钢筋制安	t	0.59	3 946.31	2 338
	一、定额直接工程费	元			1 098 061
	其中：基期人工费	元			175 012
	基期材料费	元			790 328
	基期机使费	元			132 728

续表

<table>
<tr><th rowspan="2">单价编号</th><th rowspan="2" colspan="2">工作项目或费用名称</th><th rowspan="2">单位</th><th rowspan="2">数量</th><th colspan="2">费用/元</th></tr>
<tr><th>单价</th><th>合价</th></tr>
<tr><td></td><td colspan="2">二、价外运杂费</td><td>t</td><td>171.50</td><td>23.80</td><td>82</td></tr>
<tr><td></td><td rowspan="4">差价</td><td>人工费差价</td><td>元</td><td></td><td></td><td></td></tr>
<tr><td></td><td>材料费差价</td><td>元</td><td></td><td></td><td></td></tr>
<tr><td></td><td>施工机具使用费差价</td><td>元</td><td></td><td></td><td></td></tr>
<tr><td></td><td>三、差价合计</td><td>元</td><td></td><td></td><td></td></tr>
<tr><td></td><td colspan="2">四、填料费</td><td>元</td><td></td><td></td><td></td></tr>
<tr><td></td><td colspan="2">直接工程费</td><td>元</td><td></td><td></td><td>1 102 143</td></tr>
<tr><td></td><td colspan="2">五、施工措施费</td><td>%</td><td>307 740</td><td>10.70</td><td>32 928</td></tr>
<tr><td></td><td colspan="2">六、特殊施工增加费</td><td>元</td><td></td><td></td><td></td></tr>
<tr><td></td><td colspan="2">直接费</td><td>元</td><td></td><td></td><td>1 135 071</td></tr>
<tr><td></td><td colspan="2">七、间接费</td><td>%</td><td>307 740</td><td>56.70</td><td>174 489</td></tr>
<tr><td></td><td colspan="2">八、税金</td><td>%</td><td>1 309 560</td><td>11.00</td><td>144 052</td></tr>
<tr><td></td><td colspan="2">九、单项概（预）算价值</td><td>元</td><td></td><td></td><td>1 453 611</td></tr>
<tr><td></td><td colspan="2">（12）支座</td><td></td><td></td><td></td><td>81 755</td></tr>
<tr><td>QY-651</td><td colspan="2">③ 盆式橡胶支座</td><td>个</td><td>28.00</td><td>1 507.75</td><td>42 217</td></tr>
<tr><td></td><td colspan="2">购买盆式橡胶支座</td><td>个</td><td>28.00</td><td>600.00</td><td>16 800</td></tr>
<tr><td></td><td colspan="2">一、定额直接工程费</td><td>元</td><td></td><td></td><td>59 017</td></tr>
<tr><td></td><td colspan="2">其中：基期人工费</td><td>元</td><td></td><td></td><td>14 720</td></tr>
<tr><td></td><td colspan="2">基期材料费</td><td>元</td><td></td><td></td><td>37 594</td></tr>
<tr><td></td><td colspan="2">基期机使费</td><td>元</td><td></td><td></td><td>6 703</td></tr>
<tr><td></td><td colspan="2">二、价外运杂费</td><td>t</td><td>7.45</td><td>26.50</td><td>197</td></tr>
<tr><td></td><td rowspan="4">差价</td><td>人工费差价</td><td>元</td><td></td><td></td><td></td></tr>
<tr><td></td><td>材料费差价</td><td>元</td><td></td><td></td><td></td></tr>
<tr><td></td><td>施工机具使用费差价</td><td>元</td><td></td><td></td><td></td></tr>
<tr><td></td><td>三、差价合计</td><td>元</td><td></td><td></td><td></td></tr>
<tr><td></td><td colspan="2">四、填料费</td><td>元</td><td></td><td></td><td></td></tr>
<tr><td></td><td colspan="2">直接工程费</td><td>元</td><td></td><td></td><td></td></tr>
<tr><td></td><td colspan="2">五、施工措施费</td><td>%</td><td>21 423</td><td>10.70</td><td>2 292</td></tr>
<tr><td></td><td colspan="2">六、特殊施工增加费</td><td>元</td><td></td><td></td><td></td></tr>
<tr><td></td><td colspan="2">直接费</td><td>元</td><td></td><td></td><td>61 507</td></tr>
<tr><td></td><td colspan="2">七、间接费</td><td>%</td><td>21 423</td><td>56.70</td><td>12 147</td></tr>
<tr><td></td><td colspan="2">八、税金</td><td>%</td><td>73 653</td><td>11.00</td><td>8 102</td></tr>
<tr><td></td><td colspan="2">九、单项概（预）算价值</td><td>元</td><td></td><td></td><td>81 577</td></tr>
</table>

续表

单价编号	工作项目或费用名称		单位	数量	费用/元	
					单价	合价
	（13）桥面系					421 306
	① 混凝土梁桥面系					
QY-661	小型构件混凝土		10 m^3	3.76	2 228.18	8 385
QY-662	小型构件钢筋		t	26.88	3 282.97	88 246
QY-663	小型构件安装		10 m^3	3.76	1 985.84	7 467
QY-664	小型构件运输		10 m^3	3.76	524.13	1 971
QY-666	钢制桥上栏杆制安		T	5.70	7 035.41	40 136
QY-673	梁端伸缩缝制安		10 横延米	2.40	2 753.08	6 607
QY-677	挡砟（防撞）墙及竖墙混凝土		10 m^3	1.25	2 201.19	2 751
QY-678	挡砟（防撞）墙及竖墙钢筋		T	0.68	3 503.11	2 382
GY-576	混凝土桥枕地段铺设护轮轨（单线）护轮轨		10 双侧米	2.590 3	44 714.38	115 824
GY-578	混凝土桥枕地段铺设护轮轨（单线）弯轨及梭头		一处（两端）	1	7 061.11	7 061
QY-682	实体桥墩检查设施 围栏		t	0.504	5 351.15	2 697
QY-683	实体桥墩检查设施 吊篮、检查梯		t	1.435	6 334.00	9 089
QY-692	钢筋混凝土电缆槽		10 m	24.3	1 344.14	32 663
QY-696	T 梁防震落梁挡块制安		t	1.77	3 556.49	6 299
QY-702	排水管道安装 有砟轨道直排式		10 延长米	5.60	551.68	3 089
QY-704	桥梁地段综合接地增加 简支 T 形梁		孔	7.00	101.68	712
QY-706	桥梁地段综合接地增加钻孔桩基础		10 处	2.40	323.29	776
QY-708	梁、墩之间综合接地连接		10 处	2.80	26.44	74
	一、定额直接工程费		元			336 229
	其中：基期人工费		元			51 951
	基期材料费		元			273 516
	基期机使费		元			10 442
	二、价外运杂费		t	48.05	26.50	1 273
	差价	人工费差价	元			
		材料费差价	元			
		施工机具使用费差价	元			
		三、差价合计	元			
	四、填料费		元			
	直接工程费		元			337 502
	五、施工措施费		%	62 393	10.70	6 676
	六、特殊施工增加费		元			
	直接费		元			344 178

续表

单价编号	工作项目或费用名称		单位	数量	费用/元	
					单价	合价
	七、间接费		%	62 393	56.70	35 377
	八、税金		%	379 555	11.00	41 751
	九、单项概（预）算价值		元			421 306
	3.附属工程					11 097
LY-162	锥体填普通土		100 m^3	2.09	393.86	823
LY-163	锥体填碎石土		100 m^3	0.17	451.53	77
QY-901	锥体干砌片石		10 m^3	6.68	720.95	4 816
QY-912	锥体水泥砂浆勾缝 M10		100 m^3	0.67	663.53	445
QY-910	桥头检查台阶 浆砌片石 M10		10 m^3	0.08	1 315.46	105
	一、定额直接工程费		元			6 266
	其中：基期人工费		元			3 440
	基期材料费		元			2 068
	基期机使费		元			757
	二、价外运杂费		t	144.00	16.50	2 376
	差价	人工费差价	元			
		材料费差价	元			
		施工机具使用费差价	元			
		三、差价合计	元			
	四、填料费		元			
	直接工程费		元			
	五、施工措施费		%			8 642
	六、特殊施工增加费		元	4 197	5.90	248
	直接费		元			
	七、间接费		%	4 197	26.40	8 889
	八、税金		%	9 997	11.00	1 100
	九、单项概（预）算价值		元			11 097
	4.附属工程					1 873 460
QY-936	（1）栈桥（宽 4 m）		m	200.00	6 302.17	1 260 434
QY-218	（2）工作平台		100 m^2	1.50	172 930.01	259 395
	一、定额直接工程费		元			1 519 829
	其中：基期人工费		元			368 187
	基期材料费		元			841 466
	基期机使费		元			310 176

续表

单价编号	工作项目或费用名称		单位	数量	费用/元	
					单价	合价
	二、价外运杂费		t	293.50	22.80	6 692
	差价	人工费差价	元			
		材料费差价	元			
		施工机具使用费差价	元			
		三、差价合计	元			
	四、填料费		元			
	直接工程费		元			1 526 521
	五、施工措施费		%	678 363	2.66	18 011
	六、特殊施工增加费		元			
	直接费		元			1 544 531
	七、间接费		%	678 363	21.12	143 270
	八、税金		%	1 687 802	11.00	185 658
	九、单项概（预）算价值		元			1 873 460

表 12-10 单项概（预）算表（涵洞）

建设名称	南昌某铁路专用线	编号	GS-0309		
工程名称	涵洞	工程总量	71.45 延长米		
工程地点	南昌市	概（预）算价值	335 495.24 元		
所属章节	第三章 第 9 节	概（预）算指标	4 695.52 元/延长米		
单价编号	工作项目或费用名称	单位	数量	费用/元	
				单价	合价
	第 9 节 涵洞（1 座）	横延米	71.45		335 495
	Ⅰ.新筑工程	横延米	71.45		335 495
	甲、新建（1 座）	横延米	71.45		335 495
	三、盖板箱涵（1 座）	横延米	71.45		335 495
	(一) 明挖（1 座）	横延米	71.45		335 495
	1.单孔（1 座）	横延米	71.45		335 495
	(1) 涵身及附属	横延米	71.45		
QY-715	端翼墙混凝土 C15	10 m^3	3.94	1 672.07	6 588
QY-716	中边墙混凝土 C15	10 m^3	19.15	996.52	19 083
QY-726	场内预制箱涵盖板混凝土	10 m^3	4.83	1 506.78	7 278
QY-727	场内预制箱涵盖板钢筋	t	5.36	3 347.81	17 928
QY-888	沉降缝	10 m^2	1.44	1 525.97	2 197
QY-873	防水层	10 m^2	22.60	277.22	6 265
QY-901	锥体护坡干砌片石	10 m^3	5.20	720.95	37 497
QY-905	锥体护坡浆砌片石	10 m^3	38.70	1 344.03	520 147
QY-910	桥头检查台阶浆砌片石	10 m^3	1.17	1 315.46	1 539
	一、定额直接工程费	元			116 641
	其中：基期人工费	元			55 032
	基期材料费	元			59 376
	基期机使费	元			2 210
	二、价外运杂费	t	1 212.69	18.80	22 799
	差价：人工费差价	元			
	差价：材料费差价	元			
	差价：施工机具使用费差价	元			
	差价：三、差价合计	元			
	四、填料费	元			
	直接工程费	元			139 440
	五、施工措施费	%	57 242	6.70	3 835
	六、特殊施工增加费	元			
	直接费	元			143 275
	七、间接费	%	57 242	44.20	25 301

续表

<table>
<tr><th rowspan="2">单价编号</th><th rowspan="2" colspan="2">工作项目或费用名称</th><th rowspan="2">单位</th><th rowspan="2">数量</th><th colspan="2">费用/元</th></tr>
<tr><th>单价</th><th>合价</th></tr>
<tr><td></td><td colspan="2">八、税金</td><td>%</td><td>168 576</td><td>11.00</td><td>18 543</td></tr>
<tr><td></td><td colspan="2">九、单项概（预）算价值</td><td>元</td><td></td><td></td><td>187 119</td></tr>
<tr><td></td><td colspan="2">（2）附属工程</td><td></td><td></td><td></td><td></td></tr>
<tr><td>QY-711</td><td colspan="2">洞口基础混凝土</td><td>10 m^3</td><td>33.49</td><td>669.22</td><td>22 412</td></tr>
<tr><td>QY-11</td><td colspan="2">基坑挖土</td><td>10 m^3</td><td>264.48</td><td>214.35</td><td>56 691</td></tr>
<tr><td>QY-37</td><td colspan="2">基坑回填</td><td>10 m^3</td><td>88.16</td><td>100.58</td><td>8 867</td></tr>
<tr><td>QY-9</td><td colspan="2">沟床开挖</td><td>10 m^3</td><td>21.50</td><td>147.85</td><td>3 179</td></tr>
<tr><td></td><td colspan="2">一、定额直接工程费</td><td>元</td><td></td><td></td><td>91 149</td></tr>
<tr><td></td><td colspan="2">其中：基期人工费</td><td>元</td><td></td><td></td><td>78 089</td></tr>
<tr><td></td><td colspan="2">基期材料费</td><td>元</td><td></td><td></td><td>7 720</td></tr>
<tr><td></td><td colspan="2">基期机使费</td><td>元</td><td>3.48</td><td>16.50</td><td>5 340</td></tr>
<tr><td></td><td colspan="2">二、价外运杂费</td><td>t</td><td></td><td></td><td>57</td></tr>
<tr><td></td><td rowspan="4">差价</td><td>人工费差价</td><td>元</td><td></td><td></td><td></td></tr>
<tr><td></td><td>材料费差价</td><td>元</td><td></td><td></td><td></td></tr>
<tr><td></td><td>施工机具使用费差价</td><td>元</td><td></td><td></td><td></td></tr>
<tr><td></td><td>三、差价合计</td><td>元</td><td></td><td></td><td></td></tr>
<tr><td></td><td colspan="2">四、填料费</td><td>元</td><td></td><td></td><td></td></tr>
<tr><td></td><td colspan="2">直接工程费</td><td>元</td><td></td><td></td><td>91 207</td></tr>
<tr><td></td><td colspan="2">五、施工措施费</td><td>%</td><td>83 429</td><td>6.70</td><td>5 590</td></tr>
<tr><td></td><td colspan="2">六、特殊施工增加费</td><td>元</td><td></td><td></td><td></td></tr>
<tr><td></td><td colspan="2">直接费</td><td>元</td><td></td><td></td><td>96 797</td></tr>
<tr><td></td><td colspan="2">七、间接费</td><td>%</td><td>83 429</td><td>44.20</td><td>36 876</td></tr>
<tr><td></td><td colspan="2">八、税金</td><td>%</td><td>133 672</td><td>11.00</td><td>14 704</td></tr>
<tr><td></td><td colspan="2">九、单项概（预）算价值</td><td>元</td><td></td><td></td><td>148 376</td></tr>
</table>

表 12-11 单项概（预）算表（隧道）

建设名称	南昌某铁路专用线	编号		GS-0410	
工程名称	隧道	工程总量		262.00 m	
工程地点	南昌市	概（预）算价值		11 884 135.56 元	
所属章节	第四章 第 10 节	概（预）算指标		45 359.30 元/m	
单价编号	工作项目或费用名称	单位	数量	费用/元	
				单价	合价
	第 10 节 隧道（1 座）	延长米			11 844 136
	甲、新建（1 座）	延长米			11 844 136
	五、隧道<1 km 的隧道（1 座）	延长米			11 844 136
	（一）某隧道	延长米			11 844 136
	Ⅰ.建筑工程费	延长米			11 844 136
	1.正洞（钻爆法施工）	延长米			11 504 801
	（4）Ⅳ级围岩	延长米			47 322 202
	开挖				
SY-11	台阶法开挖	10 m^3	1 806.00	496.40	896 498
SY-53	正洞汽车出渣（运距≤500 m）	10 m^3	1 806.00	146.50	264 579
SY-54X3	洞外弃渣增运（增运 1 500 m）	10 m^3	1 806.00	136.26	246 086
SY-147	通风	m	88.00	264.34	23 262
SY-155	高压风水管、照明、电力线路	m	132.00	394.46	52 069
	一、定额直接工程费	元			1 482 494
	其中：基期人工费	元			486 485
	基期材料费	元			342 310
	基期机使费	元			491 159
	二、价外运杂费	t	16.25	18.80	306
	差价：人工费差价	元			
	差价：材料费差价	元			
	差价：施工机具使用费差价	元			
	差价：三、差价合计	元			
	四、填料费	元			
	直接工程费	元			1 482 799
	五、施工措施费	%	977 643	6.60	64 524
	六、特殊施工增加费	元			
	直接费	元			1 547 324
	七、间接费	%	977 643	33.90	331 421
	八、税金	%	1 878 745	11.00	206 662
	九、单项概（预）算价值	元			2 085 407
	② 衬砌				

续表

单价编号	工作项目或费用名称		单位	数量	费用/元	
					单价	合价
SY-118	模筑混凝土集中拌制		10 m^3	451.79	1 801.77	814 022
SY-119	拱墙模筑混凝土浇筑		10 m^3	137.41	276.40	37 980
SY-120	填充模筑混凝土浇筑		10 m^3	163.75	241.68	39 575
SY-122	仰拱模筑混凝土浇筑		10 m^3	98.78	181.17	17 896
SY-123	沟槽模筑混凝土浇筑		10 m^3	51.85	366.40	18 998
SY-105	衬砌钢台模		延长米	115.00	341.01	39 216
SY-113	沟槽模板		延长米	115.00	106.85	12 288
SY-114	防水板台架		延长米	115.00	21.60	2 484
SY-127	水沟电缆槽盖板钢筋制作		t	4.14	2 986.81	12 371
SY-128	水沟电缆槽盖板混凝土预制		10 m^3	6.70	4 188.29	28 067
SY-129	水沟电缆槽盖板安装		10 m^3	6.70	742.49	4 976
SY-130	防水板		100 m^2	35.10	1 929.59	67 726
SY-131	土工布		100 m^2	35.10	671.25	23 560
SY-133	橡胶止水带		100 m	4.17	2 931.72	12 220
SY-136	施工缝处理		100 m	4.17	15 764.98	65 710
	一、定额直接工程费		元			1 197 088
	其中：基期人工费		元			181 651
	基期材料费		元			911 841
	基期机使费		元			103 518
	二、价外运杂费		t	10 852.45	18.80	204 026
	差价	人工费差价	元			
		材料费差价	元			
		施工机具使用费差价	元			
		三、差价合计	元			
	四、填料费		元			
	直接工程费		元			1 401 114
	五、施工措施费		%	285 168	6.60	18 821
	六、特殊施工增加费		元			
	直接费		元			1 419 935
	七、间接费		%	285 168	33.90	96 672
	八、税金		%	1 516 607	11.00	166 827
	九、单项概（预）算价值		元			1 683 434
	③ 支护					
SY-124	洞身钢筋制作		t	110.11	3 094.53	340 739
SY-126	洞身钢筋正洞安装		t	110.11	465.78	51 287

续表

单价编号	工作项目或费用名称		单位	数量	费用/元	
					单价	合价
SY-84	喷射普通混凝土		10 m³	54.15	495 827	268 490
SY-86	砂浆锚杆		100 m	31.20	2 547.93	79 495
SY-100	隧道综合接地焊接		10 处	0.50	820.23	410
SY-101	支护台架		延长米	115.28	26.47	3 051
	一、定额直接工程费		元			743 573
	其中：基期人工费		元			148 669
	基期材料费		元			513 840
	基期机使费		元			81 087
	二、价外运杂费		t	1 679.59	18.80	31 576
	差价	人工费差价	元			
		材料费差价	元			
		施工机具使用费差价	元			
		三、差价合计	元			
	四、填料费		元			
	直接工程费		元			774 842
	五、施工措施费		%	229 756	6.60	15 164
	六、特殊施工增加费		元			
	直接费		元			790 006
	七、间接费		%	229 756	33.90	77 887
	八、税金		%	867 893	11.00	95 486
	九、单项概（预）算价值		元			963 361
	（5）Ⅴ级围岩		延长米			6 772 600
	① 开挖					
SY-12	台阶法开挖		10 m³	2 228.30	496.40	1 106 128
SY-53	正洞汽车出渣（运距≤500 m）		10 m³	2 228.30	146.50	326 446
SY-54X3	洞外弃渣增运（增运 1 500 m）		10 m³	2 228.30	136.26	303 628
SY-147	通风		m	105.00	264.34	27 756
SY-155	高压风水管、照明、电力线路		m	157.00	394.46	61 930
	一、定额直接工程费		元			1 825 888
	其中：基期人工费		元			669 863
	基期材料费		元			384 807
	基期机使费		元			584 152
	二、价外运杂费		t	11.14	18.80	209
	差价	人工费差价	元			
		材料费差价	元			

续表

单价编号	工作项目或费用名称		单位	数量	费用/元	
					单价	合价
	差价	施工机具使用费差价	元			
		三、差价合计	元			
	四、填料费		元			
	直接工程费		元			1 826 098
	五、施工措施费		%	1 254 015	6.60	82 765
	六、特殊施工增加费		元			
	直接费		元			1 908 863
	七、间接费		%	1 254 015	33.90	425 111
	八、税金		%	2 333 974	11.00	2 567 378
	九、单项概（预）算价值		元			2 590 711
	① 衬砌					
	模筑混凝土集中拌制		10 m³	517.38	1 801.77	932 200
	拱墙模筑混凝土浇筑		10 m³	167.95	276.40	46 421
	填充模筑混凝土浇筑		10 m³	200.14	241.68	48 370
	仰拱模筑混凝土浇筑		10 m³	120.74	181.17	21 874
	沟槽模筑混凝土浇筑		10 m³	28.55	366.40	10 461
	衬砌钢台模		延长米	147.00	341.01	50 128
	沟槽模板		延长米	147.00	106.85	15 707
	防水板台架		延长米	147.00	21.60	3 175
	水沟电缆槽盖板钢筋制作		t	5.27	2 986.81	15 744
	水沟电缆槽盖板混凝土预制		10 m³	8.53	4 188.29	35 721
	水沟电缆槽盖板安装		10 m³	8.53	742.49	6 333
	防水板		100 m²	44.67	1 929.59	86 197
	土工布		100 m²	44.67	671.25	29 986
	橡胶止水带		100 m	5.30	2 931.72	15 552
	施工缝处理		100 m	5.30	15 764.98	83 631
	一、定额直接工程费		元			1 401 501
	其中：基期人工费		元			212 322
	基期材料费		元			1 068 671
	基期机使费		元			120 412
	二、价外运杂费		t	12 427.98	18.80	233 646
	差价	人工费差价	元			
		材料费差价	元			
		施工机具使用费差价	元			
		三、差价合计	元			

续表

<table>
<tr><th rowspan="2">单价编号</th><th rowspan="2" colspan="2">工作项目或费用名称</th><th rowspan="2">单位</th><th rowspan="2">数量</th><th colspan="2">费用/元</th></tr>
<tr><th>单价</th><th>合价</th></tr>
<tr><td></td><td colspan="2">四、填料费</td><td>元</td><td></td><td></td><td></td></tr>
<tr><td></td><td colspan="2">直接工程费</td><td>元</td><td></td><td></td><td>1 635 147</td></tr>
<tr><td></td><td colspan="2">五、施工措施费</td><td>%</td><td>332 734</td><td>6.60</td><td>21 960</td></tr>
<tr><td></td><td colspan="2">六、特殊施工增加费</td><td>元</td><td></td><td></td><td></td></tr>
<tr><td></td><td colspan="2">直接费</td><td>元</td><td></td><td></td><td>1 657 108</td></tr>
<tr><td></td><td colspan="2">七、间接费</td><td>%</td><td>332 734</td><td>33.90</td><td>112 797</td></tr>
<tr><td></td><td colspan="2">八、税金</td><td>%</td><td>1 769 904</td><td>11.00</td><td>194 689</td></tr>
<tr><td></td><td colspan="2">九、单项概（预）算价值</td><td>元</td><td></td><td></td><td>1 964 594</td></tr>
<tr><td></td><td colspan="2">③ 支护</td><td></td><td></td><td></td><td></td></tr>
<tr><td>SY-124</td><td colspan="2">洞身钢筋制作</td><td>t</td><td>134.58</td><td>3 094.53</td><td>416 459</td></tr>
<tr><td>SY-126</td><td colspan="2">洞身钢筋正洞安装</td><td>t</td><td>134.58</td><td>465.78</td><td>62 684</td></tr>
<tr><td>SY-84</td><td colspan="2">喷射普通混凝土</td><td>10 m^3</td><td>175.02</td><td>4 958.27</td><td>867 796</td></tr>
<tr><td>SY-86</td><td colspan="2">砂浆锚杆</td><td>100 m</td><td>71.12</td><td>2 547.93</td><td>181 209</td></tr>
<tr><td>SY-90</td><td colspan="2">钢筋网</td><td>t</td><td>32.85</td><td>3 992.53</td><td>131 155</td></tr>
<tr><td>SY-100</td><td colspan="2">隧道综合接地焊接</td><td>10 处</td><td>0.50</td><td>820.23</td><td>410</td></tr>
<tr><td>SY-101</td><td colspan="2">支护台架</td><td>延长米</td><td>146.72</td><td>26.67</td><td>3 620</td></tr>
<tr><td></td><td colspan="2">一、定额直接工程费</td><td>元</td><td></td><td></td><td>1 663 332</td></tr>
<tr><td></td><td colspan="2">其中：基期人工费</td><td>元</td><td></td><td></td><td>366 202</td></tr>
<tr><td></td><td colspan="2">基期材料费</td><td>元</td><td></td><td></td><td>1 081 311</td></tr>
<tr><td></td><td colspan="2">基期机使费</td><td>元</td><td></td><td></td><td>216 223</td></tr>
<tr><td></td><td colspan="2">二、价外运杂费</td><td>t</td><td>5 203.61</td><td>18.90</td><td>98 348</td></tr>
<tr><td></td><td rowspan="4">差价</td><td>人工费差价</td><td>元</td><td></td><td></td><td></td></tr>
<tr><td></td><td>材料费差价</td><td>元</td><td></td><td></td><td></td></tr>
<tr><td></td><td>施工机具使用费差价</td><td>元</td><td></td><td></td><td></td></tr>
<tr><td></td><td>三、差价合计</td><td>元</td><td></td><td></td><td></td></tr>
<tr><td></td><td colspan="2">四、填料费</td><td>元</td><td></td><td></td><td></td></tr>
<tr><td></td><td colspan="2">直接工程费</td><td>元</td><td></td><td></td><td>1 761 681</td></tr>
<tr><td></td><td colspan="2">五、施工措施费</td><td>%</td><td>582 426</td><td>6.60</td><td>38 440</td></tr>
<tr><td></td><td colspan="2">六、特殊施工增加费</td><td>元</td><td></td><td></td><td></td></tr>
<tr><td></td><td colspan="2">直接费</td><td>元</td><td></td><td></td><td>1 800 121</td></tr>
<tr><td></td><td colspan="2">七、间接费</td><td>%</td><td>582 426</td><td>33.90</td><td>197 442</td></tr>
<tr><td></td><td colspan="2">八、税金</td><td>%</td><td>1 997 563</td><td>11.00</td><td>219 732</td></tr>
<tr><td></td><td colspan="2">九、单项概（预）算价值</td><td>元</td><td></td><td></td><td>2 217 295</td></tr>
<tr><td></td><td colspan="2">6.洞门</td><td></td><td></td><td></td><td>331 409</td></tr>
</table>

续表

单价编号	工作项目或费用名称	单位	数量	费用/元	
				单价	合价
LY-13	开挖≤2.0 m^3挖掘机	100 m^3	31.65	125.43	3 970
LY-26	≤8 t 自卸汽车运土 运距≤1 km	100 m^3	31.65	399.10	12 632
LY-27	≤8 t 自卸汽车运土 增运 1 km	100 m^3	31.65	109.66	3 471
SY-189	洞门混凝土拌制	10 m^3	46.82	1 863.00	87 226
SY-190	洞门混凝土浇筑	10 m^3	46.82	2 518.98	117 939
SY-201	钢制检查梯	t	0.40	4 638.58	1 855
SY-202	洞门排及号标	个	2.00	985.85	1 972
	一、定额直接工程费	元			229 064
	其中：基期人工费	元			84 985
	基期材料费	元			103 786
	基期机使费	元			40 293
	二、价外运杂费	t	1 137.34	16.50	18 766
	差价 人工费差价	元			
	差价 材料费差价	元			
	差价 施工机具使用费差价	元			
	差价 三、差价合计	元			
	四、填料费	元			
	直接工程费	元			247 830
	五、施工措施费	%	125 277	6.60	8 268
	六、特殊施工增加费	元			
	直接费	元			256 098
	七、间接费	%	125 277	33.90	42 469
	八、税金	%	298 567	11.00	32 842
	九、单项概（预）算价值	元			331 409
	7.附属工程				47 925
	（1）洞口防护				
SY-199	边仰坡浆砌片石	10 m^3	3.60	2 218.23	7 986
LY-283	边仰坡喷射混凝土	10 m^3	4.82	1 663.58	8 018
LY-284	边仰坡防护钢筋网	t	3.57	4 054.10	14 461
LY-225	（4）洞口绿化（满铺草皮）	100 m^3	5.82	578.92	3 369
	一、定额直接工程费	元			33 834
	其中：基期人工费	元			12 334
	基期材料费	元			15 426
	基期机使费	元			6 074
	二、价外运杂费	t	101.93	18.50	1 886

续表

单价编号	工作项目或费用名称		单位	数量	费用/元	
					单价	合价
	差价	人工费差价	元			
		材料费差价	元			
		施工机具使用费差价	元			
		三、差价合计	元			
	四、填料费		元			
	直接工程费		元			35 720
	五、施工措施费		%	18 408	6.60	1 215
	六、特殊施工增加费		元			
	直接费		元			36 935
	七、间接费		%	18 408	33.90	6 240
	八、税金		%	43 175	11.00	4 749
	九、单项概（预）算价值		元			47 925

表 12-12 单项概（预）算表（轨道）

建设名称	南昌某铁路专用线		编号	GS-0512		
工程名称	轨道		工程总量	1.75 km		
工程地点	南昌市		概（预）算价值	2 310 904.78 元		
所属章节	第五章 第 12 节		概（预）算指标	1 320 517.02 元/km		
单价编号	工作项目或费用名称		单位	数量	费用/元	
					单价	合价
	第 12 节 正线		铺轨公里	1.75		2 310 905
	甲、新建		铺轨公里			2 310 905
	Ⅰ.建筑工程费		铺轨公里			2 310 905
	一、铺新轨		铺轨公里			1 794 866
	（二）钢筋混凝土枕		铺轨公里	1.75		1 794 866
GY-105	人工铺钢筋混凝土枕 1 520 根		km	1.49	40 405.36	60 204
GY-112	人工铺钢筋混凝土桥枕 1 520 根		km	0.26	47 343.06	12 309
GY-146	轨料 混凝土枕弹条Ⅰ型扣件 50 kg 25 ml 520 根		km	1.75	710 596.00	1 243 543
GY-162	轨料 混凝土桥枕弹条Ⅰ型扣件 50 kg 25 ml 520 根		km	0.26	804 509.58	209 172
GY-571	安装防爬器（穿销式）混凝土枕 50 kg		1 000 个	0.18	23 310.24	3 656
GY-573	安装混凝土制防爬支撑		1 000 个	0.21	5 040.30	1 058
	一、定额直接工程费		元			1 529 943
	其中：基期人工费		元			54 349
	基期材料费		元			1 465 376
	基期机使费		元			10 218
	二、价外运杂费		t	1 062.35	19.89	21 130
	差价	人工费差价	元			
		材料费差价	元			
		施工机具使用费差价	元			
		三、差价合计	元			
	四、填料费		元			
	直接工程费		元			1 551 073
	五、施工措施费		%	64 567	12.60	8 135
	六、特殊施工增加费		元			
	直接费		元			1 559 202
	七、间接费		%	64 567	89.50	57 788
	八、税金		%	1 616 997	11.00	177 870
	九、单项概（预）算价值		元			1 794 866
	三、铺道床		铺底公里	1.75		516 039
	（一）粒料道床		m^3			516 039

续表

单价编号	工作项目或费用名称		单位	数量	费用/元	
					单价	合价
	铺底砟混凝土枕线路		100 m³	13.00	7 302.17	94 928
	正线铺面砟（开通速度≤80 km/h）		100 m³	26.20	8 312.29	217 782
	一、定额直接工程费		元			312 710
	其中：基期人工费		元			17 772
	基期材料费		元			250 800
	基期机使费		元			44 138
	二、价外运杂费		t	7 374.79	16.80	123 896
	差价	人工费差价	元			
		材料费差价	元			
		施工机具使用费差价	元			
		三、差价合计	元			
	四、填料费		元			
	直接工程费		元			436 607
	五、施工措施费		%	61 910	5.30	3 281
	六、特殊施工增加费		元			
	直接费		元			439 888
	七、间接费		%	61 910	40.40	25 012
	八、税金		%	464 900	11.00	51 139
	九、单项概（预）算价值		元			516 039

建设名称	南昌某铁路专用线	编号	GS-0512
工程名称	轨道	工程总量	1.75 km
工程地点	南昌市	概（预）算价值	339 187.77 元
所属章节	第五章 第 13 节	概（预）算指标	193 821.58 元/km

单价编号	工作项目或费用名称	单位	数量	费用/元	
				单价	合价
	第 13 节 站线				339 188
	甲、新建				339 188
	Ⅰ.建筑工程费				339 188
	三、铺新岔				339 188
	（一）单开道岔	组			339 188
GY-255	人工铺单开道岔混凝土岔枕、50 kg 轨、12 号直向速度≤120 km/h	组	1.00	14 721.82	14 722
GY-352	道岔轨料单开道岔混凝土岔枕、50 kg 轨、12 号直向速度≤120 km/h	组	1.00	168 478.39	168 478
GY-401	道岔火车运输装卸	组	1.00	4 113.13	4 113
GY-402	道岔火车运输（45 km）	组	1.00	794.25	794
GY-422	安装扳道器 弹簧式	组	1.00	814.99	815

续表

单价编号	工作项目或费用名称		单位	数量	费用/元	
					单价	合价
GY-541	沉落整修（开通速度≤80 km/h）		组	1.00	5 484.04	5 484
GY-424	验交前养护		组	1.00	12 993.75	12 994
	一、定额直接工程费		元			207 400
	其中：基期人工费		元			25 741
	基期材料费		元			170 730
	基期机使费		元			10 252
	二、价外运杂费		t	11.87	19.89	236
	差价	人工费差价	元			
		材料费差价	元			
		施工机具使用费差价	元			
		三、差价合计	元			
	四、填料费		元			
	直接工程费		元			207 636
	五、施工措施费		%	35 993	12.60	4 535
	六、特殊施工增加费		元	35 993	170.00	61 189
	直接费		元			273 360
	七、间接费		%	35 993	89.50	32 214
	八、税金		%	305 575	11.00	33 613
	九、单项概（预）算价值		元			339 188

建设名称	南昌某铁路专用线	编号		GS-0514	
工程名称	轨道	工程总量		1.75 km	
工程地点	南昌市	概（预）算价值		10 162.96 元	
所属章节	第五章 第 14 节	概（预）算指标		5 807.41 元/km	
单价编号	工作项目或费用名称	单位	数量	费用/元	
				单价	合价
	第 14 节 线路有关工程				10 163
	Ⅰ.建筑工程费				10 163
	一、线路附属工程	元			10 163
GY-596	浆砌片石式车挡	处	1.00	3 411.83	3 412
GY-606	百米表（反光）	100 个	0.16	5 384.81	862
GY-607	半公里标（反光）	100 个	0.03	8 752.21	263
GY-608	公里标（反光）	100 个	0.01	24 026.45	240
GY-609	曲线标（反光）	100 个	0.01	23 943.26	236
GY-610	曲线始终点标（反光）	100 个	0.02	14 310.51	286
GY-611	坡度标（反光）	100 个	0.01	19 553.89	196
GY-612	道口警标（反光）	100 个	0.01	20 121.94	201

续表

<table>
<tr><th rowspan="2">单价编号</th><th rowspan="2" colspan="2">工作项目或费用名称</th><th rowspan="2">单位</th><th rowspan="2">数量</th><th colspan="2">费用/元</th></tr>
<tr><th>单价</th><th>合价</th></tr>
<tr><td>GY-618</td><td colspan="2">减速标（反光）</td><td>100 个</td><td>0.01</td><td>14 355.37</td><td>144</td></tr>
<tr><td>GY-628</td><td colspan="2">车挡标（反光）甲式</td><td>100 个</td><td>0.01</td><td>8 826.81</td><td>88</td></tr>
<tr><td></td><td colspan="2">一、定额直接工程费</td><td>元</td><td></td><td></td><td>5 930</td></tr>
<tr><td></td><td colspan="2">其中：基期人工费</td><td>元</td><td></td><td></td><td>2 493</td></tr>
<tr><td></td><td colspan="2">基期材料费</td><td>元</td><td></td><td></td><td>3 359</td></tr>
<tr><td></td><td colspan="2">基期机使费</td><td>元</td><td></td><td></td><td>79</td></tr>
<tr><td></td><td colspan="2">二、价外运杂费</td><td>t</td><td>30.14</td><td>19.89</td><td>599</td></tr>
<tr><td></td><td rowspan="4">差价</td><td>人工费差价</td><td>元</td><td></td><td></td><td></td></tr>
<tr><td></td><td>材料费差价</td><td>元</td><td></td><td></td><td></td></tr>
<tr><td></td><td>施工机具使用费差价</td><td>元</td><td></td><td></td><td></td></tr>
<tr><td></td><td>三、差价合计</td><td>元</td><td></td><td></td><td></td></tr>
<tr><td></td><td colspan="2">四、填料费</td><td>元</td><td></td><td></td><td></td></tr>
<tr><td></td><td colspan="2">直接工程费</td><td>元</td><td></td><td></td><td>6 530</td></tr>
<tr><td></td><td colspan="2">五、施工措施费</td><td>%</td><td>2 572</td><td>12.60</td><td>324</td></tr>
<tr><td></td><td colspan="2">六、特殊施工增加费</td><td>元</td><td></td><td></td><td></td></tr>
<tr><td></td><td colspan="2">直接费</td><td>元</td><td></td><td></td><td>6 854</td></tr>
<tr><td></td><td colspan="2">七、间接费</td><td>%</td><td>2 572</td><td>89.50</td><td>2 302</td></tr>
<tr><td></td><td colspan="2">八、税金</td><td>%</td><td>9 156</td><td>11.00</td><td>1 007</td></tr>
<tr><td></td><td colspan="2">九、单项概（预）算价值</td><td>元</td><td></td><td></td><td>10 163</td></tr>
</table>

思 考 题

1. 简述概（预）算编制的基本方法。
2. 为什么概（预）算要进行价差调整？具体有哪些要求？
3. 利用外资概（预）算编制有何特殊要求？
4. 计算工程数量应注意哪些事项？
5. 概（预）算应收集哪些基础资料？如何确定编制计算精度？
6. 简述铁路工程概（预）算的编制步骤与方法。
7. 铁路工程概（预）算基础数据表格有哪些？

参考文献

[1] 王同军. 铁路 BIM 建造技术与实践 [M]. 北京：中国铁道出版社有限公司，2020.

[2] 魏宏伟，李红侠. 京张高铁智能设计与技术 [M]. 北京：人民交通出版社股份有限公司，2021.

[3] 杜修力，刘战省，赵研. 智能建造概论 [M]. 北京：中国建筑工业出版社，2021.

[4] 刘文峰，廖维张，胡昌斌. 智能建造概论 [M]. 北京：北京大学出版社，2021.

[5] 宋金灿. 基于 BIM 技术的土木工程施工新技术应用 [M]. 长春：吉林教育出版社，2020.

[6] 蔡德钧，朱宏伟，叶阳升，等. 铁路路基工程信息化技术 [J]. 铁道建筑，2020，60（4）：28-33.

[7] 孟军涛. 铁路路基填筑质量连续检测技术研究 [D]. 北京：中国铁道科学研究院，2021.

[8] 文武松，毛伟琦，陶世峰. 新时代桥梁智能建造及智慧服务体系研究 [J]. 世界桥梁，2022，50（6）：122-127.

[9] 侯宇飞，杨斌，吴明杰，等. BIM+GIS 数据集成技术在铁路桥梁施工管理的应用 [J]. 铁路技术创新，2020（3）：29-33.

[10] 王同军. 铁路桥梁智能建造关键技术研究 [J]. 中国铁路，2021（9）：1-10.

[11] 喻钢，胡珉，高新闻，等. 基丁 BIM 的盾构隧道施丄管理的三维可视化辅助系统 [J]. 现代隧道技术，2016，53（1）：1-5.

[12] 赵博. 双块式无砟轨道智能化施工技术 [J]. 装备制造技术，2020（10）：133-136.

[13] 耿冬梅. CRTSⅢ型板式无砟轨道智能化铺设关键技术研究 [J]. 铁道建筑技术，2022（1）：40-43.

[14] 姚坤锋. CRTSⅢ型板式无砟轨道智能化施工设备研究 [J]. 铁道建筑技术，2022（7）：125-129.

[15] 杨秀仁，陈鹏，高亮，等. 城市轨道交通智能装配式减振轨道系统成套技术 [J]. 都市快轨交通，2019，32（6）：51-55.

[16] 高贵. CRTS 双块式无砟轨道轨排粗铺智能化施工技术 [J]. 国防交通工程与技术，2021，19（2）：71-74.

[17] 冉海洋，牛遥. 有砟轨道长轨铺设施工技术及关键设备的发展和创新 [J]. 黑龙江交通科技，2018，41（3）：153-154.

[18] 安国栋. 高速铁路施工组织设计 [M]. 北京：中国铁道出版社，2009.

[19] 赵君鑫，陆银根. 铁路工程施工组织设计 [M]. 2 版. 成都：西南交通大学出版社，2013.

[20] 李明华. 铁路工程施工组织与概预算 [M]. 北京：中国铁道出版社，2018.

[21] 向群，贾艳红. 铁路工程施工组织管理与概预算 [M]. 2 版. 北京：中国铁道出版社有限公司，2019.

[22] 国家铁路局. 铁路基本建设工程设计概（预）算费用定额：TZJ 3001—2017 [S]. 北

京：中国铁道出版社，2017.
[23] 国家铁路局. 铁路工程施工机具台班费用定额：TZJ 3004—2017 [S]. 北京：中国铁道出版社，2017.
[24] 国家铁路局. 铁路工程基本定额：TZJ 2000—2017 [S]. 北京：中国铁道出版社，2017.
[25] 国家铁路局. 铁路工程预算定额：第一册 路基工程：TZJ 2001—2017 [S]. 北京：中国铁道出版社，2017.
[26] 国家铁路局. 铁路工程预算定额：第二册 桥涵工程：TZJ 2002—2017 [S]. 北京：中国铁道出版社，2017.
[27] 国家铁路局. 铁路工程预算定额：第三册 隧道工程：TZJ 2003—2017 [S]. 北京：中国铁道出版社，2017.
[28] 国家铁路局. 铁路工程预算定额：第四册 轨道工程：TZJ 2004—2017 [S]. 北京：中国铁道出版社，2017.